식음료 원가관리 실무

한 올

Printed in Korea
1 2 3 4 09 08 07 06

For more information contact Thomson Learning Asia,
5 Shenton Way #01-01 UIC Building Singapore 068808,
or find us on the Internet at
http://www.thomsonlearningasia.com

For permission to use material from this text or product, contact us by
telephone: (65) 6410 1200
fax: (65) 6410 1208
web: http://www.thomsonrights.com

When ordering this edition, please use ISBN 981-265-833-5

Practical Food and Beverage Cost Control
1st Edition

Clement Ojugo Consultant to the Hospitality Industry

서 론

환대산업의 원가관리와 수익관리의 관리체계는 변화하고 있다. 식음료원가는 지속적으로 상승하고 있고, 인건비 또한 최저임금 상승 및 인력확보의 어려움 등의 문제가 대두되고 있다. 환대산업의 시장상황 역시 변화하고 있다. 소비자들의 소득은 줄어들고 있는 반면 그들이 감당해야 할 지출비용은 지속적으로 늘어나고 있다. 현재 가구당 실질소득수준을 과거 40년 전과 비교해보면 살림살이가 매우 팍팍하다. 부부가 맞벌이를 하는 가구의 현재 소득수준이 과거 40년 전에 혼자서 버는 소득수준과 비슷한 상황이다.

미국의 외식산업은 무엇보다도 지난 60년간 번창하였던 고급서비스(Fine Dinning)레스토랑산업이 허물어지고 있는 상황이다. 1934년 뉴딜저책의 일환으로 금주법이 폐지된 이후 대부분의 외식산업은 음식상품 판매에만 주력하여 야기된 낮은 수익률을 만회하고자 하는 마음으로 외식산업경영에 임하고 있었다. 하지만 이러한 경영철학은 더 이상 유효하지 않고 있다. 우선 건강에 관한 소비자의 높은 관심과 정부의 음주운전단속 강화 정책으로 주류상품 판매를 통한 높은 수익률을 기대하였던 외식산업경영자의 기대는 크게 빗나가게 되었다.

이러한 외식시장의 환경변화는 상품의 품질관리와 원가관리 그리고 수익률 개선 등에 경영활동의 초점을 맞추게 되었다. 대부분의 외식기업은 수익률을 향상시킬 수 있는 방안 중의 하나인 비용관리에 소홀하고 있다. 특히 식재료 낭비와 식재료 도난사고 등은 레스토랑경영을 망칠 수 있다. 미국 레스토랑협회(National Restaurant Association)에 발표한 통계자료에 따르면 식재료 낭비와 식재료 도난사고가 레스토랑경영의 10대 주요 관리사항에 포함된다. 따라서 본 교재는 레스토랑경영에 주요한 관리사항인 식재료 낭비와 식재료 도난 사고 등의 문제를 해결하는 실마리 혹은 구체적 방법을 제공하고자 한다.

본서의 1장에서는 원가관리의 역할과 책임에 관하여 언급하고 있다. 원가관리의 책임이란 부서간의 업무 연결, 회계기능의 조직화, 구매, 저장, 출고, 생산 그리고 예산편성 등의 업무를 지칭한다.

외식기업과 호텔기업들은 무엇보다도 질 높은 서비스, 제품의 다양성과 품질에 경영 초점을 두어야 한다. 2장에서는 판매계획에 관하여 설명하고 있다. 메뉴계획과 메뉴디자인은 수익성과 메뉴선호도를 이끌어내는데 첫 번째 단계이다.

3장에서는 구매관리에 관하여 설명하고 있다. 또한 3장에서는 시스템 구매관리에 관하여 설명하고 있다. 시스템 구매관리를 통해 수익을 창출하면서 레스토랑경영의 문제점을 파악하고 경영의 문제점을 해결 가능하다는 것을 설명하고 있다.

4장에서는 수익창출을 위한 경영계획과 관리에 관하여 설명하고 있다. 또한 실천 가능성이 높은 원가관리기법과 원가관리에 관하여 설명하고 있다. 5장에서는 재고관리와 월간 식재료원가관리에 관하여 설명하고 있다.

6장에서는 음료제품 판매를 통한 수익관리와 비용관리에 관하여 설명하고 있다. 이외에도 서비스기법과 표준서비스과정을 설명하고 있다. 본장에서는 실무적으로 현장에서 바로 적용할 수 있는 음료제품 원가관리기법을 소개하고 있다.

7장에서는 고객매출전표와 현금매출 관리방법을 설명하고 있다. 현장에서 사용가능한 양식을 소개하고 있다. 7장에서 예시하고 있는 양식을 활용한다면 일반적으로 레스토랑 경영에서 취약한 현금매출관리가 정확하고 안전하게 이루어질 것으로 판단된다.

8장에서는 레스토랑운영에 필요한 인원계획에 관하여 설명하고 있다. 또한 본장에서는 인원계획이외에 종사원들의 직무태도 및 인건비 관리에 관하여서도 설명하고 있다. 성공적인 레스토랑경영을 이루어내기 위해서는 무엇보다도 종사원의 교육훈련과 열정이 중요하다.

마지막으로 9장에서는 레스토랑 한계비용에 관하여 설명하고 있다. 또한 레스토랑의 사업타당성을 확인할 수 있는 방법에 관하여 설명하고 있다.

본서에는 현장실무에 적용한 가능한 체크리스트 양식과 레스토랑 운영에 필요한 기타 운영양식을 부록으로 첨부하고 있다. 이외에도 도량형 환산표와 제품 생산율에 관한 자료를 제시하고 있다.

본서는 치열한 경쟁상황, 소비자의 낮은 소득수준 가속화 그리고 소비자의 가치소비 추구성향 등으로 인해 어려워진 외식기업운영에 수익관리의 방안을 제시하는 것을 목적하고 있다. 예를 들어 본서 2~3장에서 제시하고 있는 제품가격전략 및 소비자의 가치소비의 중요성에 관하여 자세한 설명은 성공적인 레스토랑경영에 주요한 요인들이다.

C·O·N·T·E·N·T·S

C·O·N·T·E·N·T·S

C·O·N·T·E·N·T·S

C·O·N·T·E·N·T·S

Chapter 1

환대산업과 관리자

학습목표

이 장을 학습한 후, 다음 내용들을 이해할 수 있어야 한다.

- 외식산업 및 숙박산업의 특성
- 환대산업 관리자의 기능과 역할
- 예산편성 및 예측기법

개　　요

이 장에서는 외식산업 및 숙박산업의 특성과 그 사업영역을 살펴볼 것이다. 나아가 이들 산업에서 성공하기 위해 요구되는 도전정신과 수반되는 다양한 절차들의 중요성을 필두로 환대산업 원가관리의 중요한 기능들이 논의된다. 논의되는 기능으로는 부서 간 커뮤니케이션, 재고관리 및 가치평가, 메뉴분석, 보안, 식음료비용, 인건비 관리, 평가 및 컨설팅, 재무보고, 예측 그리고 예산편성 등이 있다. 대부분의 개념들은 차후에 자세히 논의되겠지만, 우선 이들에 대한 기초개념과 개념간의 상호연관성을 이해하는 것이 중요하다.

국내 외식시장 개요

현대인에 있어 외식산업은 단순히 영양보충의 역할 및 기능만을 제공하는 것이 아니라 정신적, 사회적측면의 다양한 기능을 수행하고 있다. 특히 웰빙(Wellbeing)을 지향하는 새로운 라이프스타일의 변화에 따라 외식산업의 역할은 갈수록 다양해지고 그 비중이 증가하고 있다. 또한 외식산업은 여타 산업등과 결합하여 국민생활 및 경제의 질적 수준을 향상시키는 역할을 하고 있으며 최근에는 부가가치가 높은 산업으로 인식되며 일자리 창출로 인한 사회적 기여도가 높아지고 있다.

국내 외식산업은 외식업이라는 용어가 처음 사용되기 시작했던 1970년대 중반을 시작으로 86아시안게임, 88서울올림픽 등 국제적 행사 개최, 프랜차이즈시스템 도입 그리고 해외브랜드의 국내진출로 인해 외식시장형성이 본격화되기 시작하면서 1990년대 중반기까지 급격한 성장세를 이루었다.

국내 외식산업의 성장과정을 살펴보면 선진국인 미국과 일본에 비해 기업화 혹은 산업화가 약 40년 혹은 20년 늦게 진행되었지만, 선진국에 비해 괄목할 만한 성장을 이루었다. 하지만 1990년대까지 고도 성장세를 보였던 국내 외식산업은 1990년대 말 IMF시기를 겪으면서 침체기를 기록하였다. 이후 2000년대에 들어서면서 국내 외식산업은 8~90년대의 급격한 성장세와는 달리 저조한 성장세를 나타내었다. 그러한 원인으로는 세계적인 금융위기로 인한 경기침체로 인한 소비위축, 국제 곡물가격 파동, 광우병 및 AI 그리고 구제역 등의 질병으로 인한 원자재의 수급 불균형과 가격폭등, 과도한 경쟁상황 등의 다양한 요인이 국내 외식산업의 커다란 장애요소로 나타나고 있다. 하지만 2010년대 지금의 외식산업은 새로운 전환기를 맞이하고 있다. 다양한 해외브랜드의 공격적 국내시장 진출, 대기업의 외식산업 진출 가속화, 한류의 성장세와 더불어 한국 외식기업의 적극적 해외진출 방안 모색 그리고 외식산업진흥법 제정 등의 새로운 환경변화 등이 국내 외식시장의 구조변화로 이어질 것으로 판단된다.

국내 외식시장 현황

국내 외식산업의 규모는 1982년 기준 약 2조6천억 원으로 파악되었지만, 27년이 지난 2009년 현재 약 70조 원으로 약 30배 가까이 급성장을 이룬 것으로 나타나고 있다. 하지만 지난 30년 동안 국내 외식시장은 지속적으로 성장한 것만은 아니다. 1990년대 초반까지 두 자리 수 이상의 높은 성장률을 보였던 외식시장은 1997년 외환위기로 인해 전체 외식시장 규모는 마이너스 성장으로 나타났고, 1999년 이후 다시 플러스 성장세를 보였지만 2001년 그리고 2005년 경기침체, 광우병 파동, 국제 곡물가 파동, 원재료비의 지속적 상승 등의 다양한 원인으로 인해 성장세가 잠시 주춤하였다가 그 이후 지금까지 저조하지만 플러스(+) 성장세를 이어가고 있다.

표 1-1
국내 외식산업 시장 규모 증감 추이

연도	매출액(백만원)	증감률(%)	사업체수	증감률(%)	종사자(명)	증감률(%)
1990	10,667,551	-	298,126	-	871,636	-
1997	30,229,944	35	550,526	84.7	1,278,623	46.7
1998	27,256,435	-9.8	543,030	-0.1	1,220,200	-4.6
1999	33,259,204	22.0	564,686	4.0	1,332,598	9.2
2000	35,472,249	6.7	570,576	1.0	1,430,476	7.3
2001	34,245,594	-3.5	505,241	-11.45	1,341,528	-6.2
2002	40,491,040	18.2	595,791	17.9	1,586,409	18.2
2003	44,263,494	9.3	605,614	1.7	1,594,789	0.5
2004	48,369,597	9.3	600,233	-0.9	1,556,008	-2.4
2005	46,252,523	-4.4	531,929	-11.4	1,444,827	-7.1
2006	50,892,342	10.	546,504	2.7.	1,450,469	3.9
2007	59,365,350	16.6	577,258	5.6	1,567,414	8.1
2008	64,711,924	9.0	576,990	-0.05	1,578,068	0.7
2009	69,865,186	7.9	580,505	0.6	1,600,718	1.4

국내 외식산업의 위상은 높은 고용창출능력으로 확인할 수 있다. 1990년 당시 외식사업체수는 약 30만개, 해당업체의 종사원숫자는 약 87만 명으로 확인되었지만 7년 후 1997년에는 외식사업체수가 약 55만개(85% 증가), 해당업체 종사원숫자는 약 127만 명(45.6% 증가)으로 급격하게 증가하였다. 2009년 현재 외식사업체 숫자는 약 58만개 외식업종사원 숫자는 약 160만 명으로 전체 취업자 중 약 7%가 외식산업에 종사하고 있는 것으로 나타나고 있다. 외식산업에 종사하고 있는 종사원의 성별 구성비로는 여성과 남성의 비율이 약 2:1로 나타나고 있어 남성보다는 여성이 외식산업에 더 많이 종사하고 있는 것으로 나타나고 있다.

국내 외식산업 분류 및 세부운영 현황

국내 현행법상 외식산업을 분류하는 방법은 크게 세 가지로 구분할 수 있다. 첫 번째는 통계청에서 분류하는 한국표준산업분류에 의한 외식산업분류, 두 번째는 식품위생법상의 외식산업분류 그리고 마지막으로 관광진흥법상의 외식산업분류로 구분할 수 있다.

한국표준산업분류는 각각의 생산단위가 지속적으로 수행하는 생산적인 경제활동의 유형을 비교분석하기 위해 모든 생산적인 경제활동을 일정한 기준과 원칙에 따라 체계적으로 유형화한 것이라 할 수 있다. 한국표준산업분류에 의하면 외식산업은 대분류인 숙박 및 음식점업, 중분류인 음식점 및 주점업 그리고 소분류인 음식점업, 주점 및 비알콜 음료점업 등으로 세분된다. 그리고 음식점업을 다시 세분류하면 일반 음식점업, 기관구내식당업, 출장 및 이동 음식점업으로 분류되어지고 주점 및 비알콜 음료점업으로 분류되어진다.

또한 식품위생법 제21조 2항의 규정에 따라 영업의 세부종류에는 외식업을 식품접객업으로 지칭하며 음식을 판매하는 음식점과 주류를 판매하는 주점으로 구분하고 있다. 음식점에서도 주류의 판매여부에 따라 일반음식점과 휴게음식점으로 분류하고 있으며 주점에서는 유흥 종사자의 유무에 따라 단란주점과 유흥주점으로 분류하고 있다. 이외에 제과점을 분류하고 있다.

한국표준산업분류에 따르면 외식산업유형 중 일반 음식점업 사업체수가 약 31만 여개로 전체 음식점 및 주점업 사업체수의 약 54%를 차지하고 있다. 매출액 규모 역시 약 60%인 약 42조원에 달하는 것으로 나타났다. 다음으로 기타 음식점업 즉 제과점업, 피자 및 햄버거 음식점업, 치킨전문점 그리고 분식 및 김밥전문점 등이 약 10만 여개로 전체 음식점 및 주점업 사업체수의 약 17%를 차지하고 있는 것으로 나타났다. 매출규모는 약 11조원에 이르는 것으로 나타났다. 따라서 국내 외식사업체의 구성은 일반 음식점과 다양한 기타 음식점의 편중이 심한 것으로 확인할 수 있다.

표 1-2 표준산업분류에 따른 국내 외식업 시장규모

(2009년 기준)

업태별		사업체수 (개)	종사자수 (명)	매출액 (백만원)
음식점업	일반음식점업	316,183	924,316	41,718,750
	기관구내식당업	4,566	36,178	2,833,415
	출장 및 이동음식업	469	2,878	138,860
	기타음식점업	100,638	269,712	11,429,595
	소계	421,856	1,233,084	56,120,621
주점 및 비알콜 음료점업	주점업	130,881	300,951	11,625,794
	비알콜 음료점업	27,768	66,683	2,118,772
	소계	158,649	367,634	13,744,565
음식점 및 주점업 (총계)		580,505	1,600,718	69,865,186

자료 : 통계청 경제 통계국 산업통계과

국내 외식산업의 업태별 세부운영결과를 살펴보면 다음과 같다. 2009년 기준 음식점 및 주점업 매출은 약 69조 9천억을 기록하였으며, 영업비용으로는 약 55조 6천억으로 나타나 영업비용의 비율 약 79.6%로 나타나 수익은 20.4%로 추정할 수 있다. 업태별 영업비용을 확인하여 보면 음식점의 경우는 약

80.7% 그리고 주점 및 비알콜 음료점업은 약 75%로 나타나 상대적으로 주점 및 비알콜 음료점업이 낮은 영업비용을 지출하는 것을 알 수 있다. 또한 음식점업 중에서도 기관구내식당업의 영업비용은 약 93.9%로 나타나 상대적으로 매우 높은 영업비용을 기록하고 있음을 알 수 있다.

표 1-3
국내 외식업 업태별 운영결과

(2009년 기준)

업태별		매출액 (백만원)	영업비용 (백만원)	인건비 (백만원)	임차료 (백만원)	기타경비 (백만원)
음식점업	일반 음식점업	41,718,750	33,341,907 (79.9%)	6,683,230 (16.0%)	3,192,530 (7.7%)	23,466,148 (56.2%)
	기관구내 식당업	2,833,415	2,660,638 (93.9%)	637,802 (22.5%)	91,035 (3.2%)	1,931,801 (68.2%)
	출장 및 이동음식업	138,860	121,599 (87.6%)	37,821 (27.2%)	15,251 (11.0%)	68,527 (49.3%)
	기타 음식점업	11,429,595	9,152,557 (80.1%)	1,540,964 (13.5%)	1,004,993 (8.8%)	6,606,599 (57.8%)
	소계	56,120,621	45,276,701 (80.7%)	8,899,818 (15.9%)	4,303,809 (7.7%)	32,073,075 (57.2%)
주점 및 비알콜 음료점업	주점업	11,625,794	8,698,451 (74.8%)	1,543,567 (13.3%)	1,369,530 (11.8%)	5,785,354 (49.8%)
	비알콜 음료점업	2,118,772	1,611,688 (76.1%)	401,746 (19.0%)	323,295 (15.3%)	886,648 (41.8%)
	소계	13,744,565	10,310,138 (75.0%)	1,945,313 (14.2%)	1,692,825 (12.3%)	6,672,001 (48.5%)
음식점 및 주점업 (총계)		69,865,186	55,586,839 (79.6%)	10,845,131 (15.5%)	5,996,634 (8.6%)	38,745,076 (55.5%)

* 자료 : 통계청 경제 통계국 산업통계과

** %: 매출액 대비 개별항목의 비율

국내 외식산업의 영업비용을 지출 내용을 확인해보면 다음과 같다. 음식점과 주점 및 비알콜 음료점업은 2009년 기준 영업비용을 55조 5천8백억 원을 지출하였는데 그중에서 인건비로 약 10조 8천4백억 원을 지출하여 전체 영업비용 중 약 19.5%를 지출하였다. 임차료비용으로 약 6조원 가까이 지출하여 전체 영업비용 중 약 10.8%를 지출하였다. 이외에 식재료비 등을 포함한 기타 경비로는 약 38조 7천4백억 원을 지출하여 약 69.7%를 기록하였다. 국내 음식점업의 영업비용을 매출액과 대비한 결과 기관 구내식당업이 매출액 대비 93.9%의 영업비용을 기록하였으며 다음으로 출장 및 이동 음식점업이 87.6%를 기록하고 있어 음식점업 중에서 상대적으로 높은 영업비용을 지출한 것으로 파악되었다. 음식점업과 주점 및 비알콜 음료점업을 비교해보면 상대적으로 주점 및 비알콜 음료점업이 낮은 영업비용을 지출한 것으로 파악되었다.

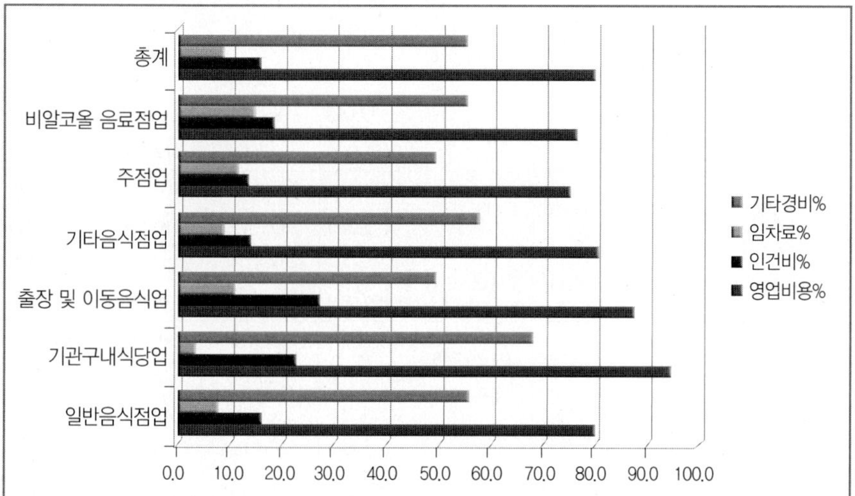

국내 외식업계의 매출 규모별로 운영결과를 살펴보면 다음과 같다. 연간 매출액이 2천만 원 미만의 소규모 음식점의 경우 평균 영업비용은 매출액 대비 약 66.7%를 기록하고 있다. 영업비용 내용으로는 인건비가 4.6%, 임차료가 17%이며 식재료를 포함한 기타경비로는 약 45.2%로 나타나고 있다. 연간 매출액 규모가 2천만 원 미만의 소규모 음식점의 영업비용의 특이한 점으로는 상대적으로 높은 임차료 비율(17%)이 특징이다. 따라서 매출규모가 적은 외식업일수록 임차료비용 관리에 유의해야 할 것으로 판단된다. 또한 매출규모가 큰 외식업일수록 전체 영업비용의 비율이 높아지는 것을 확인할 수 있다. 예를 들어 연간 매출액이 100억 원 이상의 규모의 외식업의 경우 전체 영업비용의 비율이 매출액의 90%를 상회하는 것으로 나타나고 있다. 또한 매출규모가 큰 외식기업의 경우 매출액 대비 인건비의 비율이 높은 것으로 나타나고 있다. 연간 매출액이 100억 원 이상의 외식기업의 평균 인건비는 전체 매출액의 약 21.6%에 달하는 것으로 나타나고 있다.

표 1-4 국내 외식업 매출 규모별 운영결과

(2009년 기준) 단위: 백만원

매출액 규모별	사업체(개)	종사원(명)	매출액	영업비용	인건비	임차료	기타경비
20 미만	72,774	110,891	798,243	532,704 (66.7%)	36,332 (4.6%)	135,816 (17%)	360,556 (45.2%)
20-50	165,530	277,137	5,317,860	3,337,966 (62.8%)	269,789 (5.1%)	668,615 (12.6%)	2,399,562 (45.1%)
51-100	148,850	335,837	10,083,529	6,975,390 (69.2%)	1,148,221 (11.4%)	1,039,997 (10.3%)	4,787,171 (47.5%)
101-500	171,248	609,448	30,908,424	24,704,074 (79.9%)	4,993,954 (16.2%)	2,712,771 (8.8%)	17,033,349 (55.1%)
501-1000	14,968	122,788	9,620,748	8,335,353 (86.6%)	1,743,928 (18.1%)	594,481 (6.2%)	5,996,944 (62.3%)
1001-5000	6,846	124,958	10,442,104	9,171,338 (87.8%)	2,098,988 (20.1%)	685,025 (6.6%)	6,387,324 (61.2%)
5001-10000	236	12,351	1,526,614	1,383,121 (90.6%)	294,153 (19.3%)	96,450 (6.3%)	992,519 (65%)
10001-20000	37	3,167	487,186	458,576 (94.1%)	105,060 (21.6%)	40,922 (8.4%)	312,594 (64.2%)
20001-30000	3	277	72,500	68,014 (93.8%)	13,418 (18.5%)	2,516 (3.5%)	52,080 (71.8%)
30001 이상	12	3,865	607,979	584,304 (96.1%)	141,289 (23.2%)	20,040 (3.3%)	422,976 (69.6%)
총계	580,505	1,600,718	69,865,186	55,586,840 (79.6%)	10,845,130 (15.5%)	5,996,633 (8.6%)	38,745,075 (55.5%)

* 자료 : 통계청 경제 통계국 산업통계과

** % : 매출액 대비 개별항목의 비율

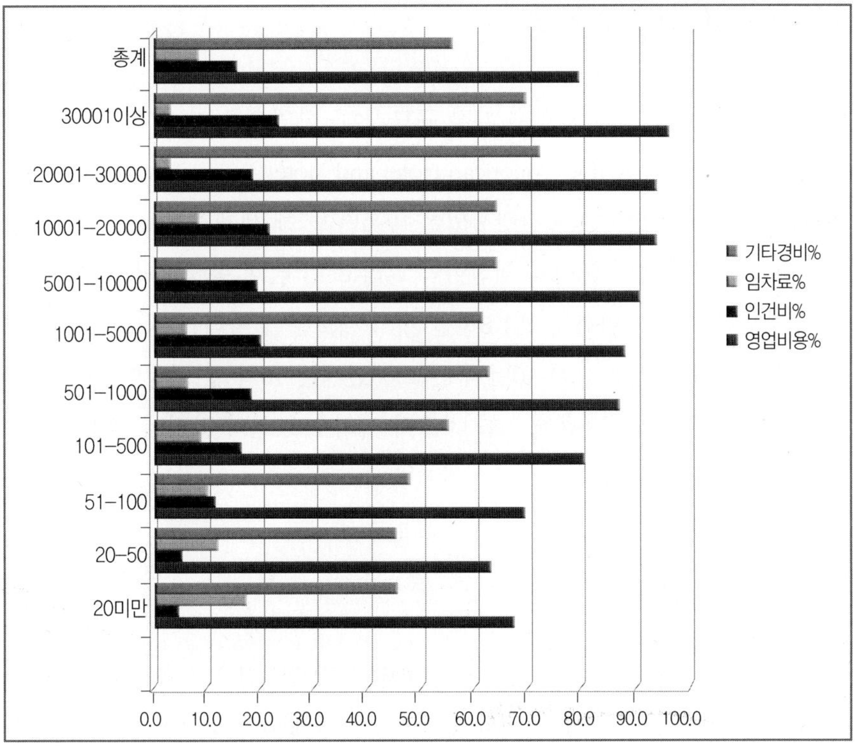

국내 외식사업체의 경영형태를 살펴보면 다음과 같다. 2009년 기준으로 약 58만 여개 업체 중에서 개인이 단독으로 경영하는 형태가 약 98.7%에 달하고 있는 것으로 나타났다. 따라서 국내 외식산업은 개인이 단독으로 운영하는 독립경영 외식업체의 한계점 즉 자본금의 한계, 제품 기술개발 능력의 한계 그리고 경영노하우 습득기회의 한계 등이 내재되어 있어 기업경영의 어려움에 직면하기 쉽다.

(2009년 기준)

경영형태	사업체 수	종사원 수
단독사업체	573,446	1,493,163
본사/본점	355	11,293
공장/지사/영업소	6,704	96,262
총계	580,505	1,600,718

표 1-5
경영형태에 따른 국내 외식사업체 분류

관광산업에 대한 조명

범세계적으로 여행과 관광은 가장 규모가 큰 산업으로 자리 잡고 있다. 미국 호텔·숙박협회(AHLA : American Hotel and Motel Association에서 명칭 변경)의 보고에 의하면 여행·관광산업은 1996년 한 해 세계경제에서 3조 6천억 달러의 총생산, 125억 달러의 세전이익 그리고 미국 내 총생산의 10.7% 이상을 차지하였고, 1996년까지 1억 8천만 개의 새로운 일자리를 창출하였다. 관광산업에 있어 이런 흐름은 10년 후인 2006년에는 10억 명 이상이 전 세계를 여행하고 이러한 국제관광에 의한 지출이 거의 7조1천억 달러에 달할 것으로 기대된다고 한다.

미국 시장의 규모

미국은 현재 다른 어느 나라보다도 더 많은 관광수입을 올리고 있다. 미국 관광산업협회(Travel Industry Association of America)의 보고에 의하면 전 세계 관광수입 중 미국이 차지하는 비중은 1987년 13.7%에서 1996년 16.5%로 지속적으로 증가하고 있으며, 1996년 한해에는 1995년에 비해 약 10% 가량 증가한 약 900억 달러가 미국을 방문한 해외여행객들에 의해 지출된 반면, 미국인들이 1996년 한해에 해외여행을 통해 지출한 금액은 1995년도에 비해 단지 6.7% 증가한 약 645억 달러로서 미국의 1996년 관광수지에서만 보면 약 260억 달러의 흑자를 이룬 것으로 나타났다. 이후 다양하게 변화하고 있는 관광경향에도 불구하고, 2003년 한 해 동안 숙박시설을 이용한 1,390만 명의 여행객들을 포함한 미국 내 해외여행객들은 802억 달러(2002년에 비해 약 4% 정도 감소)를 소비한 반면, 미국인들의 경우 776억 달러(2002년에 비해 1%정도 감소)를 해외여행지에서 지출한 것으로 나타나 여전히 미국이 관광수지에서 흑자를 기록하고 있다는 것을 알 수 있다.

이렇듯 미국 내 관광산업은 현재 자동차 매출과 식품 매출에 이어 세 번째로 큰 매출 규모를 차지한다. 또한 고용측면에서도 건강의료 서비스산업 다음에 가장 넓은 부분을 차지하고 있으며 숙박업체, 항공사, 레스토랑, 크루즈 라인, 자동차 렌트 회사, 여행사 그리고 투어 오퍼레이터 등의 15개 상호 관련 사업을 포함한다.

미국 호텔 · 숙박 협회(AHLA)에 따르면, 관광산업은 1996년 한 해에 4,525억 달러의 매출을 기록하였는데(이 수치에는 미국 항공사가 해외 여행객 운송으로부터 벌어드린 206억 달러는 포함되지 않은 것임) 이는 미국 내 총생산의 5.7%에 해당하며, 직접적으로 680만개의 일자리 창출, 1,216억 달러의 임금 및 급여지급 그리고 670억 달러의 세금납부를 지원한 규모이다. 이어 2004년의 경우 한해 미국 내 관광객들은 하루 평균 15억 달러, 시간당 6,300만 달러, 1분당 110만 달러, 1초당 17.5천 달러를 소비하여 총 5,520억 달러의 매출과 950억 달러의 연방세, 주세 그리고 지역세를 창출했다(단, 해외 관광객들이 비행기를 이용한 금액은 제외되었다).

또한 AHLA의 보고에 의하면, 1996년 숙박업체들은 1984년에 비해 29.8% 성장한 110만 명을 고용, 176억 달러의 임금 및 급여, 47,000개의 업소, 총 360만개의 객실, 754억 달러의 매출, 65.2%의 평균 객실점유율 그리고 69.66달러의 평균 객실료 등의 수치를 기록했고 2003년에는 7,400만 고용기회(이 중 1,700만 명은 호텔 종사원을 의미함), 1,590억 달러의 임금 및 급여, 47,584개의 업소, 총 441만개의 객실, 1,053억 달러의 매출, 50.42달러의 평균 객실매출, 61.1% 평균 객실점유율 그리고 82.52 달러의 평균 객실료의 수치로 증가하였다.

미국외식산업

외식산업의 위상은 미국경제 내에서 절대적인 위치를 차지하고 있다. 국제관광의 강력한 상승추세와 더불어 미국레스토랑협회(NRA)발표 자료에 의하면, 2003년 한해 테이블 서비스 레스토랑 매출의 15~30%가 관광객에 의해 발생되었다. 또한 2005년에는 2004년도 매출액보다 4.9% 성장한 4,760억 달러에 이르는 결과와 함께 1,200억 달러 이상의 경제효과라는 긍정적인 기대를 보여주고 있다. 표 1-6은 1970년 이후 식음료 매출이 급격히 성장하고 있음을 보여준다.

이러한 외식산업의 진보적 흐름은 다음에 제시되는 미국레스토랑협회(NRA)가 발표한 자료에서도 다시 한번 확인 된다. 1955년 전체 식음료매출 가운데 외식의 비중은 25%에 불과하였지만 1995년에는 44%를 넘어섰고, 외식을 위한 연평균 가계지출은 1995년에 1,702 달러, 1인당 681 달러에서 2002년에는 2,276 달러, 1인당 평균 910 달러의 비용을 발생시켰다. 1995년 1인당 외식지출에서 Washington DC 거주자가 1,047 달러로 가장 많고, Honolulu(973 달러)와 Boston(964 달러)의 거주자 순이었던 상황이 2001년에서 2002년 사이 Dallas 거주자들이 1인당 1,221 달러로 가장 높고 그 뒤를 이어 San Francisco(1,212 달러), Houston(1,146 달러), New York(1,113 달러) 거주자 순으로 변화되었다. 또한 1996년 기준으로 8세 이상 미국인들은 일주일에 평균 4.1회의 외식기회(년 213회)를 갖는 것으로 나타났고, 이러한 외식비용과 기회의 지속적인 증가추세는 2005년 한 해 동안 미국소비자들이 지출하게 될 식음료 비용 중 47%에 해당하는 비용을 레스토랑에서 소비할 것이라는 미국 레스토랑협회(NRA)보고 자료가 뒷받침해 준다.

표 1-6
식음료 매출의 증가추세

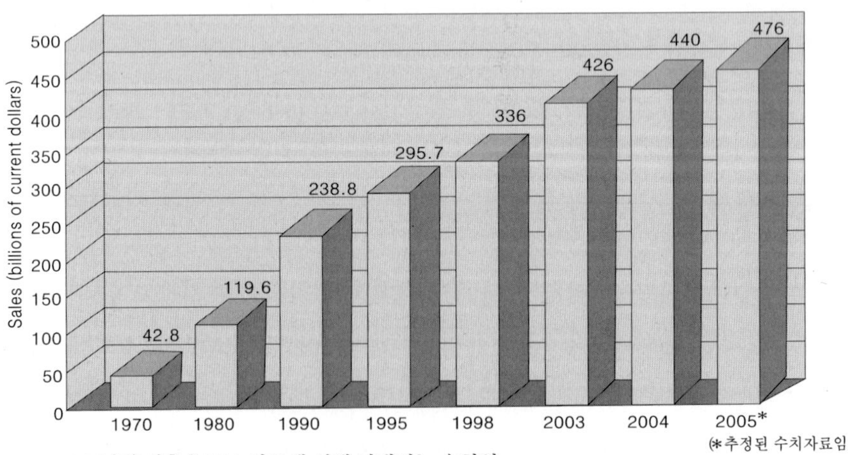

Note : 2005년의 매출은 NRA 자료에 의해 기대되는 수치임

한편 레스토랑 고객들의 65% 이상은 자신들이 선호하는 레스토랑의 음식이 가정에서 쉽게 준비할 수 없는 특유의 맛을 제공한다는 사실에 동의한다. 예를 들어, 일반적으로 레스토랑에서는 그릴링(grilling)과 같은 저-지방 조리법이 큰 인기를 얻고 있으며, 10가지 메뉴 중 7가지 이상이 그릴링에 의해서 제공된다. 또한 10명 중 8명의 고객들은 테이블 서비스 레스토랑의 종사원들이 친절한 서비스, 메뉴에 대한 정확한 정보 그리고 정확한 계산서를 전달한다고 평가한다.

외식산업과 고객들의 첫 번째 만남은 대개의 경우 레스토랑에서 이루어진다. 매년마다 약 500억 회의 식사가 레스토랑, 학교 그리고 직장 카페테리아 등에서 이루어지고 있다. 1996년 기준으로 전체 성인의 절반가량(46%)이 하루에 한번은 레스토랑을 방문한다고 한다. NRA의 보고에 의하면 전체성인 10명 중 4명이 레스토랑에서 근무한 경험이 있으며, 27%에 해당하는 사람들의 첫 번째 직장이 레스토랑이었던 것으로 나타날 만큼 전체 성인 중 절반가량은 레스토랑이 그들 인생에 있어 필수적요인으로 여긴다고 한다.

레스토랑은 소매업 가운데 가장 높은 고용능력을 갖는 것으로 알려져 있다. 레스토랑산업은 미국의 전체 일자리 가운데 거의 8%의 일자리를 제공하며, 전체 성인의 37% 가량이 일생에 한번은 레스토랑에서 일을 한 경험이 있는 것으로 보고되었고, 1996년 기준 고용측면에서 민간부문 산업들 가운데 두 번째로 많은 일자리를 창출한 것으로 나타났다. 이러한 레스토랑산업의 고용은 1960년에 비해 4.5배 증가한 것이며, 전체 고용에서 차지하는 규모는 동일기간 2배 이상 상승한 것을 의미하고 1996년 950만 명이던 레스토랑 종사원이 2005년에는 12,200만 명까지 증가할 것으로 기대된다. 이러한 긍정적인 기대는 2004년까지 과거 10년 동안 년 270,000개의 새로운 고용기회가 창출되어, 2005년 이후 앞으로 10년 동안 180만개의 새로운 고용기회가 창출될 것이라는 예측을 가능케 한다. 1996년 기준으로 보면 총임금 및 복리후생비의 경우 풀-서비스 레스토랑은 350억 달러 그리고 제한 서비스 형태로 운영되는 패스트푸드 레스토랑의 경우 290억 달러에 이르고 있어 상당히 노동집약적인 구조의 산업이다. 하지만 풀타임 기준 노동력 대비 인당 매출액은 월 50,718 달러로서 타 산업에 비해 현저히 낮은 수준인 것을 알 수 있다.

한편 레스토랑은 종사원들이 향후 동일 산업 내 관리자로서 진출할 수 있는 교두보로써 여성과 시간제 종사자들에게 다양한 기회를 제공하고 있다. 대략 다섯 명의 테이블-서비스 레스토랑 정규직 종사자 중 세 명 정도가 시간제 종사자로 출발했고, 1996년 기준으로 외식 및 숙박업체에 종사하는 140만 명의 관리자 가운데 46%가 여성, 9%가 흑인 그리고 7%가 남미출신이었다. 또한 조리와 서비스 직업 내 슈퍼바이저급 10명 중 7명은 여성들이며, 11%가 흑인 그리고 11%가 남미출신이었다. 1996년 외식관련 직업 종사자 10명 중 대략 6명(57%)이 여성들로 구성되어 있던 비율은 2004년도에도 여전히 외식업체 종사자중 55%가 여성이라는 높은 비율을 차지하고 있다. 이외에도 미혼자가 68%, 30세 이하의 종사자들이 52%이상이라는 구성을 나타내고 있다.

1997년 하반기를 기준으로 미국 내에 대략 798,887업소가 외식을 제공하는 것으로 조사되었으며, 1995년 이후 매년 5%씩 증가하여 2005년에 이르러 현재 900,000곳이 넘는 외식업체들이 70억 개 이상의 식사를 제공하고 있다. 외식산업의 대부분은 일반 상업업소(commercial)들로 구성되어 있는데, NRA의 보고에 의한 2005년도 외식산업의 구성현황은 표 1-7과 같다.

표 1-7
외식산업의
구성현황

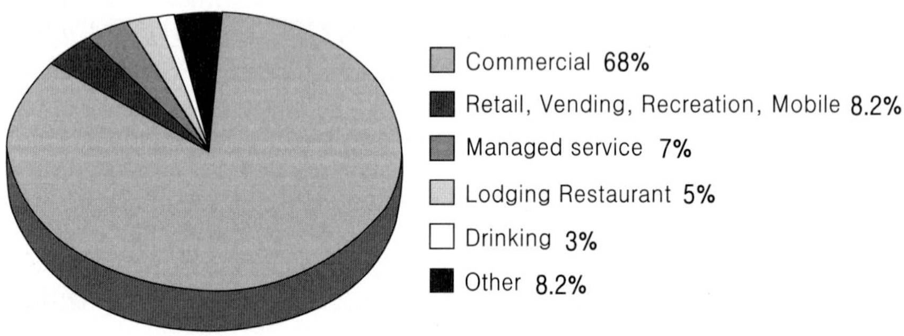

식음료 매니저의 역할

거대한 외식산업의 시장규모는 무한한 기회를 제공할 뿐만 아니라, 강도 높은 경쟁에 직면할 수 있는 위험 또한 내포하고 있다.

무한한 잠재력을 지닌 외식산업에서 식음료 매니저(Food & Beverage Manager)의 역할은 도전적 경쟁에서의 생존, 기회포착 그리고 재무성과 달성으로 요약될 수 있다. 이러한 역할을 제대로 인식하고 수행하기 위해서는 식음료 매니저는 모든 식음료관련 부서들과의 원활한 커뮤니케이션 관계를 수립하고 유지해야 한다. 특히 커뮤니케이션에 있어 체계적인 순서와 정규적인 절차를 따라야 하며, 동시에 이러한 과정은 쌍방적이어야만 효과가 나타난다. 식음료 매니저의 직위는 회사에 따라 다를 수 있지만, 그들이 수행해야 하는 업무기능은 동일하다. 예를 들어 대부분의 독립경영 레스토랑에서의 운영책임자들은 대부분 주방장 혹은 매니저이다.

다음은 부서 간 커뮤니케이션에서 매니저의 역할과 외식산업이 직면한 주요 도전 및 기회를 자세히 설명하기 위해서 객실 미니-바(Mini-bar) 서비스를 예로 들어 본다.

객실 미니-바 서비스

미니-바 서비스는 많은 숙박업소들이 투숙객들을 위해 제공하는 객실 식음료 서비스이다. 미니-바가 투숙객들에게 선호되고 또한 수익성 있는 운영이 되기 위해서는 우선적으로 투숙객들이 이 서비스에 대한 긍정적 가치와 효익을 지각해야하는 것은 물론 정확한 재고관리, 적합한 메뉴제공 그리고 절도방지를 위한 효과적인 보안이 수반되어야 한다.

가치 및 효익에 대한 고객의 지각 대부분의 회사들은 일정기간에 걸쳐 진행된 고객 설문조사결과 또는 경영층의 경험과 판단에 기초해 고객의 지각 혹은 가치에 대한 의사결정을 한다. 이 가운데 경영층의 경험과 판단에 기초한 분석 방법은 극히 주관적인 것으로 개별 관리자의 편견과 실수가 개입될 소지가 있다. 어떠한 방법을 택하든 분석의 목적은 다음 사항들을 평가하는 것이다.

- **편의성과 적정가격** : 음료와 스낵은 고객이 원하는 시기에 적정가격으로 공급되어야 한다.
- **정품메뉴제공** : 메뉴상품은 정품형태로 제공하여 품질을 담보하여야 한다. 일부 숙박업소에서는 이미 사용한 음료수 용기에 다시 물을 채워 넣은 것이 미니-바 안에 놓여있는 경우가 종종 보고되기도 한다.
- **정확한 계산서의 적시 제공** : 계산서가 고객에게 적시에 제공되지 못하거나 혹은 고객과의 계산 시비로 인해 호텔 측의 손실이 발생할 수도 있다. 특히 후자의 경우 고객이 체크-인하기 전에 미니-바가 표준재고상태를 유지하지 못하였을 경우에 발생하기 쉽다. 이외에도 고객이 체크-아웃을 늦게 하기를 원하거나 또는 'Do-not-disturb(방해하지 마시오)' 싸인(Sign)이 부착되어 있는 상황 등이 미니-바에 대한 정확하고 신속한 재고파악에 지장을 줄 수 있다는 사실을 명심해야 한다.
- **신속한 계산처리** : 최종 사용금액을 파악하기 위해 고객으로 하여금 프론트 데스크 앞에서 기다리도록 하지 않아야 한다.
- **소음 및 고객 프라이버시** : 미니-바의 소음을 제거하고, 재고보충을 위한 객실 출입 시 고객의 프라이버시를 침해하지 않도록 주의해야 한다.

Tip

일부 숙박업체들은 객실료에 미니-바 사용료를 포함시키고 있다. 이 경우, 미니-바 사용료는 미니-바 안에 있는 품목의 양과 가치에 따라 다르게 적용된다. 이러한 방법은 미니-바 사용료에 대한 고객들과의 골치 아픈 시비를 제거하는 해결책이 될 수 있지만 한편으로는 고객들로 하여금 객실료가 기대 이상으로 높다고 오해할 수 있는 소지를 제공하기도 한다.

재고 관리 매니저는 미니-바의 재고와 매출을 책임감 있게 관리할 수 있어야 한다. 우선 물품창고에서 객실의 미니-바로 출고되는 내역이 기록되는 '출고요청서(Requisition Form)'와 '실제 매출명세표(Sales Record)'가 정확히 일치해야 한다. 기타 관리이슈로는 적정재고 유지, 재고의 손상 및 부패 방지, 재고보충 및 재고회전 시 발생되는 인건비 관리 등이 있다. 세부내용들은 다음 장에서 다루어진다.

메뉴 분석 메뉴분석의 목적은 판매량(고객 선호도)과 판매품목의 수익성을 평가하기 위한 것이다. 판매품목들은 수익성과 고객선호도에 따라 평가되어야 한다. 판매부진품목과 단종품목들이 발생되기 때문에 메뉴분석을 주기적으로 수행하는 것이 바람직하다. 자세한 내용은 2장과 5장에서 소개하기로 한다.

보안 및 절도예방 두 가지 이슈가 있다. 주류 판매 및 소비에 관한 정부의 법규 준수와 직원들의 미니-바 사용문제이다. 매니저는 미성년자의 미니-바 주류 이용을 방지할 수 있는 적법한 방안을 강구해야 한다. 또한 직원들의 무분별한 미니-바 물품사용을 예방하기 위해 특별 잠금장치를 설치할 수 있으며 또한 내부 절도방지를 위해서 내부 근무기강을 강화하는 직원인사관리규정을 수립하고 이를 시행할 필요가 있다.

한편, 미니-바 서비스가 효과적으로 운영되기 위해서는 관련 부서간의 적절한 커뮤니케이션이 중요하다.

1. 하우스키핑(Housekeeping) : 새로운 고객이 체크-인 하기 전 프론트 데스크 및 미니-바 운영직원에게 객실 및 미니-바의 상태를 알린다.
2. 벨 스태프(Bell Staff) : 객실로 고객을 안내하거나 수화물 운반 시 미니-바의 보안상태가 문제가 있다면 즉시 프론트 데스크에 알린다.
3. 프론트 데스크(Front Desk) : 고객에게 미니-바 사용방법 및 지불절차를 공지한다.
4. 시설부서(Maintenance) : 안정성 있는 미니-바 잠금장치설치, 유지 및 보수한다.
5. 회계부서(Accounting) : 미니-바 관련 매출 및 비용을 관리한다.
6. 미니-바 운영직원(Mini-bar Attendant) : 대고객 서비스, 편의성 그리고 만족도 향상을 위해 판매품목을 선정한다. 고객의 체크-아웃 보고에 따른 미니-바의 재고 보충 및 계산을 한다.

각 부서간의 효과적인 커뮤니케이션을 통해 미니-바 서비스를 관리했음에도 불구하고 성공적이지 못하다고 판단된다면, 자동 미니-바 시스템을 도입할 수도 있다. 예를 들어 'ROBOBAR'라는 자동시스템을 설치할 수 있으며 이때 운영자는 자동시스템도입에 따른 비용지출을 결정하기 전 투자수익률(Return on Investment)을 검토해야 한다.

이와 같이 간단한 미니-바 서비스를 운영하는 경우에도 수많은 관리이슈와 문제에 직면할 수 있음을 확인할 수 있다. 식음료 부서의 운영규모가 커질수록 직면하는 문제는 예상보다 많아지게 된다. 효과적인 식음료 원가관리는 다양한 비용문제를 해결하고 보다 높은 수익을 창출하는 기능을 한다. 더욱이 식음료 원가관리자는 효과적인 원가관리를 위해 각 부서간의 효과적인 커뮤니케이션을 유지시킬 책임이 있다.

식음료 비용

식음료 판매업체의 소유주, 운영자 또는 매니저들은 사실상 원가관리자(Accountants, or Cost Controllers)로서의 역할을 한다. 본 교재는 이들이 수행하는 식음료 원가관리 및 수익/비용 예측을 위한 전략을 정의하고, 효과적인 수행에 필요한 유용한 정보를 제공한다. 표 1-3은 NRA의 자료를 바탕으로 한 레스토랑의 비용구조에 관한 예이다. 비록 비율은 업체별로 차이를 보이지만, 좋은 벤치마크(Benchmark) 자료이다.

우선 표 1-8을 보면, 식재료비와 인건비가 가장 높다는 것을 알 수 있다. 성공하는 레스토랑이 되기 위한 세 가지 원칙이 있다. 낮은 식재료비의 유지, 낮은 인건비의 유지 그리고 높은 고객만족도 달성이 그것이다. 식재료비 및 인건비는 업체에서 사용하고 있는 장비, 도구 그리고 판매시점(Point-of-Sale: POS)시스템의 활용여부에 의해 영향을 받게 된다. 적절한 POS시스템 활용은 고객 서비스에서부터 원가관리에 이르는 레스토랑 운영의 모든 측면이 원활하게 진행되도록 지원해줌으로써 생산성을 향상시킨다.

레스토랑 산업 (달러)	풀-서비스 레스토랑 (객단가 $10 미만)	풀-서비스 레스토랑 (객단가 $10 이상)	제한-서비스의 패스트푸드 레스토랑
수입			
음식 매출	89.60	76.00	95.70
음료 매출	10.40	24.00	4.30
지출			
식재료 비용	32.20	30.00	28.40
음료 비용	3.20	7.80	1.20
급여 및 임금	28.00	26.90	24.20
종업원 복리후생비	3.90	4.20	3.70
직접 영업비	7.00	6.50	6.70
음악 및 엔터테인먼트	0.20	0.90	0.10
마케팅	2.30	2.50	5.70
수도광열비	3.20	2.30	2.80
임대료	5.20	5.30	7.40
유지보수비	1.70	1.60	2.00
감가상각비	2.30	1.80	3.10
기타 영업비용(수입)	0.30	0.20	-0.40
사무행정비	3.20	4.20	3.70
본사관리비	2.70	1.40	0.80
이자	0.80	0.60	0.80
기타(잡비)	0.20	0.30	0.30
세전이익	3.60	3.50	9.50
합 계	100.00	100.00	100.00

※ 모든 숫자는 %로써 정보가 제공된 레스토랑들의 가중된 평균을 나타냄.

표 1-8
레스토랑의 비용 구조

나아가 특화된 주방장비 및 도구 그리고 가공제품 구매 역시 조리과정에서 발생되는 손실을 최소화시켜줄 수 있다. 하지만 식음료 원가관리자의 신중한 판단에 의해 고비용이 지불되는 시스템과 장비 그리고 고비용 식재료 구입 없이도 효율적으로 운영될 수 있다. 예를 들어, 식음료 원가관리자는 'make or buy decision(기초 식재료 구매 후 가공 vs. 가공-준비된 식재료 구매 결정)'와 같은 경영기법의 선택에 직면하게 된다. 따라서 식음료 원가관리자는 다양한 원가요소들을 비교한 후 최적의 의사결정을 내려야 한다.

Tip

'make or buy' : 인건비 절감을 위해 다소 비싼 (반)가공 식재료 또는 완제품을 구매, 활용하거나 반대로 가격이 저렴한 원재료를 구매한 후 자체적인 인력으로 가공처리, 사용할지를 결정하는 경영 의사결정. 결정의 방향은 필요 인건비의 규모와 시장 내 인력활용 용이성 정도(예를 들어, 노동시장의 유연성 정도: 시간급 직원 활용 등)에 따라 달라진다.

식음료 매니저 직무기술서

매니저는 운영 효율성을 향상시키기 위해 정책개발, 절차수립 그리고 실행의 책임을 가진다. 또한 자금 흐름 및 수익의 극대화 및 수익목표달성의 책임도 부여받는다. 따라서 매니저는 비용, 수익 그리고 인원의 적절성 정도를 분석하거나 원가효율성 극대화를 위한 관리절차를 수행해야 한다. 식음료 매니저의 주요 직무기능은 원가관리이며, 특히 이와 관련한 기능은 일반적으로 식음료 매니저 직무기술서(Job Description)에 명시되는 다음과 같은 것들이 있다.

노동생산성관리

- 인건비 예산과 운영 목표범위 안에서 인력운영의 효율성을 극대화시킬 수 있는 계획수립
- 직원 근무일정표 관리, 인력운영 노력을 배가하기 위해 하급 관리자에게 생산성 성과에 대한 커뮤니케이션 및 피드백 제공
- 일관성 있는 인력운영을 위한 생산성지표의 지속적인 점검 및 관리

평가 및 진단

- 조직운영에 대한 정기적인 평가방법 구축 및 지속적인 실행
- 운영상의 문제발생 시 원인분석 및 평가실행
- 수익과 운영목표에 영향을 미치는 내/외부 영향요인을 식별하고 분석함과 동시에 적절한 수정(안) 권고
- 최상의 운영을 위한 정책 또는 절차의 변경 제안

재무보고

- 수입, 지출, 고객 수 및 점유율에 대한 일별, 주별, 월별, 연간 통계자료 수

집과 재무보고서 작성

■ 수입 및 지출 산정의 정확성 여부 및 절차의 적절성 여부를 감독 및 확인

기타 의무

■ 컴퓨터시스템(POS 시스템)의 구매와 활용결정 및 운영상의 효과성 평가
■ 월말 재고조사 관리 및 지원
■ 사업규모에 적절한 비용예산 수립
■ 메뉴가격의 적정성 판단 및 변경 권고
■ 수입 극대화 전략 및 비용관리 시스템 개발
■ 원가 및 수입 예측(구매시장 및 판매시장 환경변화 예측, 수요예측 등)
■ 연간 수익계획 수립 및 실행

비용-효과성 관리

식음료관리자(Food & Beverage Controller)라는 명칭 안에는 '비용-효과성 관리(Cost-Effective Control)'의 의미가 포함되어 있다. 원가관리자는 비용의 최소화와 수익의 극대화를 달성하기 위한 다양한 비용-효과성 관리대안들을 활용해야 한다.

재고관리 및 평가

재고관리 담당자의 의사결정은 수익 및 자산평가 등에 영향을 주게 된다. 관리자의 재고감독 직무는 필수적인데 그 이유는 재고관리가 수익, 현금 흐름, 생산계획 그리고 고객 서비스에 직접적으로 영향을 미치기 때문이다. 관리자는 고객 서비스가 원활하게 이루어지도록 하기 위해 필요재고수준, 납품업체 발주빈도 그리고 경제적인 주문량 등을 결정해야 하며, 납품업체의 업주

들이 구매하는 제품을 일관성 있게 제공하도록 철저히 관리해야 한다.

재고관리의 성공여부는 다음의 기준으로 평가 된다. 이용 가능한 현금의 흐름, 식재료 도난 감소, 원가 감소 그리고 음식물 쓰레기의 감소 등이다. 이때 현금흐름은 총매출에서 매출발생을 위해 사용된 현금지출(식재료 구입비)을 제외한 나머지 현금수입을 말한다. 과다한 재고보유로 인해 현금이 물품창고에서 잠자고 있는 경우 그 회사는 여타의 중요한 지출에 필요한 현금을 활용할 수 없게 된다. 대표적인 재고관리의 실패는 부적절한 재고보유(과다재고 또는 과소재고) 또는 부정확한 재고가치평가(Inventory Valuation: 실제 재고보다 낮거나 높게 평가되는 경우)에서 기인된다. 예를 들어, 메뉴변경 혹은 메뉴 판매 숫자 변화로 인한(관련 식재료 사용량 변화로 인해) 과도(과소)한 재고보유상태를 초래할 가능성이 높다. 또한 효과적인 식음료 원가관리를 위해 재고가치평가가 적절하게 이루어져야 한다.

Tip

First in, First out : '선입선출'은 먼저 입고된 것을 먼저 사용한다는 것. 재고순환방법을 활용하기 위해 구매제품 입고 시 올바른 저장방식을 수행할 수 있도록 원가관리자의 지속된 감독이 필요하다.

재고를 빠르게 소진하는 것을 나타내는 '고(高) 재고회전율(Inventory Turnover Ratio)'은 불필요한 재고가 적다는 것을 의미한다. 나아가 재고가 올바르게 회전되도록 하기 위해 '선입선출(先入先出: First in, First out)'로 불리는 재고순환방법을 활용하는 것은 일반화되고 있다.

'재고가치를 평가하는 것'은 보유 중인 재고물품의 수를 확인하고 이를 금액으로 환산하는 것을 의미한다. 재고가치평가를 통해 회사 내에서 어떠한 비용이 발생되고, 어디에서 낭비요소가 발생되는 지를 확인할 수 있다. 재고가치평가는 신중하게 이루어져야 하는데 그 이유는 재고가치평가의 결과가 운영자본(Working Capital)과 같은 주요 운영정보에 영향을 미치기 때문이다. 다점포 또는 체인레스토랑의 식음료 관리자는 재고물품을 관리 및 감독하는 과정에서 발생하는 단위 영업장의 재고관리 프로그램의 성공 또는 실패에 대해 해당 영업장의 매니저 또는 주방장에게 알려야 할 책임이 있다. 이러한 원인 발생과 관련하여 매니저 또는 주방장으로부터의 의견을 경청하고, 매니저 혹은 주방장으로 하여금 문제점에 대한 시정계획을 작성하도록 해야 한다. 재고관리에 대한 자세한 내용은 5장에서 다루기로 한다.

경영예측

경영예측(Business Forecasting)은 기업의 미래성과를 예측하는 것이다. 특히 예측은 예산수립의 토대로 기능하기 때문에 계획과정에 있어 반드시 수행해야 업무활동이다. 더욱이 식음료 원가관리자들은 효과적인 경영예측을 통해서 관리상 나타나게 되는 취약점에 대한 개선방안을 적시에 그리고 적절하게 찾아낼 수 있어야 한다. 예를 들어 원가관리자의 경영예측결과는 일반적으로 기업운영과 관련한 주요사항(구매계획이나 직원의 근로시간계획 수립 등)과 재정적 결과(추정원가나 매출 비율) 등의 관리에 적용될 수 있다. 따라서 경영예측은 기업전체의 다양한 활동을 조절하기 위한 근간이 된다.

경영예측에 접근하는 여러 가지 방법들이 있지만 상황에 적합한 특정 방법을 결정하기 위해서 반드시 관리자들이 고려해야할 범주는 다음과 같다.

- 방법의 실용성 또는 필요정보 획득 가능성
- 결과의 신뢰성
- 방법의 비용-효율성

경영예측의 방법에는 '통계적 방법(Statistical Method)'과 '추정(Estimation)'이 있다. 외식 산업에서 가장 일반적으로 쓰이는 방법은 추정적 접근법이다. 통계적 접근방법의 사용은 충분한 자료의 수집 및 분석에 드는 시간과 비용 때문에 일반화되지 못하고 있다. 과거 자료를 토대로 활용하는 통계적 방법과는 다른 추정에 의한 예측방법은 상대적으로 주관적인 편이다. 이 방법은 예측하는 사람의 경험, 전문지식, 판단력 그리고 직관력 등이 의미 있고 신뢰할 만한 예측을 만들어내는 토대가 된다고 가정하고 있다. 까다로운 통계정보가 경영예측에 있어 유효성이 높은 것은 사실이지만, 반드시 필요한 것은 아니기 때문에 추정적 접근방법이 매우 실용적이라고 볼 수 있다. 즉 추정에 의한 방법은 한정된 수의 사람이 제한적인 시간동안 예측을 수행할 수 있다는 점에서

비용-효율적인 면을 가진다. 하지만 추정 접근법에 대한 신뢰성은 예측자의 직관과 예측자의 예견능력에 크게 좌우될 수 있는 주관적 예측이기 때문에 과거 예측성공이 향후 예측에 대한 성공을 완벽하게 보장할 수 없다.

식음료와 룸서비스를 동시에 운영하는 호텔산업에서도 추정적 예측기법을 활용하며 그 방법은 다음과 같다.

- 첫 번째 방법은 판매 팀 접근(Sales Team Approach)에 의해 평가하는 것이다. 판매 직원 또는 판매 담당매니저가 개별적 제품판매 및 전체 매출을 추정하는 것이다. 이러한 '하의상달(Bottom up)'식 접근은 개별 판매원들이 기업에서 그들이 담당하는 일부분에 대한 판매를 추정한 뒤, 담당매니저가 각각의 추정견적들을 총체적 예측을 얻기 위해 조합하는 방식으로 이루어진다. 이 접근법은 통계적인 것이 아니며, 과거 자료를 이용 또는 적용할 수 없는 조건에서 판매 담당자들의 다양한 판단 요소들과 경험을 통합하는 것이다. 단점으로는 결과가 판매 부서에서 가장 영향력 있는 직원의 선입견이나 견해로부터 영향을 받기 쉽다는 점이다.
- 두 번째 방법으로 고객기대(Customer Expectation)를 활용할 수 있다. 관리부서가 경영예측을 하기 위해 고객표본조사를 통해 수집한 정보를 분석한다. 고객 욕구나 기대 변화에 대한 즉각적인 인식이 가능하다는 이점을 가지고 있으나, 반면에 이러한 방법은 고객이 다수이거나 혹은 목표고객을 명확히 구분하기 어려운 시장상황에서는 사용하기가 어렵다.
- 세 번째 방법으로는 임원진 의견수렴(Executive Opinion)이 있다. 이 방법은 최고 경영진의 견해 및 의견을 조합한 후 평균화하여 구성되는 것으로서 호텔의 경우, 의견수렴 시 폭 넓은 경험과 의견을 얻기 위해 주방, 구매부, 경리부, 식음료팀, 판매팀과 같은 부서의 임원진을 동시에 소집하고 있다. 작은 사안에 대해서는 경영주, 총지배인 혹은 임원급을 통해 이 방법이 이루어질 수도 있으며 이 방법의 장단점은 판매팀 접근법과 유사하다.

추정에 의한 경영예측이 사실로 확인될 때까지는 객관적으로 평가되거나 실증될 수 없다. 이것이 앞서 언급한 예측방법의 단점이라 하겠다. 더불어 예측자체가 본질적으로 주관적이기 때문에 예상하지 못한 결과가 발생하거나 동시에 구체적 이유나 원인이 발견되지 않을 수도 있다. 따라서 실제의 결과가 나타난 후 식음료 원가관리자는 보다 신뢰성 있는 경영 예측을 위해 결과를 분석한 후, 미래의 경영 예측방법을 개선해야 한다.

표 1-9
식음료 수요계획 모듈

월: 일: 점포명:

	A	B	C	D	E	F	G
영업 시간	영업 일수	1 일 고객수	평균 음식 객단가 ($)	평균 음료 객단가 ($)	총 음식매출 (A×B×C)	총 음료매출 (A×B×D)	총 월고객수 (B×A)
아침	31	95	5.03	1.69	14813.35	4977.05	2945
점심	31	70	7.11	2.10	15428.70	4557.00	2170
저녁	31	65	29.79	5.45	60026.85	10981.75	2015
합 계					90268.90	20515.80	7130
총 식음료수입					$110784.70	(합계 E + 합계 F)	
총 평균 객단가					$15.54	(총 수입/총 월방문객)	

또한 식음료 원가관리자들은 각 업장의 비용과 매출에 대한 예측을 하게 되는데, 비용의 조절 및 관리를 통해 실제비용이 예상(계획)비용을 초과하거나 혹은 일치하는지를 확인하는 것은 매우 중요하다. 한 가지 전략으로써 정확하고 적시성 있는 수요분석 보고서(Cover Analysis Report)를 개발할 수 있다(표 1-9 참조). 이 보고서는 평균 식음료 객단가의 변동현황을 보여준다. 보고서의 각 자료들은 총매출(총 식음료수입)의 예측을 위해 중요하게 쓰이게 되며, 평균 객단가와 일정기간 동안의 예상고객 수를 곱하여 구할 수 있다. 위와 같은 예측은 원가계획, 식재료 주문 그리고 직원인원계획수립에 있어 매우 귀중한 정보가 된다.

표 1-9는 1개월을 기준으로 한 예제이다. 첫째로 일별정보가 표의 맨 위 칸

에 표기되며, 각 업장에 따른 영업시간을 차례로 왼쪽 편에 열거하고 있다. 영업일수는 문자열 A에 표시된다. 예를 들어 이 레스토랑은 아침의 경우 1월 31일까지 매일 운영하였다. 문자열 B에는 하루 운영시간동안 각 시간대별 예상되었던 고객 수를 표기하였으며, 문자열 C와 D는 각 시간대별 식사와 음료의 평균 객단가를 각각 나타내고 있는데, 이 평균금액은 그 업장이 일반적으로 판매했을 때를 기준으로부터 산출한 것이다. 문자열 E는 1개월 동안의 음식 판매에 관한 합계금액(A×B×C)을 나타낸 것이며, 문자열 F는 같은 기간 음료 판매에 관한 합계금액(A×B×D)을 표기하고 있다. 가로줄 마지막 문자열 G는 예상된 전체 고객 수 혹은 영업일수에 일평균 고객 수를 곱한 것이다(B×A).

다음으로 문자열 E, F 그리고 G가 하단에 합산되어 표기된다. 호텔의 경우에는 하단 왼편에 예상된 객실 점유량과 점유율이 추가된다. 각 업장의 예상되는 총 매출을 얻기 위해 문자열 E와 F를 더한다. 그 다음 E와 F의 합계를 문자열 G의 합계로 나누어 1인 당 평균 객단가를 얻는다.

표 1-9와 같은 식음료 수요계획 모듈은 목표로 하는 원가비율을 토대로 제품의 원가를 예상하기 위해 주로 이용된다. 이 내용은 제4장에서 자세히 다루겠으나 이곳에서는 간단히 경영예측이 식음료 원가, 인건비 그리고 기타비용을 예측하기 위한 유용한 도구라는 사실을 인지시키고자 제시한 것이다. 또한 이러한 모듈 작성을 통해 제품이 어느 정도 주문되는지 알아볼 수 있으며 각 업무 시간대별로 몇 명의 직원이 필요한지를 계획할 수 있게 된다. 그와 함께 전체적인 구성을 위해 각 업장에 어떤 종류의 제품 매출이 전체에 얼마만큼 기여하고 있는지 또한 확인된다.

표 1-10과 표 1-11은 앞서 논의한 예상수요 분석 자료의 다른 형태이다. 이 표들은 분석에 있어 중요한 단계임은 물론, 날짜별로 예측을 세분화시키고 있다. 이러한 한층 진보된 자료를 활용하여 좀 더 정밀하게 계획을 세울 수 있다.

표 1-10의 문자열 A는 요일과 날짜를 차례로 열거하고 있으며, 문자열 B는 호텔의 예상된 객실점유 현황, 문자열 C는 그 점유율을 나타내고 있다. 여기에서, 객실점유율이란 고객이 입실한 객실 수를 사용 가능한 객실 수로 나눈 것이다.

표 1-10
직원 근무계획수립을 위한 수요예측모델/수입과 근무 스케줄 요약

A	B	C	D	E	F	G
일별	객실 정보		가용 고객	예상 고객수	예상 수입	
	객실점유	객실점유%	아침식사	아침식사	음식	음료
1 월	560	50	740	59	297	100
2 화	605	56.4	795	64	322	108
3 수	600	56	859	69	347	117
4 목	565	52.7	852	68	342	115
5 금	560	52.2	802	64	322	108
6 토	615	57.4	795	64	322	108
7 일	505	47.1	878	70	352	118
8 월	550	51.3	717	57	287	96
9 화	605	56.4	781	62	312	105
10 수	620	57.8	859	69	347	117
11 목	630	58.8	880	70	352	118
12 금	635	59.2	895	72	362	122
13 토	715	66.7	902	72	362	122
14 일	550	51.3	1015	81	407	137
15 월	515	48	781	62	312	105
16 화	545	50.8	731	58	292	98
17 수	610	56.9	774	62	312	105
18 목	625	58.3	866	69	347	117
19 금	660	61.6	638	51	257	86
20 토	700	65.3	437	35	176	59
21 일	600	56	494	40	201	68
22 월	550	51.3	352	28	141	47
23 화	550	51.3	531	42	211	71
24 수	525	49	781	62	312	105
25 목	545	50.8	746	60	302	101
26 금	540	50.4	774	62	312	105
27 토	545	50.1	767	61	302	103
28 일	475	44.3	774	62	312	105
29 월	505	47.1	675	54	272	91
30 화	545	50.8	717	57	287	96
31 수	505	47.1	774	62	312	105
예상 합계 :				1,868	9,396	3,159
사전에 수립된 계획 :						
계획 대비 예상의 % :						

모든 객실 중 투숙객을 받을 준비가 안 된 객실이 있을 수 있으므로 이용 가능한 객실 수가 항상 총 객실 수와 같은 것은 아니다. 예를 들어 고객이 투숙하고 있는 객실 수는 560실이며 점유율은 50%라고 했을 때 이용 가능한 객실 수는 총 1120실이 되어야 하는 것이다. 그러나 표 1-5의 5일째 객실 점유수는 1일과 같은 560실이지만 점유율은 52.2%로 나타났다. 이것은 바로 그 날(5일째) 1073실만이 이용가능 했기 때문일 것이다.

문자열 D는 아침식사를 이용할 수 있는 고객 수를 나타낸다. 여기에서 말하는'가용 고객(Available Guests)'이란 레스토랑에 식사를 위해 방문할지 모를 전체 등록 고객 및 투숙객을 의미한다. 예를 들어 1120개 객실을 보유한 호텔의 레스토랑을 가정하자. 또한 이 호텔은 2000명에게 식사를 제공할 수 있는 연회장을 비롯하여 다양한 공간을 보유하고 있다고 가정하자. 현재 투숙객은 1500명이며 그 중 반은 이미 연회장 중 한곳에서 아침식사를 마쳤으며 점심과 저녁에는 연회장에서의 식사제공 일정이 없다. 따라서 레스토랑 매니저가 예상할 수 있는 이용 가능한 고객수는 다음과 같다. 아침 750명, 점심 1500명, 저녁 1500명. 이 중 몇 몇 고객은 호텔 외부에서의 식사를 선택할 수도 있으며 룸서비스를 이용할지도 모른다. 따라서 이 예측은 예상고객수를 추정하는 매니저의 경험에서 비롯되어야 하겠다. 레스토랑을 이용할 것으로 예상되는 고객수와 실제 방문고객 사이의 관계를 알아보기 위해 이전의 자료 및 정보를 이용할 수 있다. 그러한 자료들은 각 식사시간대별(아침, 점심, 저녁) 예상 고객 수를 예측하는데 매우 유용할 것이다. 이때 예상고객 예측 시 또 다른 요소 즉, 집회나 휴일을 외부에서 가지기로 결정한 고객이나 어느 특정한 날 레스토랑의 고객이 될 수 있는 외부고객(호텔 투숙객 외의 고객)의 비율 등을 고려해야 한다. 실제 도표를 작성할 때 각 식사시간대별 그리고 전체시간에 대한 예상 고객수를 기입하도록 하자. 표 1-10은 아침시간의 자료를 강조하여 보여주기 위한 것이며, 표 1-10의 문자열 E는 아침시간의 예상고객 수를 나타내고 있다.

각 시간대별 평균객단가에 대한 정보는 Box-A(표 1-10)에 표시되고 있다.

표 1-10의 문자열 E의 예상 고객수를 Box-A(표 1-10)의 금액에 각각 곱해보도록 하자. 이것은 도표상의 또 다른 문자열에 표기될 예상수입(총매출)이 되는 것으로, 예를 들면 아침시간의 식사 음료 총 수입은 표 1-10의 각 문자열 F와 G열에 나타난 결과이다.

BOX A
표 1-10

1인당 평균 객단가 추산		
	음식	음료
아침식사	$5.03	$1.69
점심식사	$7.11	$2.10
저녁식사	$29.79	$5.45
기타	$16.15	$4.07
기타	$9.75	$2.19

다음의 표 1-11a와 1-11b에서 제시된 것처럼 인건비 예측 또한 동일한 과정을 적용할 수 있다. 먼저 방문 고객 수에 따른 각 직무별 근로필요량을 나타낸 Box A(표 1-11a)를 보도록 하자. 예를 들어, 레스토랑에 31명의 고객이 온다고 예상했을 때 음료서비스에는 8시간, 식사서비스에는 6시간 그리고 주방조리에는 24시간이 필요하다. 표 1-11a는 근로시간과 임금 뿐 아니라 각 직무에 대한 정보를 예시하고 있다. 표 1-11a의 문자열 H는 서비스직원의 총 근로시간을, 문자열 I는 전체 서비스인건비를 산출하기 위해 직무별 시간당 인건비를 근로시간으로 곱한 것을 나타낸다. 표 1-11b 경우 문자열 A와 B에 시급 서비스직원과 주방직원의 전체 근로시간과 임금을 나타낸 것이며, 정직원의 근로시간과 급여는 문자열 C, D에 나타나고 있다. 또한 Box A(표 1-11b)에서는 필요한 정직원 수와 급여를 볼 수 있다. 표 1-6b의 문자열 E는 일별 필요 근로시간을, 문자열 F는 그에 따라 소요되는 총 임금을 표기하고 있다. 문자열 G는 일별로 계획되었던 필요근로시간을 나타내는데 그 중 특정일은 계획 근로시간보다 더 많은 시간을 가동하고 있다. 그러나 이러한 예상 업무 스케줄은 휴일 근로시간과 임금수준을 반영하지 않은 것이며, 휴일수당으로 최소 $500의 비용을 일반적으로 더해야 한다($500의 비용은 고정비용이 아닌 변동 가능한

예상금액이다). 추가로 시급근로를 사용한다면, 문자열 H의 계획된 총 인건비 지출을 주목해보자. 표준 근로필요량에 의한 총 인건비지출액(문자열 F)에 휴일수당($500)을 포함한 전체 합계액은 $20,128이지만, 1월 14일 국경일 수당을 포함한 계획된 총 인건비 합계는 $20,507이다. 따라서 이러한 자세한 예측을 통해 초과비용이 어디에서 발생하는지를 알 수 있으며, 또한 그 비용을 줄일 수 있을 것이다.

BOX A
표 1-11a 스태핑 기준 (staffing standard)

고객수		바텐더	칵테일 서버	서버	기타	기타	기타	테이블 버서	주방	호스트
부터	까지									
0	39	8	8	6	0	0	0	4	24	4
40	59	8	8	8	0	0	0	8	32	6
60	79	8	8	24	0	0	0	12	40	8
80	이상	8	8	32	0	0	0	16	40	8

BOX A
표 1-11b

풀-타임 인건비		
	시간	금액($)
매니저	8	90
조 리	0	0
합 계	8	90

Tip

스태핑 기준(Staffing Standard)이란? 해당 업장의 방문고객수에 따라 높은 노동효율성을 활용하고자 각각의 직무에 따라 표준 근로시간을 선정해 놓은 기준을 의미한다.

경영예측과 예산편성 준비를 위한 주요업무 타당한 근거와 정확한 판매예측 없이는 수립된 계획과 예산은 쓸모없거나 혹은 많은 문제를 발생시킬 수 있다. 식음료 원가관리자는 과거의 업무성과를 바탕으로 미래에 대한 경영예측을 수행한다. 일반적으로 외부사업 환경과 내부경영정책 및 절차라는 두 가지 요인이 과거의 경영성과에 영향을 주었다고 보아야 한다. 따라서 그와 관련된 정보수집을 통해 경영과 관련한 일반적인 동향을 파악할 수 있다. 관련 정보로는 과거의 메뉴, 고객, 판매원 그리고 직원에 대한 자세한 정보는 물론 경제적 상황에 관한 일반적인 자료가 포함되어야 한다. 수집된 자료를 통해 과거 업무수행을 분석함으로써 식음료 원가관리자는 기업 내부의 약점을 찾아낼 수 있으며 구매, 저장, 재고관리, 직원채용과 수급, 구매 및 설비이용에 대한 과거기록의 분석은 차기예산을 편성할 때 개선되어야 할 요소들을 정확히 지적하는 데 도움이 된다. 또한 외부의 컨설팅을 통해 이와 같은 분석을 수행하도록 할 수 있으며, 이 경우에는 주관성의 개입을 줄일 수 있어 상당히 객관적인 분석결과를 도출해낼 수 있다.

표 1-11a
스태핑 기준
(staffing standard)

	A	B	C	D	E	F	G	H	I
	$11.50	$6.70	$9.20	$5.40	$4.70	$9.50	$4.50		
			서비스 시간제 직원의 근로시간(Labor Hours)						
날짜	조리	스튜어드	호스트	버서	서버	바텐더	칵테일 서버	총 서비스 시간	총 서비스 $
1 월	32	6	8	8	8	8	8	40	266
2 화	32	6	0	8	8	8	8	32	193
3 수	32	6	0	8	8	8	8	32	193
4 목	32	6	0	8	8	8	8	32	193
5 금	32	6	0	8	8	8	8	32	193
6 토	32	6	8	8	8	8	8	40	266
7 일	24	4	0	4	6	8	8	26	162
8 월	24	4	8	4	6	8	8	34	235
9 화	32	6	0	8	8	8	8	32	193
10 수	32	6	0	8	8	8	8	32	193
11 목	32	6	0	8	8	8	8	32	193
12 금	32	6	0	8	8	8	8	32	193
13 토	32	6	8	8	8	8	8	40	266
14 일	24	4	0	4	6	8	8	26	162
15 월	24	4	8	4	6	8	8	34	235
16 화	24	4	0	4	6	8	8	26	162
17 수	32	6	0	8	8	8	8	32	193
18 목	24	4	0	4	6	8	8	26	162
19 금	24	4	0	4	6	8	8	26	162
20 토	32	6	8	8	8	8	8	40	266
21 일	24	4	0	4	6	8	8	26	162
22 월	24	4	8	4	6	8	8	34	235
23 화	24	4	0	4	6	8	8	26	162
24 수	24	4	0	4	6	8	8	26	162
25 목	24	4	0	4	6	8	8	26	162
26 금	24	4	0	4	6	8	8	26	162
27 토	24	4	8	4	6	8	8	34	235
28 일	24	4	0	4	6	8	8	26	162
29 월	24	4	8	4	6	8	8	34	235
30 화	24	4	0	4	6	8	8	26	162
31 수	24	4	0	4	6	8	8	26	162
	848	150	72	176	212	248	248	956	6,081

표 1-11b
스태핑 가이드 기준 예상근로시간

	A	B	C	D	E	F	G	H
날짜	시간제 근로		정규직 근로		총 근로	총 $	계획된	계획된
	시간	$	시간	$	시간		시간	$
1 월	78	675	8	90	86	765	71	631
2 화	70	601	8	90	78	691	86	762
3 수	70	601	8	90	78	691	72	638
4 목	70	601	8	90	78	691	70	620
5 금	70	601	8	90	78	691	64	567
6 토	78	675	8	90	86	765	90	800
7 일	54	465	8	90	62	555	72	644
8 월	62	538	8	90	70	628	62	556
9 화	70	601	8	90	78	691	78	691
10 수	70	601	8	90	78	691	78	691
11 목	70	601	8	90	78	691	80	709
12 금	70	601	8	90	78	691	82	726
13 토	78	675	8	90	86	765	90	800
14 일	54	465	8	90	62	555	170	1,521
15 월	62	538	8	90	70	628	72	646
16 화	54	465	8	90	62	555	62	555
17 수	70	601	8	90	78	691	76	673
18 목	54	465	8	90	62	555	65	581
19 금	54	465	8	90	62	555	65	581
20 토	78	675	8	90	86	765	82	729
21 일	54	465	8	90	62	555	64	572
22 월	62	538	8	90	70	628	72	646
23 화	54	465	8	90	62	555	59	528
24 수	54	465	8	90	62	555	62	555
25 목	54	465	8	90	62	555	64	572
26 금	54	465	8	90	62	555	62	555
27 토	62	538	8	90	70	628	72	646
28 일	54	465	8	90	62	555	62	555
29 월	62	538	8	90	70	628	72	646
30 화	54	465	8	90	62	555	64	572
31 수	54	465	8	90	62	555	60	537
	1,954	16,838	248	2,790	2,202	19,628	2,300	20,507
		16,600		2,800		19,400		19,400
		101.4%		99.6%	표준	103.8%		105.7%
휴일수당: $500								$500
표준적용에 따른 총 인건비 : $17,338				$2,790		$20,128		

판매부서가 예측과정에서 수행하는 역할을 논의하는 것은 이 교재의 범위를 넘어서는 것이나, 예측을 위해 요구되는 요소들의 순서 및 절차는 중요하기 때문에 간단히 소개하면 다음과 같다. 먼저 전체적인 경제동향변화, 제품변화, 서비스변화 그리고 계획한 마케팅방침을 포함하여 기본적인 가정과 추정을 하게 된다. 이러한 여러 변화에 대응하기 위해 식음료 원가관리자는 시장조사보고서를 준비하여야하며 개별 혹은 단체고객의 욕구 및 기대를 조사하고 분석하여야 한다. 이상의 과정을 거치고 나면 기본가정이 좀 더 자세히 다듬어지고 정량적인 계획을 수립하게 되고 이를 통해 판매예측(Sales Forecast)과 판매계획(Sales Planning)이 입안된다. 일반적으로 판매예측과 판매계획은 예산수립의 기본이 되므로 예산수립 전에 반드시 선행되어야 한다.

다음으로 판매계획은 전년도 자료 및 기록과 비교되어야 한다. 마케팅, 자금개선(Capital Improvement) 그리고 교육훈련을 포함한 경영계획을 수행하기 위해 필요한 비용이 고려되어야 한다. 신규 또는 과거의 경영자료를 토대로 판매와 관련된 다른 비용들이 추정되어야하며, 이러한 비용들은 반드시 예산으로 편성되어야 한다. 외식산업의 경우 단위 매장에 따라 입지한 시장의 크기와 유동인구, 고객의 메뉴 선호도와 수익성, 시장의 경제상황 등과 같은 다양한 요소들이 판매활동에 영향을 미친다. 따라서 매출계획 및 예산편성 시 이와 같은 요소들을 고려할 필요가 있다. 이어서 일단 판매예측과 판매량이 예산에 반영되고 나면 관리부서는 판매원가를 평가하고 그 유용성에 대해 예측할 수 있다.

예산수립과정에서 식음료 원가관리자의 역할

예측(Forecast)과 예산(Budget)이란 용어의 의미가 혼동되어서는 안 된다. 이 두 용어는 의도와 내용에서 차이가 있다. 식음료판매예측은 성과를 관리하기 위하여 일련의 이벤트(사건)의 성과(결과)를 예측하는 정량적인 보고서이다. 경영예측은 다양한 조건에서 발생하게 될 지출비용, 수입 및 고객 수를 예측하기 위해 종종 '가정-대안(What if)'을 기반으로 만들어진다. 반면에 식음료운영예산은 효과적인 관리를 목적으로 정확한 결과를 산출하기 위한 일련의 업무행위를 요구하는 계획이다. 예를 들면, 관리담당은 對고객서비스를 촉진하고 종사원생산성을 높이기 위해 더 빠르고 더욱 개선된 POS시스템을 통해 예산을 수립할 것이다. 이러한 관리는 기업이 바라는 수입과 지출을 달성할 수 있는 기회를 향상시킨다.

예산관리란 기업의 장·단기적 목표의 양적인 표현을 의미하며, 기업경영을 가장 수익성이 좋은 방향으로 이끌어 갈 수 있도록 도와주게 된다. 이를 통해 적어도 재정적으로 별개의 부서들은 하나로 연결될 수 있다. 예를 들면 설비부서는 식음료부분에서 발생하는 수리비용에 대해 예산을 수립한다. 회계부분의 감독과 관리는 다음의 내용에 따라서 예산정책과 사용기준을 선택해야한다.

- 어떠한 제품과 서비스가 제공되어야 하는가?
- 마케팅과 판매는 얼마나 적절히 수행되고 있는가?
- 어느 정도의 가격수준이 책정되어야 하는가?
- 어떠한 유통방법이 사용되어야 하는가?
- 임금수준은 얼마로 정해야 하는가?
- 각 부서로부터의 보고는 어떻게 관리되어야 하는가?

만약 이러한 계획과정이 적절하게 입안되고 효과적으로 집행된다면, 예산은 관리목표를 달성하기 위해 창의적이고 의미 있는 도구가 될 것이다.

원가관리자는 투자(액)와 재원을 보호하기 위해 관리를 통한 감독, 구조조정을 확립하는데 그 책임이 있다. 따라서 연간예산을 계획하는데 주도적인 역할을 수행하게 되는 것이다. 예산은 초기경보시스템의 역할을 하는 측정과 보고를 포함한다. 이러한 초기경보시스템은 예산과 직접적인 관련이 있는 이들에게 개선책 및 업무의 수정을 행할 수 있도록 한다. 원가관리자 역시 편성예산에 기초하여 모든 부서들이 업무를 수행하도록 하는 책임이 있기 때문에,

예산 측정과 보고를 통한 초기경보시스템을 활용해야 한다.

예산은 계획, 집행 그리고 조정 등의 기본적 기능을 다루어야 한다. 성공적인 예산수립은 기업에게 다음과 같은 이점을 제공 한다.

■ 목표, 전략 그리고 전술을 공식화한다.
■ 경영참여를 장려하며 적절한 업무수행을 위한 몰입을 강화시킨다.
■ 부서들과 프로그램사이에 협력과 조정을 유도한다.
■ 재료, 인력, 시설 그리고 자금의 효과적이고 효율적인 사용을 장려한다.
■ 명료한 직급별 역할과 권한체계를 갖는 견실한 조직구조의 개발을 장려한다.
■ 최신의 정확한 자료를 산출하는 타당성 있는 회계시스템의 개발 수요를 자극시킨다.
■ 관리자로 하여금 자금 획득을 위한 최적의 수단을 고려하고 기업의 자금 규모를 결정하도록 유도한다.

계획단계에서는 예산의 뼈대 즉, 체계를 제공하기 위해 일련의 준비업무가 필요하다. 전형적으로 준비업무는 차기예산 회계연도(Fiscal Year)에 선행하여 해당 연도 3/4분기에 수행된다. 다음해를 위한 예측과 현재의 경제상황에 대한 자료 수집활동이 필요하며, 이러한 예측은 기업의 목표와 그 목표를 달성하기 위한 전략을 세우기 위한 기본토대가 된다. 또한 해당 연도의 예산수립 시 얻은 경험에 대한 평가와 반성은 예산집행과정절차의 개정 혹은 재편성에 부가적인 정보를 제공하게 된다.

예산편성 보고서에는 다음의 내부영향요소들이 반영되어야 한다.

■ 특정 예산수립 방법(제로-베이스, 단순 원가가산법, 혹은 %)
■ 예상되는 임금상승률과 고정비용
■ 종사원 교육/훈련비용
■ 자본개선

또한 예산편성 보고서는 다음의 외부 영향요소를 반영하여야 한다.

■ 예상되는 물가상승률
■ 신규 및 기존의 경쟁
■ 시장상황

이와 같이 예산의 대략적 윤곽을 결정하고 나면 계획안은 개별 부서가 책임져야할 직무로 전환된다. 이것을 수행하기 위해 식음료 원가관리자는 인건비, 식재료비, 종사원 유니폼, 소모품과 같이 지출비용의 항목을 열거하는 예산편성 양식을 준비하게 되며 이러한 지출기준양식은 원가관리를 위한 회계장부 지출계정과 일치해야 한다. 통일된 예산편성 양식은 식음료 원가관리자가 각 업장의 부서별 예산의 결과 및 효과를 확인하는데 도움을 줄 것이다.

다음 단계에서 식음료 원가관리자는 비용과 매출계획을 수립된 예산안에 맞춰가며 개별 부서의 예산을 기업전체의 예산운영보고 및 경상이익보고, 대차대조표, 자금운용 계획 및 재무상태의 변화보고에 결합시켜 정리하게 된다. 이러한 보고서들은 내용에 있어서나 또는 기업별로 보고해야 할 필수조건이 다를 수 있다는 점을 제외하고는 유사한 형식을 갖는다. 보고서들은 일반적으로 자료비교 형태로 나타나며, 이 비교형식의 보고서들은 해당 연도의 예산서와 향후 1년 혹은 그 이상의 회계연도의 예산서를 서로 비교할 수 있도록 구성되어 있다. 따라서 비교형식의 보고서는 향후 동향을 분석하고 평가하는 데 상당히 유용하며 자산(Assets), 채무(Liabilities) 그리고 경영주의 지분(Owner's Equity)을 포함한 특정기간의 기업재무상황을 제시해 준다. 보고서 내의 자산은 유동성(현금화 가능성)이 높은 순서로 반면에 채무는 지불 만기일이 가까운 순서로 나타낸다.

대차대조표는 대개 다음의 형태 중 하나로 표기된다.

1. 회계양식 : 자산 = 부채 + 자기자본(경영주의 지분)
2. 보고양식 : 자산 - 부채 = 자기자본(경영주의 지분)

자산, 채무 그리고 자기자본에 대한 예는 다음과 같다(표 1-12).

자산	채무	자기자본
투자	유동부채 (외상매입금, 지급어음, 미지급금, 지급 급여 및 임금 등)	이익잉여금
토지, 공장, 시설 및 장비	장기부채	자본(capital stock)
유동자산(현금, 수취어음, 재고, 선지급비용 등)		주식발행 초과금
무형자산(특허, 신용 등)		

표 1-12
자산, 부채 그리고 자기자본의 예

유동자산(Current Assets)과 유동(단기)부채(Current Liabilities)사이에 대한 관계는 '유동성 비율(Current Ratio)'로 설명할 수 있으며, 이것은 기업의 자금에 대한 유동성을 측정하는 것이다.

$$\text{유동성 비율} = \text{유동자산} / \text{유동(단기) 부채}$$

이 비율은 기업의 자금 공급능력이나 현재 운영을 위한 지불능력을 확인하기 위해 쓰인다. 대부분의 기업에서 기본척도로써 2 : 1 비율을 사용하며, 이것은 기업이 현재 $2의 유동자산 또는 $1의 단기부채를 가지고 있다는 의미와 같은 것이다. 또 다른 지표로서 '운영자본(Working Capital)'이라고 불리는 유동부채에 대한 유동자산의 초과분을 들 수 있다. 단기부채에 대한 유동자산의 높은 수치는 현재 그 기업이 자금을 초과하여 투자하지 않고 있다는 것을 나타낸다. 반면 그 비율이 낮다는 의미는 현금흐름에 대한 압박이나 부채에 대한 잠재적 문제를 드러내는 것이다. 따라서 기업은 현재 재무상태가 어떠한지 자체적인 보고서를 작성해볼 필요가 있다. 이러한 모든 보고서들은 연차별 재무제표(Financial Statements)와 같은 동일한 양식으로 편집된다. 이 과정을 통해 언제든지 재무정보를 필요로 하는 직원들에게 활용될 수 있다.

다음 단계로, 약식 예산서와 계획 재무보고서는 식음료 원가관리자의 의견 및 추천을 통해서 최고 경영진에 보고된다. 만약 예산안이 기대하는 투자 회수율에 미치지 못하도록 편성되었거나, 여타의 기업목표와 맞지 않을 경우 혹은 계획 시 고려한 대내외 조건이 변화된 경우에는 예산이 재편성될 수 있다. 처음 작성되었던 예산안을 제출한 업장의 매니저가 예산 재편성을 다루게 된다. 각 업장과 부서 예산은 관리 부서에 다시 제출되고 예산안 수락과 재검토 과정은 최종적으로 만족할만한 운영예산이 승인될 때까지 계속적으로 이루어지게 된다.

식음료 원가관리자는 다음과 같은 책임을 갖는다.

- 대내외적인 변수에 대한 가정(경제상황, 기업의 정책변화 등)들에 대한 조사 자료를 집계 및 정리 그리고 그 자료를 업장 매니저에게 제공함으로써 판매단위별 예산계획수립을 지원한다.
- 설계된 예산작성양식(표 1-13 참조)과 작성 과정에 대한 확인 및 감독을 한다.
- 예산수치 계산 시 고려해야 하는 세금이나 물가상승률 등의 적용지침을 관련 부서장 및 업장관리자에게 전달한다.
- 채택할 예산편성 형태를 구체화한다(제로-베이스, 고정 또는 변동).
- 초기 운영계획과 예산을 준비함에 있어 부서장 및 업장매니저를 돕거나 때때로 부서장 및 매니저와의 논의 후 예산을 실제로 편성한다.
- 부서들의 운영예산을 통합시키고 재무제표로 예산을 집계 및 정리한다.
- 불만족스러운 예산안을 개정하고 관련 부서장 및 업장 매니저들과 논의한다.
- 승인된 예산안을 부서장 및 업장 매니저들에게 전달한다.
- 각 부서의 실제 예산집행과정을 예산안과 비교하여 확인 및 감시한다.
- 예산안과 실적간의 증감을 나타내는 보고서를 관리 부서에 주기적으로 제출한다.

식음료 원가관리자는 예산편성업무를 담당하지만 직접적인 의사결정권은 없다. 운영계획과 의사결정은 오로지 관리부서장이나 업장의 매니저에 의해 이루어지기 때문이다. 그러므로 식음료 원가관리자는 각 예산편성과정에 적절한 승인을 얻어야하며 예산이 관리 부서에 의해 승인되고 나면 그 다음 예산을 업장으로 분배해야 한다. 즉, 식음료 원가관리자의 위치는 업장과 관리부서의 연결고리와 같은 것이며 따라서 업장의 매출이나 지출비용에 대해 지시하는 것이 아니라 그것에 대하여 안내와 설명을 제공하는 역할을 수행하게 된다.

예산편성 승인 및 절차

효과적인 관리통제를 위해서는 실제 업무성과와 계획된 성과기준을 비교평가하는 정기보고서가 반드시 필요하다. 식음료 원가관리자는 기업에 재무관련 위험신호를 적시에 보낼 수 있도록 하기 위해 이러한 편차(실적 vs. 실행계획 간의 차이)를 보고해야 할 의무가 있다. 편차에 대한 분석은 금액 차이에 대한 진단 이상의 작업을 의미한다. 식음료 원가관리자는 특정편차에 대한 원인을 확인하기 위해 업장 매니저와 대화해야 한다. 또한 편차가 발생할 경우 개선을 위한 운영의사결정이 반드시 이루어져야 한다. 예를 들어 새로 부임한 업장의 매니저는 계획된 예산을 달성하기 위해 운영계획을 수정할지도 모르며 혹은 좀 더 현실적인 목표나 변화된 상황을 반영하기 위해 예산안을 수정할 수도 있다. 후자의 경우 수정된 예산안이 기업의 목표기준에 부합된다면 적합하다고 판단되어진 변경(안)으로 승인된다.

레스토랑의 좌석 확장을 위한 증축, 판매촉진 혹은 직원후생복지계획과 같은 몇몇 운영과정상의 비용지출은 정확하게 통제 및 관리가 이루어져야 한다. 반면에 몇몇 운영과정상의 비용지출은 시장상황, 고객 수요 혹은 레스토랑의 성과에 영향을 미치는 경제정책과 같은 기업 외부적 요소에 영향을 받을 수도 있다. 만약 변화가 내부관리통제의 범위를 벗어난 외부적 상황에 의해 일어난다면, 예산(안)은 신속하고 과감하게 개정되어야 한다. 신속한 의사결정은 업장 매니저로 하여금 업장의 예산계획을 수정시킬 수 있는 기회를 제공한다. 즉, 주도적으로 상황변화에 적응하도록 유도함으로써 기업은 부정적 변화의 영향을 최소화하고 최대한 긍정적인 변화를 만들어내게 된다.

표 1-13
12개월
예산작성양식

	2012' 1	2012' 2	2012' 11	2012' 12
	예산	예산	예산	예산
음식매출				
음료매출				
Gift Shop 매출				
총 매출(Total Gross Sales)				
음식매출원가				
음료매출원가				
Gift Shop 매출원가				
기타 직접비용(Other Direct Expense)				
식기류 및 기물				
청소용품				
연료 및 얼음				
세탁 및 드라이 크리닝				
총 비용(Total Expense)				
총 매출이익(Gross Profit)				
총 매출대비 총 매출이익 %				
음식매출대비 음식매출원가 %				
음료매출대비 음료매출원가 %				
인건비(Labor Cost)				
업장직원				
관리/사무직				
부분합계(Sub-Total)				
휴가비				
퇴직충당금				
총 급여 및 임금				
세금(급여 및 임금)				
직원 급식비				
총 인건비(Total Labor Cost)				
총 매출대비 급여 및 임금 %				
총 매출대비 총 인건비 %				
총 방문고객 수(Total Food Cover)				
평균 객단가(Average Food Check)				

예산편성의 접근법

예산편성의 방법에는 여러 가지가 있다. 첫째, 기업본사가 개별업장에서 실행할 예산의 기본틀을 정하는 것이다. 이 방법은 매출계획과 기대수익의 일관성을 유지하기 위해 이루진다. 또 다른 경우로 개별업장에서 자신들의 계획을 수립하는 방법이며 이러한 접근법은 개별업장 매니저에 의해 수행되는 경우가 많다. 그러나 만약 기업본사에서 판매비용, 판매촉진, 임금총액, 광고비 등을 관리 및 감독할 경우 본사관리가 보다 신뢰성이 있고 보장된 예산관리방법이 된다. 이때 가장 최상의 예산편성을 위해 기업본사와 각 업장을 화합시키는 것이 매우 중요하다. 독립점포의 경우 업장 매니저와 식음료 원가관리자가 해장업장의 운영전략과 예산을 직접 세워야 한다.

예산편성 방식의 선택

관리부서에서 예산편성 시점을 결정할 때 고정예산, 변동예산 혹은 제로-베이스 예산 중 어떠한 편성형태를 준비할지 고려해야 한다.

고정 예산 외식사업의 운영은 종종 고정예산(Fixed Budgets)에서 출발한다. 기업은 특정 수준의 고객단위, 판매, 서비스 혹은 다른 관련된 규모를 측정함으로써 운영수준을 파악하게 된다. 운영규모에서 기대되는 매출과 지출의 비율이 예산의 기초가 된다. 만약 기업이 판매량을 합리적으로 예측할 수 있고 실제 판매량이 예산수준과 가깝다면 고정예산은 매우 정확한 도구가 된다. 고정예산을 기준으로 실적과의 편차가 쉽게 설명되고 측정될 수 있다.

반면, 만약 실제 판매량이 예산안과 다를 경우 고정예산은 효과적이지 못한 관리도구가 된다. 또한 편차가 크면 클수록 예산안은 더욱 의미가 없게 된다. 이렇게 되면 예산은 단지 차이를 확인하기 위한 기준만이 될 뿐이다. 고정원가의 존재와 고정원가 자체의 본질적인 특성으로 인해 발생된 편차는 설명하기가 더욱 어려워지게 된다. 고정원가는 매출규모(수량)와 비례하여 변하는 것이 아니라, 매출규모와는 상관없이 거의 고정적으로 발생하는 비용이기 때문이다.

변동예산 탄력적 예산(Flexible Budgets)이라고도 하며, 경영활동의 수준에 따라 예산을 변동시키기 위해 만들어진 예산 계획을 말한다. 변동예산은 판매량수준에 따라 예산이 변한다는 전제를 갖고 있다. 판매량에 근거한 예산을 도출하기 위해서는 고정원가와 변동원가(Variable Costs)를 구별해야 한다. 다음의 예는 고정비, 변동비, 준-변동비를 나타낸 것이다(표 1-14).

표 1-14
고정, 변동 그리고 준변동비의 예

고정원가	변동원가	준-변동원가
정의 : 생산 또는 매출 수준의 변화함에도 불구하고 불가변적인 원가. 그러나 생산 및 매출이 일반적인 범위를 벗어날 경우, 고정원가가 증가한다.	정의 : 생산의 변동요소들과 함께 변동되는 원가. 변동원가는 생산 또는 매출 수준의 변동에 정비례해서 변동한다.	정의 : 생산 또는 매출 수준의 변동에 따라 변동하지만, 생산 혹은 매출에 정비례하지는 않는다. 준-변동원가는 고정 및 변동원가가 지닌 요소들을 포함한다.
예 : 임대료	예 : 직접 인건비, 재료비	예 : 본사지도감독 비용

각 변동원가는 비율로서 총매출과 관련되며, 총매출액을 변동원가로 나누어 비율을 확인할 수 있다. 예를 들어 $771,000의 총 매출액에서 $327,000의 인건비 비율을 알고자 한다면 후자를 전자로 나누어 42.4%라는 결과를 얻게 된다. 이러한 방법으로 전체원가뿐만 아니라 각 개별 원가율을 알아낼 수 있다. 고정원가는 매출수준에 따라 변화하지 않기 때문에 전체원가를 알아내는 데 있어서 변동원가와 분리하여 가산한다. 전형적인 레스토랑의 예산산출 공식은 다음과 같다.

총 원가 = (변동원가비율 × 총 매출 수준) + 고정원가…

표 1-15에서와 같이 일반적으로 레스토랑에는 다음의 고정원가와 변동원가들이 있다.

표 1-15
레스토랑의 월간 고정원가의 예

월별 고정원가		월별 변동원가	
		음식 객단가 = $15, 음료 객단가 = $5	
	원 가		원 가
영업허가 및 주류 판매권	$500.00	인당 식료원가	$4.50
관리직 급여	$5000.00	인당 음료원가	$1.10
음악 및 엔터테인먼트	$1750.00	시급	$4.50
감가상각	$500.00	세탁 및 드라이크리닝/10파운드	$0.40
재산세	$500.00	수도광열	$0.01
직원 교육훈련	$500.00	소모품	$0.05
총 고정원가	$8750.00	총 변동원가	$10.56

총 원가산출 공식에 적용해보면, 총 예산은 ($10.56×예상되는 고객 수) + $8,750이다. 만약 1월 달에 예상된 고객 수가 9,000명이고 2월 달에는 10,000명일 경우 위의 공식을 사용하면, 1월의 총 원가는 ($10.56×9,000) + $8,750 = $103,790이고, 2월의 경우 ($10.56×10,000) + $8,750 = $114,350이 된다. 이 공식은 실제 생산량이 일반적인 범위나 평균 한도를 벗어나지 않을 경우에 적용되며 간혹 생산수준이 이 범위를 벗어나는 경우에는 고정원가가 증가하게 되며, 변동비 또한 다른 수준으로 적용되어야 한다.

고정예산과 변동예산은 단지 비용에 대한 예상만은 아니며 달성되어야할 목표 즉, 관리에 있어서의 예산기준을 반영하는 것이다. 식음료 원가관리자는 주요 변동원가를 계산하기 위해 예산기준과 실제결과를 비교한 후, 편차가 발생한 원인을 관리 부서에 알려야 한다. 표 1-16은 12개월 식음료 비교예산편성양식의 예로써 표 1-8을 확장한 것이다. 이 표는 예산 수치에 대하여 실제성과(실적)를 비교 검토할 수 있도록 해주며 따라서 업장 매니저와 식음료 원가관리자가 문제 영역을 발견, 수정 그리고 재평가할 수 있도록 한다.

표 1-16
12개월
비교예산작성양식

	2011-1	2011-1	2010-1	2011-2	2011-2	2010-2	2011-12	2011-12	2011-12
	실적	현재 계획	작년 실적	실적	현재 계획	작년 실적	실적	현재 계획	작년 실적
음식매출									
음료매출									
Gift Shop 매출									
총 매출									
음식매출원가									
음료매출원가									
Gift Shop매출원가									
기타 직접비용									
차이나, 글라스웨어, 유텐실									
크리닝 및 크리닝 소모품									
연료 및 얼음									
세탁/드라이크리닝									
총 비용									
총 매출이익									
총 매출대비 총 매출이익 %									
음식매출대비 음식매출원가 %									
음료매출대비 음료매출원가 %									
인건비									
일반직원									
관리직									
부분합계									
휴가비									
퇴직충당금									
총 급여 및 임금									
세금(급여 및 임금)									
직원 급식비									
총 인건비									
총 매출대비 급여 및 임금 %									
총 매출대비 총인건 비 %									
총 방문고객 수									
평균 객단가									

제로-베이스 예산편성 예산편성의 또 다른 접근법은 제로-베이스(Zero-Based)이다. 제로-베이스 예산편성은 목표를 달성하기 위해 필요한 다양한 기능별 프로그램을 평가하고 예산을 할당한다. 우선 식음료 원가관리자와 업장 매니저는 레스토랑의 운영기능을 바탕으로 비용을 나눈다. 그때 각 기능별 목표를 분석하고 그 목표 달성을 위해 필요한 구체적인 프로그램(e.g. 음료서비스 기능에서 병맥주 매출을 올리기 위한 병맥주 판매가격 인하 이벤트)을 결정한다. 다시 그 프로그램들은 구체적 업무활동으로 하위분류된다. 이때 해당 목표를 달성하기 위해 필요한 비용과 예상되는 효과(수익성) 사이의 신중한 평가를 통해 구체적인 업무활동을 수행하기 위한 비용들이 승인된다(즉, 각 기능의 특정업무활동 수행을 위해 필요한 예산이 받아들여진다).

'제로-베이스'라는 용어는 예산편성 시 각각의 제안된 프로그램에 연관된 효과(수익성)와 지출을 'Up from Zero(0에서부터 출발)' 방식으로 결정하는 과정에서 유래되었다. 각 업무활동에 대한 예산편성여부는 해당 업무활동이 업장의 목표 달성에 기여할 수 있느냐에 의해 결정된다.

이 과정의 마지막 단계는 기여도 정도에 따라 기업의 한정된 가용자원을 구체적인 업무활동에 할당하는 것이다. 업장 매니저에 의해 예산편성이 수립되는 식음료조직의 경우 제로-베이스 예산편성은 본부 관리부서와 업장간의 효율적이고 효과적인 교환관계(Trade-Off)를 실행하는 도구로 선호될 것이다. 제로-베이스 예산편성 시 업장 매니저는 先-계획된 예산을 수정할 수 있으며, 때로는 수정요구를 받기도 한다. 회사정책의 일환으로 식음료 원가관리자는 제로-베이스 예산편성의 장점을 업장 매니저나 관리부서에게 강조하고 이 방법을 사용하도록 장려하는 것이 바람직하다. 다음은 제로-베이스 예산편성의 장점을 열거한 것이며, 이 방법의 활용을 장려하는데 도움을 줄 것이다.

- 프로그램을 위한 비용승인 혹은 철회를 요구하기 위해서는 적절한 계획수립과 명확한 목표수립이 선행되어야 한다.
- 관리부서는 하부에서 제출된 프로그램 및 구체적인 업무활동에 대해 체

계적으로 검토, 평가하고 중요도를 기준으로 각각에 순위를 부여해야 한다.

- 승인된 비용 혹은 업무활동에 대한 자체적인 수행평가가 지극히 필수적이다.
- 식음료 원가관리자나 관리부서는 집행중인 비용과 그에 따른 결과를 보다 더 철저하게 감독해야 하기 때문에 운영관리를 상당히 강화시키게 된다.
- 각 기능의 매니저(e.g. 서비스매니저, 주방장, Bar매니저 등)들 사이는 물론 조직의 관리자들 사이에서도 진보된 커뮤니케이션활동을 유도한다.

제로-베이스 예산편성 기법의 단점은 예산편성을 위한 계획수립, 업무협조, 커뮤니케이션, 위임 그리고 집행에 과도한 시간이 소요된다는 점이다. 만약 결과에 대한 효과가 시간적인 낭비를 극복할 수 있을 정도로 크다면 제로-베이스 예산편성은 예산 목표설정과 목표달성에 상당히 큰 기여를 할 수 있는 방법이다.

참고문헌

이번 단원과 관련하여 NRA와 AM&LA의 연간 간행물을 읽어보도록 하자.

요 약

현재 많은 외식산업체의 운영자들이 '식음료 원가관리자'라는 직무를 수행하는 종사원을 따로 두고 있지 않은 실정이므로, 식음료 원가관리자의 모든 업무들은 매니저, 경영주, 운영 총 담당자 혹은 원가 및 비용의 조절업무를 수행하는 종사원 중에 누군가에 의해서 반드시 수행될 필요가 있다.

식음료 원가관리자는 수익 극대화를 위해 반드시 모든 업장의 욕구와 관리

목표 사이를 조율해야 한다. 식음료 원가관리자의 의무는 다음과 같다.

1. 노동생산성 관리를 위한 계획 수립
2. 평가와 조언
3. 재무보고
4. 기업의 자산에 대한 유지와 보호
5. 재고관리 및 가치 평가
6. 경영예측
7. 예산수립

정확한 경영예측을 수행하기 위하여 식음료 원가관리자는 비용과 매출에 영향을 주게 될 기업 내부 및 외부 요소들을 평가한다. 그와 함께 다른 시나리오들을 검토함에 있어 원가와 이익을 계산하고, 수익성을 계획한다.

다음 단계로 관리부서에서 기업의 재무목표를 나타내는 예산을 편성하게 되는데 고정예산, 변동예산, 제로-베이스 예산편성 등의 예산수립의 효율적 방안을 위한 여러 가지 접근방법이 있다. 명확한 재무목표수립과 업무성과를 감독하기 위해 관리활동을 이행함으로써, 회사는 최대의 수익성을 달성할 수 있다. 이러한 관리 절차들에 대해서는 이어지는 2장에서 자세하게 설명된다.

논의과제

1. 식음료 원가관리자의 직무수행 비용은 어떻게 정당화될 수 있는가? 언제 정당화되지 않는가?

2. 식음료 원가관리자의 기본의무를 말해보시오.

3. 재고관리 성공은 어떻게 측정하는가?

4. 예측이란 무엇이며 어떻게 완성되는가?

5. 예산이란 무엇인가? 예측과 어떻게 다르며, 예측과의 관계는 무엇인가?

6. 예산편성의 3가지 형태는 무엇이며, 각 형태의 장점 및 단점은 무엇인가?

7. 예산안 준비 시, 식음료 원가관리자의 역할은 무엇인가?

8. 예산이 수립된 후 예산관리에 있어 식음료 원가관리자의 역할은 무엇인가?

9. 예산에 영향을 주는 내부요소들은 무엇인가?

10. 고정원가와 변동원가의 차이는 무엇이며, 이 비용들이 정확히 분류되어야 하는 중요한 이유는 무엇인가?

11. 표 1-3을 기준으로 볼 때 식음료 서비스운영형태인 풀 서비스($10이하의 객단가), 풀 서비스($10이상의 객단가), 제한된 서비스를 제공하는 패스트푸드레스토랑 그리고 카페테리아 레스토랑 중 어떤 형태가 가장 높은 세전 이익률을 달성할 것인가?

12. 표 1-3을 기준으로 볼 때 식음료 서비스운영형태인 풀 서비스($10이하의 객단가), 풀 서비스($10이상의 객단가), 제한된 서비스를 제공하는 패스트푸드레스토랑 그리고 카페테리아 레스토랑 중 어떤 형태가 가장 낮은 식재료 비율을 가지는가?

13. 표 1-8을 기준으로 볼 때 식음료 서비스운영형태인 풀 서비스($10이하의 객단가), 풀 서비스($10이상의 객단가), 제한된 서비스를 제공하는 패스트푸드레스토랑 그리고 카페테리아 레스토랑 중 어떤 형태가 가장 높은 인건비율을 가지는가?

14. 만약 어떤 레스토랑에 하룻밤에 200명의 고객이 방문하였고, 평균 음식 객단가가 $12.50이었다면, 이날 저녁의 총 음식매출은 얼마인가?

15. 만약 어떤 레스토랑에 하룻밤에 150명의 고객이 방문하였고, 평균 음료 객단가가 $2.28이었다면, 이날 저녁의 총 음료매출은 얼마인가?

16. 만약 총 매출이 $1,580이었고, 120명에게 식사가 제공되었다면, 이때 평균 객단가는 얼마인가?

17. 변동예산 수립 시, 만약 전체 한 달 동안의 고정비가 $10,000이고 고객 1인당 식 재료비가 $2.35, 1인당 음료 재료비가 $.85, 1인당 인건비가 $1.85, 1인당 일반 경비가 $.65라고 봤을 때, 3,000명의 고객을 예상으로 하여 총 예산액을 구하시오.

18. 위의 17번에서 제시된 각 항목마다의 1인당 비용에 대한 자료를 기본으로, 만약 15,000명의 고객이 방문한다면 이때 총 예산액은 얼마인가?

19. 만약 한 달 동안 15,000명이 방문한다고 예상하고, 평균 식사금액 $9.25, 평균 음료 구매액을 $2.95로 계산할 경우, 한 달 동안의 총 식음료 매출액은 얼마인가? 이것을 18번에 계산된 총 예산비용과 비교할 경우, 한 달간 레스토랑의 손익은 얼마인가?

Chapter 2

판매 계획수립

학습목표

이 장을 학습한 후, 다음 내용들을 이해할 수 있어야 한다.

- 판매에 있어 메뉴계획과 메뉴설계의 중요성
- 메뉴 가격산출에 대한 컨셉 적용
- 메뉴 수익성과 선호도에 대한 평가
- 메뉴엔지니어링의 'Dollars & Sense(달러 & 센스)'
- 메뉴 엔지니어링을 이용한 종사원 보상프로그램의 개발

개 요

이번 장은 메뉴의 선호도와 수익성 분석에 대해 초점을 두고 있다. 고객유인, 구매, 직원과 특히 수익성 극대화를 포함한 식음료서비스 운영에 있어서의 모든 면에 영향을 미치는 메뉴설계의 중요성에 대해 학습한다. 또한 레스토랑의 수익성 극대화를 목적으로 가격산출 전략, 메뉴 분석과 종사원 보상 프로그램에 대하여 검토하고 고찰한다.

서 론

이윤극대화를 위해서는 비용과 지출에 대한 관리가 절대적으로 필요하지만, 수입원(고정수입)을 가지고 있지 않다면(즉 매출이 없다면) 이윤을 발생시킬 수 없다. 비용과 관련하여 매출극대화는 명백하게 이윤을 극대화시키는 필수조건이다. 이것을 성공적으로 실행하기 위해서는 판매하게 될 메뉴가 바로 그 출발점이 되어야 할 것이다.

메뉴 설계

식음료 서비스산업에 있어서 메뉴는 다른 모든 경영요소의 중심에 위치한다. 성공적인 메뉴설계(Menu Design)와 준비과정은 고객에 대한 정보를 이해함으로써 시작된다. 고객이 무엇을 원하는지 그리고 고객이 어떤 것에 지불의사가 있는지, 우선적으로 이 두 가지 질문에 대해 접근해야 한다. 만약 고객이 제품에 대한 대가를 확인하는 시점에서 그들이 기대했던 가격으로 제품 혹은 서비스를 얻었다고 지각할 경우 고객은 지불규모에 맞는 지각된 가치(Perceived Value)를 제공받았다고 말한다.

메뉴는 계획단계에서부터 실행단계에 걸쳐 레스토랑운영에 관한 모든 단계에 영향을 미친다. 표 2-1은 메뉴의 영향을 여러 기능별 필수조건의 관점에서 나타낸 것이다.

메뉴는 일반적인 운영과정과 방법의 토대가 된다. 기업의 이익창출 및 기회확대를 위해서 메뉴를 구성한다는 것은 레스토랑의 운영에 관한 모든 경영요소를 통합시켜야하는 노력이다.

메뉴설계 시 이익창출이 중요하게 고려되어야 한다. 영업을 위한 계획단계 시점에서 메뉴보다도 중요한 도구는 없을 것이다. 고객의 입장에서 메뉴는 고객과 커뮤니케이션 하는 첫 번째 마케팅도구이며 레스토랑을 표현하는 가장 완벽한 도구이다. 치열한 경쟁상황에서 살아남기 위해서는 좀 더 높은 고객만족에 초점을 맞춰야한다(고객의 높은 기대수준을 고객만족으로 레스토랑의 초점을 옮겨가야 하는 것이다). 메뉴는 레스토랑의 상품을 무언(無言)으로

표 2-1

메뉴 유형	다수의 충성고객을 보유한 케쥬얼 베이글샵(casual bagel shop)	신속한 서비스 및 업스케일 분위기의 신시가지 펍(pub) 레스토랑	우아한 분위기의 러시안 Tearoom
메뉴 스타일	케쥬얼하고 간편함	케쥬얼하고 간편함	우아하고 간편함
주방 공간배치	kosher & nonkosher	Display 주방	Non-display 주방 홀과 주방사이의 동선 흐름이 중요
직원의 수준	비숙련 직원	준-숙련 직원	숙련 직원
장비/도구 필수조건	Bagel machine Kosher, Meat slicer Microwave	Flat-top griddle Basic fryer Hot box Brewery equipment	Alto-sham, Steamer Saute pan, Stove Samovar (Russian tea brewer)
레스토랑 디자인/분위기	기본, 오픈된 일자배열 테이블, 퀵 서비스, 밝은 조명, 음악은 빠르고 볼륨이 높음. Less Comfortable	케쥬얼 즐거움 Comfortable	우아함 조용함 부드러우면서도 약간 어두운 조명 Very Comfortable
메뉴관리 식사시간	아침/점심 식사 대량 서비스 고객 수에 초점 합리적 가격 좌석회전 25분 이하	점심/저녁 식사 대량 서비스 가격에 초점 좌석회전 1시간 이하	저녁 식사 스페셜 메뉴 품질에 초점 좌석회전 1.5 - 2시간
원가관리 필수조건	최소 원가관리 능력 직원관리 식음원가관리 정량관리	최소 원가관리 능력 직원관리 식음료원가관리	원가관리, 구매관리, 직원관리, 재무관리 등에 대한 폭넓은 지식
인구통계정보 고객유형	15세 이상 혼합된 소득 계층 저 객단가($4–$7)	21세 이상 혼합된 소득 계층 중간 객단가($10–$13)	30세 이상 고소득 계층 고 객단가($60–$85)

기술한다. Software Creation에 의해 수행된 연구에 의하면 레스토랑을 처음 방문하는 고객의 80%와 재방문하는 고객의 50% 정도는 레스토랑에 들어올 때 그들이 무엇을 주문할지 결정하지 못한 상태라고 한다. 따라서 메뉴는 판매를 결정짓는 데 있어서 매우 중요한 부분을 차지하는 것이다. 메뉴는 반드시 재방문유도, 높은 판매량 그리고 수익확대를 보장할 수 있도록 설계되어야 한다.

메뉴는 식음료 서비스 판매도구로서 가장 기본이 되는 것이다. 그러므로 메뉴는 항상 매력적인 상태를 유지해야 한다(메뉴는 읽기 쉽고 간결하며 항상 깨끗한 상태를 유지하여야 한다). 또한 메뉴는 품질, 스타일 그리고 레스토랑의 일반적인 외관을 반영하므로 판매에 있어서 메뉴의 영향력이 긍정적으로 작용된다는 점은 매우 큰 시사점을 지닌다. 더럽고, 지저분하며, 인쇄의 질이 나빠 읽기가 어려운 메뉴는 고객으로 하여금 부정적인 첫인상을 갖도록 한다. 그러한 메뉴는 레스토랑의 스타일을 보완해주지도 않을 것이며, 레스토랑의 경영을 도와주지도 못할 것이다. '이 메뉴는 여기 레스토랑의 스타일과 맞지 않는다'라는 고객이 의식적으로 생각해 줄 가능성은 없지만, 방문고객들이 만약 그들의 기대와 레스토랑이 부합되지 않았을 경우 부정적으로 반응할 가능성은 매우 높다. 예를 들면 고소득층이 거주하는 도심지 맥주전문점에서 적절치 못하게 책정된 가격과 현재의 트랜드와는 거리가 먼 메뉴판매는 고객을 만족시킬 수 없다. 나아가 실력 있고 잘 교육 훈련된 종사원들은 메뉴의 이점을 최대한 활용하기위해 레스토랑의 메뉴철학과 원리를 이해하고 숙지하여야 한다. 메뉴개발과 활용의 모든 단계는 고객만족과 수익 극대화를 담보하는 방향으로 추진되어져야 한다.

다음 사항들은 반드시 피해야 하는 일반적인 메뉴 컨셉의 실패 사례들이다.

- 메뉴의 물리적 사이즈가 메뉴를 수용하기에 너무 작거나 다루기 어려울 정도로 사이즈가 큰 경우
- 메뉴에 사용된 활자가 너무 작아 읽기가 어려운 경우: 특히 어두운 조명

의 식당과 연로한 고객에게는 부정적 영향

■ 메뉴에 실제 제품을 기술한 삽화나 사진이 포함되지 않은 경우 혹은 묘사된 사진이나 삽화가 식욕을 돋우는 것이 아닐 경우: 고객은 이것이 무엇인지? 어떻게 만들어질지? 어떻게 제공될지? 무엇과 함께 나오게 될지? 등에 대해 의아스럽게 생각하게 된다.

■ 모든 메뉴 아이템이 메뉴에서 똑같이 다루어진 경우: 일반적으로 가장 수익성이 높은 메뉴 아이템은 메뉴의 가장 좋은 위치에 두어야 한다. 표 2-2에 메뉴 모형을 보면 메뉴에서 최상위치(Prime Spot)를 확인할 수 있다. 고객이 가장 먼저 본 곳과 마지막으로 본 곳이 마음속에 제일 오래 남을 것이라고 주장하는 마케팅 법칙이 있다. 따라서 메뉴설계 시 이러한 점을 염두에 두어야 할 것이다. 메뉴에서 최상의 위치는 고객의 눈이 세 번째 지나가게 되는 메뉴의 중심부분이며, 또 다른 곳은 고객이 눈을 두 번 돌리게 되는 우측 상단 모서리이다. 마찬가지로 좌측상단 모서리도 고객의 주의를 끌고 있다. 그러므로 가장 수익성 높은 메뉴를 이 세 자리에 배치시켜야 할 것이다.

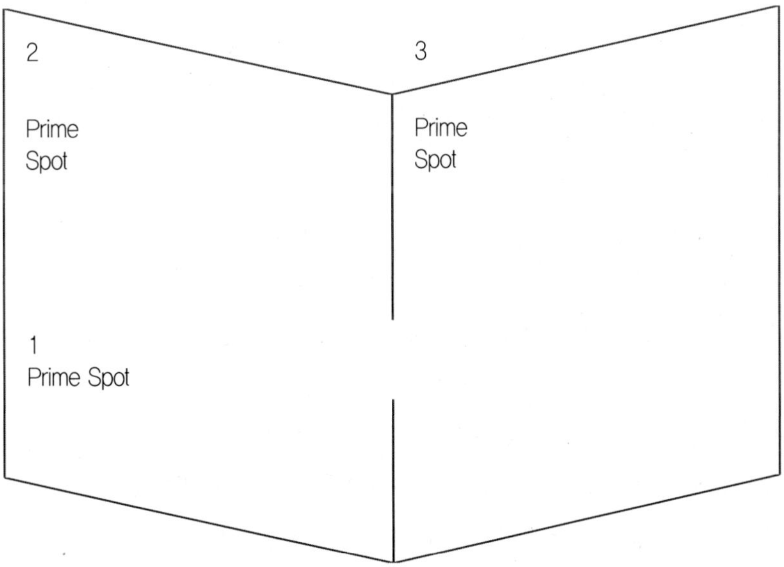

표 2-2

- 메뉴 아이템들이 일관된 순서 없이 배치된 경우: 메뉴상의 배열은 식사로 제공되는 순서와 동일하게 배치되어야 한다. 즉 음료, 전채요리, 주 요리, 마지막으로 디저트순으로 배치된다.
- 리큐르와 디저트 그리고 전채요리 등과 같이 수익성이 높은 메뉴들을 빠뜨린 경우: 메뉴 설계 시 수익성이 높은 메뉴 아이템들을 포함시키는 것은 물론 이들을 부각시켜야 한다.
- 오늘의 특선요리를 포함하지 않은 경우: 특선요리는 일반적으로 높은 수익성의 아이템으로 간주되며, 반드시 최상의 지점에 위치시켜야 한다.

그 날의 특별 메뉴

그 날의 특선요리(Daily Specials)를 만드는 것은 레스토랑의 이윤을 증가시키는 훌륭한 방법이다. '오늘의 특선' 혹은 '주방장 특선' 메뉴는 널리 알려진 아이템 혹은 레스토랑 입장에서 가장 수익성이 높은 아이템 가운데에서 선택될 수 있다. 다른 메뉴 아이템과 상이한 삽화로서 배치할 수도 있다. 특선메뉴로 수익을 올리기 위한 열쇠는 일반 아이템의 평균 수익기여도를 상회할 수 있도록 특선메뉴의 가격결정이 중요하다.

일단 특선요리를 결정하고 나면 고객의 주의를 끌도록 노력해야 한다. 착석한 고객의 시야에 관심을 끌만한 특별한 안내보드를 설치하는 방법이 있다. 또한 특선요리를 메뉴북상의 최상의 위치에 배치하는 방법이 있다. 이 경우 요리에 대한 구체적인 설명은 필요 없다(단지 특선 요리라는 이름과 가격만 제시). 그 이유는 필요에 따라 언제라도 특선메뉴를 변경할 수 있도록 하기 위해서이다. 특선요리의 높은 수익성 때문에 심지어 많은 관리자들은 비용(하지만 수익성을 초과하지 않는 비용으로)을 들여서라도 특선요리를 위해 해당 메뉴의 페이지 혹은 메뉴북 전체까지도 매일 바꾸고 있다. 내구성을 갖추고 매력적으로 디자인된 메뉴 케이스(Menu Holder)는 그 케이스에 메뉴 인쇄물을 집어넣어 훌륭한 메뉴북이 되도록 한다. 또한 원하는 사이즈로의 메뉴 페이지를 인쇄하기 위해서 질 좋은 레이저 프린트기가 필요하다. 또한 경험적으로 상당한 비율의 고객들이 메뉴선택 시 종사원의 권유를 받아들이는 것으로 알려져 있기 때문에 종사원에게 그 날의 특선요리를 숙지하도록 해야 하며 가장 많이 판매한 종사원에게 보상을 하도록 하는 것이 낫다. 종사원 보상프로그램개발에 관해서는 이 단원의 마지막부분에서 자세하게 다루도록 하겠다.

특선요리의 외관 및 모양은 고객에게 기쁨을 주기 때문에, 이 점에 대해서는 주의와 관심이 필요하다. 대부분의 사람들은 음식의 향과 모양으로 그 음식에 대한 수용 여부를 판단한다. 음식 맛은 음식의 시각적인 표현에 의하여 영향을 받는다. 그렇기 때문에 음식의 모양이 고객에게 특별하게 보여질 수 있도록 노력해야 한다.

메뉴 가격결정

가격은 고객만족의 한 가지 요소이며 서비스, 분위기 그리고 다양함(Variety)이 나머지이다. 메뉴 가격결정(Menu Pricing)은 레스토랑경영에 있어서 가장 중요한 부분이며, 레스토랑이 제공하는 모든 것에 대해 부여하는 가치의 최종 판단이다. 가격결정은 경쟁업체로부터의 경쟁상황(시장경쟁)과 수익성 사이에 균형을 이루기 위한 최상의 판단을 요구함에도 불구하고 외식사업관리에 있어서 가격결정은 그리 중요하게 다루어지지는 않았다. 사실 많은 매니저들은 고객들이 긍정적인 가치를 지각하도록 노력하기 보다는 오히려 '매출올리기'에 급급해하고 있으며, 이러한 잘못된 판단으로 레스토랑은 매출감소 이상의 손실을 경험하고 있다. 따라서 이 장을 통해 매출과 가격의 관계 그리고 업장의 이미지와 표적시장에 따라 메뉴가격결정 전략이 적절하게 수립 및 집행되고 있는지에 대해 논의해 볼 필요가 있다.

모든 고객들은 레스토랑을 방문할 경우 가격에 대해 나름대로의 신념을 가지고 있다. 가격 탄력적(Price Elastic)상황에서 고객의 수요는 탄력적인 가격에 민감하게 반응한다. 가격 탄력성은 가격의 변화로 인한 판매율의 변화이다. 예를들어 메뉴의 가격이 고객이 지불하리라 예상했던 금액보다 낮은 금액으로 제공된다면 고객은 그것을 좋은 기회와 가치로 받아들이며 레스토랑과 메뉴에 대해 우호적인 입장을 취하게 될 것이다. 또 다른 경우 메뉴의 가격이 고객이 예상했던 금액보다 너무 높은 가격으로 제시된다면, 고객의 주머니 사정 혹은 해당 메뉴에 대한 부정적으로 지각된 가치(Perceived Value) 때문에 고객들은 이후에 그 매장을 피하게 될 것이다. 반면에 자신들이 예상했던 금액보다 메뉴 가격이 낮을 경우 고객은 오히려 그 메뉴의 품질과 정량(Portion Size)에 대해 의구심을 가질지도 모른다(물론 앞서 설명한 것과 같이 낮은 가격으로 인해 레스토랑 운영과 메뉴에 대해 긍정적인 반응을 나타내는 고객도 있다). 그러므로 가격결정방법은 레스토랑의 비용과 수익목표달성을 도울 수도 있고 반대로 방해할 수도 있으며, 그것은 레스토랑의 판매량을 결정하고 궁극적으로 레스토랑의 순이익(손실)에 영향을 줄 수도 있다. 따라서 가능가격과 필요가격을 결정하기위해 목표시장과 원가를 신중히 고려해야 한다.

메뉴 가격을 결정할 경우 고객의 가치지각에 대한 분석과 더불어 식음료 서비스 운영의 수익목표가 반드시 고려되어야 한다. 또한 고객차원의 가치지각과 레스토랑 수익성 사이에서 적절한 균형이 이루어져야 하겠다. 외식사업의 성장(혹은 매장의 사업영위)은 매출증대와 고객만족증대를 위한 지속적인 메뉴의 재평가를 필요로 한다. 메뉴평가 시 수요의 탄력성이라는 시장수요 특성을 고려하여, 모든 메뉴 아이템의 가격결정은 시장에서 받아들여질 수 있는 안전가격수준이 결정되어야 하겠다.

수요 탄력성

판매에 대한 가격의 영향을 측정하는 가장 인기 있는 도구는 수요탄력성(Elasticity of Demand)이다. 일반적으로 수요탄력성이란 수요의 상대적 변화와 가격의 상대적 변화와의 관계를 말한다. 수요에 있어서 탄력성의 영향은

'동질적인 경쟁' 환경 안에서 체감되어진다. 예를 들면, 같은 지역의 두 개의 레스토랑에서 유사한 메뉴 아이템을 제공하고(예, 햄버거) 있는 경우, 한 레스토랑에서 메뉴의 가격을 올리기로 결정한다면 아마 가격을 올린 그 레스토랑은 판매량이 줄어들지도 모른다. 따라서 매니저는 어떻게 가격이 고객의 수요에 영향을 미치는지를 이해하고 있어야 한다. 수요에 의한 가격 탄력성을 유도하는 공식을 보면 다음과 같다.

탄력성 = 판매량의 변화(%) / 가격의 변화(%)

만약 햄버거의 가격을 2% 내려서 햄버거 판매량의 4% 증가가 이루어진다면 가격 탄력성은 4 ÷ -2 = -2가 되고, 이는 상대적 판매량의 변화는 가격변화보다 두 배 더 크다는 것을 나타낸 것이다. 가격과 판매량 변화는 역(-)의 관계를 갖는다. 사실 가격인하는 판매량 증가라는 결과를 낳지만, 가격인하의 효과로 이전보다 더 많은 수익이 발생해야 한다. 그러기 위해서는 가격이 인하된 햄버거가 충분히 팔려야 한다. 예를 들어 가격을 $2.00에서 $1.90으로 낮추고 판매량이 주 당 $500에서 $526으로 오른다면 주 당 총매출은 $1000으로서 아직 같은 금액을 벌고 있는 것이다.

또한 일부(스프와 전채요리와 같은 아이템)의 판매는 주 요리와 같은 다른 메뉴 아이템의 가격에 영향을 받는다. 이때 발생되는 의존정도(Degree of Dependency)는 교차 가격탄력성(Cross-Price Elasticity)으로 측정된다. 교차 가격탄력성이란 다른 제품(햄버거 같은)의 비율변화에 의해 야기된 하나의 아이템(스프) 단위 판매비율변화를 의미한다.

만약 각기 다른 두 제품(대체재 : 버섯 햄버거 vs 칠리 햄버거)이 경쟁하고 있다면 교차 가격탄력성은 높아진다. 반면, 보완적 관계(피자 vs 피자토핑) 혹은 고객이 분리해서 살 수 없고 항상 같이 구매해야하는 상품이라면 탄력성은 낮아진다. 결론적으로, 매니저는 합리적인 가격결정을 위해 가격-시장 반응기능에 대해 이해할 수 있어야한다. 이때 주의해야할 것은 고객이 지불하고자 하고 혹은 지불할 수 있는 가격과 고객이 가지는 식사의 가치사이에는 중요한 차이점이 있다는 것이다. 그러므로 가격결정은 후자보다는 전자에 초점을 맞추어야하는 것이다.

생산원가의 변화 혹은 기대수준 이하의 판매실적 등으로 인해 메뉴가격변경이 불가피 해진다. 다음의 항목들은 가격변경의 문제를 진단하는 데 필요한 절차를 예시한 것이다.

1. 최근 가격변경을 한 적이 있는가? 가격변경을 하였다면, 가격변화는 판매량에 어떤 영향을 주었는가?
2. 가격에 있어서 주목할 만한 장기적 경향이 있는가? 있다면, 무엇인가?
3. 레스토랑에서 제공하고 있는 할인(discount)의 형태와 금액은 무엇인가?
4. 가격, 할인, 판매 조건 등에서 경쟁업체와 다른 점은 무엇이며, 가격 주도권이 있는가?
5. 가격변화로 인해 변동되는 수익의 편차를 상쇄시키기 위해 필요한 매출의 변화량은 무엇인가?
6. 잠재적 혹은 실제적 경쟁업체의 가격변화에 대한 반응을 보기 위해 어떠한 정보가 필요한가?
7. 손익분기점은 어디인가? 레스토랑의 목표수익을 얻기 위한 수준은 어디인가?
8. 각 아이템들의 현재 수익공헌도는 잠재 수익공헌도와 어느 정도로 다른가?
9. 목표시장 내에서의 시장점유율은 어떠한가? 오르는지, 변화는 없는지, 내리는지에 따라 메뉴의 전체적인 변화가 필요한가?
10. 제품의 현재 원가구조는 어떠한가? 레시피(Recipe: 양목표) 혹은 원가결정방법의 범위에서 벗어난 적이 있는가?
11. 레스토랑의 원가변화가 경쟁업체에게도 영향을 준 적이 있는가?
12. 수용능력의 한계는 얼마 정도인가? 현재 수용능력은 어느 정도 활용되고 있는가? 만약 레스토랑이 수용능력에 가까이 혹은 그에 맞게 운영된다면, 수용능력을 늘리기 위한 여분의 자금을 구할 수 있는가? 그리고 얼마정도를 구할 수 있는가?

13. 어떠한 단위 원가요소가 변화했는가? 어느 정도 변하는가?

일단 이러한 질문에 적절하게 답하고 난 후 매니저는 메뉴 가격확정을 위해 다음의 기법을 고려해야 한다.

메뉴 가격결정 방법

메뉴 아이템의 가격을 결정하는 방법은 매우 다양하지만 본 교재에서는 외식산업에 폭 넓게 쓰이고 있으며 또한 다른 가격결정방법의 기초가 되는 세 가지 방법에 대해 논의하고자 한다. 전통적 접근, 원가 플러스 가산액, 제품 원가비율 가격결정.

전통적 가격결정

전통적으로 메뉴 가격결정 방법은 다양하고 때로는 믿기지 않는 기준에 근거를 둔다. 이것은 실제원가와 이윤에 관하여 불확실한 결과를 가져오며 사업의 위험요소가 된다. 전통적 가격결정 방법으로는 다음과 같은 내용들이 있다.

직관적 통찰 직관적 느낌(Intuitive Feeling)을 기초로 한 가격결정은 불만족스럽거나 예기치 못한 판매수익의 결과를 가져올 수 있으며 또한 결정된 가격이 전체비용을 감당하지 못하는 경우가 발생할 수 있다.

경쟁자의 가격결정 이 단순한 가격결정방법은 경쟁업체가 책정한 가격을 기초로 한다. 다수의 기업들은 경쟁업체보다 고급 이미지를 가지기 위해 가격을 약간 올리기도 하고, 높은 시장점유율을 확보하기 위해 경쟁업체보다 가격을 약간 내리기도 한다. 이러한 것을 시장 포지셔닝(Market Positioning)이라고 하며, 일반적으로 경쟁이 심한 지역에서 일어난다.

이러한 방법은 특히 제품 또는 서비스가 경쟁업체와 비교될 경우에 만족스러운 가격결정을 도와주며 또한 만족스러운 수익의 결과를 가져올 것이다. 그러나 이러한 시스템은 사실로 증명되지 않을 수 있는 기본가정을 토대로 한다. 즉, 경쟁레스토랑의 원가와 표적시장이 같고 그들의 사업수준(매출)이 유사하며, 경쟁업체는 견실한 수익성 분석을 이용하여 가격을 설정했다고 추정한다. 만약 경쟁업체가 직관적인 감정으로 메뉴 가격을 결정했다면, 경쟁업체는 수익을 올리지 못할지도 모르며 따라서 경쟁자의 가격을 모방한 업체도 동일한 결과를 보일 가능성이 높다.

선두추종 가격결정은 경쟁가격결정법의 한 형태로서 이 방법은 시장에서 다른 업체들이 추종하는 지배적 혹은 우세한 형태의 가격구조가 존재한다는 전제에서 출발한다. 선두추종(Follow the Leader) 가격결정방법은 경쟁자의 가격결정방법과 똑같은 가정을 만들어내며 같은 결점을 지닌다.

심리적 가격결정　이 방법은 고객의 지각된 가치를 기초로 한다. 심리적 가격결정에는 두 가지 측면이 있다. 첫 번째는 가격의 지각과 관련된 것이다. 예를 들어 $5.00 대신 $4.95로 가격을 결정하게 되면 고객은 $5.00보다 상당히 낮은 가격으로서 지각하게 된다. 이러한 실행은 고객들로 하여금 마치 그것의 가치가 $5.00인 것처럼 $4.95에 반응하도록 하며 특히 이러한 방법은 고급화를 지향하는 레스토랑의 운영에서는 점점 인기가 떨어지고 있다.

두 번째로, 관리자는 제공된 서비스나 제품에 대해 고객이 지불하리라 예상하는 가격을 의식적으로 기대함으로써 가격구조를 정한다. 이 가격결정 방법은 유명한 고급 레스토랑, 전문 리조트, 제한된 회원제 클럽에서 성공적으로 이용될 수 있다. 이러한 접근법은 고객에게 높은 가치를 전달하지 못하면 효과적이지 못하다.

원가 플러스 가산액 가격결정

이 방법에서는 제품원가에 가산액(Mark-Up)을 더하여 가격을 결정 한다.

가격 = (아이템 원가×가산액) + 아이템 원가

이 경우 만약 제품원가가 $4.00이고 메뉴 아이템을 위해 요구되는 가산액 비율이 75%라고 가정한다면, 가격은 $7이다(가격 = (0.75 x 4) + 4 = $7.00). 원가에 관한 비율인 가산액 비율과 판매에 관한 비율인 동시에 회수(Return)를 의미하는 마진 비율과의 차이에 대해 이해하는 것이 중요하다.

이 방법은 사용하기에 매우 편리하며 또한 관리자의 불확실한 느낌을 줄이는 원가데이터를 기초로 하기 때문에 식음료 서비스산업에서 많이 활용되고 있다. 특히 매니저가 많은 수의 메뉴아이템에 대해 가격 결정을 한다고 하면, 이 방법이 실제적인 도움을 준다. 경쟁적 환경에서 원가 플러스 가격결정은 특히 동질의 제품에 대해 경쟁업자가 전통적인 산업 가산비율을 적용하는 경우, 원가 경쟁적인 가격결정법으로 볼 수 있다.

이 방법의 논리적 약점은 가격과 원가가 인과관계를 형성함에도 불구하고 가격이 원가의 기능으로서 고려된다는 점이다. 나중에 판매 믹스(Sales Mix)에서 논의하겠지만, 원가는 생산량 또는 판매량에 의해 결정되고 다시 생산량과 판매량은 가격에 영향을 받게 된다. 만약 원가 플러스방법의 가격결정이 직접 생산비용(Direct Product Cost)이 아니라 전체 평균원가(Total Average Cost)에 기초하여 이루어진다면, 불합리한 가격정책을 야기할 수도 있다. 전체 평균원가는 할당된 고정비에 직접변동비를 더한 합계를 말한다. 이러한 경우, 레스토랑은 판매가 줄어들 때 오히려 가격을 올릴지 모른다. 왜냐하면 판매량이 줄어들면 하나의 아이템에 할당된 고정비가 올라가며 그에 따라 판매가격이 올라가기 때문이다. 일반적으로 판매가 줄어드는 시점에서의 가격인상은 최선의 가격정책에 위배되는 것이다. 그러므로 가산액은 평균변동비(Average Variable Cost)를 근거로 해야 하며, 전체 평균원가에 기초해서는 안 된다. 이 방법에서 가격은 판매수량 변화에 의해 영향을 받지 않는다. 관습적으로 가산액 설정에 있어 레스토랑 매니저들은 많은 시행착오 과정을 경험하지만 평균변동비를 근거로 한 가산액은 이러한 시행착오를 줄이는 방법이 될 수 있다.

제품 원가비율 가격결정법

이것은 원가-가산액 결정법과 유사한 가격법이다. 메뉴 레시피의 원가를 정하는 것처럼, 이것은 수익률을 고려하여 수립된다. 제품원가비율을 계산하는 방법은 간단하다. 우선 매니저는 메뉴아이템의 목표 식재료 원가비율(Target Food Cost Percentage)을 결정한 후, 아이템의 잠재원가(Potential Cost)를 결정해야 한다. 목표 식재료 원가비율은 메뉴 아이템을 만들기 위한 이상적인 정도의 희망원가수준(비율)을 말한다. 반면에 잠재원가는 실제로 메뉴 아이템을 만들기 위해 필요한 원가의 기대치를 말한다. 예를 들어, 레스토랑 매니저가 목표 식재료 원가비율을 25%라고 정하고 잠재원가를 $3.00라고 정했다고 가정하면 계산은 다음과 같다.

판매가격 = 잠재원가 / 목표 식재료 원가비율 = 3 ÷ 0.25 = $12.00

그러나 이 방법의 적용에 있어 주의해야 할 점이 있다. 원가가 높다하더라도 만약 고객이 그 가격대에 가치를 지각하지 못한다면 고객은 그 메뉴를 주문하지 않을 것이다. 때로는 고객은 가치지각 정도에 따라 제공된 메뉴 가격보다 더 많이 지불할 의향을 가지기도 한다. 따라서 매니저는 고객의 가치지각과 설정된 수익목표 사이의 불균형을 이해할 수 있어야 한다.

메뉴 엔지니어링 기법을 이용한 판매 극대화

이 기법은 판매극대화를 위한 가장 보수적이고 완벽한 접근방식이다. 총매출이익(Gross Profit)과 가격 탄력성 이론은 메뉴 엔지니어링 수행에 기초를 제공하며 또한 선호도(Popularity)와 수익성(Profitability)은 이 기법에서 중요한 요소로 작용한다. 각 메뉴 아이템의 선호도와 수익성은 메뉴분석의 총매출이익 이론을 통해 분석된다. 이 기법에서는 수익이 판매가격, 원가 그리고 판매

수량의 적절한 조화를 통해 극대화된다고 지적하고 있다.

메뉴엔지니어링은 이전과의 비교를 통해 새로운 메뉴의 성공을 측정하는 양적 도구(Quantitative Method)이다. 이 컨셉은 카사바나와 스미스(Kasavana & Smith : Menu Engineering, Okemos, Michigan: Hospitality Publications, 1982)에 의해 소개되었다. 이상의 연구자들은 '총 매출이익'은 '공헌이익(Contribution Margin : 메뉴 아이템별 공헌 금액)'과 같다고 하였다. 공헌이익 = 판매가격 - 직접 원가. 이러한 분석을 준비하기 위해 필요한 자료는 판매가격, 각 메뉴 아이템의 판매수량 그리고 직접 메뉴원가를 포함한다. 음료와 같은 주 요리가 아닌 제품을 제외하고 설정되어야하며, 메뉴의 범주별(e.g. 전채, 메인 요리, 후식, 샐러드 등)로 분석되어야 한다.

또한 메뉴엔지니어링은 가격탄력성 여부에 대한 평가도 포함하고 있다. 판매수량이 가격의 인상이나 혹은 인하에 맞추어 변화하지 않을 경우 비탄력적이라고 한다. 가격이 판매에 영향을 받지 않기 때문에 비탄력적인 아이템의 가격을 인하하는 것은 현명하지 못한 일이다. 반면, 앞서 언급한 바와 같이 판매량이 가격인상이나 인하에 극적으로 영향을 받을 수 있을 경우 아이템은 탄력적 가격을 가지게 된다. 탄력적인 아이템의 가격을 떨어뜨리는 것은 판매를 자극하고 전체수익을 증가시킬 수 있다.

전체 식재료비율을 최저 수준으로 유지한다는 목표로 설계된 메뉴는 전체 판매 수입을 감소시키는 결과를 초래할 수 있다. 낮은 식재료 원가구조를 지닌 아이템은 통상 높은 식재료 원가구조를 지닌 아이템보다 낮게 가격책정이 이루어지기 때문이다. 판매증진을 위해 식재료 원가비율을 높일 경우 실제로 수익성이 향상되는 경우를 볼 수 있다. 왜냐하면 총 판매액의 증가로 고정비(임대료, 보험비 등)의 비율이 낮아지기 때문이다.

메뉴 수익성 분석 메뉴 아이템의 수익성 혹은 공헌이익을 결정하기 위해서는 아이템의 판매가격과 아이템의 표준 레시피 원가(Standard Recipe Cost)를 알아야 한다. 판매가격에서 표준원가를 제외시키면 공헌이익이 된다. Ahi

Tuna entree를 예로 들면:

판매가격	= $18.75
표준식재료 원가(8 oz. of Tuna)	= ($0.93)
요리장식(garnishes)	= ($0.40)
채소, 전분, 롤과 버터	= ($1.00)
총 원가	= ($2.33)
공헌 마진	= $16.42

이 예는 아이템의 수익성 또는 총 공헌마진이 어떻게 결정되는지를 보여준다. 첫째 판매가격에서 표준 원가를 계산한다. 그 다음, 팔린 아이템의 수로 곱한다. 예를 들면 만약 Ahi Tuna 50개가 판매되었다면, 아이템에 대한 전체 이윤마진은 50 × ($18.75 - $2.33), 즉 $821.00이다.

메뉴 수익성은 특정 메뉴 제품군(e.g. 메인 요리)에서 판매된 모든 아이템의 전체 수익공헌과 한 아이템의 수익공헌 사이의 비율이다. 공식은 다음과 같다.

메뉴 수익성 = 단일 아이템 공헌 마진 / 특정 제품군의 총 공헌 마진

메뉴 선호도 분석 판매가격과 각 아이템별 판매수량을 이용하여 특정 제품군(범주) 안에서 특정 아이템의 선호도 비율을 결정할 수 있다. '군 또는 범주'는 메인요리, 전채요리, 디저트, 알코올음료와 같은 유사 아이템들의 그룹을 나타낸다. 또한 제품군내에서 팔린 아이템의 전체 숫자를 알아야 한다. 각 아이템에 적용하는 공식은 다음과 같다.

선호도 = 단일 아이템의 판매량 / 특정 제품군의 총 판매량

표 2-3에서 Huckleberry Glaze Venison의 경우, 선호도 비율은 54 ÷ 429 = 12.6% 이다. 12.6%의 비율은 판매믹스(Sales Mix)라고 부른다. 판매믹스는 그 제품군의 전체 아이템 판매와 비교한 특정 메뉴아이템의 판매량의 분석이다.

		A	B	C	D	E	F
메뉴 번호	메뉴	래시피 원가($)	판매 가격($)	1월		2월	
				판매량	판매 믹스(%)	판매량	판매 믹스(%)
1	Tuna Ahi	2.33	18.75	48	11.2	40	9.3
2	Pork Chop Grilled	3.70	16.95	64	14.9	64	14.9
3	Cod Grilled Atlantic	4.00	17.50	26	6.1	26	6.1
4	Tian of Pepper and Mushroom	4.81	15.50	51	11.9	66	15.4
5	Huckleberry Glaze Venison	6.72	22.50	54	12.6	60	14.0
6	Beef Tenderloin	4.46	22.00	95	22.1	95	22.1
7	Chicken Saute with Olive	3.40	16.75	37	8.6	37	8.6
8	Monkfish Saddle with Lentils	5.97	22.00	31	7.2	31	7.2
9	Tomato with Garlic Fettuccine	2.04	15.95	23	5.4	10	2.3
합 계				429	100.0	429	100.0

표 2-3

특정한 메뉴 아이템에 대한 선호도는 특히 그 비율이 매우 높을 경우 전체 원가에 영향을 미친다. 원가변화에 대한 선호도의 영향은 표 2-3과 표 2-4에서 확인할 수 있다.

어느 한 아이템에 대한 고객수요(선호도)의 변화는 그 아이템의 판매 믹스에 영향을 줄 수 있다. 예를 들어, 만약 낮은 수익률의 아이템(e.g. 낮은 공헌이익 또는 높은 표준 원가의 아이템)이 가장 인기가 있다면 레스토랑의 전체 원가비율은 받아들이기 어려울 정도로 높아질 것이다.

		G	H	I	J
메뉴 번호	메뉴	총 원가($) 1월 (a × c)	총 원가($) 2월 (a × e)	총 매출($) 1월 (b × c)	총 매출($) 2월 (b × e)
1	Tuna Ahi	111.84	93.20	900.00	750.00
2	Pork Chop Grilled	236.80	236.80	1,084.80	1,084.80
3	Cod Grilled Atlantic	104.00	104.00	455.00	455.00
4	Tian of Pepper and Mushroom	245.31	317.46	790.50	1,023.00
5	Huckleberry Glaze Venison	362.88	403.20	1,215.00	1,350.00
6	Beef Tenderloin	423.70	423.70	2,090.00	2,090.00
7	Chicken Saute with Olive	125.80	125.80	619.75	619.75
8	Monkfish Saddle with Lentils	185.07	185.07	682.00	682.00
9	Tomato with Garlic Fettuccine	46.92	20.40	366.85	159.50
합 계		1,842.32	1,909.63	8,203.90	8,214.05

표 2-4

표 2-4의 숫자는 월별 총매출과 각 아이템 생산에 소요된 전체원가를 나타낸다. 각 문자열은 표 2-3의 문자열과 같은 공식으로 나열되었다. 총 원가와 총 판매액은 선호도와 판매믹스의 변화로 인해 각 월별로 변화한다.

표 2-5

	K	L	M
	총 매출 ($)	총 원가 ($)	원가 (%) (L ÷ K)
1월	8,203.90	1,842.32	22.5
2월	8,214.05	1,909.63	23.2
합 계	16,417.95	3,751.95	22.9

표 2-6

메뉴 번호	메뉴	래시피 원가 ($)	판매 가격 ($)	가격-원가($)	가격-원가 비율 (%)	수익성 순위	1월 판매량	판매 믹스 (%)	메뉴 선호도 순위
1	Tuna Ahi	2.33	18.75	16.42	12.6	2	48	11.2	5
2	Pork Chop Grilled	3.70	16.95	13.25	10.2	7	64	14.9	2
3	Cod Grilled Atlantic	4.00	17.50	13.50	10.4	6	26	6.1	8
4	Tian of Pepper and Mushroom	4.81	15.50	10.69	8.2	9	51	11.9	4
5	Huckleberry Glaze Venison	6.72	22.50	15.72	12.1	4	54	12.6	3
6	Beef Tenderloin	4.46	22.00	17.54	13.5	1	95	22.1	1
7	Chicken Saute with Olive	3.40	16.75	13.35	10.0	8	37	8.6	6
8	Monkfish Saddle with Lentils	5.97	22.00	16.03	12.3	3	31	7.2	7
9	Tomato with Garlic Fettuccine	2.04	15.95	13.91	10.7	5	23	5.4	9
	합 계			130.41	100.0		429	100.0	

메뉴 아이템 평가 표 2-6은 1월의 메뉴 선호도와 수익성에 의해 판매 메뉴들을 등급화한 자료이다.

이제 표 2-7에 제시된 것처럼 제품군 안에 있는 모든 아이템들을 특제품

(Star), 상제품(Plow Horse), 중제품(Puzzle), 하제품(Dog) 등으로 분류할 수 있다.

비록 메뉴별로 원가와 판매가격은 월별로 동일한 수준으로 운영되었지만 전체 원가비율은 그렇지 않다(표 2-5 참조). 메뉴별로 원가와 가격은 1월과 2월에 동일하지만 문자열 M의 원가비율은 다르다. 메뉴믹스 때문에 월별로 전체 원가비율이 다르게 나타났다. 따라서 매니저가 아닌 고객이 원가비율을 결정하고 있다고 볼 수 있다. 식음료 업장의 매니저나 원가관리자들이 정량관리(Portion Control), 표준 레시피, 구매 관리 등 식음료 관리의 모든 절차를 수행하지만 궁극적으로 레스토랑의 원가를 결정하는 것은 고객의 수요라고 할 수 있고, 고객 수요는 레스토랑의 가격 전략에 영향을 받는다고 말할 수 있다.

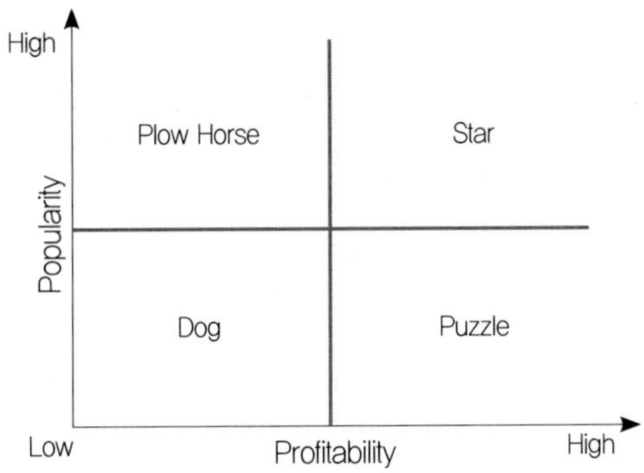

표 2-7

- **특제품(Star)** 이 부류에 속한 아이템은 수익성과 선호도 모두 높다(평균 이상). 가장 잘 보이는 메뉴북 위치에 배치시키고 그 품질을 엄격하게 유지할 필요가 있다. 앞서 언급한 탄력성 평가를 이용하여 전략을 수립할 수 있다. 한편 특제품에 속한 아이템들을 지속적으로 많이 팔 수 있는지, 아이템의 가격을 올릴 수 있는지를 평가해 보아야 한다.
- **상제품(Plow Horse)** 이 부류에 속한 아이템은 인기는 있지만 평균 수익성에 미치지는 못한다. 종합적인 전략은 이 아이템의 공헌이익을 높이는 것이며, 이때 가격인상이 고려되어야 한다. 일반적으로 이 아이템들은 이미 낮은 공헌이익을 제공하기 때문에 아이템의 가격을 낮추는 것은 현명

하지 못한 일이다. 더군다나 이 아이템들은 이미 인기가 있으므로 판촉을 위해 자금을 소모할 필요는 없다. 그러나 전체 판매량을 증가시켜야 하는 경우라면 판촉은 매우 좋은 전략이 될 수도 있다. 고객의 지각된 가치를 감소시키지 않는 범위에서 원가를 낮출 수 있는지를 판단하기 위해 표준 레시피를 조심스럽게 평가해보아야 한다.

- **중제품(Puzzle)** 이 부류 아이템은 수익성은 평균을 상회하나 인기가 낮다. 이러한 아이템들은 고객들에게 낮은 가치지각을 가져오고 따라서 고객의 수요가 줄어들었을 가능성이 높다. 그러므로 우선 이러한 아이템에 대해 조심스럽게 그 품질을 평가해 볼 필요가 있다. 예를 들어 조악한 수준의 메뉴 프레젠테이션으로 인해 낮은 품질로 지각됐다면 단순히 판매촉진에 의해 선호도를 증가시킬 수도 있으며, 가격을 낮추는 전략을 택할 수도 있다. 만약 이 아이템이 가격 탄력적이고 높은 대중적 인기를 가진 아이템이라면 가격인하를 통해서 특제품으로 전환시킬 수도 있다. 또한, 만약 이 제품이 인기가 없는 것이라면 아마도 다음 시즌 메뉴에서 삭제시키는 것을 고려할 필요가 있다. 제품 수명, 조리과정 중 손실(소모)량, 부패, 팔다 남은 것(Leftover) 그리고 인건비 등의 해당 메뉴와 관련된 원가를 모두 고려하여 평가해보아야 한다.
- **하제품(Dog)** 고객선호도와 수익성 모두 평균 이하로 낮은 이 부류의 아이템은 비록 향후에 인기를 얻을 것이라는 희망이 있거나 다른 메뉴 아이템의 판매에 영향을 주기 위해 제공되고 있다하더라도, 메뉴북 상에 남겨둘 필요는 없다. 다른 방법으로 중제품 등급으로 올리기 위해 가격인상을

표 2-8

메뉴	순위
높은 선호도, 동시에 높은 수익성	특제품(star) : beef tenderloin
높은 선호도, 그러나 평균 수익보다 낮음	상제품(plow horse) : pork chop
평균 선호도 이하, 그러나 높은 수익성	중제품(puzzle) : monkfish
평균 선호도 이하, 동시에 평균 수익보다 낮음	하제품(dog) : chicken saute

시도해 볼 수도 있으며, 이때 해당 메뉴의 판매수준을 올리기 위해 메뉴의 이미지와 가치 지각의 변화를 시도해 보고 부정적 결과가 나오는 경우 바로 메뉴 삭제를 고려해 본다.

메뉴 분석 혹은 메뉴 엔지니어링의 최종결과는 하제품의 최소화, 중제품의 품목제한, 특제품의 최대화에 있다. 상제품은 메뉴 수익성을 증가시킬 것으로 기대되기 때문에 메뉴 상에 그대로 남겨둔다. 표 2-8 은 선호도와 수익성에 따라서 메뉴 아이템을 정리한 것이다. 이 표는 판매되는 메뉴의 개선을 위해서 구체적인 청사진을 제공한다. 주의해야할 점은 항상 일관성 있는 메뉴 아이템을 준비하고 고객에게 제공해야한다는 것이다. 특히 높은 수익을 내는 메뉴 아이템과 그 업장의 특별 메뉴는 일관성 있게 제공되어야 할 필요가 있다.

한편, 메뉴 엔지니어링 시스템 적용 시 주의해야 할 점이 있다. 메뉴품목은 다른 메뉴와 관련되어 분류되기 때문에 몇몇 아이템들은 바람직하지 못한 그룹으로 떨어지게 된다는 점이다. 취약한 메뉴 아이템을 조정하고 개선하기보다는 평균이하로 떨어지는 선호도와 수익성이 높은 메뉴 아이템을 찾는데 노력을 기울여야 한다.

특가품(손님을 끌기 위해 싸게 파는 특매품 : Loss Leader)은 목적을 갖고 제공된다. 따라서 비록 메뉴평가를 통해 취약한 아이템으로 평가되었을지라도 특가품은 메뉴 운영의 종합적인 성공에 기여할 수도 있다. 취약한 아이템은 그것의 취약한 수익성 구조에도 불구하고 고객을 유인할 수도 있다. 다시 말해 특가품에 의해 유인된 고객들은 수익성이 더 좋은 품목을 주문할 고객과 함께 올 수 있기 때문이다.

기본 메뉴 엔지니어링의 접근에 있어 다음과 같은 변수들이 고려되어야 한다.

■ 프라임 코스트 : 식재료 비용과 더불어 직접인건비 고려(아이템 준비 소요시간)
■ 자체적 육류 가공 vs. 가공 육류구입 비용차이 고려(Butcher 비용) : Make or Buy
■ 공헌이익과 식재료비용의 조화를 통한 메뉴 아이템 등급화

메뉴 엔지니어링의 자동화적 접근 많은 식음료서비스 운영자, 매니저 그리고 원가관리자들은 회계업무수행을 위해 전화만큼이나 쉽고도 빈번하게 그들의 개인컴퓨터를 사용한다. 메뉴 엔지니어링의 자동화로 인해 식음료 운영자들은 컴퓨터에 더욱 친숙해져야 된다.

식음료서비스 매니저들에게 가장 중요하고 긴급한 업무수행능력으로서 컴퓨터사용 능숙함의 필요성에 대해 평가한 NRA의 'The Food Service Manager 2000' 연구에서도 잘 나타나 있다. 사실, 매니저와 식음료 서비스관리자의 수적

표 2-9 메뉴 역학 분석(Menu Dynamics Analysis)

A	B	C	D	E	F	G	H	I	J	K	L	M	N
번호	메뉴	판매량	메뉴 믹스 %	메뉴 원가 ($)	판매 가격 ($)	공헌 이익 ($)	메뉴 원가 (%)	총 원가	총 매출	총 공헌 이익	공헌 이익 유형	메뉴 믹스 유형	메뉴 등급
1	Tuna Ahi	48	11.2	2.33	18.75	16.42	12.4	111.84	900.00	788.16	High	High	Star
2	Pork Chop Grilled	64	14.9	3.70	16.95	13.25	21.8	236.80	1,084.80	848.00	Low	High	PL
3	Cod Grilled Atlantic	26	6.1	4.00	17.50	13.50	22.9	104.00	455.00	351.00	Low	Low	Dog
4	Tian of Pepper and Mushroom	51	11.9	4.81	15.50	10.69	31.0	245.31	790.50	545.19	Low	High	PL
5	Huckleberry Glaze Venison	54	12.6	6.72	22.50	15.78	29.9	362.88	1,215.00	852.12	High	High	Star
6	Beef Tender-loin	95	22.1	4.46	22.00	17.54	20.3	423.70	2,090.00	1,666.30	High	High	Star
7	Chicken Saute with Olive	37	8.6	3.40	16.75	13.35	20.3	125.80	619.75	493.95	Low	High	PL
8	Monkfish Sad-dle with Lentils	31	7.2	5.97	22.00	16.03	27.1	185.07	682.00	496.93	High	Low	Puz-zle
9	Tomato with Garlic Fettuc-cine	23	5.4	2.04	15.95	13.91	12.8	46.92	366.85	319.93	Low	Low	Dog
합 계		429	100					1,842.32	8,203.90	6,361.58			
총 메뉴원가 %		22.5	(O)										
메뉴 믹스 %		7.8	(P)										
평균 공헌이익		14.83	(Q)										
평균 판매량		33	(R)										

증가는 포괄적인 자동화 정보시스템으로의 이동을 가속화시키고 있다. 메뉴 엔지니어링을 만들어내기 위한 컴퓨터 사용과 더불어 컴퓨터시스템은 직원 스케줄 관리, 경영예측, 재고관리 그리고 매출보고 집계 등을 해결하는데 도움을 준다.

다음의 표 2-9는 메뉴의 수행평가를 위한 '메뉴 엔지니어링'을 폭넓게 활용할 수 있도록 제시된 Excel 기반의 메뉴 엔지니어링 분석표이며, 앞서 나온 표 2-6에 기초한 것이다. 실제의 메뉴를 이 시스템에 적용하기 전에 반드시 다음의 설명과 지침을 이해해야 한다.

문자열 A : 메뉴 분류 안의 아이템 번호(이 번호는 등급화를 위한 것이 아니다.)

문자열 B : 메뉴 아이템의 이름

문자열 C : 고객 매출전표 혹은 POS 매출전표에 나타난 판매된 아이템 수량

문자열 D : 메뉴 혹은 판매 믹스. 각 아이템의 판매비율로서, 메뉴별 판매 수량을 메뉴 아이템 전체의 판매 수량으로 나누어 구한다. 예를 들면 업장에서 전체 429개의 판매 중에서 Ahi Tuna 48개를 팔았다고 가정하면, 판매 믹스는 48 ÷ 429 혹은 11.2%가 된다.

문자열 E : 각 아이템의 표준 레시피 원가

문자열 F : 각 아이템의 판매가격

문자열 G : 각 아이템의 공헌이익: 판매가격 - 아이템 원가(문자열 F - 문자열 E)

문자열 H : 아이템 원가비율. 다음은 원가비율이 어떻게 계산되는지 예이다.

> Ahi Tuna
> 가격 $18.75 (문자열 F)
> 원가 $2.33 (문자열 E)
> 원가비율(%) = 원가 ÷ 가격 = 12.43% (문자열 E ÷ 문자열 F)

문자열 I : 총 원가. 문자열 C(판매량)와 문자열 E(아이템 원가)의 곱

문자열 J : 총 매출(수입). 문자열 C(판매량)와 문자열 F(판매 가격)의 곱

문자열 K : 총 공헌이익(CM). 문자열 C(판매량)와 문자열 G(공헌이익)의 곱

문자열 L : 공헌이익(CM) 유형 - 수익성 분석. 도표 맨 밑 왼쪽의 라인 Q의 평균 공헌 이익과 문자열 G의 각 메뉴 아이템의 공헌이익을 비교. 라인 Q는 문자열 K의 총 공헌이익의 합을 문자열 C의 합(총 판매 수량)으로 나누어 구한 것이다. 문자열 L의 높음(High) 혹은 낮음(Low)은 앞서 나온 문자열 G와 라인 Q를 비교한 후 나타낸 것이다.

문자열 M : 메뉴 믹스(MM) 유형 - 선호도 분석. 이 문자열은 종합적인 메뉴 제품범위에서 각 아이템의 판매 결과를 평가하는 것이다. 문자열 D에 나타난 각 아이템의 메뉴 믹스(%)와 라인 P(평균 메뉴 믹스 %)를 비교한다. 비교 후 각 메뉴 아이템의 선호도는 문자열 M에 높고 낮음으로서 등급이 나뉜다. 라인 P는 전체적인 업계추세 혹은 일반적인 표준척도(벤치마크)를 고려하여 나타낸 것으로 실제 평균의 70%이상이 될 때 좋은 품목으로 간주한 것이다. 라인 P = 1/메뉴 품목수 × 0.7. 만약 판매 메뉴품목수가 9라면 계산은 다음과 같다. = 1 ÷ 9 × 70% = 7.8%

문자열 N : 문자열 L과 M의 조합으로 평가.

라 인 O : 총 평균 원가(식재료 비율). 이것은 문자열 J의 합(총 매출)으로 문자열 I의 합(총 원가)을 나누어 계산.

라 인 P : 문자열 M 설명 참조.

라 인 Q : 문자열 L 설명 참조.

라 인 R : 문자열 C의 총 판매 수량 429에 라인 P에서 구해진 7.8%를 곱한다. 이 경우는 33이 된다. 메뉴 엔지니어링은 각 메뉴 품목의 판매가 전체적 평균 판매에서 70% 혹은 그 이상이 되면 아이템이 인기 있다고 추정하고 있다. 만약 이 평균비율을 낮추거나 올린다면, 아이템 선호도 평가에서 전혀 다른 결과를 얻게 될 것이다.

이 표는 매니저에게 메뉴의 변경을 고려할 수 있도록 해준다. 이 표에 제시

된 계산 결과는 평가 대상 아이템의 순이익(혹은 손실)에 대한 청사진을 제공한다. 계산의 결과로부터 매니저는 명확하고 효과적으로 다양한 아이템의 메뉴 조정을 결정지을 수 있다. 또한 표 2-9는 마케팅도구로서 활용될 수 있기 때문에 매니저는 서비스 직원들의 교육을 통해 특별한 권유판매 아이템을 촉진 결정할 수 있다.

메뉴 엔지니어링 의사결정 매트릭스 그래프 이제 메뉴 아이템의 경쟁적 위치를 기반으로 한 의사결정 매트릭스의 개발에 초점을 옮겨가도록 하자. 이것은 매니저가 각 메뉴 아이템의 수행평가(수익성 및 선호도)를 위해 사용하는 유용한 도구이다. 메뉴의 각 분류 안에서 모든 아이템이 같은 특성을 공유하는 것은 아니다. 예를 들어 한 학급에 둘 이상의 학생이 있을 경우 그들은 각기 다른 수준의 성적을 갖는다. 그러므로 메뉴 아이템에 있어서도 최적의 결정을 위해 메뉴간의 경쟁, 비교분석을 정기적으로 수행해야만 한다. 이와 함께 메뉴디자인, 경쟁업체 판매가 분석, 직원 등의 적극적인 권유판매방법 등을 통해 각각의 새로운 아이템의 위치(수행능력: 수익성 및 선호도)를 개선하는 것이 필요하다.

표 2-10의 의사결정 매트릭스에서 각 메뉴품목은 공헌이익과 메뉴믹스에 의해 위치가 결정된다. 가로축은 수익성 혹은 공헌이익, 세로축은 선호도 혹은 메뉴믹스를 나타낸다.

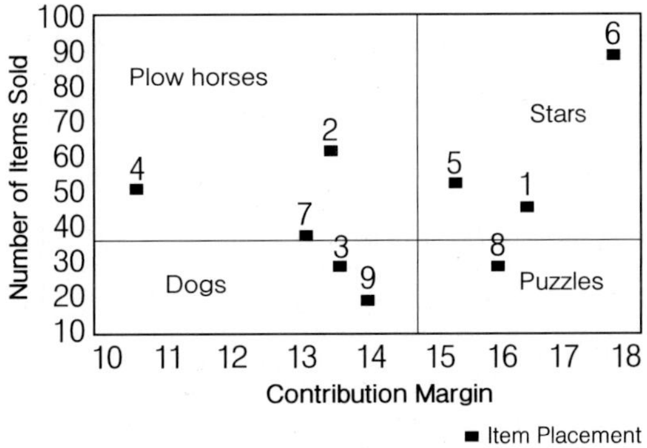

표 2-10

제안 판매 메뉴 엔지니어링은 매출극대화와 운영비 최소화전략을 실현하는 강력한 도구이다. 이제 매출극대화에 대하여 논의할 필요가 있다. 매출극대화는 권유판매기술에 대한 특별하고 구체적인 직원훈련을 통해 지원될 수 있다.

메뉴믹스를 알고 있는 것은 경쟁우위를 확보하기 위한 기본 조건이다. 보다 중요한 것은 실행이며 따라서 판매전략에 관해 직원들과 의논할 필요가 있다. 직원들과 함께 어떻게 아이템을 up-selling 할 수 있는지 논의하는 것은 매우 필수적이다. 직원들이 얻은 지식은 고객을 향한 자신감으로 전환될 수 있다. 교육이 잘 이루어진 서비스직원은 다음과 같이 이야기함으로써 고객에게 식사와 와인의 완벽한 조화를 제안할 수 있다. "제가 파스타와 함께 이 와인을 먹어 보았는데 정말 최고였습니다." 혹은 "드시고 계신 연어와 함께 Chardonnay를 한번 드셔보시겠습니까?" 아마도 그 연어는 레스토랑의 중제품일 것이며 선호도를 얻기 위해 고객을 설득시키는 절차가 필요할 것이다.

교육/훈련 기술과 보상 프로그램 직원들을 교육시킬 경우 다음을 기억하도록 요구하자. "오늘 당신의 저녁식사에 즐기실 와인을 결정하셨습니까?" 이것은 강한 메시지로 전달되지만 미묘하기 때문에 고객으로 하여금 압박감을 느끼게 하지는 않을 것이다. 비결은 직원들에게 모든 주문에 있어 긍정적으로 생각하도록 교육시키는 데 있다. 예를 들면 메뉴에 대해 직원의 의견을 묻는 고객에게는 오늘의 특선요리 혹은 중제품을 고객에게 권유하도록 직원을 교육시키자. 만약 고객이 와인 세잔을 주문한다면, 직원은 그들에게 감사하여야한다. 그리고 다음과 같이 제안한다. "같은 가격이라면, 저희 하우스 와인 한 병을 드실 수 있으며 이것은 세 잔을 채우고도 남을 만큼 충분한 양입니다". 이러한 제안으로 인해 고객은 와인 한 병을 주문할 것이며, 그렇지 않더라도 최소한 고객으로부터 관심 표명에 대한 감사를 받게 될 것이다.

타이밍은 필수적이다. 서비스직원이 첫 번째 코스가 끝난 후 주 요리가 나오기 전에 두 번째 병을 제안할 경우 그 직원은 완벽한 타이밍에 제안하는 것이 된다. 고객은 앞으로 나올 훌륭한 주 요리에 대해 생각하며 그들의 잔에 남은 소량의 와인을 쳐다보게 될 것이다. 반면 너무 빨리 두 번째 병을 권유하는 것은 고객에게 주문에 대한 압박감을 줄 수 있다. 식사가 제공된 후 제안할 경우에는 대부분의 고객들이 아마도 정중히 거절하며 이미 주문한 와인으로 식사를 끝낼 가능성이 높다.

한편 서비스 직원들에게 판매성과에 따른 인센티브를 제공한다면 판매촉진을 위한 강력한 동기유발수단이 된다. 표 2-11에서는 음식값($40.00)을 가정한 직원 인센티브가 제시되었다.

표 2-11

	House Wine 2잔 @ $3.25/잔	Chardonnay 2잔 @ $4.50/잔	Chardonnay 1병 @ $24.00
Wine 매출	$6.50	$9.00	$24.00
총 식사	$46.50	$49.00	$64.00
직원 팁 @ 15%	$6.98	$7.35	$9.60
5 테이블의 팁	$34.90	$36.75	$48.00
3회전을 가정한 팁	$104.70	$110.25	$144.00
5일 근무를 가정한 팁	$523.50	$551.25	$720.00
4주 근무를 가정한 팁	$2,094.00	$2,205.00	$2,880.00
52주 근무를 가정한 팁	$27,222.00	$28,665.00	$37,440.00

1년간 서비스직원의 수입은 하우스 와인 두 잔을 판매할 경우에 비해 Chardonnay 두 잔을 판매하는 경우 무려 $1,443가 증가한다. 또한 연간 Chardonnay 한 병과 하우스 와인 두 잔 판매 팁(tip)의 차이는 무려 $8,775나 된다. 레스토랑의 측면에서 보면, 50명의 고객이 하우스 와인 대신 Chardonnay를 주문한다고 가정할 경우 레스토랑은 거의 $22,812.00의 수입을 더 거두어들이게 된다. 그에 더하여 만약 매번 3명이 앉은 한 테이블에서 와인 한 병을 주문한다면 그 차이는 거의 $119,000.00에 이른다. 최소한으로 필요한 것은 직원들이 메뉴, 와인 그리고 고객에 대해 이해하는 것이며 이를 통해 직원과 레스토랑은 상당한 이익을 거둘 수 있다.

레스토랑의 필수적인 실행기준

매출극대화는 레스토랑의 음식상품, 운영방법 그리고 서비스에 대하여 고객이 어떻게 반응하는가 하는 것과 관련되어 있다. 많은 레스토랑들이 고객의 의견을 수렴하기 위해 서비스수준에 관한 자체설문조사를 준비한다. 레스토랑은 이를 통해 고객에 의해 지각된 결점을 보완하고자 고객으로부터 나온 다양한 반응들을 조사하여 활용한다. 즉, 고객이 레스토랑이용가치에 대해 어떻게 지각하는가가 사업의 경쟁력을 결정짓는 것이다. 고객조사(Customer Survey)는 레스토랑의 효과적인 관리를 위한 '눈과 귀'로서 역할을 수행한다. 정량적 고객설문조사에 대한 응답들이 지속적으로 측정되고 계량화된 후 레스토랑의 성장과 쇠퇴의 훌륭한 밑그림을 제공한다. 일반적으로 활용될 수 있는 레스토랑 평가 목록의 항목들은 아래와 같이 제시될 수 있다.

레스토랑 평가 목록

레스토랑 이름 : 날짜 :
서비스 직원 : Host/Hostess :
주문 메뉴 :
호스트가 적절히/신속하게 맞이하였는가?
적절하게 테이블과 자리로 안내되었는가?
테이블은 제대로 준비되어 있었는가?
좌석 및 쿠션은 깨끗하였는가?
서버는 적절히 그리고 신속하게 자신을 소개하였는가?
서버는 칵테일이나 와인(잔) 주문을 제시하였는가?
서버는 메뉴에 있는 메뉴아이템 주문을 제시하였는가?
당신의 질문에 직원들은 자신감과 안정감 있게 대답하였는가?
주문한 음식에 따라 접시는 뜨겁거나 차갑게 제공되었는가?

메뉴의 맛과 외양은 어떠한가?

물, 소다수, 커피 혹은 빵의 리필이 제공되었는가?

서버는 디저트와 커피를 제공하였는가?

각 식사가 끝난 후 그릇들은 한꺼번에 치워지는가?

서버는 식사가 즐거웠는지 물어 보았는가?

메뉴판은 깨끗했는가?

조명의 밝기는 적절하였는가?

전체적으로 레스토랑 실내는 청결하였는가?

업장 내 음악소리는 적절하였는가?

실내온도는 적절하였는가?

지불할 식사 가격에 비해 만족할만한 가치를 받았다는 느낌이 들었는가?

참고문헌

가격결정과 관련해서 다음을 읽어보자.

- "How To Price Your Products & Services". By A Harvard Business Review Paperback. Yearly Publication
- Menu Magic(Article) by Ron Wilkinsons of Software Creation, 1995.

요 약

판매를 계획할 때, 메뉴보다 더 중요하고 최상의 판매도구는 없다. 메뉴는 지속적인 사업운영, 높은 판매량 그리고 높은 수익성을 확보하기 위해 효과적으로 구성되어야 한다. 이러한 목적을 달성하기 위해 레스토랑은 고객의 욕구에 대처하는 것이 중요하다. 메뉴의 내용과 외양 모두 반드시 고객에게 흥미를 제공하여야 한다.

수익성을 극대화하기 위해 가장 유리한 메뉴아이템이 강조되어야 한다. 이것은 효과적인 메뉴배치와 메뉴판의 특정메뉴 부각, 권유판매 그리고 매력적인 메뉴 묘사문구를 통해서 가능하다. 적절한 메뉴의 설계와 가격결정만으로도 수익의 최대화를 가질 수 있다.

메뉴가격결정에 몇 가지 방법이 활용되고 있다. 메뉴엔지니어링은 메뉴평가에 있어서 정량적인 방법을 제공하고 있기 때문에 가장 '과학적인' 접근으로 간주된다. 이 접근법에서는 메뉴아이템의 수익성과 선호도가 측정 및 평가되고 그 결과에 의해 메뉴아이템의 등급화가 이루어진다. 메뉴아이템은 특제품, 상제품, 중제품, 하제품으로 분류되며 분류에 따라 적절한 대응방법이 요구된다. 이 분석의 수행을 돕기 위해 컴퓨터는 절대적으로 유용하며 이를 위한 표본 양식을 제시하였다.

일단 메뉴품목의 수익성이 분석되고 나면 직원들은 기업목표를 달성하기에 가장 유리한 제품을 팔도록 그리고 평균 객단가를 증가시키기 위해 완벽하게 교육되어야 한다. 또한 직원들은 고객들에게 최상의 서비스를 제공하도록 교육되어야 한다. 그리고 메뉴뿐 만 아니라 레스토랑운영의 모든 면에 관한 개선의 기회를 얻기 위해 직원들은 서비스 접점에서 고객으로부터 피드백을 얻도록 교육받아야 한다.

논의과제

1. 메뉴의 기획 및 설계 시 고려되어져야하는 요소는 무엇인가?

2. 원가비율은 실제원가로 판매가격을 나누어 계산한다. True or False

3. 메뉴분석은 어떤 정보를 제공하는가?

4. 각기 다른 가격결정 전략을 기술해보시오.

5. 메뉴엔지니어링 기법은 어떻게 가격결정을 개선시킬 수 있으며 이 기법의 단점은 무엇인가?

6. 메뉴는 왜 고객만족 확보에 초점을 두어야 하는가?

7. 잠재고객은 메뉴아이템 선정과 메뉴가격결정에 어떤 영향을 미치는가?

8. 메뉴엔지니어링 사용의 장점은 무엇인가?

9. 가격탄력성은 무엇이며, 메뉴가격결정시 왜 고려되어야 하는가?

10. 메뉴 운영 시 식재료 원가비율에 너무 많은 비중을 두면 무엇이 위험한가?

11. 메뉴는 가장 주요한 식음료서비스 판매도구이다. True or False

12. 아이템의 공헌이익이 증가하면 식재료 원가비율은 감소된다. True or False

13. 다음의 표에 한 레스토랑의 판매 믹스(Sales Mix)가 주어졌다. 이 레스토랑의 잠재적 식재료 원가율과 원가총액은?

메뉴	판매량	판매가격	잠재적 원가율 %
Rib-eye steaks	1,000	$23.75	25
Fish steaks	2,000	$28.00	32
Chicken steaks	1,500	$21.50	20

Chapter 3

구매 관리

학습목표

이 장을 학습한 후, 다음 내용들을 이해할 수 있어야 한다.

- 구매부서의 목적과 역할
- 식음료 제품의 취급상 차이점
- 구매 윤리와 구매의 궁극적 목표
- 구매 시 법적 기본요건
- 제품 구매명세서의 고안과 활용
- 자동화적 재고조사와 구매 시스템의 이용
- 시장바구니 분석과 경쟁 입찰의 장점
- 자동 재고관리 및 구매관리 시스템의 활용
- 제품시험의 방법과 활용
- 계약과 위탁 구매
- 납품업자 선정기준
- 검수, 저장과 제품 출고의 방법

개　　요

본 장에서는 식음료 구매의 목적과 중요성 그리고 구매목적 달성을 위해 필요한 과정, 기법 그리고 방침을 살펴본다. 또한 구매단계의 법적 그리고 윤리적 필요조건, 제품구매명세서, 생산율과 제품시험, 경쟁 입찰, 자동화시스템, 납품업자 선정, 검수와 저장, 제품출고 등을 충분히 이해함으로써 구매 가치를 최대화시키는 것이 본 장의 내용이다.

구매 목표

식재료 구매목표는 원가율 상승을 막아 레스토랑의 수익을 최대한으로 향상시킴으로써 가치를 극대화하는데 그 의의를 두고 있다. 미국 레스토랑협회의 최근 보고에 따르면 외식산업 식음료 재료구매는 1998년을 기준으로 1,190억 달러를 초과 2001년에는 1,420억 달러에 이른다. 식재료 구매는 단순히 제품을 구입하는 것이 아니라 메뉴계획과 필요한 제품니즈(Needs)의 구체화, 업자선정, 필요 아이템의 구매와 검수, 저장 그리고 제품출고에 이르기까지의 총체적 과정을 의미한다. 또한 구매 관리와 통제는 구입한 물품들이 조리 장소에서 어떻게 이용되는지 감독하는 것을 포함한다.

다양한 경쟁적인 요소가 구매결정단계 시 평가되어져야 한다. 구입할 제품의 질과 공급업체의 서비스가 제품원가 측면에서 고려되어져야 한다. 구매비용은 제품의 구입가격뿐만 아니라 판매하게 될 음식에 관련된 부가비용까지 포함한다. 그리고 납품업자의 서비스요소로는 물품배송 스케줄에 있어서의 지속성과 신뢰성을 포함하여 다양한 측면이 고려되어져야 한다.

모든 식음료 서비스업체들은 효율적인 구매관리를 위해서 다양한 측면을 평가하여야 한다. 평가요소들은 기본적이고 상식적인 것들이며 사실 고객들이 쇼핑이나 외식을 할 때도 이용하는 것들이다. 다음 사항들은 구매부서가 효율적인 구매의사 결정 및 관리를 수행하기 위해서 이행해야 하는 요소들이다.

- 판매메뉴에 의해 식음료 업장의 구매니즈(Needs) 결정
- 구매명세서의 작성
- 일반제품과 계절성제품, 구매하기 어려운 제품 그리고 제품의 교차활용에 대한 해결책 제시
- 입찰 공고
- 잠재적인 공급업자에 대한 사정 평가
- 공급업자와의 가격, 조건 협상

- 계약체결 및 구매발주
- 적정량 배송의 점검
- 절차에 따른 검수, 저장, 제품출고
- 재고조사와 정량관리를 이용한 관리 및 감독

외식산업에서 식음료구매가 전체 구매활동의 90% 이상을 차지한다. 경쟁가격으로 구매하는 방법을 논의하기에 앞서 음식과 음료제품사이의 차이와 특성을 이해하는 것이 중요하다. 다음은 제품들을 구별하는 여러 가지 중요한 요소들이다.

- 식재료의 포장은 다양하지만, 음료포장은 일반적으로 표준화 되어있다.
- 식재료의 저장수명은 상당히 다양하지만, 음료제품은 일정한 저장수명으로 더욱 오래 유지된다.
- 식재료 가격은 제품의 성수기와 비수기에 따라 가격변동이 발생할 수 있지만 음료제품 가격은 비교적 안정적이다.
- 식재료의 생산율(yield)은 계절과 구성(포장), 구매형태에 따라 크게 좌우되나, 음료의 생산율은 보다 일관성이 있다.
- 식재료의 제한된 저장 공간은 다양한 저장온도를 필요조건으로 하기 때문에 구매능력에 크게 영향을 미치게 된다. 부적절한 저장방법은 손상이나 도난을 통해 식재료 비용의 상승을 가져올 수 있다. 반면 음료의 저장방법은 간단하며 규격화되어 있다. 하지만 식재료에 비해 쉽게 도난당하기 쉬워 보다 견고한 보안 상태를 요한다.
- 앞서 언급한 것과 같이 제품의 지속성과 저장수명의 다양성으로 인해 재고회전율(Inventory Turnover Ratios)의 결과와 분석은 각각 다르게 나타난다.

구매비용절감

기업은 판매량을 늘리거나 혹은 비용을 줄여 더 많은 이익을 창출할 수 있다. 이때 원가(비용)관리에 의해 절감된 돈은 기업의 최종적인 수익을 증가시키지만, 판매증가를 통해 얻은 매출액은 그 판매를 위해 소요된 비용에 의해 대폭 감소하기도 한다. 만약 레스토랑이 효과적인 구매기법을 적용하여(i.e. 비용관련 사항임을 의미함) 1,000달러를 절감했다고 하자. 1,000달러의 비용절감은 1,000달러의 수익을 낸 것과 동일하게 된다. 이와 달리 레스토랑이 판매증가에 의해 3%의 이익을 냈다면, 그 레스토랑은 1,000달러 이상의 수익을 얻기 위해 33,333달러를 판매해야 한다. 즉, 레스토랑 고객이 평균적으로 15달러를 소비한다고 간주한다면 약 2,222명의 방문고객 증가가 요구된다. 결과적으로 경쟁적인 구매와 효과적인 원가관리는 레스토랑의 수익을 올리는 데 최상의 기회를 제공한다고 볼 수 있다.

비용절감 방법 중 구매단계에서의 원가관리는 다른 비용절감 방법보다 매우 손쉬운 방법이다. 인건비는 노조와 최저임금법 그리고 임금의 공정성 문제 때문에 줄이기가 어려울 수도 있다. 간접비용도 설비 독점, 이자율 급등, 부동산 혹은 임대비용 등에 의하여 역시 줄이기가 힘들다. 따라서 수익 극대화를 위한 원가관리 부분에서 가장 중요한 출발점은 바로 구매단계의 비용효율성을 높이는 것이다.

구매부서의 독립성

납품업체와 이루어지는 모든 거래는 구매담당부서의 책임과 의무이다. 담당부서는 이러한 문제들을 독립적으로 조정할 수 있어야 한다. 예를 들어 납품계약은 오직 구매담당자를 통해서 이루어져야 하며, 만약 납품업자가 구매계획에 관해서 구매담당 관리자가 아닌 다른 사람을 찾는다면 구매부서의 역할은 비효율적이게 되고 기업의 경영은 통제력을 상실할 가능성이 높아진다. 즉 구매부서의 독립성은 전문성 확보를 통해서 담보되어야 한다. 그리고 만약 구매 시 구매기업과 납품기업의 이해관계 사이에서 오로지 하나의 문이 있다면 그 문은 반드시 양방향으로 열려 있어야 한다. 이것의 의미는 구매담당자가 기업에 새로운 아이디어를 들여와야 한다는 것이다. 즉 납품업자가 새롭거나 이용할 만한 뭔가를 제시했을 때 구매담당자는 먼저 해당업무를 수행하는 담당자(e.g. 업장의 주방장)에게 소개하고 납품기업과 담당자와의 모임을 주선해 주어야 한다. 간단히 말해서 구매담당자는 구매단계에 있어서 처음부터 끝까지 전문적인 태도와 행위로 기업의 최대 관심을 표현해야 하며, 의심할 여지없이 구매담당자는 반드시 독립적 판단을 내릴 수 있도록 훈련되어야 한다. 그러나 구매담당부서는 비윤리적 경우를 포함해 도덕성 측면에서도 자유로워야 한다.

윤리적 관계형성

외부 계약자(납품업자)와 직원 사이의 윤리적 관계형성은 어떠한 사업에서든 장기적 성공을 위한 핵심사항이다. 특히 비윤리적 행위의 강한 잠재성 때문에 구매에 있어서 윤리적 관계형성이 중요하다. 구매부서는 납품업자와의 구매활동을 효과적으로 수행하기 위해 회사의 지원을 획득해야 한다. 이것은 신뢰의 네트워크를 형성한다는 것을 의미한다. 건전한 상도덕을 가지지 않은 납품업체와 거래를 시도하는 것은 현명하지 못한 일이다. 그 이유는 해당 납품업체가 건전한 상도덕을 가지지 못한 기업으로 알려져 있다면, 구매기업 역시 부정적인 이미지를 얻게 될 수도 있기 때문이다. 부정적인 평판으로 귀중한 사업 경쟁력을 상실할 수도 있다.

게다가 구매담당자는 자칫 기업을 법적위기 또는 경제적 위기에 놓이게 할 수도 있다. 비윤리적인 납품업체는 물품납품계약 성사를 위해 낮은 가격으로 입찰한 후, 사업의 결정적인 시즌에 가격을 올릴지도 모른다. 이것이 바로 가로채기의 일종이다. 성수기에 납품업자를 바꾸는 일이 상당히 어렵다는 점을 역이용하는 것이다. 이런 유형의 납품업자들은 단지 주문량을 확보하기 위해 자신들이 해낼 수 없는 것을 알면서도 납품을 약속할 수도 있고, 계약을 위해 상업적인 뇌물에 의존할 수도 있다. 뇌물은 구매담당자에게 현금상환, 선물 혹은 기념품 등의 형태로 전해지기도 하고, 구매담당자에게 잘못되었거나 혹은 허위 조작된 제품발송문서를 발송할 수도 있다.

비록 단기 이익을 얻기 위해 부적절한 업자들과의 특별한 거래가 발생할 수 있으나 이것은 확실히 장기목표의 달성을 어렵게 만들게 하는 유혹이며 어리석은 짓이다. 아래에 소개되는 'National Association of Purchasing Managers(N.A.P.M)의 윤리강령'은 모든 기업과 구매담당자에게 강한 메시지를 전달하고 있다. N.A.P.M은 다음을 요구한다. 회사에 대한 충성, 대인관계에서의 정의, 장인정신.

이러한 원칙들로부터 구매 실행단계에서의 N.A.P.M 표준이 명시된다.

1. 모든 거래에서 자기 회사의 이익을 우선적으로 고려하고 수립된 정책을 신뢰하라.
2. 동업자의 유능한 조언에 대해 수용적이어야 하며, 자신의 업무상 책임과 존엄성을 해치지 않으면서 그러한 조언을 실행시켜야 한다.
3. 각 지출에 있어 궁극적 가치를 최대한 얻으려고 시도해야 하며, 선입견이나 편견을 배제하고 구매하여야 한다.
4. 구매업무 수행을 위한 실질적인 방법의 수립과 생산과정 및 제품에 대한 지식을 얻기 위해 지속적으로 노력한다.
5. 업무상 뇌물의 모든 형태와 표현을 고발하고, 판매와 구입에 있어 정직과 신뢰를 바탕으로 헌신하며 일한다.
6. 조건이 허락하는 한 사업목표(Business Mission)에서 명시하고 있는 모든 이들에게 업무에 있어 신속하게 예의를 갖춰 대접한다.
7. 자신의 의무를 존중하고, 존중받을 수 있도록 요구한다.
8. 위태롭고 불리한 업무실행은 피한다.
9. 모든 임무수행 전개에 있어서 동료 구매 관리자와 논의하고 조정한다.
10. 구매단계의 유지와 발전을 높이기 위해 계획된 활동에 관련된 모든 조직 및 각 구성원과 함께 협력한다.

Reproduced by permission: Courtesy of The National Association of Purchasing Managers

기업은 구매부서의 정책 수립 시 이러한 점들을 고려해야 한다. 그리고 위 사항들이 원가관리 책무와 법적문제들을 포함하고 있기 때문에 구매담당 관리자는 이 부분에 있어 주도적인 역할모델이 되어야 한다.

법적 문제

구매담당자의 거의 모든 행위는 법적 중요성(의의)을 지니기 때문에 구매담당자들은 불가피하게 기본적인 계약과 상법을 이해하고 있어야 한다. 법을 숙지하는 것은 구매담당자가 자신의 업무수행의 결과를 이해하고, 기업의 이익을 보호하며, 그리고 전문가의 법적 조력을 필요로 하는 문제를 인지하는데 도움을 준다.

업장의 매니저를 비롯하여 구매담당자는 판매메뉴가 신뢰할만하다는 확신을 고객들에게 심어주어야 한다. 육류는 최상급이며, 닭은 국산제품이라고 홍보했다면, 홍보한 그대로 구매되어야하며 고객에게 제공되어야 한다. 일부 고객들은 대체품(바꿔치기 한 것)에 대해 알게 되고, 이러한 부분에 대해 법적으로 대응할 수 있기 때문이다. 구매담당자가 반드시 지켜야하는 약속으로서 이 점을 명심해야 한다. 또한 일부 혹은 모든 메뉴에 있어 영양적 가치와 건강에 대해 공언한다면, 연방 Food and Drug Administration (FDA: 한국의 경우 식약청)은 모든 음식서비스업체로 하여금 실제로 적용하도록 하는 것은 물론 이러한 사실을 고객들에게 알릴 것을 요구하고 있다. 소비자에게 제공되는 식음료가 건강과 영양적 요구를 충족한다는 점을 명시하기 위해 다음과 같은 제품표시를 하게 된다. 저지방, 콜레스테롤 없음, 높은 탄수화물 함유, 천연적(인공적이지 않음) 등. 이때 제공되는 제품에 대해 소비자들의 오해소지를 야기할 수 있는 허위내용으로 설명하는 것은 불법이 된다.

계약은 법이 의무로 규정한 수행 또는 약속의 구성이다. 계약의 형태가 구두 또는 서면이든지, 표면적이거나 암시적이든지, 일방적이거나 쌍방적이든지 간에 반드시 어떤 계약서에는 다음의 네 가지 요소가 제시되어야 한다. 계약당사자의 목적과 상관없이 이러한 요소의 부재는 효력 있는 계약 성립을 어렵게 만든다.

- **계약당사자의 능력과 적합성**: 모든 계약관계자는 계약을 시작할 수 있는 능력이 있어야 한다는 것을 의미한다.
  예를 들어 비 상식적인 사람은 계약 가능한 사람으로 간주되지 않는다. 대부분의 경우에서 미성년자는 제외된다.
- **상호 동의**: 이것은 계약이 자발적이라는 의미를 가진다. 강요, 강제(위압), 강박(속박)은 실행할 수 있는 계약을 불가능하게 한다.
- **합법적인 목적**: 계약은 반드시 범죄적, 비도덕적 혹은 합법적이지 못한 목적을 가질 수 없으며, 공공을 위한 정책에 반해서도 안 된다.
- **계약을 위한 충분한 이유**: 이것은 계약이 성사되어야하는 충분한 이유가 있다는 당위성을 의미한다.

계약은 반드시 문서로서 작성할 필요는 없다. 기준(표준)을 토대로 맞추어진 구두 계약 역시 구속력을 가질 수 있다. 구두계약은 시간적 제한을 받는 경우나 혹은 계약과 관련된 유통금액이 크지 않을 경우에 이루어 질 가능성이 높다. 구매부서는 구매와 관련된 계약내용을 확실하게 이해해야 하며, 이는 효과적인 구매 관리수행을 위해 매우 중요하다.

메뉴 계획

외식산업에서 모든 경영활동 중심에 메뉴가 위치한다. 성공적인 메뉴를 설계하고 준비하는 것은 고객의 욕구를 이해하는데서 시작된다. 기업은 반드시 고객이 원하는 것과 동시에 그들이 지불할 가치가 있다고 여기는 것이 무엇인가를 평가해야 한다. 그 다음으로 메뉴는 그것들을 반영하여야 한다. 만약 고객이 그들이 지불하고자 했던 가격에 제품을 얻게 되면, 고객은 해당제품이 가치를 지녔다고 판단하게 된다.

레스토랑의 메뉴는 영업계획수립에서부터 일상적인 영업 및 행사에 이르기까지 모든 단계에 강한 영향을 미친다. 일반적으로 메뉴는 레스토랑 운영의 과정과 방법 그리고 구매담당 관리자의 직무수행을 위한 출발점이 된다.

메뉴의 요리법, 테마 그리고 판매시장이 결정되고 나면 구매담당 관리자의 초점은 제품 실험과 구매내역으로 옮겨져야 한다. 어떤 상황 아래, 얼마의 가격에, 어떻게 그리고 무엇을 구매할 것인지를 운에 맡겨서는 절대 안 된다. 구매담당자의 정확한 직무수행이 효과적인 구매의 필수요소가 된다.

구매 명세서

구매명세서(Purchasing Specifications)는 구매하고자 하는 제품 그리고 구매할 때의 상황 및 조건을 자세하게 명시한 양식(표)이다. 구매명세서에는 제품 구매에 대한 기업의 표준과 원칙이 포함된다. 이 표준과 원칙들은 기업의 이미지, 메뉴, 가격 그리고 고객의 욕구에 의하여 수립된다. 또한 구매명세서는 메뉴와 마찬가지로 판매시장분석(Market Analysis)에 의해 좌우된다. 예를 들면 햄버거라는 메뉴아이템은 고객이 구입하는 장소(고속도로 휴게소 또는 값비싼 레스토랑)에 따라 크기와 양이 다양할 것이다. 즉 판매시장에 따라 지방함유량, 가격, 품질유지의 일관성, 형태 그리고 메뉴제공(생산과 서비스)의 속도 등과 같은 표준이 다양하다는 의미이다.

실제로 구매명세서는 모든 이해당사자들과 함께 작성되어야 한다. 조리사와 고객은 식재료의 품질에 만족해야 하며, 납품 스케줄 준수, 계산절차를 포함한 회계 및 원가 등의 관리적 측면 역시 만족시켜야 한다. 이러한 기준은 계속적으로 검토 및 재검토가 이루어져야 하며 상황 변화에 따라 바뀌게 된다. 기준이 새롭게 변경될 때마다 명세서는 새롭게 작성되어야 하며, 잠재적인 납품업자들에게 발송되어져야 한다. 그리고 납품업자들은 표준 구매명세서에 따라 각자의 제품 견본을 제출할 수 있어야 한다. 이것이 바로 공개적인 입찰방법이다.

기업에서 사용할 구매명세서를 결정하고, 요구된 제품과 그것을 납품한 업자들을 평가하기 위해 다음 요소들을 고려해야 한다.

- **품질(Quality)** : 가격, 분위기 그리고 이미지를 기본으로 하여 고객은 어느 정의 품질수준을 기대하는가? 각 납품업자는 어떤 수준의 품질을 제공하는가? 납품업자의 제품을 시험할 때, 낮은 품질로 인해 전체 납품된 물품 중 사용할 수 없는 양(손실양)은 많은가? 대부분의 생산율(Yield)은 납품업자로부터 제공받은 제품의 결점이나 품질에 좌우된다. 이러한 품질 질문에 대해 납품업자로부터 답을 구하기 위해 표 3-1 을 이용할 수 있으며, 일반적으로 표 3-1 과 같은 양식은 견적의뢰 시 납품업자에게 제공된다.
- **수량(Quantity)** : 업장은 해당제품이 얼마나 필요한가? 납품업자는 해당제품을 얼마나 제공할 수 있는가? 해당 업장의 필요량과 부합하는가? 만약 소량의 용기(상자)나 포장상태(전체제품이 아닌 일부제품만 주문하는 경우)로 주문할 경우 납품업자는 부가적인 비용을 요구하는가?
- **일관성(Consistency)** : 납품업자는 해당 제품을 일관되게 제공할 수 있는가? 이를 보증하는가? 타제품으로 대체 혹은 제품 반납에 있어서 업자의 방침은 어떠한가?
- **신뢰성(Reliability)** : 제품과 납품 스케줄에 관하여 납품업자를 얼마나 신뢰할만한가? 그들에 대한 신용조회나 보증이 가능한가?
- **가용성(Availability)** : 납품업자로부터 계절성 제품을 구입할 경우 어느 정도의 가격변동을 기대하는가? 각 납품업자들은 원하는 수량을 정확하게 제공할 능력이 있는가?
- **서비스(Service)** : 납품업자는 제품 부족에 대한 신속한 통지와 같은 서비스를 제공하는가? 기술적인 지원이 가능한가? 납품업자는 거래처의 서비스 불만에 대해 적시에 관리할 수 있는가? 납품업자에게 필요한 서비스를 요구할 수 있는가? 특별한 주문이나 납품을 요구할 수 있는가? 주문 시기나 배송 횟수가 적절한가? 납품업자는 안전한 납품을 위해 냉동차량을 보유하고 있는가?

표 3-1

질문	예/아니오	간략한 제안 내용	제안이 승인될 경우, 비용절감 효과
제품을 계절에 상관없이 항상 일관되게 제공할 수 있으며, 생산율(yield)의 변화가 없는가? 생산율의 변화가 있다면, 그 이유는? 있다면 어느 기간이나 계절인가? 메뉴원가를 낮출 수 있는 생산방식의 변화를 제안할 수 있는가? 있다면, 제품을 명시하라.			
어느 제품에 있어 배송이나 취급의 차별성을 제안할 수 있는가?			
이 제품을 만족스럽게 대체할 수 있는 표준 제품을 가지고 있는가? 있다면 무엇인가? 그 제품의 원가는? 그것은 USDA나 다른 인증기관으로부터 통과된 제품인가?			

- **안전성(Safety)** : 납품업자의 제품은 식품안전에 관련한 법에 의해 가공 처리되고 있는가? 실사를 목적으로 업자의 시설을 방문할 수 있는가? 주문제품에 대해 특별한 안전상의 요구조건이 있는가?
- **가격(Price)** : 납품업자의 가격은 경쟁업체에 비해 낮거나 동일한가? 업자가 가격인하를 수락하거나 혹은 대량 구매에 따른 할인을 제공하는가? 표적시장에 부과할 수 있는 판매가격을 고려할 경우 업자의 납품가격은 이윤으로 환원될 수 있는 수준인가(납품가격수준이 이윤추구에 적합한가)?

제품 정보

표 3-2 에서처럼, 제품정보(Product Information)를 기술하는 것이 왜 구매담당 매니저에게 중요한지 설명하기 위해서 가격 명세서, 품질 그리고 수량을 중점으로 논의할 필요가 있다. 표 3-2 와 같은 제품정보 차트가 완성되면 제품

가격 정보의 수집을 위해 구매담당 매니저는 가능성이 있는 업자들에게 그 차트를 보내게 되며, 업장형태에 따라 필요한 아이템을 명시한 유사 차트를 만들 수도 있다. 표 3-2 에서는 오로지 하나의 브랜드만을 나타냈지만, 실제로 구매명세서를 작성할 경우 다양한 브랜드가 포함된다.

제품의 생산지역 정보 등 다양한 제품의 정보가 담겨져 있는 브랜드는 납품업자별로 납품 수량(Quantity Packaging), 가격 그리고 품질 차이를 분석하고 비교하는 데 중요하다. 예를 들면, 딸기는 상표나 재배지역에 따라 맛과 가격 그리고 포장이 다양하다. DRISCO 상표의 딸기는 캘리포니아에서 자라는 반면 New Zealand 상표는 뉴질랜드에서 생산되어 뉴질랜드로부터 수입한다. 브랜드가 다르게 되면 기본적으로 상자 당 수량과 함유량이 다른 포장용기에 제공되는 까닭에 다양한 브랜드를 운영하고 있는 납품업자들은 제공하는 제품별로 포장, 가격 그리고 품질의 차이에 관련된 정보를 정확히 알고 있어야 한다.

표 3-2의 문자열 I, J와 K에 나타난 비용과 업자별 가격정보는 내부용임에 주의하자(다시 말해, 이것은 납품업자와 공유되는 것이 아니다).

품질 명세서

품질은 제품이 구매자의 욕구(Needs)에 얼마나 잘 부합되는가라는 정도를 나타내는 척도이다. 제품이 어떤 용도로 사용되는지 그리고 어떻게 가격이 설정되는지를 반드시 평가해야 한다. 식음료 서비스운영과 관련된 모든 사람(e.g. 납품업자, 구매 담당자, 요리사, 레스토랑 매니저, 고객)들은 품질에 대해 다른 견해를 가지며, 이러한 모든 의견들이 제품의 선택에 반영되어야 한다. 구매 담당자는 모든 관련자들과 협력해야 하며 고객만족을 유념하여야 한다. 끝으로 관련자들의 요구에 부합하는 표준 품질 명세서(Quality Specifications)를 작성해야 한다. 그 다음 이 명세서는 잠재적인 납품업자들에게 제공되며, 납품업자들은 제품견본을 보내게 된다. 이러한 과정을 볼 때 초기부터 납품업자와 품질 명세서에 대해 의사소통을 하고 문서화된 품질 명세서를 제공하는 것은 현명한 일이다. 납품업자가 구매자의 욕구를 정확히 알고 있음으로써 원활한 구매진행을 할 수 있기 때문이다.

표 3-2

A	B	C	D	E	F	G	H	I	J	K
메뉴번호	제품	Case	상표	Case 단가	절정 보유 수준	보유 수량	주문 수량	납품처 A가격	납품처 B가격	납품처 C가격
	Pasta									
4125	Pasta Capellini	20/1#	Packer	23.69	20					
5387	Pasta Fettucini Nest	20/1#	Packer	21.74	20					
3883	Pasta Fusilli D.C.	20/1#	Packer	25.00	20					
4122	Pasta Lasagne	10#	Packer	9.68	10					
4123	Pasta (A) Linguine #7 IMP	20/16oz	Packer	27.18	20					
	Rice and Grain									
3846	Rice Calico Blend	2#	Packer	6.80	2					
5654	Rice Jasmine Blend	2LB	Packer	2.55	1					
4698	Rice Risotto Carnarole	12/2#	Packer	52.66	12					
4942	Polenta Beretta Fast Cook	17oz	Packer	1.18	1					
3341	Rice Fried VGTRN CKD	8/3LB BAGS	Packer	52.67	8					

구매 명세서에 대해 검수직원을 훈련시키는 것은 품질통제를 위해 필수적이다. 검수 직원들은 기준에 맞지 않은 제품에 대해 거부하는 방법을 알아야 한다. 품질을 보증하는 또 다른 방법은 주문한 제품을 보내기 전 납품업자로부터 주문확인서를 보내도록 요청하는 것이다. 주문 확인서는 실제 주문한 내용과 맞는지 확인하기 위해 사용되며, 이런 확인방법을 통해 잘못된 제품이 보내지기 전에 주문 불일치를 바로잡을 수 있다. 예를 들어, Extra Virgin Olive Oil 을 주문하고 주문 확인서를 통해 사전에 확인한다면 업자가 Virgin Oil을 보내는 일은 발생하지 않을 것이다.

납품업자는 종종 무료로 회사에 견본제품을 보내기도 하며, 이러한 견본제품에 의해 구매담당자(혹은 조리사와 레스토랑 매니저)는 품질 테스트를 할 수도 있다. 또한 견본제품은 제품 생산율 시험에도 이용되며, 이러한 생산율

시험은 제품이 구매명세서상의 상세한 표준과의 일치여부를 결정한다. 특히 아이템이 부패하기 쉬운 것이라면 가능한 빨리 제품견본을 테스트하는 것이 중요하다. 이때 고객에게 제공하기 위해 일반적으로 이용되는 조리방식에 의해 테스트해야 한다. 예를 들어 제품이 고객에게 서빙되기 전 스팀 테이블(Steam-Table)에 두 시간 보관되는 것이 일반적인 상황이라면 동일한 조건에서 테스트되어야 한다. 만약 제품이 사용되기 전 냉장고에 2일 보관되는 것이라면 마찬가지로 사용되기 전 냉장고에 2일 동안 보관한 후 사용해야 한다. 납품업자들로부터 제공되는 다양한 제품에 대한 품질 비교와 원가 평가는 생산율시험 결과에 의해 최종적으로 결정된다. 맛 시험을 포함한 제품시험들은 본 교재 3장 후반부에 자세히 소개된다.

수량 명세서

선정된 납품업자로부터 1회에 구매되는 제품 수량과 구매 빈도는 기업(레스토랑)의 소비량(Consumption Volume) 또는 주문량이 얼마나 빨리 사용되어지는가에 따라 달라진다. 비록 레스토랑매니저가 얼마나 빨리 아이템이 소비되는지를 조사하지만, 구매담당자는 재고조사 스케줄을 수립하여 필요 주문량을 결정하여야 한다. 또한 구매담당 관리자는 필요재고수준(Par Level)과 이용수준(Usage Level)을 수립해야 한다. 조리사나 업장매니저가 필요물품이 발생하였을 경우 구매담당자에게 표준화된 방법으로 필요한 물품에 대한 구매주문을 요청해야 한다. 재고와 주문에 관한 표준화된 방법이나 원칙은 구매담당자로 하여금 업장의 요구를 이해하고 주문업무를 실행에 옮기도록 하는데 필수적인 기능을 한다. 그리고 주문량을 결정하기 위해 구매 주문 시 다음 사항을 고려해야 한다.

- **보유재고(Inventory on Hand)**: 보유재고는 실제로 비용을 발생시킨다. 재고를 채우기 위해 소비한 유동자산(현금)에 대한 이자를 잃게 되며, 저장

공간을 유지하고 운영하기 위한 비용(저장비용)이 발생한다. 식재료의 부패 또한 순수한 손실비용이라 할 수 있다. 또한 고객은 자신이 구매하고자 원하는 상품을 반드시 제공받기를 원한다. 따라서 구매는 필요량 이상의 주문(비용발생)과 그 이하의 주문(품절 발생과 결과적으로 고객 불만족 초래)사이에서 세심한 관리능력이 요구된다.

- **리드 타임(Lead Time)**: 발주시점에서 납품업자로부터 제품수령까지의 기간을 의미한다.
- **취득비용(Cost of Acquisition)**: 주문, 명세기입 청구서(invoice) 처리과정, 제품배송 등에 드는 비용을 포함한다. 이것이 구매한 식음료 자체의 가치에 비해 상대적으로 작다고는 하지만, 최적 주문량을 결정하는데 감안해야 할 비용이다. 일반적으로 이 비용의 비율(전체 구매비용 대비)은 많은 양을 주문할수록 상대적으로 낮아진다.
- **대량주문 가격(Volume Pricing)**: 하나 혹은 그 이상의 품목에 대한 추가주문은 전체적으로 구매가격을 낮추는 효과가 있다.
- **납품업자 최소 주문량(Vendor Minimum Order Quantity)**: 만약 주 납품업체가 아닌 다른 납품업자에게 주문을 한다면, 최소한의 수량 이상을 주문하도록 요구받을 수 있다. 즉 배송을 할 만큼 충분한 주문이 아니라고 여기면 그 업자는 배송을 거절할 수도 있다. 따라서 업자가 제시하는 최소량의 수준이 회사에 유리한지를 고려해야 한다.
- **안전재고(Safety Stock)**: 안전재고란 하나의 완충물이다. 즉 재고가 모두 소진될 경우를 대비하고 주문할 시간을 벌 수 있도록 하기 위한 여분의 양이다. 예비 보유량은 일반적인 경제상황, 계절별 수요변동, 공급자의 배송조건 그리고 레스토랑 운영에 대한 평가에 의해 결정된다. 특히 예상치 못한 단체고객이 있을 경우나 일시적인 공급차질 등은 안전재고확보의 필요성을 높인다. 적절한 재고보유는 원활한 업무수행을 위해 중요하다. 만약 제품을 너무 적게 주문했다면, 단위 당 구매원가가 상승하고 부족현상이 자주 발생하며 사무 처리는 늘어나고 납품업자와의 관계가 불

편해질 가능성이 있다. 하지만 과다하게 주문할 경우에도 높은 재고비용과 도난 위험부담, 높은 부패율, 저장 공간의 부족 등의 문제를 초래한다.

기업에서 필요한 안전재고량을 평가하는 것은 매우 까다롭다. 이것은 아마도 아이템에 따라 또는 시즌에 따라 달라질 것이다. 기업은 제품이 얼마나 필요한지 결정하기 위해 기업의 과거 사용기록과 사업예측을 이용할 수 있다. 또한 납품업자가 주문한 제품을 배송하는데 소요하는 시간이 얼마인지를 고려해야 한다. 그러한 분석을 바탕으로 구매담당자는 충분한 안전재고량을 추정해야 한다.

제품의 안전 재고량이 몇 일분인지? 발주로부터 배송까지의 시간(리드타임)이 얼마나 걸리는지? 제품의 하루 평균 사용량은 얼마나 되는지? 안전재고량의 사용기간에 발주시점에서 배송까지의 기간(리드타임)을 더한 후, 1일 평균 사용량을 곱하면 주문 시점에서의 재고수량이 된다.

표 3-3 에 나오는 두 예는 두 가지 아이템의 1일 평균 사용량과 발주-배송기간의 차이를 보여준다. 각각의 경우에서 안전 재고량을 추정 해보자.

표 3-2

제품	안전 재고량	lead time	일 사용량
Onion Red 30#/케이스	1	2	20 파운드
Tomato Puree #10cn	1	3	3 캔

주문 시점은 다음과 같이 계산된다. 즉, 저장고에 붉은 양파의 재고가 60파운드 남았을 때가 새로운 주문시점이 된다.

표 3-3

제품	안전 재고량 +리드타임	일 사용량	주문 시점의 수량
Onion Red 30#/케이스	(1 + 2)	× 20	60 파운드
Tomato Puree #10cn	(1 + 3)	× 3	12 캔

한편, 구매 수량은 제품이 부패하기 쉬운 것인지 아닌지에 따라 영향을 받기도 한다.

부패하기 쉬운 제품 이 제품은 좀 더 높은 주의와 적절한 취급을 요한다. 이 제품들은 다음과 같은 특성을 지니기 때문에 쉽게 부패하지 않는 제품과는 반드시 다르게 취급되어야 한다.

- 계절성을 강하게 띤다.
- 자주 구입해야 한다.
- 가격이 안정적이지 못하다.

계절성을 띤다거나 부패하기 쉽다는 것은 제품이 빠르게 부패하여 품질이나 신선도를 잃기 쉽다는 것을 의미한다. 몇 가지 예로서 해산물류, 육류, 장과류(씨 없는 식용과실), 천연주스 그리고 몇 가지 유제품류를 들 수 있다. 그것들은 오염되기가 쉽기 때문에 큰 주의를 요구한다. 따라서 이러한 유형의 제품의 경우, 미국에서는 생산지에서 다른 주(지역) 경계선을 넘어 수송하는 것이 금지되고 있다.

이러한 이유 때문에 구매담당 매니저에게는 공급업자들이 배포하는 시장보고서(Market Report)에 주의를 기울이는 것이 상당히 중요하다. 일반적으로 공급업자들에 의해서 작성되는 시장보고서는 부패하기 쉬운 제품의 대부분을 차지하게 되는 농산물 및 해산물을 포함한 제품들의 현재와 미래의 제품상황 및 시장현황에 대해 알 수 있는 자료이다. 시장보고서는 수요와 공급에 영향을 미치며 결국 가격에까지 영향을 준다.

시장보고서는 매우 다양하다. 예를 들면 한 기업에서 캘리포니아의 기상 악화가 곧바로 부패하기 쉬운 제품에 심각하게 영향을 줄 것이라는 사실을 알고 있다면, 이 제품의 빠른 품질저하가 예측되기 때문에 그 기업은 당장 이에 대한 대책을 마련할 것이다. 다시 말해 기업은 재고보유량과 향후 필요수량들을 신속히 결정하고 공급과 가격에 대한 날씨의 영향 정도에 따라 메뉴를 수정할 필요가 있을 것이다.

표 3-4
자료원천 : ALLIANT FOODSERVICE, May 4, 1997.

ALLIANT FOODSERVICE
May 4, 1997

- 개 요 : 현재 감귤류를 비롯한 과일류 재배지역의 낮 기온이 화씨 60도에서 70도 대를 유지하고 있어, 거의 완벽한 재배조건 상태에 있다. 그러나 멕시코산은 높은 고온 상태를 유지하고 있어, 품질상태가 좋지 않다. 우리는 좋은 제품이 있을 때마다 즉시 캘리포니아로 배송하고 있다.
- CAULIFLOWER : 재배 속도를 늦추게 하는 낮은 기온으로 인해, 다음 2주간 동안에는 가격 상승이 예상된다.
- STRAWBERRIES : 상상하는 것보다 공급이 부족하다. 우천으로 인해 10일 전에 꽃이 떨어진 상태로, 심각할 정도의 공급차질이 우려된다. 1주일 내에 정상적인 공급이 가능할 것으로 기대된다.

BEST BUYS	GREAT ITEMS FOR MOTHER'S DAY
Spring Greens	Bing Cherries
Asparagus	Vidalia Onions
Strawberries	Long-stemmed Carnations

한편 부패하기 쉬운 제품을 주문하기 전 기업은 영업활동에 요구되는 수요를 예측하기 위해 식음료 관리자들은 예상되는 연회 및 특별 이벤트에 대해 점검해 볼 필요가 있다. 주문하기 전에 발주시점에서 배송시점까지의 리드타임(Lead Time)을 고려하여 필요한 주문량을 결정해야 한다. 정확한 예측을 통해 품질보증과 더불어 정확한 납품시기를 맞출 수 있다. 예를 들면 생선의 품질은 취급방법과 생선의 신선도에 따라 수명이 좌우되기 때문에 사용할 시간에 맞추어 도착하도록 주문계획을 잘 세워야 한다.

이 때 기업이 보유하고 재고를 반드시 확인해야 하며, 주문하기 전 보유한 재고를 기록해야 한다. 이것이 왜 중요한지에 대해서는 다음에 나오는 예를 통해 알 수 있다.

연중무휴인 레스토랑이 있고, 오늘은 목요일 오후라고 가정하자. 레스토랑은 일반적으로 3일에 딸기 5~6 바구니를 사용하거나, 하루에 1.83 바구니를 사용한다. 오늘 연회 요리사가 월요일 행사를 위해 딸기 2 바구니에 대한 주문을 요청해 왔다. 납품업체는 오직 화요일과 목요일에만 배송을 하고 주문 전날 오전 9시까지 주문해야 한다. 재고조사를 해보니 저장고에 7 바구니의 딸기가 있었다. 이미 오늘의 배송은 받았으며 주문량을 채웠다. 현재 보유한 7 바구니는 월요일의 연회 사용 전에 모두 소진 될 것이나, 납품 업체로부터 추가배송을 받을 수는 없는 상황이다. 따라서 구매담당 관리자는 아마도 지역 시장에서 딸기를 구입해야만 할 것이다. 그리고 구매담당자는 6 바구니를 주문해야한다. 왜 6 바구니인가에 대해서는 다음의 표 3-5에서와 같이 도출할 수 있다.

표 3-5
주문 수량

안전재고일수(Days of Safety Stock Desired)	= 1일
리드타임(Lead Time)	= 5일
일일 평균 소요량	= 1.83 바구니
(5일 + 1일) × 1.83 바구니	= 11 바구니
(+) 특별 연회 사용량	= 2 바구니
(–) 보관하고 있는 재고(Inventory on Hand)	= 7 바구니
따라서, 주문량은	= 6 바구니

구매를 정확하게 계획하지 못했다거나 혹은 예상치 못한 추가 구매량이 요구되었을 경우에는 지역시장에서 혹은 임시 대리업자에게 구매해야만 할지도 모른다. 이 경우 구매가격은 종종 높아지며 반대로 품질은 상당히 낮을 수도 있다. 불필요한 비용을 피하기 위해 구매 계획시 이러한 점을 반드시 유념해야 한다. 따라서 회사의 방침을 세워 연회 요리사에게 화요일 저녁까지는 주문 계획을 제출할 것을 요구하여야 한다. 그렇게 하지 못한다면 구매담당자는 종종 더 좋은 가격과 조건으로 제공해주는 납품업자를 찾기 위해 노력해야 한다.

부패하지 않는 제품 쉽게 부패 하지 않는 제품(Non-Perishable Products) 주문은 사용량, 저장 공간, 현금 유동성 그리고 가격과 발주-배송기간(리드타임)에 따라서 결정된다. 회사가 충분한 저장 공간을 확보했으나, 현금흐름에 문제가 있을 수도 있다. 대량구매(전량구매)를 통해 더 좋은 가격을 협상할 수도 있으나, 이러한 경우 저장 공간이 제한적일 수도 있다. 가격 수준의 다양함, 납품 스케줄, 수요 및 판매 예상으로 인해 현재의 주문량은 미래의 주문량과 꽤 달라질 것이다. 이상적인 주문은 제품의 변질과 부족한 상황이 발생하지 않고 제품이 적시에 도착하도록 주문하는 것이다. 그것은 다음에 나오는 공식을 이용함으로써 이행할 수 있다.

수요 – 보유재고 + 리드타임(발주 – 배송 기간)동안의 수요 + safety factor.

그러나 이 공식에 포함되지 않은 상황에 주의할 필요가 있다. 예를 들어 납품업자가 최소 공급량을 제시할 수도 있으며 혹은 많은 양을 주문하면 더 좋은 가격을 제시할 경우도 있을 것이다. 이러한 상황에 가장 필수적인 것은 바로 관리자의 정확한 판단이다.

쉽게 변질되지 않는 제품의 경우 적정재고수준을 설정할 수 있다. 적정재고수준이란 각 아이템을 위한 최소 혹은 최적 저장량을 의미하며, 이 수량들은 구매담당 관리자에 의해 결정된다. 이 수량이 결정된 후에도 재정적 상황이나 사업시즌에 따라서 조정될 수 있다. 이 기준량은 주문을 할 시점을 예상할 수 있게 해준다.

만약 회사의 재고관리가 자동화 되어 있다면(수동으로 할 수도 있지만 시간이 많이 소요됨) 영구재고관리(Perpetual Inventory)에 의해 컴퓨터를 이용하여 제품별 적정재고수준을 유지할 수 있다. 이러한 형식의 재고조사로부터 저장 공간에 있는 각 아이템의 재고량을 균형 있게 유지할 수 있다. 1개월간 구매된 수량은 (+)더해지고 출고된 수량은 (-)감하게 된다. 컴퓨터시스템의 정교화에 의존한다면 얼마의 기간에 주문을 할지, 정확한 주문량에 근접할 수 있게 해줄 것이다. 물론 컴퓨터에 의해 계산된 재고와 실사재고가 같은지를 먼저 확인해야 한다. 이 부분에 대해서는 5장에서 조금 더 자세히 다루어진다.

이러한 도구나 형식은 구매담당자의 판단을 필요 없게 하지는 않으나, 그것들은 단지 얼마를 주문해야 할지를 알 수 있도록 지원하고 지도하는 도구일 뿐이다. 각 아이템의 재고를 적정하게 유지하기 위해 오히려 일반적인 상식들이 매우 중요하다. 얼마나 자주 아이템이 바닥나는지 혹은 부패된 제품으로 버려지는지를 주의 깊게 관찰해야 한다. 매일 꾸준한 실행과 평가는 구매 및 원가 관리자들이 중도를 찾는데 도움이 될 것이다.

일관성

고객은 자신이 이용하고자 하는 레스토랑을 결정할 때 주요한 관심의 하나로서 메뉴의 일관성(Consistency)을 중요하게 고려한다. 메뉴의 일관성이 없다면 고객에게 음식을 일관되게 제공하는 것은 불가능하며 결국 고객을 잃을 가능성이 높아진다. 구매에 있어 일관성이란 구매된 제품이 구매명세서에 요구된 품질을 항상 똑같이 유지함을 의미한다. 일관성을 유지하기 위하여 구매담당자는 품질의 일관성과 포장 사이즈의 일관성을 요구하여야 한다. 일관성에서 벗어난 제품은 반드시 검수직원에 의해 문서화되어야 하며 구매담당자, 조리사 그리고 식음료 업장 매니저에게 보고되어야 한다. 이러한 품질의 일관성은 납품업자의 평가에 있어서 중요한 기준이 되며, 구매계약을 종결할지 아닐지에 결정적인 영향을 미치게 된다. 표 3-6은 일관성을 토대로 납품업자에 대해 평가하는 한 양식이다.

만약 납품업자 평가를 위해 이 양식을 지속적으로 사용할 경우 이 양식은 제품 명세서의 문제를 바로 잡고 감시하는데 좋은 도구가 된다.

제품 일관성의 확증과 감시의 출발점은 제품을 내려놓은 검수장소이다. 예를 들어 육류나 해산물, 가금류(닭)의 검수는 경험이 없는 직원에게 맡겨져서는 절대로 안 된다. 제품의 도착 시 조리사는 품질의 일관성을 평가하는데 반드시 동석해야 한다. 검수 직원은 우선 무게나 개수에 의해 매입되어진 대다수의 제품의 경우 각 아이템의 무게와 개수를 철저히 점검해야 한다. 다시 말해 배송 송장에 확인 도장을 찍기 전 배송 직원과 함께 제품의 무게, 개수 그리고 품질을 신중하게 확인하여야 하며 절대로 타협해서는 안 된다.

표 3-6

VENDOR EVALUATION FORM

Vendor name: ____________ Address: ____________ Date: ____________

Type of product/service: ____________

if a rating is poor in any category, document carefully in the PERFORMANCE DETAILS section.

CATEGORY		Rating(zone)					Rating(zone)					Rating(zone)		
		Excellent	Satisfactory	Poor			Excellent	Satisfactory	Poor			Excellent	Satisfactory	Poor
Quality	Inspection				SERVICE	Inspection				COST	Price			
	Performance					Performance					Discount			
	Maintenance					Maintenance				Overall appraisal of vendor after considering the performance rating				

PERFORMANCE DETAILS

Quality	
Service	
Costs	
General Comment	

Alternate source: Can you recommend a better source? if yes, indicate below.

Vendor name: Address:

Prepared by:

Name: Title: Date:

배송된 제품의 질이나 수량 등이 기업이 요구한 기준에 맞지 않을 경우 송장(Invoice)을 조정하거나 신용장(Credit Memo) 쓰는 것으로 처리해야 한다. 자세한 내용은 3장의 검수부분에서 논의할 것이다. 만약 배송된 제품의 질이 기준에 맞지 않다면, 구매 담당자와 조리사는 배송직원으로부터 제품을 받아서는 안 된다. 기준에 맞지 않는 제품을 즉시 반품시키는 것은 납품업자가 다시 가져갈 때까지 원하지 않는 제품을 보관하는 것보다 현명한 결정이다. 그러나 적정재고수준을 준수하다보면 다음 배송 때까지 그 제품이 부족한 상황이 발생할 수 있기 때문에 품질기준을 엄격하게 수립할 필요가 있다. 예를 들어, '6-up'과 같은 완숙된 쇠고기 대신에 '5-up'과 같은 덜 숙성된 쇠고기의 안심부분이 배송되었다면, 납품업자에게 이 같은 사실을 알리고 해당업장 기준에 맞는 제품을 요구해야 한다. 부득이하게 '5-up'을 사용하는 경우 제품가격을 맞게 조정해야 한다. 상습적이 아닌 실수인 경우 그리고 업자가 자신의 실수를 곧바로 바로잡는다면, 장기적으로 운영상에 해를 끼치지는 않는다. 반대의 경우라면 이런 종류의 실수를 범하지 않는 다른 납품업자로 바꾸어야 한다.

제품의 일관성은 또한 계절에 따라 변한다. 예를 들면 겨울기간 딸기 거래수량이 부족하고 맛과 값에 차이가 많아지기 쉽기 때문에 계절 변화에 따라 레스토랑은 메뉴를 바꾸어야 할 필요도 생긴다. 비수기의 딸기 가격은 너무 높을 수 있기 때문에 메뉴의 가격을 올리거나 비수기에는 딸기가 들어가지 않는 메뉴를 제공할 수도 있다. 이것은 부패하기 쉬운 제품, 특히 채소 및 과일류에 있어서 폭넓게 적용된다.

또한 공급원(Supplier Source) 역시 일관성에 영향을 미친다. 종종 구매담당자는 보다 유리한 가격으로 구매하기 위해 매주 다른 업자를 통해 구매하기도 한다. 이 경우 공급업자별로 포장사이즈, 브랜드 그리고 제품의 맛에 차이를 보일 수 있다. 동일한 납품업자조차도 제공되는 제품이 일관적이지 않을 수 있으며 혹은 인기 있는 아이템은 부족현상이 있을 수도 있다. 따라서 구매담당자와 조리사는 경우에 따라 대체제품에 대해 고려해야 한다. 이러한 과정에서 판매(서비스)매니저는 일관적이지 못한 음식의 품질과 외형에 대한 고객의 반응에 대응할 수 있어야 할 것이다.

일관적인 제품을 유지하는 것은 상당한 비용과 노력을 요구한다. 모든 관련자들은 비상금(예상치 못한 경영상의 변화로 인해 발생할 수 있는 비용)을 다루는데 유연성을 가져야 하며, 동시에 일관되게 품질을 감시하는데 협력해야 한다. 목표는 사업을 지속적으로 유지하고 이윤을 창출하는 것이다.

신뢰성

비록 신뢰성(Reliability)은 측정하기 어렵지만, 레스토랑 사업을 시작할 때부터 납품업체와의 신뢰를 유지하는 것은 매우 중요하다. 신뢰성은 동전의 양면과 같다. 구매담당자가 식음료 업장의 안정된 재고와 시기적절한 공급 상태를 유지하기 위해서는 납품업자에게 의존하여야 한다. 반면에 납품업자는 해당 레스토랑이 적시에 매입 물품대금을 지불할 것이며, 구매담당자는 그들의 제품을 공정하게 다른 경쟁사와 비교 검토해줄 것이라 믿고 있어야만 할 것이다. 납품업자는 공정한 관계를 유지하기 위해 무엇이든 철저히 약속을 준수하려고 노력할 것이다. 구매담당자가 공급업자에게 할 수 있는 가장 최소한의 자세는 공정하고 적절하게 대우해 주는 것이다. 공급업자와의 신뢰성을 알아보기 위해서 현재의 납품업자가 다음과 같은 특성을 가지고 있는지 평가해 보자:

- **재고보유와 배송능력**: 납품업자는 식음료 업장이 필요로 하는 것을 지속적으로 공급할 수 있어야 하며, 일정한 배송 스케줄을 제공하여야 한다.
- **강한 재무능력**: 납품업체는 지속적인 영업이 가능할 만큼 재무상태가 견실해야 한다. 이것은 공급의 중단을 예방하는데 중요하다.
- **긍정적인 노사관계**: 납품업체의 근로자와 구매담당자 사이가 원만하지 못하면 불규칙적인 배송 업무와 일관되지 않은 품질문제를 야기할 수 있다. 납품업체의 파업이나 근로거부는 서비스에 영향을 미칠 수도 있다.

표 3-7 자료원천: Nobel/Sysco Fruit and Vegetable Available Chart

	1월	2월	3월	4월	5월	6월	7월	8월	9월	10월	11월	12월
과일류												
Apricot	×				×	●	×	×				×
Cherries	×	×		×	×	●	●	×				×
Limes	●	×	×	×	×	●	●	●	●	×	●	●
Melons	×	×	×	×	●	●	●	●	●	×	×	×
Tangerines	×	×	×	×	×					×	×	×
채소류												
Beets	×	×	×	×	×	×	●	●	●	×	×	×
Cabbage	●	●	●	●	●	●	×	●	●	●	●	●
Eggplant	●	●	●	●	●	●	●	●	●	●	×	×
Herbs, Fresh	×	×	×	×	×	×	×	×	×	×	×	×
Spinach	●	●	×	×	×	●	●	●	×	×	×	×
특산품												
Baby Squash	×	×	×	×	×	●	●	●		×	×	×
Jicama	●	×	×	×	●	●	●	×	×	×	●	●
Shallots	×	×	×	×	×	×	×	×	×	×	×	×
× Regular Availability ● Peak Season												

- **생산능력**: 납품업자는 외부공급에 의해 발생될 수 있는 문제를 줄임으로써 자사의 생산을 관리할 수 있고, 현실적인 생산스케줄을 계획할 수 있어야 한다.
- **신용/명성**: 모든 납품업자는 다른 구매자로부터 신용과 명성을 얻어야 한다. 이것은 신뢰할만한 기업으로서 경력을 쌓아가는 좋은 지표가 된다.
- **품질 명세서에 대한 주의**: 납품업자와 구매담당자 관계형성에 있어 필수적인 요소이다. 구매자는 납품업자에게 정확한 구매명세서를 제공해야 한다. 모든 식음료 관련 부서는 이에 대한 충분한 지식을 가지고 있어야 하며, 구매담당자와 조리사는 제품의 품질확인을 위해 공급업자의 공장을 반드시 방문해야 한다.
- **유리한 가격구조와 보상**: 구매력의 이점을 극대화하기 위해서 가격과 보상이 검토되어야 한다. 지불비용에 대한 선지급은 구매자에게 유리한 입장을 취할 수 있도록 해준다. 또한 구매량을 늘려 비용을 줄일 수도 있다

(대량구매의 이점).

- **판매지원과 기타 서비스**: 이것은 과거 업무성과와 현재의 사업관계 등 업체의 신용과 명성을 기본으로 하여 이루어진다.
- **수준 높은 도덕성**: 이해관계에 있어서 갈등이 없는 상태를 의미한다.
- **기술적인 능력과 지원**: 이것은 제품이 기술적인 성질을 가진 것일 때 필수적이다.

가용도

가용도(Availability)는 구매단계에서 중요하게 고려되어야 할 사항이다. 식음료 제품의 가용도는 계절과 수요 그리고 공급에 의해 좌우된다. 예를 들어 표 3-7에서 보여주는 바와 같이 대부분의 채소와 과일은 계절성을 띠고 있다.

특히 장과류(Berry)는 계절성이 강하다. 겨울철 딸기의 불균형적 수요와 공급은 가격상승의 원인이 된다. 따라서 제품특성에 관한 깊은 지식 없이는 가용도가 증가하는지 혹은 감소하는지 이해하기 어렵다.

제품별 가용도의 모니터링과 부족량에 대한 계획은 구매 관리자의 역할 가운데 하나이며, 납품업자 선정 시 다음 질문을 통해 공급업자가 가지는 가용도 정도를 평가할 수 있다.

- **수량** : 납품업자는 항상 식음료 업장의 필요 수량을 충분하게 만족시킬 수 있는가? 특히 레스토랑 운영 성수기에 공급 차질 문제가 발생하지 않도록 구매계획 시 수량 파악은 매우 중요하다.
- **이용률** : 하루에 제품을 사용하는 비율(일평균 이용률)이 어떠한가? 적정량의 배송을 위해 이 정보는 매우 중요하다. 식음료 업장이 원하는 가용도를 설정하는 것은 중요하며, 초과분의 재고를 구매하는 것은 바람직하지 않다.
- **발주-배송 기간(리드타임)** : 납품업자가 제품을 납품하는데 걸리는 기간은

얼마나 되는가? 이것은 납품업자를 선정하는데 상당한 영향을 줄 수 있다.

- **장기간의 신뢰(헌신)** : 식음료 업장은 장기적으로 납품업체를 신뢰할 수 있는가? 장기적인 가용도를 고려하는 것은 식음료 업장의 지속적인 요구를 충족시키기 위해 중요하다. 식음료 업장은 부족분을 대체하기위해 매주 새로운 납품업자를 찾아서는 안 된다.
- **수송(운반)** : 납품업체로부터 레스토랑까지 거리가 얼마나 되는가? 이 특성은 몇몇 환경에서 유효성이 제한될 수도 있다. 만약 납품업체가 식음료 업장과 먼 거리에 있다든지, 혹은 배송 선택권이 별로 없다면, 구매 관리자는 제품배송에 관해 주의 깊게 고려할 필요가 있다.

납품업자 서비스

납품업자의 서비스 품질은 모든 제품에 대한 가격평가에 고려되어야 한다. 경쟁가격으로 구입된 제품의 품질이 획득의 효율성을 평가하기 위한 기준척도가 되는 것처럼 납품업자 서비스의 품질 역시 업자를 선정하는 중요한 기준이 된다. 질 높은 납품업자 서비스는 기술적 지원을 제공하여 제품배송이 별다른 무리 없이 순조롭게 운영되는 것을 돕는다. 물론 납품업자는 식음료 업장에 특별한 어떤 것을 제공하지 않을 수도 있으며, 또한 업장이 얼마나 바쁜지 인식조차 하지 못할 수도 있다. 식음료 업장은 이렇게 양쪽 부류의 납품업자를 만날 수 있다. 과연 어느 쪽 업자를 선호하겠는가?

납품업자의 서비스는 일반적으로 다음 사항의 하나 혹은 그 이상으로 구성되고 있다.

- **불평에 대한 처리** : 납품업자는 구매자의 불만에 대한 즉각적인 조사를 해야 하며 구매 관리자에게 그 사실을 보고하여야 한다. 그리고 불만을 해결할 수 있는 방법을 제공해야 한다. 이것은 구매자에게 의미 있는 서비스이다.
- **신속한 통보** : 좋은 납품업자는 만약 제품 공급에 문제가 생길 것을 예측

하였다면 구매담당자에게 미리 통지해 주어야 한다. 예를 들어 수입금지, 파업, 여러 가지 기상상태 그리고 장비고장 등을 들 수 있다.

- **신속한 배송(어떤 희생을 치르더라도)** : 납품업체가 통제할 수 없는 문제로 인해 제품배송이 지연된다고 하더라도 좋은 납품업체는 자사의 비용을 들여서라도 신속하게 배송을 보증함으로써 좋은 서비스를 유지할 수 있다.
- **오해나 불화에 대한 해결** : 납품업자는 오해나 사무적 실수에 대해 만족할 만한 조정을 하려는 의지를 보여주어야 한다.
- **기술적 지원** : Alliant 나 Novel/Sysco 같은 대형 납품업체는 경우에 따라 전자구매 프로그램, 사용자 매뉴얼 그리고 회계처리를 돕기 위해 컴퓨터까지도 제공한다. 그들은 프로그램의 질을 높이기 위해 기술에 투자를 하고 있으며, 그것을 좀 더 사용자 친화적으로 만들고 있다. 그 결과 이러한 시스템을 통한 주문은 수동 주문방식에 비해 평균 25%의 시간절감을 가져온다.
- **구매보고서** : 대부분 납품업자들은 구매담당자의 요청에 따라 식음료 업장의 자세한 구매기록을 제공할 수 있다. 이것은 매우 유용한 구매계획 도구가 된다.
- **고객서비스** : 납품업자는 수신자부담의 고객서비스 회선을 보유하고 있는가? 식음료 업장 운영시간 중 필요에 따라 납품업자들과 연락을 취할 수 있는가? 납품업체의 지역 판매직원은 필요에 따라 기술적 혹은 제품지원을 원활히 제공할 수 있는가?

안전성

구매담당자는 사용하는 제품의 안전성과 적합성에 관심을 가져야한다. 미국의 경우 농무부의 검사 법규와 다른 연방 조례들은 새로운 기준을 부과하고 있다. 1990년 미국의회는 영양성분표기와 교육에 대한 법률을 통과시켰다. 이 법률은 과학적으로 영양성분을 실체화 하기위해 실험에 의한 식품분석이 요구되는 포장음식산업에 초점을 두고 있었다. 또한 1994년 3월 미국의회는 플랜카드, 포스터 그리고 표지등에 의해 표시되는 식품서비스운영을 통제하기 위한 법률(Health and Nutrient Claims)을 다시 제정했다. 이러한 법률제정이 의미하는 바는 식음료 서비스관리자는 고객에게 제공하기위해 구입하는 제품에 대한 정보와 지식을 반드시 알아야 한다는 것이다. 미국 식약청은 Health and Nutrient Claims이 실효성 있게 적용되고 있는지, 제대로 고객들에게 전달되고 있는지를 확인하기 위해 시설(e.g. 레스토랑, 기타 외식 및 식품관련 기업)들을 철저히 감시하고 있다. 구매담당자는 새로운 혹은 기존의 제품이 이러한 안전 규정을 따르고 있는지를 반드시 알아야 한다. 또한 구매담당자는 장치나 설비에 필요한 개선 혹은 대체에 대한 지식도 보유하고 있어야 한다. 알면서도 혹은 부주의해서 나쁜 식음료를 제공하는 시설은 위법행위나 소송(고소) 등에 의해 법적으로 책임을 져야하기 때문이다. 이것은 법적 이슈일 뿐만 아니라 도덕적 이슈이다. 레스토랑이 제공하는 음식이 규정을 따르고 있다는 것을 입증하기 위한 최선의 방법 중 하나는 납품업자의 제조 가공공장을 직접 방문해보는 것이다.

가격

구매의 목적에서 제품가격은 단순히 무언가 얻기 위해 반대급부로 발생되는 비용을 의미한다. 또한 가격은 배송되는 제품과 서비스에 대해 납품업자가 설정한 금전적 가치이다. 제품의 기본가격에 더하여 부가되는 비용은 판매시기, 할인 적용, 운송비용, 세금 그리고 보험료 등의 다양한 가격변동 요인들을 포함한다.

구매담당자는 메뉴가 계획되기 전 제품가격, 비용 그리고 표적고객 등에 대해 고려해야 한다. 이러한 고려는 메뉴원가와 고객에게 제공되는 제품의 판매가격 결정에 반영되어야 한다. 예를 들어 한 식음료업장이 열차식당에 음식을 제공하고 있다면, 철갑상어알(Caviar)과 등심(Filet Mignon)과 같은 식재료는 메뉴 혹은 구매명세서에서 찾기가 힘들 것이다. 제품가격 평가의 목적은 제품에 대해 지불한 가격이 시장(고객의 메뉴가격 인지), 식음료 서비스 산업 그리고 구입한 재료의 사용자 등으로부터 적절하게 인식되는지를 입증하기 위함이다. 또한 제품가격에 대한 지식은 불필요한 비용을 초래하는 구매물품을 가능한 제거하고 분리시키기 위해 필수적이다. 구매물품의 가격을 결정하는 것은 매우 간단할 수도 있지만, 사실 대단히 복잡한 과정이 될 수도 있다. 구매관리자는 필요한 물품에 대해 납품업자들이 어떻게 가격을 매기는지에 대해 잘 알고 있어야 한다. 일부 납품업자들은 부분적으로 소량이나 제한된 사이즈로 주문할 경우 실제로 더 많은 가격을 부과할 수도 있다. 왜냐하면 주문된 양만큼 다시 포장하는데 특별한 비용이 소요되기 때문일 것이다. 불필요한 여분의 재고량을 보유할 것인지, 고비용을 피하기 위해 전체 케이스(Case)를 구입할 것인지를 결정해야 한다. 예를 들어 작은 사이즈의 6oz 캔 1 상자 대신에 46oz 토마토주스를 구입하는 것이 비용효율적일 것이다. 또한 이와 같은 구매의사결정은 사용량과 저장 공간에 좌우된다.

또한 과거에 가격이 어떻게 변동했는지 그 이유를 포함하여 가격이력을 잘 알고 있어야 한다. 동시에 식음료업장 매니저에게 조언하기 위해 미래의 제품가격을 예견할 수 있어야 한다. 따라서 구매 물품별로 가격이력에 관한 기록을 유지하는 것은 구매 관리자의 주요 업무 중 하나이다. 다음은 앞서 언급된 기록을 유지하는 방법으로써 시장바구니 분석과 물가지수 연동방식에 대한 것이다.

시장바구니 분석 제품가격을 측정하기 위해 일반적으로 물가분석을 이용할 수 있다. 물가분석의 한 형태인 시장바구니 분석(Market Basket Analysis)은 판매자들 사이의 차이를 파악함으로써 가격변화에 따른 비용영향력을 제시한다. 또한 이와 같은 분석형태는 납품업자들의 가격결정을 통계적으로 관찰할 수 있도록 해준다.

표 3-8 은 시장바구니 분석의 샘플이다. '총 구매금액'은 실제로 4개월 동안

구입된 개별의 아이템을 반영한다고 가정하고 있다. 납품업자(A)와 납품업자(B)로부터 구입된 가격의 변화를 주시해보자.

표 3-8
시장바구니 분석 (9월~12월)

	케이스 당 9월 가격($)	케이스 당 10월 가격($)	케이스 당 11월 가격($)	케이스 당 12월 가격($)	총 구매 금액($)
A업자의 Strawberries	12.20	10.51	24.88	34.38	4,620.74
B업자의 Strawberries	10.48	9.14	32.09	26.74	590.98
A업자의 Blueberries	22.63	25.50	33.53	44.68	2,312.23
B업자의 Blueberries	19.89	24.88	24.88	24.88	169.09
A업자로부터의 총 구매 금액					6,932.97
B업자로부터의 총 구매 금액					760.07

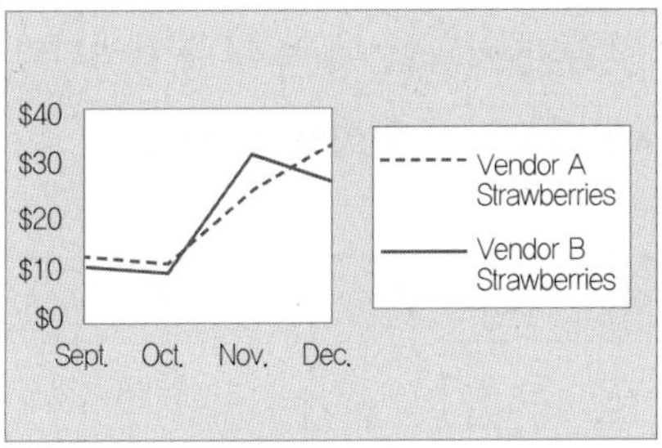

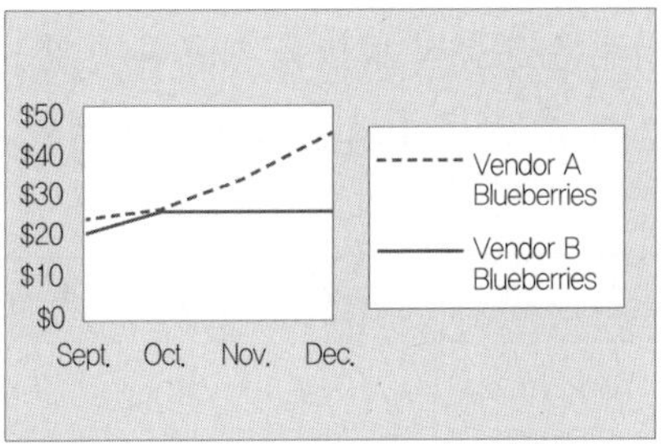

품질과 공급자서비스가 동일하고 가격이 변동한다고 가정할 때, 납품업자(B)로부터 구매하는 것이 보다 현명한 선택이 된다는 것을 표 3-8 에서 확인할 수 있다. 일부 구매관리자들은 가장 낮은 가격의 이득을 취하기 위해 매주 납품업자를 바꾼다. 그러나 잦은 납품업자 변경으로 인해 발생하는 부가적 비용이 납품업자 변경을 통해서 절약한 비용보다 더 클 수도 있다. 여러 납품업자들의 자료, 기록 그리고 구매서류들을 관리하고 유지하는 비용이 고려되어야 하기 때문이다. 표 3-8 에서 딸기와 블루베리 구매의 경우에 구매기업이 경쟁력 있는 구매패턴을 선택하기보다는 오히려 구매의사결정을 안이하게 하고 있는 상황을 보여준다.

한편, 자동화된 재고조사와 구매시스템을 이용하여 결과를 가중평가(실제의 사용량을 토대로 각 아이템에 중요도를 부가하여 평가하는 것)할 수 있다. 만약 안심과 같은 아이템을 대량으로 거래하고 있을 경우 안심가격이 오른다면 이것은 분명하게 가격변동에 영향을 줄 것이다. 반면 만약 돼지고기 같은 아이템을 소량으로 사용하고 있을 경우 이 가격이 변한다면 이것은 안심의 경우와 비교했을 때 전체 평균 구매비용에 큰 영향을 주지 않을 것이다. 더욱이 자동화시스템에서는 이렇게 가중치가 부과된 기간별 가격이 월별로 순환되도록 하는 것이 더 쉽다(2004년 1월은 2003년 1월과 비교된다). 이 비교치를 통해 미래를 계획하는데 도움을 준다.

이러한 시스템에서는 전년도 아이템의 가격이 현재 가격과 비교된다. 이 단위가격을 현재 구입된 단위(unit)수에 곱한다. 전체 구매의 가치는 올해와 전년도가 비교되며 그 다음 변동비율(variance %)이 생성된다. 가중된 시스템의 이점은 전통적 방법을 사용하여 계산한 결과와 비교할 때 보다 뚜렷해진다. 다음 표 3-9와 표 3-10 사이에 어떠한 차이가 있는지 주의해야 한다.

표 3-9

	가격($) 2003	가격($) 2004	변동($)	변동(%)
Tenderloin	8.10	7.40	-.70	-8.64
Pork chop	11.00	12.10	1.10	10.00
합계	19.10	19.50	.40	2.09

표 3-9 에 따라 전체 육류는 2.09%의 가격인상을 겪고 있다. 반면 가중된 재고구매시스템 방법을 이용하고 따라서 구매믹스(Purchase Mix)를 공식에 적용시키면 다른 결론에 도달한다. 즉 표 3-10에 따라 전체 육류는 돼지고기보다 큰 영향력을 지닌 안심의 매입(1000 파운드 vs. 300 파운드)때문에 -3.25%의 가격하락을 보였다. 메뉴는 가격변동을 감안하여 재검토되어져야 하며, 이러한 메뉴가격의 변경은 가중화된 구매가격평가시스템 운영을 통해서 효과적으로 수행될 수 있을 것이다. 이렇듯 정확한 구매가격평가시스템은 원가계산과 메뉴가격 설정에 경쟁적인 우위를 제공할 것이다.

표 3-10

	2003($)	2004($)	변동($)	구매량 (파운드)	2003 가치($)	2004 가치($)
Tenderloin	8.10	7.40	-0.70	1,000	8,100	7,400
Pork chop	11.00	12.10	1.10	300	3,300	3,630
합계					11,400	11,030
금액 변동: 2003년 총 구매액 = $11,400						
2004년 총 구매액 = $11,030						
차이 = -$370						
변동율 = -3.25%						

가격 지수화방식 평균 제품구매가격을 산출하는 방법으로 가격 지수화(Price Indexing)방식이 있다. 이것은 제품가격의 변화를 나타내기 위하여 생성된 숫자의 집합체이다. 시장바구니분석의 가치를 높이기 위해서 제품 가격변화의 영향을 측정할 가격지수를 개발해야 한다. 이 지수 혹은 차트는 같은 아이템을 다양한 형태로 제공하는 회사들 사이에서 하나의 척도로 사용되어질 수 있다. 즉 비교할 기초근거를 제공하게 된다. 기본적인 제품가격지수는 연도별, 분기별 혹은 메뉴가 바뀔 때 계산된다. 선정된 기간과는 상관없이 기준이 되는 월을 특정한 달로 정한 다음, 비교를 통해 가격이 어떻게 변하는지 볼 수 있다. 가장 생산적인 접근은 여러 부류들(e.g. 육류, 가금류, 생선, 과일, 채소, 식료품 그리고 주요제품)의 각 아이템에서 가장 회전률이 높은 아이템을 고르는 것이다. 각 제품 부류의 판매에서 10%를 넘어서는 하나의 대표 아이템을 고르자. 표 3-11은 이 과정을 예시한 것이다.

즉 문자열 D의 가격은 기본 혹은 표준가격이다. 문자열 A, B 그리고 C에서는 얼마나 구매하고 있는지를 정확하게 볼 수 있다. 문자열 G는 D의 표준가격과 비교될 단위당 새로운 가격을 나타낸다. 문자열 F는 가격이 변하는 비율을 말한다. 문자열 H는 11월에 실제로 얼마나 구매했는지를 말해준다.

해산물을 보면, 기업은 기준달(10월)과 현재(11월)사이에 Catfish Filets의 17%의 가격 상승을 경험했다. Catfish Filets의 전체 구매액은 $300다. 이와 같은 양식은 납품업자들의 입찰가를 차별화하거나 가격추세를 기록하기 위해 사용된다. 그러나 이것은 다소 간소화된 양식이며, 표 3-12는 각 항목과 관련한 계산방법을 제시한다.

우선 '열/제목' 란에 각 아이템의 목록을 적는다. 그 다음 왼쪽 편을 따라 수직으로 아이템 목록에 데이터를 기입한다. 이 상세한 계산은 어떻게 가격이 변하는지, 얼마나 제품이 이용되는지 알 수 있도록 도와준다. 이것은 가격변동을 보다 정확하게 제시해 주기 때문에 메뉴 가격을 정하고 변화시키기 위한 귀중한 도구가 된다.

표 3-11

	A	B	C	D	E	F	G	H
업자 A	Unit per Case	Unit of Measure	Cases Purchased Nov.	Beginning Period	Actual Change	Percentage Change	Ending Period	Total Purchased Nov.
BAKERY SECTION								
Dough Cookie Choc. Chunk	21	lbs.	3	1.48	0.27	18	1.75	110.25
Dough Cookie Oatmeal Raisin	21	lbs.	5	1.16	0.24	21	1.40	147.00
Dough Cookie Sugar	21	lbs.	6	1.01	0.54	53	1.55	195.00
DAIRY SECTION								
Cheese Blue Wheel Danish	12	lbs.	1	1.63	0.27	17	1.90	22.80
Cheese Boursin Herb	3.75	lbs.	7	9.14	1.86	20	11.00	288.75
SEAFOOD SECTION								
Catfish Filets	15	lbs.	5	3.41	0.59	17	4.00	300.00
Clam Strip Breaded Bulk	6	lbs.	3	2.37	0.21	-9	2.16	38.88

가격과 가치사이의 관계 제품구매 가격(Price)은 제품 공급업자에 의해서 제품에 적용하는 금전적 가치이다. 그러나 가치(Value)는 구매자가 평가하는 값어치이다. 따라서 가치는 배송과 기타서비스와 같은 제품이외의 것을 신중하게 고려하도록 한다. 최상의 총가치를 획득하는 것이 구매 관리자의 책무이

다. 즉 가격은 오직 하나의 요인일 뿐이다. 비록 가격이 가치의 유일한 실질적 기준이지만, 구매담당자는 가격결정에 있어서 가치를 제공하는 다양한 요인들을 고려해야 한다. 가치를 납품업자의 서비스에 두는 것은 매우 주관적이지만, 납품업자의 서비스가 제품구매 여부를 결정하는 요인이 된다는 사실을 인식하는 것도 매우 중요하다. 구매자들은 구매명세서에 이러한 무형적인 품질(Value)을 넣기 원할지도 모른다. 또한 고객이 어떻게 구매담당자의 결정을 평가하는지 고객의 입장에서 생각해보아야 한다. 만약 납품업자가 지속적이고도 높은 품질을 유지하며 동시에 적시에 배송한다면, 식음료 서비스업장에 대한 고객의 경험에도 분명히 영향을 미칠 것이다. 식음료 업장이 지불한 돈만큼 가치를 제공하고 있는지 아닌지를 궁극적으로 결정하는 주체는 고객이기 때문이다.

표 3-12

열/제목	계산/입력
Beginning Period (표 3-11의 D열)	초기의 실제 가격. 이것은 모든 비교에 있어 기준이 된다.
Ending Period (표 3-11의 G열)	회기말의 새롭게 변경된 가격.
Actual Change (표 3-11의 E열)	아이템 혹은 특정 제품류(베이커리, 낙농제품 등)의 가격 증감을 의미. 공식: Beginning Period - Ending Period
Percentage Change (표 3-11의 F열)	초기의 표준 가격을 기준으로 한 실제 변동율. 공식: Actual Change ÷ Beginning Period
Average Percentage Change	모든 Percentage Change를 합산한 후, 전체 아이템 수로 나눈다.
Percent of Total	전체 식음료 원가에서 각 부류(bakery, dairy, seafood section 등)가 차지하는 비중
Average Numeric Change	모든 Actual Change를 합산 한 후, 전체 아이템 수로 나눈다.
Weighted Change	각 부류별로 "Percent of Total"을 해당 기간의 "Average Numeric Change"로 곱한 후, 100으로 나눈다. 이 수치는 각 부류들의 사용량에 기초하여 변동(가격 변화)을 가중치한 것이다.

가격의 형태 구속력 있는 구매계약을 체결하기 위해서는 반드시 구매가격을 제시해야 한다. 음료와 같이 거의 고정된 시장가격을 가진 아이템의 경우 구매 주문서에 가격을 적어두지 않는다 하더라도 구매계약 시 큰 문제가 되지는 않는다. 그러나 오해나 소송(고소)을 피하기 위해서 구매주문서를 작성할 때 원하는 것을 명확히 제시할 필요가 있다. 구매주문서에 구체적인 가격 혹은 최종가격(공급자와 구매자간의 결정가격)을 정하기 위한 기초근거를 반드시 명시해야 한다.

다양한 형태의 가격조정이 구매담당자와 납품업자 사이에서 이루어진다. 계약가격이나 고정가격을 결정할 수도 있다. 일정 기간 동안 가격을 정하기 위해 연계매매(Hedging)를 사용할 수도 있으며 혹은 위탁매매나 고정된 주문을 이용할 수도 있다. 이러한 방법들은 아래에 보는 바와 같이 각각의 용도를 가지고 있다.

고정 가격(Firm Price)은 일상(Day-to-Day)의 구매계약(상거래)에서 가장 보편적으로 사용되는 가격정책이다. 이것은 주문이나 계약체결 시, 구매자와 납품업자가 합의한 가격으로 물품이 배송되고 거래가 종결될 때까지 가격이 변하지 않는다는 것을 의미한다. 이 합의된 가격은 제품의 구체적인 수량, 정해진 배송 스케줄 혹은 계약기간 내에서는 미결정된 수량에까지도 적용될 수 있다.

계약 가격(Contract Price)은 일정한 가격에 그룹구매(Group Purchasing)를 하기 위한 매매약정이다. 이러한 형태의 제도는 일반적으로 주요 납품업자와의 동의하에 이루어진다. 다시 말해 주요 납품업자란 식음료 서비스업장에 대부분의 주문 품목을 제공하는 업자를 말한다. 납품업자는 구매자의 1일 필요량을 충족시키기 위해 계약된 아이템을 적정한 수준으로 보유하고 있어야 한다. 물론 이런 제도에 참여하게 된 납품업자는 반드시 구매업체(식음료 서비스 업장/기업)의 제품내역기준(e.g. 구매 품질명세서)을 만족시켜야 한다.

계약가격을 위해 입찰을 구할 경우 구매담당자는 납품업자가 보유하고 있을 것으로 예상되는 수량뿐만 아니라 구매지침서 및 연도별 구매 예정량을 제시해야만 한다. 구매담당자는 평상시보다 더 많은 수량에 구매동의를 할 것이므로 대량구매 할인(Volume Discount)에 관한 협의를 진행할 수 있도록 계획해야만 한다. 원가-가산 방법(Cost-Plus Method)은 계약 가격의 한 형태이다.

원가-가산을 활용한 계약은 외식산업에서 자주 활용되고 있다. 원가-가산방법은 납품업자의 변동적인 원가에 대처하기 위해서 고정된 비율에 업자의 원가를 더한 만큼을 지불하는 것을 의미한다. 원가에는 납품업자가 부담하는 임금, 서비스, 배송 그리고 기타 간접비 등의 비용이 포함된다. 이것은 계약서상에 명확히 규정되어져야 한다. 이런 계약은 또한 생산의 실제원가 + 구체적인 변상(배상)을 업자에게 상환한다고 계약상에 약속하고 있다. 일반적인 계약이 원가를 추정하기가 어렵다는 높은 위험부담이 있다면 이런 형태의 계약은 구매자(식음료 서비스 업장/기업)의 입장에서 볼 때, 매우 유익한 것일 수 있다.

원가-가산계약을 받아들인 상태에서 구매담당자는 기꺼이 가격 인상의 위험부담을 받아들여야 한다. 따라서 이런 형태의 계약은 평판이 좋고 도덕적인 업자와 체결해야만 한다. 더군다나 원가를 조절하는 일은 매우 어려운 일이다. 일단 계약의 합의가 이루어지면 납품업자의 입장에서는 더 이상의 추가적인 인센티브를 얻기 힘들다. 왜냐하면 납품업자들은 계약기간동안 제품에 지불하는 가격이 얼마이든지간에 계약의 약정에 따른 비율을 더한 원가를 지불받게 되기 때문이다.

연계매매(Hedging)는 필요한 제품에 대한 고정가격을 유지하기 위해서 미래 가격에 대해 계약하는 것을 의미한다. 연계매매의 이점은 가격이 오를지도 모른다는 위험부담을 피할 수 있는 것이다. 연계매매는 회사가 향후 시장가격에 관계없이 미래 제품을 위해 고정된 계약 가격에 지불하는 것을 가능하게 한다. 만약 구매담당자가 가격이 오를 것을 추정한 후 제품의 구매이력을 기초로 제품의 미래수요를 예측할 수 있다면 연계매매는 상당히 유익한 것이다.

다음은 연계매매의 원칙을 예시하는 것이다. 회사가 향후 12개월 동안 확실한 등급의 쇠고기 안심부위 가격을 동결(고정)시키고자 한다고 가정하자. 육류의 가격은 보통 일주일 간격으로 그리고 수요와 공급을 바탕으로 변한다. 구매담당자는 우선 다음의 정보를 검토해야 한다.

■ 회사의 과거, 현재 그리고 향후 소비량

■ 회사의 현금흐름

■ 3개 이상의 납품업체로부터의 입찰

■ 가격이 오를 것이라는 위험부담과 그로 인한 손실

■ 시장가격 동향 (표 3-13 참조)

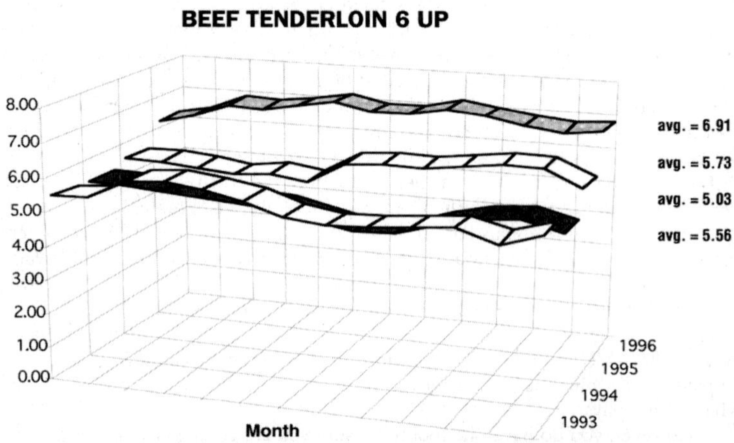

표 3-13

Note : 위에 사용된 표는 모든 구매지역을 대표할 수는 없으며, 이곳의 가격은 실제가격이 아닌 오로지 예시를 목적으로 한 것이다.

구매담당자는 연계매매 여부를 결정하기 전에 위 요소들을 고려하여야 한다. 만약 합의한 가격이 향후 시장가격보다 낮다면 회사는 비용을 절감하게 될 것이며, 이외에도 다음과 같은 장점들이 있다.

■ 많은 재고를 구입하지 않고서도 좋은 가격을 얻는다.

■ 시장경기가 침체되더라도 재고의 가치를 보호한다.

■ 저장과 여타 재고조절 비용 없이 식음료 제품의 배송을 보장한다.

한편 연계매매는 다음과 같은 단점들이 있다.

■ 필요정량의 변화가 있어도 계속 계약을 이행해야 한다.

■ 초과 제품에 대한 위험부담이 있다
■ 일반적으로 많은 거래량이 요구된다.
■ 가격이 오르기보다는 내릴 수도 있는 가능성이 존재한다.
■ 사용하지 않은 제품을 되팔아야하는 비용이 발생할 수 있다.

납품업자 역시 연계매매를 이용하여 그들의 구매가격을 보호한다. 다음의 예는 연계매매가 어떻게 이루어지는가를 보여준다. 3월 1일 XYZ 공급업체는 쇠고기를 8월 1일에 배송하기로 하고 판매계약을 한다. 그들이 부과한 가격은 3월 1일의 가격이다. XYZ업체는 이 상황에서 3가지 선택권을 가진다. 첫 번째 선택은 XYZ 공급업체는 쇠고기를 3월에 구입하고, 그들이 구매자에게 배송할 8월까지 그것을 보관할 수 있다. 이것은 쇠고기 가격을 확정할 수는 있지만 품질문제와 더불어 저장 및 이자비용 그리고 그것이 사용될 때까지 쇠고기에 대한 보험 비용이 들게 된다. 두 번째 선택은 배송날짜가 될 때까지 쇠고기 구입을 연기하는 것이다. 그러나 이것은 쇠고기 가격이 오를 수 있으므로 무시할 수 없는 위험부담을 포함한다. 다시 말해 이미 납품할 구매자와 판매가격을 정했기 때문에 XYZ업체에 중요한 손실을 가져올 수 있다. 세 번째 선택은 연계 매매를 활용하는 것이다. 본질에 있어서 XYZ업체는 구매자가 연계매매로 구입할 때 하는 것과 동일한 구매방식을 택하는 것이다. 가격변화의 위험부담과 재고비용 없이 쇠고기 가격을 설정할 수 있다. 연계매매에 의한다면, XYZ업체는 3월 1일의 판매계약 시점에서 선물(先物)계약을 구입한다. 그 다음, 실제로 쇠고기를 구매할 때 이 선물계약을 판매한다. 선물가격과 현물가격은 동시에 변동하는 경향이 있다. 3월과 8월 사이의 쇠고기 현물가격의 변화로 인한 이익이나 손실은 선물계약의 이익이나 손실에 의해 차감(상쇄) 계산된다. 그러므로 연계매매를 포함한 거래는 손익측면에서 항상 균형을 유지시켜 준다. XYZ업체는 3월 구매자와 계약한 시점과 8월 구매자가 지불할 시점 사이의 가격변화 위험을 피하기 위해 동일한 가격에 선물로 사서 현금으로 파는 반대 특성의 두 가지 계약에 참여하는 것이다.

약정 위탁구매와 가격설정 시스템(Consignment Purchasing & Pricing System) 납품업자는 구매자의 사업장에 제품을 재고화 한다. 구매자가 위탁재고를 출납하여 사용하기 전까지는 위탁한 아이템은 납품업자의 소유상태를 유지하게 된다. 이러한 형태의 구매는 외식산업에서 매우 제한된 규모로 실행된다. 그러나 그것은 몇몇 상황에서 매우 유용할 수 있기 때문에 논의할 필요가 있다.

위탁에는 고정된 가격구조, 재고 분리의 어려움 등과 같은 몇 가지 단점이 있다. 저장 가용성 역시 고려되어야 한다. 외부 혹은 공공 저장창고가 위탁 제품을 저장하는데 이용되거나, 혹은 구매자가 자신의 회사 구내에 저장 공간을 무료로 제공하기도 한다. 이것은 저장에 따른 추가적인 간접비용과 보관비용 발생에 따른 부담을 주게 된다.

위탁은 재판매를 촉진하기 위한 판매기술의 하나이다. 제품구매에 대한 지불은 물품들이 구매자에 의해 실제 사용되기 전(재판매 전)까지 이루어지지 않는다. 구매 관리자는 재고에 대한 투자를 줄이고 필요한 아이템을 즉시 사용할 수 있는 이러한 기술을 선호하고 있다. 하지만 제품의 빠른 노후화와 짧은 수명으로 인해 제품 위탁 수량을 최소화시킬 수 있도록 해야 한다.

위탁구매를 적절하게 활용하기 위해서 구매 관리자는 위탁판매재고에 대한 감독과 감사(audit)기준을 업체와 합의해야 한다. 납품업자들이 제품을 위탁하지 않으려는 주요한 이유 중 하나는 구매자가 위탁재고들을 적절하게 관리하지 않을 것이라고 우려하기 때문이다. 구매담당자는 위탁거래를 통해 납품업체가 보다 많은 제품주문량을 확보할 수 있고 동시에 납품업체에 위탁재고에 대한 적절한 관리통제가 이루어질 것이라는 믿음을 심어주어야 한다.

위탁재고에 대한 세 가지 주요 통제는 식별(Identification), 분리(Segregation), 사용 감시(Monitored Use)이다.

- **식별** : 납품업자들은 위탁재고가 구매자의 재고와 섞이는 것을 방지하기 위해 위탁 아이템의 포장 목록상에 식별이 가능하도록 조치해야 한다.
- **위탁재고의 물리적인 분리** : 납품업자는 일반적으로 위탁 재고에 대해 보

험을 들기 때문에 구매담당자는 제품이 화재, 도난 그리고 그 외 위험요소로부터 보호되도록 안전한 장소에 보관시키도록 하여야 한다.

- **사용감시** : 구매 관리자는 위탁판매 재고의 사용을 통제 및 관리하여야 한다. 위탁재고의 빈번한 남용은 다음과 같이 일어난다. '주방의 누군가가 저녁 영업을 위해 제품이 충분하지 않다고 느꼈다. 구매담당자는 이미 퇴근한 후이며, 주방에서는 그 아이템을 급하게 필요로 한다. 이때 주방직원 중 누군가가 위탁 재고에서 제품을 인출한다. 그러나 그것은 체크되지 않았으며, 구매관리자는 아이템이 빠져나간 사실조차 모르고 있다.' 불행하게도 이런 종류의 남용은 만약 담당자가 접근을 제한하거나 보관실로 누가 들어가는지를 항상 감시하지 않는다면, 계속적으로 발생할 가능성이 크다. 만약 구매담당자가 위탁재고 아이템이 반출되었다는 사실을 모른다면, 그는 납품업자가 재고를 확인할 때가 돼서야 자신의 실수를 발견하게 될 것이다.

위탁판매의 성공 혹은 실패는 그 제품에 할당된 출납 통제에 의해서 크게 좌우된다. 구매담당자는 납품업자에게 제품의 검수과정, 지급과정과 향후 이루어질 상환과정 등을 확실하게 제시하고 이해시켜야 한다. 이 모든 것은 납품업자와의 문서화된 계약으로 보호되어져야 한다. 제품의 출납과 재고통제 과정에 있어서 다음 항목들이 고려되어야 한다.

- 위탁재고에 대한 납품업자의 정기적인 검사를 허락한다.
- 위탁재고의 지급에 대한 스케줄을 정한다.
- 위탁재고의 아이템별 최소 및 최대 재고 수준을 규정한다.
- 관리통제를 위한 기간별 감사뿐만 아니라 회사 자체의 독립적인 재고조사를 요청하며 납품업체에게 주요사항을 보고한다.
- 위탁으로 보유되어질 수 있는 아이템의 최대 기간을 규정한다.
- 못쓰게 되거나 계속 사용되지 않을 아이템 처리 과정을 규정하여 재주문

을 방지한다.

■ 제품의 순환과정을 설정한다.

■ 위탁재고 아이템에 대해서는 지급보고서를 이용함으로 송장을 줄인다.

구매담당자는 위탁재고에 대한 정규 재고조사 결과보고서를 준비해야 한다. 이 보고서에는 모든 지출이 기록되며, 납품업자에게 대금을 지불하기 위한 기초자료로 활용된다. 계약의 조건에 따라 다르지만 종종 잃어버린 재고아이템에 대해서까지도 지불해야할 경우도 발생한다.

또한 최소 수준 이하로 감소하는 아이템의 재 주문을 위해서 이 보고서를 사용할 수도 있다. 이런 형태의 보고서는 각 제품에 고유 아이템 번호를 부여하여 기록될 필요가 있다. 입고물품 및 지급(출) 물품 등을 토대로 초기 재고조사목록과 기말 재고조사목록이 작성된다.

고정주문계약

고정주문(Standing Order)은 납품업자와 체결한 특정한 제품에 대한 정기적인 배송 계약을 말한다. 만약 배송이 이뤄지기 전에 별도의 주문요청이 없다면 원하지 않는 제품까지도 받게 되는 경우가 있다. 생산회전율과 미 사용분에 대한 환불은 고정주문계약에 포함되는 부분이며 이러한 조건(상황)이 참작되어야 비용손실을 입지 않게 된다.

고정주문에서 배송직원의 업무로는 사전 결정된 수량에 맞는 충분한 제품을 배송하는 것과 선입선출을 이용한 제품의 저장 그리고 배송되어진 수량을 명기한 송장을 쓰는 것이다. 고정주문의 이점은 구매담당자가 식음료 업장에서 사용되는 양을 알고 있을 경우 매우 편리하다는 것이다. 특히 빵과 우유 등과 같이 매일 배송되는 것들이 그렇다. 다음은 고정주문의 몇 가지 단점에 대한 것이다.

- 창고의 접근과 보안이 지속적으로 감시되어야 한다.
- 비용이 더 많이 발생하는 방법일 수도 있다.
- 납품업자의 배송직원이 레스토랑을 떠나기 전에 배송된 제품의 품질과 수량을 확인하지 않거나, 혹은 송장에 날인을 하지 않을 경우 문제가 발생된다.

제품시험 : 생산율 평가

생산율 시험(Yield Tests)은 공급업자에 의해 납품되는 가공하지 않은 제품에서 실재로 유용한 가용제품이 어느 정도인지를 측정하는데 도움이 된다. 이 방법으로 앞서 논의된 완제품 가격을 파악할 수 있다. 생산율시험은 동일한 제품 가운데, 둘 혹은 그 이상의 납품업자가 제시한 가격을 기준으로 사용 가능한 수량과 품질을 구별하는데 도움을 준다. 생산율(Yield)이라는 것은 가공되지 않은 상태에서의 중량이나 정량(Portion)에서 가공과정을 거친 후 고객에게 서비스가 가능한 식재료 아이템의 순수한 정량 혹은 중량의 비율을 의미한다.

생산율은 최종적으로 얻어지는 정량의 수 혹은 생산비율(Yield Percentage)로 나타낸다. 정량의 수는 예를 들면 안심으로부터 나온 10oz 스테이크 8인분(8 portion) 혹은 1lb 팩에서 나오는 토마토 4인분을 의미한다. 생산비율은 사용 가능한 제품의 비율이다. 생산비율을 구하기 위해서는 원래의 중량(Raw Product Weight or Purchasing Weight)으로 사용 가능한 중량을 나눈다(이때 lb는 lb로, oz는 oz로 동일한 중량 단위를 사용하여 나눠야 한다). 초기의 기준 생산율은 향후에 동일 납품업자로부터 구매되는 동일 제품에 대한 비교 기준으로 활용된다.

예를 들어 구입한 쇠고기 안심이 일반적으로 11lb 중량이며 평균적으로 사용 가능한 양을 9.5lb 가량 얻었다면 생산율은 86.5%가 된다. 14lb 안심의 구매로 순수 12.1lb의 사용 가능한 스테이크를 얻게 된다. 또한 생산비율은 특정 제품이 산출하는 정량의 수를 계산하는데 이용된다. 원래의 중량에 생산비율을 곱한 후 그 결과를 정량의 무게로 나누어 계산된다. 만약 스테이크의 정량 무게가 8oz 혹은 0.5lb라면 11lb 안심부위는 0.5lb 혹은 8oz 짜리 19개의 스테이크가 나온다([11 × 0.865) ÷ 0.5]=19). 86.5%의 생산비율을 곱하면 14lb 안심부위는 0.5lb 스테이크 24개로 제공될 수 있다. 그러나 이러한 산출 공식은 스테이크의 크기나 형태에 따라 달라질 수 있으며, 경우에 따라서 최종제품(End Product: EP)의 원가가 높아질 수 있다. 왜냐하면 사용 가능한 고기의 부분이 스테이크로 쓰이지 않고 오히려 보다 낮은 구매가격을 지불하고 구입할 수 있는 아이템(예를 들어 Ground Beef: 다진 쇠고기) 대용으로 사용될 수 있기 때문이다. 최종제품가격은 EP(최종제품) = AP(구매당시제품) ÷ Yield(생산, %)로 구할 수 있다.

만약 식음료업장이 최종제품의 원가상승에 대응하여 메뉴가격을 올리지 않는다면 잠재적으로 식음료업장의 식재료원가가 상승하는 원인이 된다.

자체가공 혹은 가공품 구입의 결정

많은 납품업자들은 정량 단위의 가공품을 판매한다. 따라서 사용자인 식음료 업장의 입장에서는 이 아이템을 가공하고 준비하는데 인건비가 소요되지 않으며 또한 가공 처리할 경우 발생하는 쓰레기 처리비용도 절약할 수 있다. 물론 가공품을 구입 하는 것은 보다 높은 비용을 지불해야 한다. 따라서 아이템을 미 가공 상태인 낮은 가격에 구입해서 직접 조리하고 준비해야하는지, 아니면 가공된 제품을 구입해야하는지에 대해 신중하게 검토해야 한다. 생산율 평가는 아이템을 가공하고 준비하는 데 드는 쓰레기 처리비용과 인건비를 제시해준다. 그 다음 단계로 이미 가공된 제품의 구매비용과 비교 및 평가할 수 있다. 이것은 자체가공 혹은 가공품 구입결정(Make-or-Buy Decision)이라고 불리며, 구매 시 자주 다루게 될 문제이다.

관계된 모든 비용을 고려하는 것은 구매담당자의 직무이기 때문에 담당자는 제품을 직접 조리하고 준비할 것인지 아니면 가공품을 구입할 것인지를 평가하는데 있어 신중을 기해야 한다.

한편 구매담당자는 '프라임 코스트(Prime Cost)'에 의해 평가할 수 있다. 프라임 코스트 팩터(Prime Cost Factors)는 현장에서 제품을 처리할 때 운영자가 직면하는 다양한 비용 중 가장 큰 부분을 차지하고 있는 비용들을 의미한다. 일반적으로 프라임 코스트란 인건비, 재료비와 제품준비과정에서 발생되는 간접비 등을 의미한다. 표 3-14는 샐러리를 주사위(Dice) 모양으로 가공한 후의 프라임 코스트와 포장구매원가(Case Cost)에 대한 차이를 예시한 것이다.

이 예제는 55lb 샐러리의 구매 원가에서 가공-준비과정 단계에 따라 비용이 추가된다는 것을 보여준다. 구매가격(As-Purchased Price:AP)인 $13.50은 가공-준비된 후의 가격, 즉 $36.22라는 완제품(End-Product) 프라임 코스트와는 큰 차이를 보인다.

이 원가정보는 식품을 포함하여 자체 가공 vs. 가공품 구입결정의 효과를 증명하기 위해 제안되었다. 제품을 준비하는데 다양한 숨겨진 비용이 있다는 것을 이해하고 그 비용들이 원가에 영향을 미친다는 사실을 고려해야 한다. 프라임 코스트와 관련된 비용은 다음과 같다.

- 비 가공 재료의 관리비용 : 주문, 검수, 검역, 저장
- 상하수도 및 광열비 : 수도 이용, 냉장, 보관, 쓰레기 처분
- 인건비 : 적정가용능력 대비 초과 인건비, 보험, 세금, 교육훈련비 등
- 직원 지원 및 교육훈련 : 관리감독과 품질 조절
- 작업공간의 준비 : 청결유지 및 직원 위생
- 조리준비/필요 설비를 위해 요구되는 부가적 공간비용
- 작업관련 부상으로 인해 발생하는 시간
- 부가가치 : 가공제품을 구입할 경우 구매량의 100% 사용가능. 일관성과 더 나은 재고통제는 추가적인 장점이다.

표 3-14
프라임 코스트 분석
자료제공: Costa Fruit & Produce Co.

원재료:	Bulk Celery	가공 후 제품:	diced
원재료의 총 중량:	55 pounds	가공 후 제품 명세:	1/4" dice
1차 Prep 단계: Clean, cut, trim leaves			
원재료	1(case) × $13.50/case (cost)		$13.50
직접 인건비	20(min.) × 0.245(cost per min.)		$4.90
간접 인건비	4.9(직접인건비) × 25%(간접인건비율 %)		$1.22
소모(waste)	55#(총 중량) - 36#(생산량) = 19 × 0.07(pound 당 손실비용)		$1.33
	1차 prep 단계 prime case total		$20.95
2차 Prep 단계: Hand dice			
추가 직접 인건비	45(min.) × 0.245(cost per min.)		$11.02
간접 인건비	11.02(직접인건비) × 25%(간접인건비율 %)		$2.75
소모(waste)	36#(1차 prep 생산율) - 34#(2차 prep 생산율) = 2 × 0.07(pound 당 손실비용)		$0.14
	1차부터 2차 prep 단계까지 prime case total		$34.86
	34(2차 prep 생산율) = 2차 prep cost per pound		$1.02
3차 Prep 단계: Wash and dry			
추가 직접 인건비	4(min.) × 0.245(cost per min.)		$0.98
간접 인건비	.98(직접인건비) × 25%(간접인건비율 %)		$0.24
소모(waste)	34#(2차 prep 생산율) - 32#(3차 prep 생산율) = 2 × 0.07(pound당 손실비용)		$0.14
	1차부터 3차 prep 단계까지 prime case total		$36.22
	32(3차 prep 생산율) = 3차 prep cost per pound		$1.13*
* 보조재료, 세척, 전기, 수도 등의 비용은 포함되지 않았음.			

육류생산율시험

육류생산율시험(Butcher Tests)은 생산율시험의 일종이다. 육류생산율시험은 손실, 손질 그리고 조리손실을 거친 후의 육류, 가금류, 생선류 그리고 해산물류에 대한 실질적인 정량 원가를 측정하는 데 이용된다. 식음료 업장에서는 메뉴를 변경할 경우 또는 새로운 육류 납품업자로부터 물품이 납품될 경우 새로운 품목에 대해 육류생산율시험을 수행할 필요가 있다.

육류생산율시험은 비 가공(Raw) 식재료가 손질된 후 순수 생산율(Net Yield), 표준 정량 크기 및 수 그리고 정량원가를 얻기 위해 사용된다. 생산율시험의 정확한 결과를 얻기 위해 평균 결과를 이용하는데 적어도 2 조각 이상의 표본으로 시험하여 결과를 얻어야 한다. 표 3-15는 전체 평가과정을 제시한다.

1. 표에 필요한 정보를 입력한다. 단위 구매원가와 구매된 중량을 비롯해 납품업자의 정보를 포함시켜야 한다. 이것들은 아래표의 문자열 B, C 그리고 D이다.
2. 표의 최상단에 테스트하는 제품의 이름과 기술내용을 적는다(표 3-15에서는 Beef Tenderloin). 육류를 조각(Cut)한 경우 최상위급 조각(Prime Cuts)과 차상위급 조각(Secondary Cuts)을 구분해야 한다. 이들은 납품된 육류로부터 얻은 사용 가능한 조각이다. 문자열 A에 최상위급 조각의 수를 입력한다(표 3-15에서 8oz 안심 스테이크이다).
3. 모든 차상위급 조각에 대해 납품업자로부터 lb 당 가격정보를 얻어 입력한다. 한편 지방, 피, 진공포장(Cryovac) 등은 사용되지 않기 때문에 어떤 가치도 부여하지 않는다. 다음으로 '차상위급 조각' 해당항목에 가격과 중량을 입력한다. 표 3-15에서 차상위급 조각은 다진 고기(Ground Beef)가 해당된다. 차상위급 조각의 전체 중량과 가격은 문자열 E에 놓인다. 또한 가격에 있어서 달러 기호를 사용하여 그것들을 일렬로 작성하고 유지한다.
4. 문자열 D로부터 문자열 E의 중량을 차감하여 최상급 조각의 중량을 구한다. 그 결과는 문자열 F 로 간다.
5. 문자열 G에서는 제품의 1lb로부터 얻을 수 있는 조각의 수를 나타낸다. 이번 예시에서는 각 조각이 8oz이므로 lb 당 2개의 조각이 나온다.
6. 문자열 H는 완제품 중량(Servable Pound)에 대한 정확한 원가를 얻게 되므로 매우 중요하다. 전체 가격 문자열 C에서 차상위급 조각의 원가가치

인 문자열 E를 뺀다. 그 다음, 그 결과를 lb 수인 문자열 F로 나눈다. 이 결과를 문자열 H에 기록한다.

7. 원가계수(Cost Factor). 문자열 I는 lb당 구매원가 대비 완제품 원가의 비율을 나타낸다. 문자열 B로 H를 나누고 그 결과를 문자열 I에 기록한다.

표 3-15 소고기 안심(filet)의 육류생산율시험

				업자 A	업자 B
	가정(Assumptions)				
	구매 육류의 품질등급			5# up	6# up
A	Primary cut per menu item(ounces)			8	8
B	Price per pound ($) (lb당 가격)			6.21	6.69
C	Purchase price ($) (구매가격)			449.60	484.36
D	Purchase weight (pounds) (구매량)			72.4	72.4
	Purchase price per ground beef ($)			1.38	1.38

	육류생산율시험 결과				
		업자 A	업자 B	업자 A	업자 B
		Weight in pounds		Value ($)	
	Blood, cryovac, and fat	3.25	5.25	0.00	0.00
	Ground Beef (at $1.38 per pound)	30.86	22.77	42.59	31.42
	Beef Bone	0	0	0.00	0.00
	Stew Meat	0	0	0.00	0.00
E	Total	34.11	28.02	42.59	31.42

	시험결과의 계산				
F	Primary filet cut (pounds)			38.29	44.38
	line D - line E				
G	Portion per pound (lb당 정량)			2	2
	pound = 16 oz.				
H	Cost per servable pound(완제품 중량원가)			10.63	10.21
	(line C - line E) ÷ line F				
I	Cost Factor per pound (lb당 원가계수)			1.71	1.53
	cost factor = line H ÷ line B				
J	Portion cost multiplier or cost			0.86	0.77
	line I ÷ line G				
K	portion cost (정량원가)			5.34	5.15
	line J × line B				
L	Yield percentage (생산비율)			58.42	65.52
	line B ÷ line H				

8. 문자열 J는 단순히 문자열 G로 문자열 I를 나눈 것이다. 이것은 정량 크기(Portion Size)에 적용 가능한 원가계수를 나타낸다.
9. 문자열 K는 실질적인 정량 원가를 나타낸다. 문자열 B에 J를 곱하거나 문자열 G로 H를 나누어 구한다.
10. 다양한 고기 품목(예를 들어 Pork Loin, London Broil, Prime Rib)들은 조리된 후에 정량화(Portioning)된다. 모든 식재료는 시험 및 평가되어야 하며 조리 중 발생한 손실(낭비)을 파악해야 한다. 육류는 등급별로 각기 다른 생산율과 품질특성을 지닌다. 높은 조리온도는 고기의 수축(축소)을 증가시키는 경향이 있기 때문에 또 다른 생산율의 변동요소이다. 한 연구결과에 따르면 화씨 325도에서 15.8% 수축하고 화씨 500도에서는 30.4% 수축이 발생된다는 사실을 보고되고 있다. 따라서 생산율의 증가를 목적으로 하는 굽기를 실행하기 위해 낮은 온도가 바람직하다고 할 수 있다. 즉 육즙이 풍부하고 고른 갈색을 띄는 고기요리를 위해 낮은 온도에서의 조리가 추천된다.

문자열 I는 원가계수로써 정확히 이해할 필요가 있다. 원가계수는 lb(중량)당 구매원가 대비 완제품 원가의 비율이다. 이것은 납품업자를 비교하는 데 있어서 매우 유용하다. 원가계수가 1에 가까울수록 구입한 품목으로부터 얻는 가치가 증가한다(즉 가공 및 조리과정에서의 손실이 적다는 것을 의미). 표 3-15에서 보면 납품업자 B의 제품은 납품업자 A의 제품에 비해 보다 많은 양의 안심(최상급 조각)을 가지고 있다. 또한 일단 원가계수가 정해지고 나면 동일한 제품구매와 정량기준을 적용하는 한 가장 바람직한 정량 원가를 얻기 위해서 구매시장 가격협상에 원가계수를 적용할 수 있다.

표 3-15에서 안심의 정량원가는 납품업자 A의 $5.34와 납품업자 B의$5.15이다. 직접 가공할 것인지 혹은 가공품을 구매할 것인지의 결정에 있어 육류생산율테스트 결과를 활용할 수 있다. 한편 식음료업장에 충분하게 경험이 있는 육류 가공자(Butcher)를 보유하고 있더라도 정량관리(Portion Control)의 일관

성을 유지하기에는 미리 정량-가공된 제품(Pre-Portioned Products)을 활용하는 편이 보다 바람직하다는 것을 알아둘 필요가 있다. 미리 정량-가공된 육류의 부가적인 이점으로는 자체적인 육류 정량과정에서 발생할 수 있는 정량 수(The Number of Portion)의 비 일관성을 제거함으로써 식음료업장에서의 재고조사를 용이하게 한다는 점이다.

결론적으로 이러한 테스트는 납품업자의 납품가격에 대한 정확한 평가를 가능하게 한다. 납품업자 B는 실제로 가격과 품질에서 납품업자 A보다 우수하다. 단순히 lb당 구매가격(문자열 B)으로 구매를 결정지었다면 납품업자들이 제시하는 표면적인 가격에 속게 될지 모른다. 예시된 표 3-15는 고기, 생선부터 농산물까지 모든 제품군에 있어서 이런 테스트를 행해야 하는 필요성을 증명하고 있다.

비 가공식품의 시험평가

납품업자가 과일과 채소에 대해 최적의 수량과 중량을 공급하고 있는지 결정하기 위해서 비 가공식품의 시험평가를 수행할 수 있다. 예를 들어 한 상자에 몇 개의 토마토가 들어 있는지 혹은 하나의 토마토에서 몇 개의 조각을 얻을 수 있는가 등이다. 이 테스트는 다양한 크기, 포장 그리고 과일과 채소의 상태(껍질이 벗겨진 것인지 아닌지, 깨끗하고 바로 사용할 수 있는 상태인지 혹은 손질을 필요 하는지)를 기초로 하여 손실량(버려지는 양)과 생산율을 결정하는 것이다.

캔류의 시험평가

원가관리에 사용되는 또 다른 시험평가는 캔(통조림) 절단 테스트(Can-Cutting Test)이다. 캔류, 냉동 혹은 건조 아이템의 대량 사용 시 이 시험평가는 최적의 구입을 확인하기 위해 수행된다. 이 경우 "최적"이란 구매명세서와 비즈니스기준에 부합되는 것을 의미하는 것이다.

이 시험평가에서 제품용기안의 물을 빼낸 내용물의 개수 확인이나 중량측정을 통해 캔류 제품의 생산율을 확인할 수 있다. 오직 변수는 테스트될 제품이므로 과학적인 방법을 이용해야 한다. 예를 들면 동일한 액체 방수(배수) 시간 적용하여 액체 방수를 위한 동일 크기의 체 사용방법 등이다. 캔의 라벨에 표시된 양보다 사용 가능한 중량을 확인하는 것이 중요하다. 최종제품가격(End-Product Price)을 결정하기 위해서는 제품의 무게, 수량, 조각 혹은 정량에 관계없이 판매되는 단위를 사용하여 항상 계산을 수행하여야 한다. 라벨(분류표)을 읽되 테스트 전까지는 판단을 내려서는 안 된다. 왜냐하면 캔류제품이 낮은 밀도나 공기를 포함하고 있을지 모르기 때문이다.

주요 건조식품의 시험평가

밀가루류(e.g. 파스타), 쌀 그리고 오트밀(곱게 빻은 귀리) 같은 몇몇 아이템은 조리 시 부피나 중량이 증가한다. 원가 및 가치를 평가하기 위해 이러한 아이템의 생산율 요소를 결정해야 한다.

블라인드(Blind) 맛 시험평가

납품업자의 견본제품의 맛을 평가하는 데에 있어서 자사의 직원을 활용할 수 있다. 한군데 이상의 업체에서 제품의 견본을 준비하고 아이템에 아무런 라벨도 붙이지 않는다. 제품을 테스트할 사람은 제품이 어떤 브랜드인지 알아서는 안 된다. 여러 명의 평가자를 이용하고 최고의 맛을 낸 제품을 결정하기 위해 패널들이 평가한 결과의 평균을 구한다.

제공업자 선정

구매명세서를 확정하고 제품평가를 실시한 후에 비로소 공급업자의 경쟁입찰로 들어갈 수 있다. 경쟁입찰은 납품업자가 제시한 가격을 기초로 실시되며, 구매담당자는 적어도 세 공급업자를 선정하고 입찰을 요구해야 한다. 또한 납품업자로부터 제시되는 가격이 식음료업장의 지침(가이드라인)을 벗어나지 않고 꾸준히 유지될 수 있도록 정기적으로 가격을 확인해야 한다는 점을 명심해야 한다. 경쟁입찰을 관리하기 위해 표 3-16의 양식을 이용할 수 있다.

표 3-16

주별 식자재 경쟁 입찰 양식	입고일 : 작성자 :
경쟁 입찰자 :	발신처 :

제품 번호	제품해설	팩 사이즈	브랜드명	측정 단위	업체	업체	업체	업체

최적가격을 얻기 위해 여러 납품업자를 찾아야 할 필요가 있으며 다음을 통해 납품업자들을 확정할 수 있다.

- 특정 공급업자에 대한 자세한 평가와 시험적 거래
- 기존의 공급업자 목록에서 선정

■ 구매담당자의 경험을 토대로 한 일반적인 선정

■ 잘 알려지거나 좋은 평판을 지닌 공급업자 선정

■ 취급 제품별로 분류된 공급업자 명부 활용

■ 전문협회(e.g 한국프랜차이즈협회 등)와 같은 산업원천(정보출처) 활용

■ 다른 구매자나 판매직원과의 인터뷰

■ 제품 시사회 및 외식/식품업체 박람회 등

공급업자를 선정하는 과정에서 외부적인 영향을 완전히 배제할 수는 없다. 몇몇 제품들에 대한 조달은 수입 규제 및 유통산업관련 법률에 의해 수입이 제한되기도 하며, 합법적인 한도에서 기업 간 혹은 지역 간 상호합의는 구매자의 선택을 좁힐 수도 있다. 합법적인 요소도 마찬가지로 가끔 자유로운 입찰자의 선정을 제한한다. 담보(보증서) 요구, 특허권, 면허 혹은 여타의 의무는 판매자나 구매자에게 판매 혹은 구매행위를 방해할 수도 있다. 일단 입찰을 받게 되고 나면, 구매담당자와 업장의 매니저는 과연 선정된 공급업자들이 설정된 구매명세서를 충실히 이행할 수 있는지의 여부를 확인하기 위해 공급업자의 특성을 재검토해야 한다. 넓은 사업권(영역)을 지닌 식음료 사업자들은 주요 공급업자를 확보하는 것이 바람직한데 이는 구매가격을 상당히 낮추는 결과를 가져올 수 있다. 또한 올바른 공급업자를 선택하기 위해서는 다음의 사항들이 고려하여야 한다.

■ 공급업자가 구매자의 품질 요구를 이해하는지의 여부

■ 판매지원과 기타 서비스 내용

■ 계약상의 필수 의무 이행 가능성

■ 기술적 능력과 지원

■ 생산능력

■ 관리능력

■ 재무능력

■ 인사 관리능력(노사관계)

■ 과거 경력(수행업적)
■ 신용 및 평판
■ 가격구조와 인센티브
■ 높은 도덕성과 원만한 이해관계

예비 납품업자들로부터 모든 입찰을 받은 후 최종 납품업자의 선정은 회사의 다양한 이해에 가장 높은 만족을 주는 방향으로 결정되어야 한다.

입찰 결과에 대한 통보

구매계약을 맺기 위해 선정된 납품업자에게 선정결과를 신속하게 알려야 한다. 또한 동시에 낙선자에게도 이번 경쟁 입찰과정에서 선정되지 않은 사실을 알려줘야 할 필요가 있다. 낙선된 업자에게 낮은 가치의 구매옵션을 제공하고 있다는 사실을 알려주는 것은 업자에게는 기분 나쁘게 받아들여질 수도 있지만 한편으로는 입찰낙선자에게 그 이유를 설명해주는 것은 향후관계를 위해서는 바람직하다. 그러나 구매담당자는 입찰가격을 낙선자에게 공개해서는 안 된다.

계약체결 직후

식음료 업장의 매니저, 검수 직원 그리고 구매담당자는 품질, 서비스, 그리고 가격이 계약내용과 일치하는지를 철저히 감독하기 위해서 항상 모든 송장(Invoice)을 점검해야 한다. 이러한 과정은 납품업자들이 계약내용을 지속적으로 이행하는지 확인하기 위해서이다. 경우에 따라, 계약서에 양쪽 당사자에 의한 정기적 평가과정을 명시하기도 한다. 또한 예측하지 못한 어떤 사건이나 변화로 인해 배송기준과 구매명세서로부터의 차이가 발생하는 경우 이 문제를 해결할 수 있는 기회를 갖기도 한다.

구매관리에 대한 감사

구매관리에 대한 감사는 거의 외부 회계사 혹은 대형사업체일 경우는 내부 회계사에 의해 이루어진다. 구매기능에 대한 감사목적은 우선 구매 관리자가 부서의 주요 책임업무(요구되는 시점에서 가능한 최저의 가격에 최상의 품질과 가장 적당한 제품을 확보)를 수행하는지를 확인 조사하는데 있다. 두 번째 목적은 검수, 저장 그리고 출고과정을 통해 가치 있는 제품이 정확하게 관리되고 있는지를 확인하기 위해서이다. 다음 사항들은 회계사나 감사관(auditors)이 수행할 사항들이다.

- 모든 가격 견적(Price Quotations)의 문서화, 견적의 상시 확인 가능성 그리고 납품업자의 견적가격 준수 여부를 확인한다.
- 기록 검토와 실사조사를 통해 납품업자의 가격 준수여부를 확인한다.
- 제품 재고가 구매 명세서상의 기준과 일치하는지 여부를 확인한다.
- 모든 제품이 스케줄에 따라 정확하게 적재되는지를 확인한다.
- 모든 주문이 가장 낮은 가격으로 입찰한 납품업자로부터 이루어지는지를 확인한다.
- 공급업체의 주별 갱신가격표 사본이 검수 직원, 주방 그리고 회계 관리 직원에게 전달되고 있는지 특히 해산물, 육류, 농산물 그리고 가금류와 같이 높은 변동가를 가진 제품에 대한 주별 갱신가격표가 납품업자로부터 구매 담당자에게 보내지는지를 확인한다. 갱신가격표는 특별한 구입의 확인뿐만 아니라 가격비교와 구매에 도움이 된다.
- 적정수준의 재고(Par Level)를 설정하고 유지한다.
- 검수 직원, 주방장 그리고 회계 관리 직원에게 주별 감사서식(Weekly Audit Forms)의 사본을 전달한다. 이 서식은 검수과정을 감독, 기록 그리고 수행하는 데 사용된다.
- 만약 구매가격이 너무 높다면 가격 혹은 조리법을 재조정하기 위해 원가

가 높은 모든 아이템을 감독한다.

■ 고정주문은 우유, 계란 그리고 빵 이외의 다른 제품을 구입하는 데 활용되지 않도록 확인 및 감사한다.

정보 축적의 책무

구매관리에 있어서 송장처리(Invoicing), 출고요청서 처리(Requisitioning) 그리고 재고변동기록(Inventory Reconciliation)등은 반드시 자료를 최신화하여 유지되어야 한다. 만약 그렇지 못하면, 재고관리와 재고가치평가 과정은 의미가 없게 된다. 재고에 대한 적정한 회계 관리를 위해 정기적 재고조사가 이루어져야 하며, 또한 재고에 대해 정확한 가치(가격: Pricing)가 부여되어야 한다. 이 과정을 통해 비로소 구매 관리자는 재고관리에 대한 분석과 발전적인 관리방향을 제시할 수 있다. 따라서 구매담당자의 재고관련기록 실행 및 관리는 이러한 목적을 위해 필수적이다. 특히 오늘날과 같이 컴퓨터를 활용할 수 있는 시대에서는 기록 실행 및 관리가 보다 더 편리해졌다.

검수관리

검수(Receiving)의 주요한 목적은 주문한 제품의 가격, 주문 수량 그리고 원하는 품질로 배송되는지를 확인하는데 있다. 특히 검수 직원은 검수 후 모든 주문의 상태를 구매담당 관리자에게 정확히 보고해야 한다. 검수직원은 영수증에 서명하기 이전에 배송물품에 대한 품질, 수량 그리고 가격을 확인해야 한다. 검수직원의 직무상 기능은 다음과 같다.

■ 신용장(Credit Memo: 표 3-17 참조)의 발행 여부를 확인한다. 3장으로 이루어진 신용장은 납품업자, 구매부서 그리고 회계부서(물품대금 지불부서)에서 각각 1장씩 보관하게 된다. 일반적으로 신용장은 배송된 물품들

이 주문한 물품의 품질 및 수량이 맞는지를 확인하기 위해서 사용된다. 이때 주문한 물품과 배송된 물품의 차이는 품질, 수량, 명세서 그리고 가격을 기준으로 평가한다.

표 3-17

신용장				
발신처 :		번호 :	날짜 :	
아래의 제품들에 대한 신용장을 발행하시오.				
수량	단위	제품명	단위원가	합계
사유 :				
회계관리과 :	수신자 :		수행자 :	
흰색: 회계 관리와 보관 노란색: 구매부서 보관 분홍색: 구매업체 보관				

- 필요한 주문 제품이 배송되지 않았거나 충분치 못한 수량이 배송됐을 경우 즉시 주방과 식음료매장의 매니저에게 통보한다.
- 송장이나 배송서류가 제품에 첨부되어 있지 않았을 경우 반드시 송장을 기재해야 한다. 이것은 신용장(Memo Invoice)이라고 불리며 검수된 모든 아이템을 단순히 목록화한 것이다. 이것은 이자발생과 이자발생의 정확성을 확인하는 월말 결산에 있어서 중요하다.
- 납품업자가 식음료 매장에서 원하는 배송시간을 준수하도록 다시 말해 배송시간이 빠르거나 혹은 늦지 않도록 지속적으로 주의를 환기시켜야 한다.
- 검수직원은 납품된 물품들이 품질과 수량 등에서 구매명세서와 동일한지를 검토해야 한다. 품질이나 수량 측면에서 반복적으로 기준을 벗어나는

납품업자를 항상 파악할 필요가 있다. 다음은 채소류와 관련된 품질 문제의 예이다. 검은 반점과 작은 꽃 봉우리가 있는 콜리플라워, 브로콜리, 갈가리 찢긴 양배추, 깨진 피망, 축축하고 끈적이는 양파, 양파 포장 바닥의 넘친 물기(액체), 갈색으로 변했거나 건조해서 쪼개진 무, 색이 갈색인 양상추, 끈적이고 갈라진 버섯.

■ 모든 송장에 검수인과 검수날짜를 기록한다. 검수직원은 수량과 단위원가 등을 확인한 후 송장에 반드시 서명하여야 한다.

검수절차의 적절성 확인

관리부서는 검수과정이 효과적인지를 확인하여야 한다. 실제 검수과정에 대한 무작위 감사는 규정된 과정이 지켜지고 있는지를 확인할 수 있는 효과적인 방법이며 이러한 무작위 감사는 정기적으로 수행되어야 한다. 다음의 내용들은 검수절차의 적절성을 확인하기 위한 것들이다.

■ 배송된 제품의 수량과 주문된 수량을 비교해야 한다. 중량, 수량, 단위수량

■ 중량(무게) 기준으로 구입한 제품은 비닐(랩), 얼음, 그릇 혹은 포장재료 없이 중량을 확인해야 한다. 검수 부서는 순수한 물품 중량을 확인하기위해 여러 종류의 포장용기의 무게를 기록해 놓아야 한다. 이를 포장중량이라고 부른다.

■ 수량에 의해 구입된 제품은 검수 시 일일이 개수를 헤아려야 한다.

■ 케이스(Case)로 구입한 제품은 케이스 안의 내용물이 맞는지 그리고 품질은 구매명세서의 기준을 만족시키는지를 확인하여야 한다.

■ 부패하기 쉬운 제품은 신속하고 적절하게 저장되어야 한다.

■ 직원은 모든 물품을 대상으로 품질, 형태와 명세서에 따르는지를 검사해야하며 눈에 띄는 차이는 구매담당자에게 통보해야 한다.

■ 직접 물품표면에 표시를 할 수 없을 경우 인식표나 라벨을 표면에 붙이거나 용기에 담아 용기표면에 가격과 입고날짜를 기록해야 한다.

- 배송서류 혹은 송장에 검수 도장을 찍고 적절하게 기록하는 것이 중요하다. 모든 식음료 물품은 검수직원 및 구매담당 관리자에 의해 즉시 사용 혹은 저장 공간에 보관 후에 출고 등으로 다시 분류된다.
- 회계담당자는 주문가격과 송장가격을 비교해야 한다.
- 회계담당자는 Memo Invoice(물품이 송장 없이 도착했을 경우 사용하는 약식송장)와 신용장(표 3-17 참조)이 검수 직원에 의해 완성되었는지 확인해야 한다. 직원이 물품명과 수량에 대해 간단히 기록하기 위한 것이기 때문에 신용장은 특정한 형식을 필요로 하지는 않는다. 신용장을 작성한 후 검수직원은 반드시 배송직원으로부터 서명을 받아야 한다.

검수절차에 대한 주별 감사

표 3-18의 양식은 검수 과정에 대한 정기적인 무작위 감사에서 활용될 수 있다. 문자열 1에는 물품명을 그리고 문자열 2와 3에는 각각 납품업자와 송장번호를 기록한다.

표 3-18

날짜 :		검수 담당자 :				작성자 :		
1	2	3	4	5	6	7	8	
물품명	업자명	송장 번호	기준 가격표가 존재하며, 이를 활용하는가?	기준품질을 유지하는 범위에서 가장 낮은 가격의 물품을 공급받고 있는가?	검수 시 물품의 중량이 점검되었는가?	검수 시 물품의 품질을 확인했는가?	품질이 주문한 제품(기준품질)과 일치하는가?	비고

문자열 4에서 8까지는 제시된 각 질문에 대해 '예' 혹은 '아니오'로 기록한다. 이 감사는 검수직원의 검수실행을 직접 지켜보며 수행되어야 한다. 예를 들면 검수직원이 어떻게 품질을 검수하는지 확인해야 하기 때문이다. 이러한

방법으로 검수업무에 대한 적절성을 확인할 수 있으며 만약 검수직원이 배송물품을 충분하게 체크하지 않을 경우 그들에 대한 지도를 수행할 수 있다.

저장고의 기능

저장고(Storage Room) 관리직원은 물품의 출고량 및 출고시기를 관리하며 도난이나 부패 등으로부터 제품의 손실을 예방하는 업무를 수행한다. 구체적인 기능은 다음과 같다.

- 보안위반의 일반적인 형태로서 업무시간 이외 출입을 최소화하기 위해 저장고 운영시간이 관리표준(Management Standard)을 따르고 있는지 확인한다.
- 보안 확보를 위해 저장고 열쇠 사용에 대해 엄격한 통제를 유지한다.
- 모든 저장고의 청결한 위생 상태를 유지한다.
- 재고물품의 품질이 저하되거나 손상되지 않도록 물품을 적절한 보관 장소(eg. 냉장고, Dry Storage, 냉동고 등)에 보관하고 적절한 보관온도를 유지한다.
- 냉동고에서 육류와 해산물이 적절하게 보관(일반적으로 개별 포장)되고 있는 지 확인한다.
- 매월 말 주방장과 매니저에게 재고 회전율이 낮은 물품에 대해 보고한다.
- 모든 물품에 단위원가가 기재되었는지, 부패하기 쉬운 제품은 유통기한이 명시 되어 있는지 그리고 납품업자의 출처가 날인되었는지 확인한다.
- 식품의 입출고순환과정을 관리한다.
- 재고물품 순환과정에서 선입선출(First in-First out: FIFO)여부를 확인하고 실행한다.

선입선출은 먼저 입고된 물품을 먼저 이용하기 위해 저장고내 물품들을 입고 순서대로 정리, 배열하고 순서대로 출고하는 과정을 의미한다. 선입선출은 재고관리 및 부패방지를 위해 매우 중요하다.

출고관리

식음료 영업장으로 물품을 출고(Issuing)할 경우 물품의 출고를 위해 적절한 허가절차를 거침으로써 영업일 사용을 위한 적절한 수량을 관리할 필요가 있다. 이러한 과정에서 출고 담당직원이 수행할 업무는 다음과 같다.

- 모든 식음료 출고기록을 정확히 기록하고 갱신한다.
- 직접-출고 수량(Direct-Issued Amounts)을 각 영업장으로 정확히 할당한다.
- 적절한 청구과정(출고요청과정: Requisition Procedures)을 준수한다. 명확한 출고요청 및 허가과정을 거쳐야만 출고 후 저장고의 재고변동을 확인할 수 있을수 있으며 저장고에서 물품을 인출하는 영업장(직원)을 관리할 수 있다.

직접출고와 저장고 출고 아이템

직접출고(Direct Issue)란 구매물품이 주방과 같은 입고부서(식음료 영업장)로 직접 전달되어 영업에 활용되는 것을 의미한다. 즉 각 식음료 영업부서는 구매부서로 입고된 물품에 대해 출고요청을 하지 않고 영업장에서 직접구매 활용하는 경우이다. 이러한 제품의 구매비용은 1일 식재료비용으로 영업장에 직접 부가된다. 일반적으로 직접출고로 분류되는 제품으로는 빵, 유가공품(우유 등), 과일, 채소, 생선류 그리고 육류이다. 이러한 물품의 경우 저장고 출고 시스템을 활용한다면 물품의 신선도 유지문제가 발생할 수 있기 때문이다.

반면 저장고 출고물품(Storeroom Issue Items)은 우선 구매부서의 저장고에 입고된 후, 식음료 영업장의 필요에 따라 적정기간 내에 출고 요청서를 제출 후 출고되어 식음료업장에서 사용되는 물품이다. 저장고 출고 물품들에 대해서는 상당한 보안관리가 요구된다.

저장고 관리절차

저장고 직원은 재고물품을 적절히 관리할 책임과 의무가 있다. 재고물품은 반드시 도난, 부패 그리고 손실로부터 보호되어야 한다. 특히 부패되기 쉬운 제품의 경우 위생과 냉장을 유지하기 위해 특별한 절차가 필요하다. 저장고에서 입출고되는 모든 제품의 기록을 지속적으로 유지하고 점검해야 하는데 이를 영구재고관리(Perpetual Inventory System)라고 지칭한다. 영구재고관리를 통해서 검수, 출고되는 제품의 연속적인 현황을 알 수 있다. 전 월말 재고가 다음달 기초 재고가 되며 모든 입출고에 의해 재고가 재평가된다. 매월 말 영구재고관리의 결과와 실사재고(Physical Inventory)의 결과를 비교한 후 두 재고관리 결과 사이의 편차가 발생하는 경우 그 원인을 반드시 조사해야 한다.

식재료는 보건복지부와 관련 정부부서가 정하는 안전기준을 준수해야 한다. 안전기준에는 쥐, 해충, 습기 혹은 그 외의 오염(손상)을 일으키는 문제를 피하기 위해 제품 저장의 높이는 저장고 바닥으로부터 혹은 벽으로부터 일정한 거리가 떨어져 있어야 한다. 또한 쥐 혹은 해충으로부터의 물품의 안전을 확보하기 위해 정기적 해충구제 방문 등 예정된 보건복지부의 규정을 따라야 한다.

또 다른 중요한 안전관리 방법은 냉장온도의 통제이다. 다양한 제품에 대한 적정한 온도수준은 다음과 같다(표 3-19 참조).

표 3-19

제품	온도
신선한 과일 및 채소류*	화씨 42도/섭씨 6도
낙농재품(치즈, 우유, 요구르트 등)	화씨 38도/섭씨 4도
육류	화씨 32-34도/섭씨 0-2도
생선류	화씨 32도/섭씨 0도
냉동제품	화씨 -10도/섭씨 -20도
* 바나나, 토마토, 양파 등은 예외. 이 제품은 실온에 보관	

특히 부패하기 쉬운 제품은 배송직후 각각의 적절한 냉장설비로 옮겨져야 한다. 해산물과 생선류의 경우 얼음이 가장 좋은 보존 수단이 된다. 얼음은 보

존기간을 연장시키는 기능을 한다. 해산물과 생선류 등은 얼음에서 나오는 물이 적절하게 배출될 수 있도록 알맞은 용기(e.g. Drip Pan 등)나 형태로 저장되어야 한다.

저장고는 공기순환을 촉진하기 위해 환풍기를 부착하는 등 통풍에 신경을 써야 한다. 효과적인 통풍은 저장고내 냄새를 제거하는 것은 물론 저장고를 쾌적한 근무환경을 유지할 수 있도록 도와준다. 결론적으로 저장고의 위생은 최고의 수준으로 유지되어야 한다. 음식물의 흔적을 깨끗이 닦아내야 하며 즉시 소독되는 것이 바람직하다. 예를 들면 저장고 담당직원은 정기적으로 저장고의 바닥, 선반 그리고 벽 등의 모든 표면을 깨끗이 청소하는 업무를 수행하여야 한다. 청소 시 선반 위의 제품을 들어내거나 혹은 선반 자체를 이동시켜 가능한 저장고의 구석구석을 깨끗이 유지하는 것이 중요하다.

저장고는 식재료 고유의 맛과 유통기간을 유지할 수 있도록 체계적으로 정리정돈 되어 있어야 한다. 설탕과 밀가루와 같이 비교적 무거운 대량구매 물품은 저장고 출입문 가까이에 두는 것이 바람직하며 가장 빈번히 사용되는 물품의 경우도 마찬가지이다. 그러한 이유는 무거운 물품을 들어 올려야 하는 직원의 물리적 노동 강도를 덜기 위해서이다. 또한 제품을 가능한 이동통로 주변에 위치할 수 있다면 저장위치를 쉽게 식별할 수 있을 것이다.

제품별로 다양한 저장조건이 필요하다는 점을 고려해야 한다. 예를 들면 계란은 생선이나 치즈와 같이 냄새가 강한 식품과 가까이 저장하지 않도록 해야 한다. 계란껍질은 통기성이 있으며 냄새를 흡수할 수 있기 때문이다. 토마토는 숙성정도를 관리하기 위해 냉장고에 보관할 수 있다. 또한 감귤류의 과일은 녹색류 채소와 같이 저장하는 것을 피하는 것이 좋다. 이유는 물품의 수명을 연장하는데 도움을 주지 못하기 때문이다. 또한 곰팡이가 발생하는 경향이 있으므로 버섯과 장과류(Berries) 혹은 감자와 양파를 같은 장소에 보관하지 않는 것이 좋다. 육류는 지방이 많은 부분을 앞(또는 위)쪽으로 하여 보관한다. 그리고 만약 육류를 진공 비닐백 혹은 플라스틱 용기에 보관한다면 육질 표면이 공기에 노출되지 않도록 하기 위해 포장상태를 면밀히 확인해야 한다. 이것은 육류의 맛과 품질 유지 그리고 부패를 방지하기 위해서이다.

저장고의 기록유지를 원활하게 수행하기 위해서 모든 재고물품에 식별표(Tagging)를 붙이거나 표시하는 시스템을 갖추어야 한다. 검수를 마친 물품에 유성 싸인펜 또는 색깔별 스티커로 날짜와 가격을 즉시 표기한다. 그리고 모든 물품들은 선입선출이 손쉽게 이루어질 수 있도록 저장되어야 한다. 실제로 제품을 선입선출에 의해서 순환시키는 것이 단순히 날짜를 기입하는 것보다 더 중요하기 때문이다. 선입선출은 상식적인 규칙을 따르는 방법이다. 즉 동일 형태의 새로운 제품이 사용되기 전에 저장되어 있던 기존 재고가 먼저 사용되어야 한다는 것을 의미한다.

만약 컴퓨터 시스템을 활용하지 않고 모든 물품에 직접 수작업으로 가격표기를 하고 있다면 저장하기 전 모든 통조림제품과 주요 물품에 도장과 유성 싸인펜을 이용하여 가격을 표기해야 한다. 만약 실제원가시스템(Actual Cost System)을 사용하고 있다면 저장고 직원은 송장으로부터 단위 원가를 계산하고 제품에 가격을 명시해야 한다. 그 후 이 원가계산은 전체 원가계산이나 재고가치평가의 토대로 사용될 수 있다.

저장고 직원은 또한 재고물품이 어떻게 순환되는지를 추적하고 그 내용을 기록하고 유지해야한다. 만약 부패하였거나 혹은 부패하기 직전의 물품이 발견된다면 주방장에게 그 사실을 알리고 조언해야 한다. 이러한 현상은 물품의 선입선출이 이루어지지 않았을 경우 쉽게 발생한다. 부패하기 직전의 물품은 영업에 사용되지 않는 것이 좋으며 경우에 따라서는 종사원 식사용 등 특별한 경우에 사용될 수 있다. 중요한 것은 이러한 물품을 가능한 빨리 업장으로 출고해서 활용해야 한다는 것이다. 저장고 감독자는 앞서 언급한 형태의 문제가 발생하지 않도록 부패하기 쉬운 제품에 대한 매일 무작위조사를 수행하여야 한다. 또한 감독자는 불량재고 물품의 기록을 갱신하고 유지하여야 한다. 불량재고물품이란 메뉴 혹은 서비스 변경 등의 이유로 정상수준으로 사용되고 있지 않거나 혹은 계속 사용하지 않을 재고물품을 말한다. 적절한 저장고 구성을 위해서 이러한 물품은 저장고에서 따로 보관해야 한다. 불량재고물품의 가치는 정기적으로 갱신되어야 하며 관리자는 이 제품을 가능한 빨리 사용할 수 있는가를 고려해야 한다.

물품 입출고의 감시와 기록은 저장고 관리자의 중요한 업무이다. 첫째, 저장고 운영시간(입출고 허용시간)을 표준화하고 운영시간을 저장고 출입문 등 눈에 잘 띄는 장소에 명시해 놓아야 한다. 이것은 업장에서 필요한 물품을 수령하기 위해 저장고를 출입하는 사람들을 엄격히 통제하는 방법이다. 물품 수령은 반드시 매니저나 저장고 관리자 입회하에서만 가능하고 예외적인 경우에만 폐점 이후시간에 저장고 출입을 허용함으로서 저장고 운영시간을 엄격히 관리하고 통제하는 것이 중요하다. 이때 영업시간 이외에 저장고에 출입하는 사람들의 부서와 이름을 기록하는 창고장부를 작성하는 것도 좋은 방법이다.

특별주문 혹은 특수 배송물품에 대한 주문 그리고 일반적인 물품 등을 주문하고 입고시키기 위해서는 많은 시간이 소요되기 때문에 최소 24시간 전 필요한 납품청구서를 제출할 것을 업장에 요구해야 한다. 이는 업장으로 하여금 납품 예상시간을 알게 해주며 업장은 해당 납품시간 맞추어 생산계획을 세울 수 있도록 해준다. 각 식음료 업장은 영업에 반드시 필요한 각 물품의 표준수량인 기준재고량을 파악해야 한다. 기준재고량은 업장의 평균 물품사용량 평가와 더불어 주방장과 매니저의 경험을 토대로 수립되며 이 기준 재고량은 업장의 물품청구과정에 많은 도움을 준다.

저장고 보안은 매우 중요한 고려사항이다. 재고 자산은 기업이 보호해야 할 귀중한 자산임을 명심해야 한다. 보안이 유지되지 않아 물품이 도난 되었을 경우 해당 기업은 막대한 손실이 된다. 도난으로부터 발생하는 손실위험을 최소화할 수 있는 방법이 있다. 첫째 적절하면서 강력한 잠금장치를 사용한다. 적어도 매년 1회 정도 잠금장치를 바꾸거나 번호조합 자물쇠를 사용하고 1주일 간격으로 조합번호를 변경한다. 둘째 가능한 최소인원에게 열쇠를 관리하도록 하고 해당자에게는 열쇠관리가 엄격하게 이루어져야 함을 주지시키고 절대 다른 사람에게 열쇠를 건네주지 못하도록 해야 한다. 또한 영업시간 이외에 저장고에 누군가 들어가는 것을 허가할 경우 창고장부에 방명하도록 조치한다. 그리고 마지막으로 만약 냉장고 및 냉동고 그리고 기타 저장고 내부에 경보장치를 설치했다면 저장고 직원 부재 시 누군가 그 소리를 들을 수 있도록 저장고 외부에 경보장치를 연결한다.

출고 요청서

출고요청서(Storeroom Requisition)는 저장고로부터 물품을 출고하는데 쓰인다. 이것은 출고요청 식음료업장에 의해 작성된다. 출고요청서 원본은 물품출고에 따라 작성되며 저장고에 파일로 정리된다. 업장의 식음료원가를 계산하기 위해서 원본출고 요청서를 이용한다. 출고요청서 사본은 출고부서(구매관리부서)에서 보관한다.

출고요청서에 가격을 기입할 경우 주별 가격표(Weekly Price Quotation Sheet)나 포장용기에 기록되어 있는 품목별 가격을 활용한다. 직접-출고의 경우 이미 제품을 받은 업장으로 가격이 부과되었기 때문에 별도의 가격표기는 필요 없다.

육류 인식표 시스템

식음료 매장에서 육류를 주된 메뉴로 판매할 경우 상당한 양의 육류가 저장된다. 만일 육류가 각 업장으로 직접-출고되지 않을 경우에는 저장고 직원이 출고된 모든 육류를 분류하고 가격(업장에서 사용하는 육류 원가)을 책정하기 위해 육류 인식표(Meat Tag)라는 시스템을 구축할 필요가 있다. 육류 인식표의 사용으로 출고요청서에는 정확한 출고가격과 중량을 확인할 수 있다. 뿐만 아니라 육류 인식표는 저장고의 육류손실을 줄일 수 있다. 육류 인식표의 첫 번째 사본은 육류물품에 부착하거나 물품이 출고될 때까지 저장고에 보관된다. 두 번째 사본은 원가관리업무를 수행하는 직원에게 보내진다. 이는 체계적인 육류 출고관리를 수행하기 위한 것이다.

육류 인식표의 준비

정확한 가격과 품질 확인과정을 위해 육류제품은 검수될 시점에서 인식표가 부착된다. 방법은 다음의 세 가지 준비과정 가운데 한 가지를 선택하면 된다.

- 하나의 육류 인식표를 개별 육류물품에 부착
- 하나의 육류 인식표를 각 다섯 가지(또는 그 이상) 물품 묶음에 부착
- 하나의 육류 인식표를 연회 주문에서와 같이 대단위 사용량에 부착

육류 인식표(표 3-20)는 다음의 순서에 따라서 준비 된다.

1. 각 육류 인식표에는 물품확인과 관리를 위해 미리 인쇄된 번호를 부여한다.
2. 육류물품이 저장고에 입고될 시점의 날짜를 기입한다.
3. 육류물품을 검수하는 시점에서 납품업자를 인식표에 기입한다.
4. 육류물품의 부위를 인식표에 기입한다.
5. 육류물품의 중량을 기입한다.
6. lb 당 가격을 기준으로 하여 육류물품의 단위 원가를 기입한다.
7. 전체 가격을 계산한다.

MEAT TAG
일련번호 : [기인쇄]
날짜 :
납품업자 :
부위 / 조각(Cut) :
중량 :
단위 가격(lb 당) :
전체 가격 :

요 약

구매단계에 있어 물품의 엄격한 통제와 관리의 가치는 매우 크다. 구매단계에서 절약된 모든 비용은 직접적으로 이윤과 직결되며, 기업의 비용을 절감할 수 있다. 성공적인 구매활동은 모든 직원의 노력에 의해 이루어진다.

외식산업에 있어서 구매비용의 약 90% 정도가 식음료 구매비용이다. 대부분의 외식기업에서는 유사한 구매비율을 나타내고 있지만 구매활동을 살펴보면 커다란 차이를 확인할 수 있다. 해당 기업별 많은 납품업자와 다양한 물품의 종류는 성공적인 구매 관리활동을 이루는데 장애요소로 작용하기 쉽다. 또한 구매과정에서 해당기업과 납품업자와의 윤리적 관계는 반드시 유지되어야 한다. 이외에도 물품의 가격, 수량, 일관성, 신뢰성, 유효성, 서비스 그리고 제품안전성 등이 성공적 구매활동이 이루어지지 위해서는 고려해야 할 요소이다. 경우에 따라서는 각 요소를 놓고 갈등해야 할 상황이 발생할 수 있다. 예를 들어 최상의 가격을 제시한 납품업자는 최상의 품질이나 서비스를 제공하지 않을 수도 있다. 성공적인 구매활동이 이루어지기 위해서는 모든 요소들을 충분히 고려하여 기업의 목표실현이 가능하도록 해야 한다. 결론적으로 성공적인 구매활동이란 최종 소비자인 고객이 만족한 소비활동을 하는데 있어서 중요한 역할을 하고 있다는 점이다. 따라서 각 기업은 표적시장(고객)의 욕구에 대처하기 위한 적절한 구매활동의 기준을 마련해야 한다.

기업이 규정한 구매명세서는 납품업자에게 어떤 종류의 물품을 제공할 것인가를 명시하고 있으며 구매담당부서는 구매명세서에 의해 제공받은 물품의 샘플을 테스트한다. 육류물품생산율 및 통조림 절단 테스트를 포함하여 다양한 방법들이 품질과 생산율 그리고 제품의 실제원가를 테스트하는데 이용되고 있다. 이러한 테스트들은 완제품 원가와 품질을 결정하는데 필수적이다. 이러한 노력에 의해 각 납품업자들은 물품의 가치(가격)에 대해 보다 명확한 계획을 하게 되며 납품업자의 입찰을 받아들일 수 있게 된다. 입찰을 검토하는 동안 구매담당자는 육류물품생산율 테스트의 결과를 기억하게 될 것이며 경제적인 선정을 위해 가격변화 역시 평가하게 될 것이다. 납품업자 선정 시 해당기업은 자신들이 필요로 하는 물품을 제공할 수 있는 업체와 계약을 하게 될 것이다.

적절한 검수, 저장, 출고 그리고 재고관리활동이 이루어지지 않는다면 해당 기업은 자신의 목표를 달성하기가 어려울 것이다. 적절한 검수활동이란 납품된 물품의 품질과 수량 그리고 약속한 가격이 관리기준을 준수하는지를 확인하는 것이다. 그리고 검수가 끝난 물품은 반드시 적절한 환경에서 보관되어야 한다. 원가, 이용 빈도수 혹은 보존기간에 민감하게 영향을 받는 물품은 직접-출고되어야 하며 기타 물품들은 출고 요청서를 통해 단계적으로 저장고에서 출고된다. 보관되고 있는 물품에 대한 접근과 이용은 반드시 감시되어야 하며 구매에서부터 사용에까지 적절한 통제가 이루어질 수 있는 절차의 표준화가 이루어져야 한다. 성공적 구매 관리활동계획수립 및 실천만이 영업활동을 위한 물품 구매비용 지출의 최적화를 가능하게 할 것이다.

논의과제

1. 식음료 물품(Food vs Beverage)의 5가지 차이점을 논하시오.

2. 다음 용어를 정의하시오: 생산율, 명세서, 고정주문, 가격시세표(Price Quotation Sheet), 선입선출, 경쟁입찰, 신용장, 신용송장(Credit Invoice), 직접-출고, 불량재고

3. "통조림 절단 테스트(Can Cutting Test)"는 무엇이며 어떻게 이루어지는가?

4. "육류생산율시험(Butcher Test)"에 의해 성취되는 것은 무엇이며 어떻게 이루어지는가?

5. 구매담당이나 매니저는 어떠한 윤리적 기준을 유지해야 하는가?

6. 원가계수(Cost Factor)는 어떻게 계산되는가?

7. 판매증가보다 구매비용관리가 중요한 이유는 무엇인가?

8. 검수의 주요목적은 무엇이며, 목적을 달성하기 위해 어떠한 과정이 필요한가?

9. 완제품의 원가 혹은 품질의 변화 없이 구매활동 가치를 어떻게 올릴 수 있는가?

10. 평균 4%의 이윤마진을 내는 운영에 있어서 구매를 통한 $2,000의 절감은 얼마나 많은 판매의 증가와 맞먹는가?

11. 당신이 만약 50lb 상자의 감자를 구입한 후 감자를 손질 한 후 감자의 산출량은 42lb였다면 생산비율은 얼마인가?

12. 위 11번 문항에서 감자의 lb당 구매 원가는 $.50이다. lb당 최종제품 원가는 얼마인가?

13. 당신이 만약 lb당 $.60에 다른 납품업자로부터 생산율 90%인 감자를 구매하였다면, lb당 최종제품 원가가 11번 문항에서 제시됐던 제품보다 더 좋아졌는가?

14. 당신이 만약 50lb 상자에 든 생산율 100%의 가공-준비된 감자를 lb당 $.75에 구입하였고 그로인해 인건비를 $10.00 절감하였다. 이때 프라임 코스트를 분석하였다면 가공-준비된 감자를 구입하는 것과 직접-가공하는 것 가운데 어느 선택이 보다 좋은 가치를 실천할 수 있는가?

15. 갈비살(Primal Beef Rib)을 손질하여 12oz의 립아이 스테이크를 준비하고자 한다. 다음의 가정으로부터 육류생산율테스트를 활용하여 계산을 하시오.

- 구매 중량: 22lb
- lb당 가격: $3.85
- 소모(손실)량: 피와 지방 3lb
- 두 번째 조각 뼈: 4.8lb(가격- lb당 $.85)
- stew meat: 3lb(lb당 $2.20).

16. '통조림 절단 테스트' 수행 시 만약 A공급업자가 옥수수 10lb 통조림 6개를 $23.00에 제공하며 B공급업자는 $24.00에 제공하고 품질은 같다고 가정한다. 하지만 A납품업자의 통조림은 can당 물을 빼낸 생산율이 6lb이고 B납품업자의 생산율은 6.2 lb이라면 각각의 납품업자들이 제시한 사용 가능한 lb당 통조림 가격은 각각 얼마이며, 어느 쪽이 더 높은 가치를 제공하는가?

Chapter 4

수익 및 운영 계획

학습목표

이 장을 학습한 후 다음 내용들을 이해할 수 있어야 한다.

- 목표 식재료원가, 예상 식재료원가, 실제 식재료원가 등의 개념 이해
- 목표 식재료원가 달성방법
- 예상 식재료원가를 산출하기위한 정확한 데이터 베이스 시스템(Data base system)의 중요성 이해
- 구매가격과 생산가격의 차이 이해
- 예상 식재료원가 산출 시 생산비율 적용
- 예상 식재료원가 달성을 위한 기술적 노력: 식재료 목록, 식재료별 원가 산정, 예비조리(1차 가공 초벌조리) 원가 산정, 부재료 원가 산정

- 실제 식재료원가 산정
- 실제 식재료원가 산정 시 구성내용의 차이점 이해: 고객에게 제공되는 음식상품 생산을 위한 식재료원가, 구매절차상 발생하는 식재료의 손실비용, 식재료 반입 및 저장 시 발생하는 식재료 손실비용, 상품생산과정 중 발생하는 식재료 손실비용, 기타 서비스 지역 내에서 발생하는 손실비용
- 주요 식재료 품목의 관리
- 예산편성 및 예측기법

개 요

목표 식재료원가, 예상 식재료원가, 실제 식재료원가 등의 개념을 정확히 이해하고 각각의 비용 및 원가 개념간의 관계를 확인해 보는 것이 4장의 목표이다. 앞에서 언급한 각각의 원가를 산출하는 방법과 결과를 해석하는 방법 그리고 기업 경영에서 가장 중요하다고 할 수 있는 관리방법을 학습하고 실천할 수 있는 능력을 갖추도록 하고자 한다.

수익에 대한 이해

수익(Profit) 혹은 이익을 계산하는 방법은 매출액에서 지출된 비용을 제외하면 이익을 계산할 수 있다. 기업의 이익을 증대하기 위해서는 매출을 최대화하거나 혹은 비용을 최소화하기 위해 노력해야 할 것이다. 이때 비용에는 식재료비용, 인건비용, 임대비용, 수도광열비용, 보험료, 홍보비용, 유지관리비용, 기타비용 등이 포함된다. 각 기업은 이러한 비용에 대하여 아주 세부사항까지도 계획을 세우고 운영해야만 한다. 그 이유는 경영층의 비용계획은 목표수익에 직접 연결되기 때문이다.

목표수익은 기업이 얻고자하는 적정 예상 수익률 즉 목표수익률로 관리해야만 한다. 목표수익률이 수립되려면 목표달성을 위한 경영활동이 수반되어야 한다. 레스토랑매니저, 비용관리자, 식음료매니저, 구매자 그리고 경영자 등 여러 계층의 종사원들이 목표수익률을 설정할 때 참여하게 되며 목표수익률달성을 위한 세부사항을 함께 계획하게 된다.

이 장에서는 비용관리 중 한 방법인 식재료원가를 최소화 하는 방법에 관하여 학습하게 될 것이다. 목표수익은 세 가지 중요한 요인에 의해 결정 된다. 목표원가, 예상원가, 실제원가. 현재 업계에서는 이상의 세 가지 원가를 정확하고 신속하게 예측하고 계산하기 위해 다양한 컴퓨터시스템을 활용하고 있다. 목표원가란 기업이 달성하고자하는 목표원가를 의미하고, 예상원가는 관리자가 사용할 수 있는 모든 비용관리 노하우와 시스템을 활용하여 반드시 달성할 수 있는 비용을 말한다. 마지막으로 실제원가는 실제생산에 사용된 원가를 의미한다.

위에서 제시한 세 가지 개념을 이해하기 쉽도록 사례를 중심으로 설명하고자 한다. 표 4-1은 Michael's Bistro 라는 가상의 레스토랑의 지난해 수입 및 원가 보고서이다.

Michael's Bistro 레스토랑의 지난해 식재료 원가율을 계산하기 위해서 음식매출액을 식재료원가로 나누면 실제 식재료원가율 29%가 나타난다($ 94.580 ÷ $ 32,5110 = 29%).

표 4-1

	실제 금액	판매율
매출(SALES)		
음식 매출(Food Sales)	325,110	63
음료 매출(Beverage Sales)	191,060	37
총 매출액(Total Sales)	516,170	100
비용(Expenses)		
식재료 원가	94,580	*29*
음료 원가	43,944	*23*
식음료 재료원가 총합계(Total Food and Beverage cost of Sales)	138,524	27
인력(LABOR)		
직접 인건비(Payroll Wages)	190,800	37
기타 인건비 관련비용(Other Payroll Expenses)	54,400	10
인건비 총합계(Total Payroll Cost)	242,200	47
비용(OTHER EXPENSES)		
(보험, 수도광열비, 운영비용 포함 : Includes Insurance, Utilities, General Expenses)	60,600	12
총 수입(TOTAL REVENUE)	516,170	100
총 비용(TOTAL EXPENSES)	441,324	85
순 수익(NET PROFIT)	74,846	15

Note : 이탤릭체로 되어 있는 비율은 각 항목대비 비율을 의미하며 그 외의 비율들은 총 매출액 대비 비율을 의미한다.

이상적 목표비용 및 원가

목표 원가율을 구한다는 것은 균형적 관리계획에 의해서 가능한 것이다. 다시 말해서 실현불가능정도의 최저 원가율 혹은 기업의 이익률이 0 혹은 마이너스 정도의 최고 원가율이 아닌 균형적인 원가관리를 해야 한다는 것이다. 기업은 경영주 혹은 투자자들이 원하는 수익률과 수익금액에 관한 목표율과 목표액을 반드시 세워야 한다. 그리고 기업에 재투자 되는 금액 역시 계획을 세워야 한다. 목표수익률은 반드시 현실성이 있어야 하며 목표수익률을 기준으로 각 기업은 기업운영에 대한 평가를 할 수 있다. 만약 목표수익률이 현실적으로 불가능할 정도로 높게 책정되었다면 관리자와 직원들에게 실망감 또는 패배감을 안겨주는 원인으로 작용할 수도 있다.

Michael's Bistro 레스토랑의 경우 지난해 수익률은 15%였다. Michael(Michael's Bistro 레스토랑의 경영주)는 자신의 레스토랑 옆에 새로운 컨벤션센터가 개관함으로써 다음해에는 사업이 성장할 것이라 예측하고 있다. Michael's Bistro 레스토랑의 금년 목표수익률은 17%이다. Michael은 매출액이 증가하였다 하더라도 원가를 감소시키지 못한다면 수익률 증가는 불가능하다는 것을 잘 알고 있다. 그래서 Michael은 식재료 원가율을 2% 줄이기 위한 계획을 세웠다. 이제 여러분은 Michael의 목표 원가율을 계산할 수 있을 것이다.

우선 전체 매출을 100%로 가정해보자. 그런 다음 100%에서 식재료비용을 제외한 비용(e.g. 인건비, 기타비용들)을 뺀다면 수익률과 식재료원가만 남게 될 것이다. 남겨진 숫자에서 회사의 목표 수익률을 제한다면 식재료원가를 구하게 될 것이다. 표 4-2는 이러한 과정을 자세하게 설명한 것이다.

식재료 원가율 24% 그리고 목표 수익률 17%는 과연 현실적인 숫자인가? 그 해답은 각 기업의 비용 운영 및 관리 방법에 달려 있다. Michael이 2%의 비용을 절감하고자 한다면 Michael은 다음의 사항들을 고려해야 할 것이다.

- 메뉴가격이 너무 높거나 혹은 낮게 책정되어 있는지
- 물품구매를 위해 많은 비용을 쓰고 있지는 않은지
- 주방의 직원들이 레시피(양목표)를 정확하게 지키고 있는지
- 주방에서 준비된 식재료의 생산량과 손실률이 얼마나 되는지
- 경쟁업체의 가격과 음식양은 어떠한지

표 4-2

100%	(매출)
− 47%	인건비용
− 12%	기타비용률
= 41%	
− 17%	목표 수익률
= 24%	목표 식재료 비율

추천적 목표 원가율

여러분이 세우게 될 목표원가율은 전적으로 여러분의 운영능력에 달려있으며 이때 두 가지 중요한 요인에 집중해야 할 것이다. 한 가지는 외식사업을 지속적으로 가능하게 하는 주요인이 되는 고객이 느끼는 가치에 대한 확신을 주는 것이고, 다른 한 가지는 기업이 적절한 혹은 만족스러운 수익을 갖게 되는 것에 대한 확신을 주는 것이다. 만약 가격을 인하함으로 인해 매출이 증가하게 되었다면 수익 역시 증가하게 될 것이다. 표 4-3은 현재 사용되고 있는 목표원가율을 제시하고 있다. 각 업장마다의 필요에 따라서 표 4-3에 다양한 메뉴 등을 첨가 할 수 있을 것이다.

표 4-3 추천적 목표 원가율

애피타이저	= 20~30%	아침 주 메뉴	= 23~30%
멕시칸 음식	= 20~28%	아침 사이드 메뉴	= 20~30%
이탈리안 음식	= 25~33%	점심 주 메뉴	= 27~30%
어린이 메뉴	= 30~50%	점심 사이드 메뉴	= 25~30%
프렌치 프라이드	= 15~20%	저녁 주 메뉴	= 30~40%
음료	= 8~15%	저녁 사이드 메뉴	= 27~40%
소프트 아이스크림	= 15~25%	샐러드 바	= 35~45%
디저트	= 25~30%	샐러드	= 25~35%
고수익 특별메뉴	= 20~25%		

예상비용

예상 식재료원가(Potential Costing)라는 것은 기업이 원가절감을 위해 모든 수단과 방법을 사용하여 달성할 수 있다고 예상되는 원가를 의미한다. 다시 말해 예상 식재료원가는 기업의 운영 효율성을 점검할 수 있는 기준이다. 메뉴 레시피를 활용하여 각각의 메뉴 아이템의 원가를 계산 할 수 있으며 이 과정을 통해 메뉴를 만들기 위한 각각의 식재료의 가격과 사용량을 데이터베이스화 할 수 있다. 하지만 예상 식재료 원가에는 발생 가능한 식재료손실(e.g.

조리과정 중 실수, 식재료 엎지르기 등)과 같은 변동적인 비용발생요인들을 제대로 파악하지 못하고 있다.

새로운 식재료구입, 식재료 가격변화 혹은 새로운 메뉴상품 판매 등의 변화가 있을 때에는 변화된 내용이 예상원가 산출 시 반드시 반영되도록 해야 한다. 메뉴의 가격, 메뉴 레시피의 최신화 작업 그리고 각각의 식재료 원가분석 등은 예상 식재료 원가에 많은 영향을 주기 때문에 위의 작업등은 매우 중요하다. 우선 예상 식재료 원가 계산을 하기 위해서는 몇 가지 준비 작업이 필요하다. 자동화된 재고관리시스템은 이러한 작업을 손쉽게 해결 할 수 있지만 직원들의 수작업으로도 예상되는 식재료 원가를 충분히 산출할 수 있다. 이번 4장에서는 예상 식재료비용 산출과정의 이해를 돕기 위해 Software Creation의 소프트웨어 Food co's 시스템을 소개할 것이다.

우선 3장에서 소개되었던 식재료검수절차에 따라 식재료검사를 실시하고 검사결과를 반드시 남겨 두어야 한다. 예를 들어 제품을 테스트한다면 제품의 종류에 따라 육류와 가금류는 일정한 크기로 자르고 해산물류 등은 깨끗이 세척한 후 일정한 크기로 자르고 테스트를 위한 준비를 한다. 그런 다음 각 아이템별 원가를 계산하기 위해 일정 단위별로 나눈다. 이러한 작업을 통해 얻게 되는 원가 정보를 활용하여 각 공급자별 혹은 식재료별 가격비교와 판매가격 등이 서로 비교가 가능하며, 이러한 원가 관련정보들은 예상 식재료 원가 계산에도 사용된다.

표 4-4는 예상 식재료 원가를 계산하기 위한 양식이다. 정확한 예상 식재료 원가를 계산하기 위해서는 우선 재고관리기록이 정확히 이루어져야 한다. 식재료 구매비용과 1차 가공한 식재료는 제품별 원가가 차이가 난다는 점을 발견 할 수 있을 것이다. 전자인 식재료 구매비용은 재고관리상에서 중요하게 여기는 숫자이며, 후자는 예상 메뉴 원가계산 시 중요하게 여기는 숫자이다.

이때 주의해야 할 점은 표 4-4에서 제시되고 있는 숫자들은 모든 업장에서 공통적으로 적용되는 가치가 아닌 단순한 예 일뿐이다. 따라서 각 업장마다의 특성에 따라 스스로가 각 아이템별 생산율 테스트 등을 시행한 뒤 표 4-4 양식을 활용하여 원가를 직접 계산 해보아야 한다.

재고관리 양식은 11가지 항목으로 구성되어 있다(표 4-4참조). 문자열 1부터 8까지는 재고관리에 필요한 항목들이며, 문자열 1-8까지의 자료가 문자열 9-11의 기초가 된다.

표 4-4

재고관리 양식(Inventory Worksheet)								
초기 재고1			재고 그룹 2			재고관리 코드(GL Clde) 3		
	어떻게 식재료들을 구매할 것인가?			어떻게 재고관리를 할 것인가?		레시피 분석		
	A			B		C		
	재고관리 아이템 별 설명	제품 포장 단위 설명	포장 단위별 단가($)	개별 포장 단위	개별포장 단위별 물품 개수	메뉴 레시피 단위	포장 단위별 메뉴 레시피 단위 환산	1차 가공후 식재료 생산비율(%)
1	4	5	6	7	8	9	10	11
1000	Beef Tenderloin	case=1lb	6.69	(Pound)	1	wz	16	65.5
3245	Carrots Baby	case=1/24ct	14.70	(Count)	24	ct	24	100
4024	Celery Pascal	case=1/24ct	11.51	(Count)	24	ct	24	100
3223	Onion red	case=1/25#	11.20	(Pound)	25	wz	400	100
3208	Squash yellow	case=20#	8.64	(Pound)	20	wz	320	100
3856	Broccoli floret iceless	case=4/3#	13.63	(Pound)	4	wz	192	100
4227	Tomato Puree	case=6/#10 can	16.50	(Count)	6	wz	660	100

1. **재고관리 #** : 모든 재고관리품목들은 고유한 일련번호를 부여하여 관리하도록 한다(표에 사용된 숫자는 하나의 예 일뿐 공통사항은 아니다).
2. **그룹별 재고관리** : 모든 제품들은 그룹별로 통합하여 관리하도록 한다. 지금은 예상되는 식재료 원가를 산출하기 때문에 식재료 그룹으로 관리하도록 한다. 만약, 음료제품 재고관리일 경우 음료그룹으로 관리하도록 한다.
3. **재고관리코드(GL)** : 재고관리코드는 식재료 공급자로부터 공급받는 각각의 제품에 관리코드를 부여하는 것으로 재고관리를 용이하게 한다. 각각의 제품관리코드를 활용하여 공급업체에 대금을 지불 할 때에도 유용하게

활용 할 수 있다. 컴퓨터 시스템상에서 관리코드를 활용하여 원하는 자료를 손쉽게 활용할 수 있다.

문자열 4, 5와 6에는 공급업자의 거래명세서에서 나타난 정보를 입력하면 된다. 이 정보를 활용하여 공급업체가 제공해주는 식재료와 1차 가공 후 얻게 되는 식재료의 양과 비교 할 수 있다. 문자열 4, 5와 6의 정보를 그룹 'A'라고 명명하고 공급업체로부터 구매한 물품 관련 정보를 자세하게 설명한다.

4. **재고관리 아이템 설명** : 문자열 4에는 구매물품의 품명을 기록한다(e.g. 쇠고기 안심, 기타 농산물 품명 등). 품명을 기록 할 때에는 포괄적 분류명(e.g. 쇠고기, 당근 등)으로 관리 기록하고 재고 아이템별 설명 시에는 안심/어린 당근 등과 같이 세부사항들을 기록하도록 한다.
5. **제품 포장단위 설명** : 이 항목에는 제품공급업체로부터 공급받을 때 식재료 제품의 표준 포장 단위 등을 기록한다. 이 정보는 향후 재고조사 시 반드시 필요한 정보이다. 쇠고기 같은 대부분의 중요 식재료 품목의 경우에는 무게 단위인lb(Pound)단위별로 구매가 이루어진다.
6. **포장 단위별 단가 $** : 공급업체에 지불하는 포장 단위별 원가를 기록한다. 쇠고기 안심의 경우 lb당 $6.69임을 알 수 있다. 문자열 7, 8은 양식에 'B'로 구분 되어 진다. 문자열 7, 8의 정보를 활용하여 재고조사, 구매요청 그리고 물품검수 등의 활동을 시행할 수 있다.
7. **개별포장 단위** : 문자열 7의 정보를 활용하여 실제 재고조사 시 개별품목 포장 단위를 파악 할 수 있다. 개별 포장 단위는 공급업체에 따라 비슷한 식재료 품목일지라도 각각 다른 포장 크기와 단위를 사용하고 있기 때문에 그 종류는 매우 다양하다. 예를 들어 포장단위인 박스 당 5lb 상품 4개를 포장 할 수 도 있고, 3lb짜리 상품 8개를 포장 할 수 도 있다.
8. **개별 포장 단위별 물품 개수** : 이 항목에는 포장 단위별로 포장되어 있는 물품 수량을 기록한다. 왜냐하면 재료원가를 계산할 때 식재료 개별단가가 매우 중요한 자료이기 때문이다. 예를 들어 표 4-4에 나와 있는 쇠고

기 안심 구매 가격은 lb당 $6.69이다. 개별 포장 단위가 lb이기 때문에 개별단가 역시 $6.69이다. 개별포장 단위는 캔으로 되어있고 이를 다시 박스 단위로 포장 된 토마토 퓨레(puree)의 구매가격을 계산할 때는 쇠고기 안심 구매가격을 계산하는 방법과는 다르다. 예를 들어, 토마토 퓨레 박스가격이 $16.50이고 박스 당 6개 캔이 들어 있다면 토마토 퓨레 캔 당 가격은 $2.75이다. 재고조사에 있어서 세 번째로 구분 되는 영역은 메뉴의 레시피 단위로 구분한 것이다. 이 영역은 개별 포장 단위를 oz(ounces), ct(count), ts(teaspoon)등의 단위로 세분화 하는 것이다. 이는 이미 3장에서 설명한 내용이다.

9. **메뉴 레시피(Recipe) 단위** : 메뉴 레시피 단위란 메뉴 상품을 만드는데 사용되는 각각의 식재료 양을 의미한다.

	단위	약어	예
A	무게 온스(Weight Ounce)	(WZ)	고기, 양파
B	액체 온스(Fluid Ounce)	(FZ)	음료, 우유
C	카운트(Count)	(CT)	계란, 냅킨
D	티스푼(Teaspoon)	(TS)	양념
E	분량(Portion)	(PR)	1차 가공식재료, 샐러드 믹스

각 식재료의 사용량을 도량형 표준표로 작성하여 보았는데 아래에 나오는 도량형 단위는 현재 업계에서 사용되고 있는 단위이다. 더 자세한 내용은 부록을 참고하기 바란다.

단위 명칭	약어	등식
lb(pound)	WZ	1lb당 16 WZ
갤런(gallon)	FZ	1갤론당 128 FZ
#10캔(can)	FZ	#10캔당 105 FZ
쿼터(quart)	FZ	1쿼터당 32 FZ

10. **포장단위 별 메뉴 레시피 단위 환산** : 각 식재료 상품이 입고 될 때 포장단위를 메뉴 레시피로 환산하여 각각의 식재료 상품의 포장단위가 얼마만

큼의 메뉴 레시피 단위로 나타내는가를 기록하는 것이다. 예를 들어 251b 무게로 포장된 양파를 oz로 계산하면 400oz가 된다. 피클 제품은 포장할 때 약 2,640개의 피클 슬라이스(slice)가 하나의 제품으로 포장되어진다. 토마토소스의 경우 105fz로 구성된 캔 6개가 하나의 포장단위로 이루어져 있다. 다시 말해, 토마토소스 1개의 포장 단위는 6개 캔으로 구성되었으며 총 630fz로 이루어져 있다는 것이다. 각각의 구매물품의 포장 단위별 메뉴 레시피 단위가 궁금한 경우 위의 방법으로 계산 할 수 있다. 즉 메뉴 레시피 단위를 가지고 예상 메뉴 레시피 단위 원가를 정확하게 계산 할 수 있다. 또한 메뉴 레시피 단위는 문자열 11에 영향을 미친다.

11. **1차 가공 후 식재료 생산비율(%)** : 마지막 항목에는 각각의 식재료 제품의 생산비율을 기록한다. 식재료 1차 가공 후 생산비율은 식재료의 총구매비용으로 생산량과 원가를 계산하는 것이다. 1차 가공 후 식재료 생산비율에 관한 것은 3장에 이미 설명하였으니 참고하기 바란다. 예를 들어 쇠고기 안심의 경우 1차 가공 후 생산비율은 65.5%이다. 쇠고기 안심의 최초구매가격은 lb당 $6.69이며, 생산비율이 65.5%이므로 이를 계산하면 lb당 쇠고기 안심의 원가는 $10.21이 된다.

최초 구매가격과 1차 가공 후 물품비용이 다르다는 것을 분명히 알아야 한다. 식재료 구매가격은 재고관리에서 사용되는 비용이며, 식재료 구매가격은 1차 가공 후 생산비율을 전혀 고려하지 않은 비율이다. 따라서 1차 가공한 식재료의 재료원가(단가)와 메뉴 레시피 단위당 원가 계산 시에는 1차 가공 후 식재료의 생산비율을 반드시 고려해야 한다. 위에서 예를 들었던 쇠고기 안심의 경우 메뉴 레시피 원가를 계산하면 다음과 같다. $6.69 ÷ 16 × 65.5% = $10.21 ÷ 16 : 여기에는 lb가 아닌 oz으로 계산하기 위해 16을 곱한 것임.

대부분의 식재료 상품들은 일정비율의 식재료 손실부분을 예상하거나 계산할 수 있다. 농산물, 육류 그리고 해산물류 등은 이러한 일정비율의 손실부분을 충분히 예상할 수 있는 식재료 제품이다. 재고조사 할 때에도 앞의 세 가지 식재료 아이템들은 최종 메뉴상품으로써 고객에게 전달되기 전 많은 가공 혹은 손질 단계 즉, 각각의 식재료들은 입고되는 상태에 따라 해동, 껍질 벗기기, 조리작업(삶기, 굽기 등)의 작업 단계를 거치게 된다는 점을 고려하여야 한다. 또한, 1차 가공한 식재료의 생산비율 계산 시 발생되는 식재료 손실, 부산물 발생, 증발 등 생산량에 영향을 미치는 요인들이 반영되어야 한다. 식재료 가공업체에서 제시되고 있는 기준을 활용하기 보다는 업장에서 구매담당자 혹은 원가관리자 등이 직접 점검해서 얻는 결과를 활용하는 것이 훨씬 더 좋은 방법일 것이다.

1차 식재료 가공 후 생산비율은 실제 메뉴 레시피 단위비용 계산에 매우 유용한 자료이다. 메뉴 레시피 원가는 1차 가공 후 생성되는 생산비율에 의해 자동적으로 영향을 받게 된다. 다시 말해 1차 가공 후 생성되는 식재료의 생산비율에 의해 메뉴 레시피 원가가 상승 혹은 하락하기도 한다. 각각의 다른 개념으로 사용되고 있는 원가의 차이점을 활용하여 식재료 공급업체들을 비교할 수 있으며, 각각의 식재료 상품들의 1차 가공 후 생산비율을 비교할 수도 있다. 이러한 과정은 지속적으로 그리고 반드시 이루어져야 한다. 새로운 식재료 상품 및 새로운 공급업체가 발생한 경우에는 반드시 생산비율을 확인해야 한다. 뿐만 아니라, 메뉴가격이 변동되었을 경우에도 정확한 예상 원가 산출을 위한 자료의 최신화 작업을 시행해야 한다.

예상 식재료 원가 계산

자 지금부터 새로운 비용관련 정보를 활용하여 예상 레시피 원가를 계산해 보자. 예를 들어, 20gallon(갤론)의 채소스프를 만들었다고 가정해보자. 고객에게 제공되는 1인분의 채소스프의 양이 12oz라면 20gallon의 채소스프 레시피를 12oz 1인분 레시피로 환산하여 계산하여야 할 것이다. 자세한 과정을 살펴보면 다음과 같다.

1. 주방 직원이 식재료 1차 가공에 필요한 재료목록들을 포함한 메뉴 아이템에 들어가는 모든 식재료의 종류와 사용단위를 기록해야 한다(예: 가늘

게 썰어진 호박, 잘게 썰어진 양파 등).

2. 대용량 메뉴 레시피를 기록한다. : 예를 들면 1인분 12oz가 아닌 20gallon 채소 스프에 필요한 식재료를 상세히 기록한다.
3. 채소스프에 첨가되어야 할 식재료 목록을 기록해야한다(예: 빵, 장식용 식재료 등).
4. 고객의 취향에 따라 메뉴 주문 시 결정 되어질 식재료를 기록한다(예: 샐러드 드레싱, 감자의 종류 등).

대규모 조직의 경우 이러한 업무 및 기능은 주방의 조리사 혹은 원가관리자에 의해서 진행되어진다. 비록 규모가 작은 조직일지라도 이상의 업무는 반드시 이루어져야 한다. 다음은 이러한 업무를 상세히 기록해 놓았다.

식재료의 종류 및 식재료 사용 단위 표 4-5는 채소스프의 식재료를 모두 기록한 식재료 1차 가공 레시피 기록표의 예이다. 1차 식재료 가공 레시피 기록표는 각각의 메뉴 아이템별로 기록해야 한다. 1차 식재료 가공 레시피 기록표에도 반드시 재고관리번호를 기록하여 식재료 관리를 시스템적으로 운영할 수 있도록 해야 한다. 식재료 제품 일련번호는 식재료 재고관리 시 부여되어 관리되는 제품 고유번호이며, 일련번호를 활용하여 1차 식재료 가공 레시피 기록표를 작성해야 한다. 주방 직원은 각각의 메뉴 아이템에 해당하는 레시피 기록표를 작성 할 수 있어야 한다.

1. **제품별 번호** : 예를 들어 1차 식재료 가공 레시피의 제품번호는 P100으로 부여되고, 메뉴아이템 레시피는 M100으로 시작되는 것을 알 수 있을 것이다. 이는 단지 관리목적에 따른 세심한 분류작업이라 할 수 있다. 만약 재고 관리에 있어서 컴퓨터 시스템을 사용하고 있다면, 자동적으로 분류할 수 있으므로 특별히 번호를 부여하거나 입력할 필요는 없다.
2. **현재 사용되는 제품인가를 확인해야 한다.** 현재 해당 메뉴 제품이 영업에 사용되어지는 메뉴제품인가를 확인할 필요가 있다. 만약 해당 메뉴 제품이

계절에 따라 판매여부가 결정되는 계절성 메뉴이거나 혹은 잠시 판매가 되고 있지 않을 경우 각각의 상황에 맞는 적절한 관리를 하기 위함이다.

3. **제품 설명** : 예상 원가를 설정할 때 사용되어지는 메뉴 제품명을 기록해야 한다. 이 경우에는 채소스프를 제품명으로 기록한다.
4. **매출 분류** : 각각의 메뉴 제품들은 매출 분류별로 구분되어야 매출분석 시 자료 활용에 있어서 매우 유용하게 활용 할 수 있다. 이 경우에는 음식제품(Food)으로 분류한다.

표 4-5

1차 가공 레시피 양식			
1. 제품별 번호	P100	2. 제품 사용여부	Y/N
3. 제품설명	채소수프	4. 매출 분류 : 음식	
5. 1차 가공 장소	메인 주방	6. 판매 가능여부	Y/N
7. 재고관리 회계 번호	100-125	8. 점검기간	일별 / 월중 / 회기별
9. 대용량 사이즈	20 gallon	10. 메뉴 레시피 그룹	수프
11. 식재료 관리 번호	12. 식재료 묘사	13. 메뉴 레시피 재료별 사용량	14. 레시피 단위별 설명 (wz, lb, fz, cup, pint, qt, gal, ct)
3245	Carrot baby	12	ct
4024	Celery Pascal	4	ct
3223	Onion Red	6	oz
3208	Squash yellow	12	oz
3207	Squash Zucchini fresh	12	oz
3856	Broccoli floret iceless	48	oz
3218	Cauliflower floret	32	oz
4220	Base Vegetarian	1	fz
4227	Tomato Puree	1	oz
4532	Spice thyme ground	16	oz
4688	spice basil sweet leaf	8	oz
4659	spice pepper ground black	16	oz
4452	salt bulk	16	oz

5. **식재료 1차 가공 장소** : 식재료 1차 가공 장소를 기입하는 이유는 메뉴 레시피 활용도의 정확성을 부여하기 위함이다. 기업 내 매장이 여러 개가 있는 경우에는 식재료 1차 가공 장소 정보가 유용한 정보가 된다. 특히 신

입 직원이나 다른 지점에서 전근해온 직원의 경우 새로운 작업환경과 시스템에 쉽게 적응 할 수 있도록 도와줄 수 있는 운영방법이다.

6. **판매용 메뉴제품인가?** : 1차 식재료 가공용 레시피가 판매용 메뉴 제품의 레시피인지 구분하며, '예' 혹은 '아니오' 란에 정확한 기입을 해주어야 한다. 향후 이러한 정보는 매출이나 원가 계산시 활용되기 때문이다.
7. **G. L. 회계 관리 번호** : 각각의 제품의 원가를 회계상 분류하기 위한 회계 관리번호를 적어야 한다. 회계 관리번호는 경리부 혹은 재무 담당부서에서 부여하며 회계 관리를 위한 번호를 의미한다. 회계 관리번호를 부여할 때에는 차변과 대변으로 나누어 부여한다. 차변은 기업운영에 필요한 비용을 뜻하며, 대변은 반대로 매출, 자산, 기타 수입 부문을 의미한다. 모든 회사들은 각 회사마다의 특징에 맞게 여러 가지 회계 관리번호를 활용하고 있을 것이다.
8. **점검기간** : 점검의 주기를 기록하는 란이다. 일별 혹은 월 2회 등 점검 주기를 기록해야 한다. 예를 들어 일별은 24시간마다 점검한다는 의미이고, 월 2회는 매월의 상반기와 하반기를 나누어 월 2회 점검한다는 의미이다. 표준점검주기란 월 1회 시행하는 점검을 의미한다. 전통적으로 고가의 제품의 경우는 점검주기가 짧고, 그와 반대인 제품의 경우는 점검주기가 고가의 제품에 비해 길다.
9. **대용량 단위** : 대용량단위에는 1차 가공 후 생산되는 식재료 제품의 용량을 기록해 두어야 한다. 예를 들어 20gallon이라는 것이 대용량 단위이다. 1차 식재료 가공 시 생산되는 제품의 정확한 용량을 산출 할 수 있어야 하며, 그 산출량을 기록해두어야 한다.
10. **메뉴 레시피 그룹** : 메뉴 상품 관리 혹은 판매결과 분석 시 각각의 메뉴상품들은 몇 가지 그룹으로 나누어진다. 현재의 경우 수프(Soup)는 메뉴제품 레시피 그룹이다. 수프 이외 기타 레시피 그룹은 전채요리(Appe.), 주요리 제품(Entrees), 부요리 제품(Side Dishes) 그리고 후식(Dessert) 등이 있다.
11. **식재료 관리번호** : 앞서 언급했던 재고관리조사에 사용되었던 동일한 식재료 관리번호를 사용해야 한다.

표 4-6

대용량 레시피 원가계산양식

제품별 번호	B100	제품사용여부	Y/N
제품설명	채소스프	매출분류	
1차 가공장소	메인주방	판매가능여부	Y/N

재고관리 회계번호	100-125	점검시간	Daily/mid/main
대용량 사이즈	20 gallons	메뉴레시피 그룹	Soup

11. 식재료 관리번호	12. 식재료 묘사	13. 매뉴레시피 재료별 사용량	14. 레시피 단위별 설명(wz, lb, fz, cup, pint, qt, gal, ct)	15. 제품 개별 단위원가	16. 총비용 ($)	17. 원가율 (%)
3245	Carrots baby	12	ct	0.612	7,350	18.96
4024	Celery Pascal	4	ct	0.480	1,918	4.95
3223	Onion red	6	oz	0.028	0.170	0.44
3208	Squash yellow	12	oz	0.027	0.323	0.83
3207	Squash zucchini fresh	12	oz	0.033	0.399	1.03
3856	Broccoli floret iceless	48	oz	0.071	3,397	8.76
3218	Cauliflower floret	32	oz	0.111	3,567	9.20
4220	Base vegetarian	1	fz	0.431	0.431	1.11
4227	Tomato puree	1	oz	0.025	0.025	0.06
4532	Spice thyme ground	16	oz	0.509	8,150	21.02
4688	Spice basil sweet leaf	8	oz	0.902	7,215	18.61
4659	Spice pepper ground black	16	oz	0.356	5,696	14.69
4452	Salt bulk	16	oz	0.008	0.134	0.35
			Potential cost for 20 Gallons of Vegetable Soup		38.775	100

12. **식재료 관리번호 설명** : 재고관리조사에서처럼 각 제품의 품명을 먼저 적고, 제품마다의 특별한 내용을 적는다.
13. **메뉴 레시피 재료별 사용량** : 사용되어지는 식재료의 정확한 양을 기입해야 한다.
14. **메뉴 레시피 재료별 단위 설명** : 각각의 메뉴 레시피에 사용되어지는 식재료의 특성에 맞는 단위(e.g. wz, fz, ct, ts 등의 단위)로 기록되어야 한다.

대용량 1차 가공 레시피 다음 단계는 채소스프 20gallon의 정확한 원가를 계산하는 것이다. 대용량 1차 가공 레시피(Batch prep Recipe)란 글자 그대로 대용량을 생산할 때 사용되는 레시피를 의미한다. 대용량 식재료 가공작업은 메뉴 판매 단위 '1인분' 이상의 양을 생산하기 때문에, 가공 이후 남는 식재료는 다시 재고로 전환된다. 이러한 이유 때문에 대용량 가공 레시피의 식재료 관리번호들은 재고번호와 일치시키도록 한다(표 4-6 참조).

표 4-6에 나오는 각각의 항목은 원가관리에 관련한 중요한 정보를 담고 있다. 재고관리 혹은 원가관리를 위해 컴퓨터시스템을 사용한다 할지라도 표 406과 같은 작업표에 수작업을 한 후 컴퓨터시스템을 활용해야 한다. 각 제품의 단위 별 원가를 다음의 공식을 활용하여 구할 수 있다. (포장단위 구매원가 ÷ 생산율) ÷ 포장 단위별 재료수량

표 4-6은 채소수프의 대용량 원가를 계산하는 과정을 설명할 것이다.

표 4-6의 문자열 1에서 문자열 14는 앞서 설명한 표 4-5 1차 식재료 가공 레시피 점검표와 동일하기 때문에 이에 따른 설명은 생략한다.

15. **개별단위 원가** : 식재료의 개별 단위 원가를 계산하기 위해서는 구매할 때의 식재료 포장 단위 구매 원가를 식재료 1차 가공 후 생산률로 나누어 단위별 원가를 계산해야 한다. 식재료의 종류에 따라 사용되는 단위 ts, ct, wz, fz 등 단위별 식재료 원가를 구할 수 있다. 예를 들어 샐러리의 개별 단위 구매비용의 경우, 생산률 100%로 가정한다면

$11.52 (샐러리의 구매가격) ÷ 1(생산비율100%) ÷ 24(포장단위당 샐러리 개수) = $0.48

16. **총비용** : 문자열 15의 식재료 단위 원가와 메뉴 레시피에 필요한 단위 수량을 곱하면 제품의 총원가를 구할 수 있다. 예를 들면 단위당 $0.48의 샐러리가 4ct 필요하다면 총원가는 4 × 0.48 = $1.918 이다. 이러한 방법으로 채소 수프에 사용되는 모든 식재료비용을 계산하면, 20gallon 대용량 총 원가는 $38.775이다.
17. **원가 %** : 전체 비용 중 해당 제품이 차지하는 원가율을 의미한다. 전체 원가를 해당 제품의 원가로 나누게 되면 각 제품별 원가율을 구할 수 있다.

마지막으로 대용량의 비용을 메뉴 1인분 비용(단가)으로 계산한 것이다. 1인분 양은 12oz로 20gallon을 oz로 환산하면 213.33인분이다. 계산공식은 다음과 같다.

128 wz/gal × 20 gallon = 2560wz/대용량/12wz portion
2560wz/대용량/12wz portion = 213.33인분/대용량.

대용량이 213.33인분으로 계산되었다면, 대용량 원가 $38.775를 213.33으로 나눈다면 1인분에 $0.182라는 결과가 나타난다. 다시 말해 채소수프 1인분의 원가는 $0.182라는 것을 의미한다. 그리고 채소수프에 부가적으로 제공되는 식재료의 원가를 대략적으로 계산해 본다면, 빵과 버터가 $0.2이다. 그리고 채소수프의 판매 가격이 $2.00이라면 원가율을 계산할 수 있을 것이다.

표 4-7은 1인분의 메뉴 레시피와 원가를 계산하는 양식이다. 기록해야하는 문자열 1-17까지는 앞에서 설명한 표 4-6에서와 동일하다. 이때 용어의 혼돈을 막기 위해 덧붙이자면 표 4-7에서는 레시피는 메뉴명으로 그리고 식재료는 메뉴를 만들기 위해서 사용되는 모든 식재료를 총칭한다. 그리고 문자열 18-21은 메뉴 원가를 계산하는 것이다.

표 4-7

1인분 원가계산방식

제품별 번호	B100	제품사용여부	Y/N
제품설명	채소스프	매출분류	
1차 가공장소	메인주방	판매가능여부	Y/N

재고관리 회계번호	100-125	점검시간	Daily/mid/main
대용량 사이즈	20 gallons	메뉴레시피 그룹	Soup

11. 식재료 관리번호	12. 식재료 묘사	13. 매뉴레시피 재료별 사용량	14. 레시피 단위별 설명(wz, lb, fz, cup, pint, qt, gal, ct)	15. 제품 개별 단위원가	16. 총비용 ($)	17. 원가율 (%)
L103	Vegetable soup	12	wz	0.015	0.182	9.10
L104	Bread and butter	1	ct	0.200	0.200	10.00
		야채수프 예상원가			0.382	
		18. 메뉴 가격			2.00	
		19. 예상원가율			19.10	
		20. 목표 음식원가율			20.00	
		21. 목표 메뉴가격			1.91	

18. **메뉴 가격** : 표에서는 메뉴가격이$2.00 이다.

19. **예상 원가율** : 예상 원가율은 예상원가($0.38)를 메뉴가격($2.00)으로 나누면 구할 수 있다. 예상 원가율은 실제 원가와 비교 계산할 때 매우 필요한 자료이다. 다시 말해 예상원가와 실제원가가 차이가 없다면 비용관리 절차를 철저히 준수한 것이고, 만약 차이가 많다면 비용관리 절차를 제대로 지키지 못한 것을 의미한다.

20. **목표 식재료 원가** : 채소수프의 경우 목표 식재료 원가율은 20% 이다.

21. **이상적인 메뉴가격** : 기업이 설정한 목표가격을 의미하며, 메뉴가격은 식재료 원가를 목표 식재료 원가율로 나누면 된다. 예를 들면, 판매가격은 $2.00이지만 채소수프의 목표 가격은 $1.91(0.382÷20×100=1.91)이다. 메뉴 가격과 목표가격 사이에 약간의 차이가 발생했고, 메뉴 가격의 여유구간을 가진다는 것은 의미가 있다. 경영자 측면에서 미처 파악하지 못하는 식재료 손실부분과 실제 식재료 원가에 나쁜 영향을 주는 요인이 실제 식재료원가에 영향을 줄 수 있기 때문에 메뉴가격과 목표가격의 차이는 보험의 성격으로 받아들일 수 있다.

부가적으로 제공되는 식재료의 1차 가공 레시피 주 메뉴에 부가적으로 제공되는 음식을 어컴퍼니먼트(Accompaniment)라고 한다. 예를 들어 수프제품이 판매 될 때 부가적으로 제공되는 음식은 버터와 빵이다. 부가적으로 제공되는 식재료의 원가는 $0.20이다(표 4-7 참조). 부가적으로 제공되는 음식에 해당하는 식재료 1차 가공 레시피 기록표는 다른 주 메뉴 레시피 기록표 활용과 동일하다. 주 메뉴에 부가적으로 제공되는 음식에는 장식용 식재료 역시 모두 포함하고 있다.

일반적으로 한 가지 종류의 주 메뉴에는 부가적으로 제공되는 음식이 따른다. 예를 들면 빵과 버터는 로스터 비프(Roast Beef), 미트 러프(Meat Loaf), 치킨류 메뉴 혹은 스테이크(Steak Dinner) 메뉴에도 제공되어 진다. 이렇듯 한 가지 종류의 부가적으로 제공되는 음식이 대부분 메뉴에 공통적으로 사용되는 이유는 부가적으로 제공되는 식재료의 준비시간을 최소화함으로써, 작업의 효율성뿐만 아니라 메뉴의 원가율을 계산할 때 작업을 용이하게 하기 위함이다.

다음의 표 4-8은 빵과 버터 이외에 메인 메뉴에 제공되고 있는 다양한 부가물들에 대한 예이다.

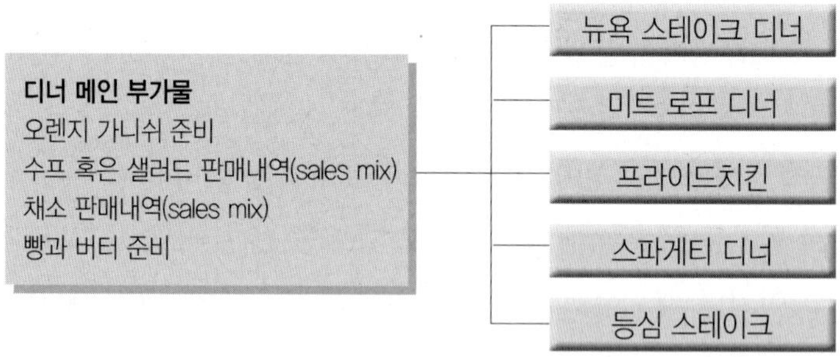

표 4-8

표 4-8에서 판매내역(Sales Mix)이라는 용어가 나오는데 그 의미는 비용이 발생되는 각각의 메뉴 상품의 판매 내역을 의미한다.

메뉴 상품 판매 내역 식재료 1차 가공용 레시피 메뉴 상품 판매 내역(Sales Mix) 1차 가공용 식재료 레시피는 레스토랑 기업의 특성상 레스토랑을 방문하는 고객들의 메뉴 구매 내용을 정확하게 예측하지 못하기 때문에 실제로 음식 제품을 판매하기 위해 준비해야 하는 식재료의 양을 예측하는데 필요하다. 따라서 관리자는 레스토랑 기업의 특성상 판매 예측 불가능성이라는 특성을 충분히 반영하여 식재료를 준비 할 수 있도록 해야 한다. 실제로 현장에서는 컴퓨터 시스템(POS System)이 판매내역 레시피(Sales Mix Recipe)를 작성해주고 있지만 만약 이러한 POS System이 없다면 여러분은 스스로 판매내역 레시피를 작성할 수 있는 능력을 가져야 한다.

판매내역 레시피를 작성하는 방법은 여러 가지가 있지만, 본 교재에서는 수프 제품을 활용하여 판매내역 레시피를 작성하는 방법을 알아보도록 하겠다. 다른 주 요리 메뉴 제품과 달리 수프 제품은 매일 제품 내용이 바뀌지게 되어 있는데, 이때 판매내역을 반영하여 정확한 수프의 판매내역 레시피를 작성해야 한다.

판매내역 레시피를 작성 할 때는 모든 식재료의 단위를 실제 식재료 계량단위 그대로 사용해야 한다(e.g. 수프류 혹은 드레싱(Dressing) 류의 레시피를 만들 때 현장에서는 fz 단위를 사용하므로 레시피 기록표에도 fz 단위를 사용해야 한다). 이는 판매내역 레시피를 작성할 때 실제 사용되는 식재료 계량단위를 사용함으로써 각 메뉴 제품의 판매내역을 쉽게 구할 수 있기 때문이다. 뿐만 아니라, 레스토랑을 방문하는 고객이 선택하는 메뉴 제품의 판매 내역에 따라 식재료 1차 가공 레시피를 쉽게 적용하여 작성할 수도 있기 때문이다. 표 4-9는 샐러드 드레싱의 판매내역 레시피의 예이다.

표 4-9

1차 가공 레시피 양식			
1. 제품별 번호	106	2. 제품 사용여부	Y/N
3. 제품설명	드레싱	4. 매출 분류 : 음식	
5. 1차 가공 장소	웨이트 스테이션	6. 판매 가능여부	Y/N
7. 재고관리 회계번호	100-125	8. 점검기간	일별 / 월중 / 회기별
9. 대용량 사이즈	1FZ	10. 메뉴 레시피 그룹	샐러드 믹스
11. 식재료 관리번호	12. 식재료	13. 메뉴 레시피 재료별 사용량	14. 레시피 단위별 설명 (wz, lb, fz, cup, pint, qt, gal, ct)
200	Dressing 1000 Island	0.15	fz
201	Dressing Blue cheese	0.35	fz
202	Dressing French	0.1	fz
203	Dressing Ranch	0.4	fz

표 4-9를 보면, Thousand Island 드레싱 15%, Blue Cheese 드레싱 35%, French 드레싱 10% 그리고 Ranch 드레싱 40%가 사용되어졌음을 보여 주고, 샐러드 드레싱은 fz 단위로 사용되고 있음을 보여준다. 표 4-10은 판매내역(Sales Mix) 레시피를 만드는 작업 단계 과정을 보여주고 있다

모든 과정이 표 4-10에 나타난 것과 같이 정상적으로 이루어졌다면, 예상원가와 실제원가가 일치하겠지만 현실적으로는 불가능하다. 예상원가와 실제원가 사이에는 항상 차이가 존재한다. 이에 예상원가와 실제원가 사이의 차이를 최소화 하여 목표수익수준을 달성해야 한다.

실제 식재료 원가

실제 식재료 원가(Actual Food Cost)란 제품생산과정 중 실제적으로 사용한 모든 식재료의 총원가를 의미한다. 손익계산서(P&L Statement)상에는 실제 식재료원가가 나타나 있다. 1장에서 NRA에서 사용하는 손익계산서를 소개한 바 있다. 1장에서 소개한 손익계산서에는 여러 유형의 레스토랑의 실제 식재료 원가가 나타나있다. 레스토랑 운영상 여러 종류의 비용이 발생하고 있지만, 주요비용은 식음료재료 구매비용이다. 여러 종류의 비용 중에는 관리가 가능한 비용이 있고, 그렇지 못한 비용도 있다. 이 중 실제 식재료 구매비용은 가장 중요한 관리항목이며 변동비용에 속한다. 식재료 구매비용은 다음 5가지로 분류할 수 있다.

- 고객에게 판매되는 메뉴 상품 생산에 사용되는 식재료원가(예상원가와 동일한 개념이다).
- 구매절차 과정 중 발생되는 식재료 손실비용 : 식재료 품질 미달, 적절하지 못한 식재료 주문량 등 기타구매 과정 중 과오로 인해 발생되는 손실비용.
- 식재료 반입 및 검수 혹은 저장 과정 중에 발생되는 식재료 손실비용 : 식재료 파손 및 훼손, 반입창구에서의 식재료 도난, 식재료 반입량 부족 등 기타 식재료 반입과정 중 과오로 인해 발생되는 비용.
- 식재료 조리과정 중 발생되는 식재료 손실비용 : 부정확한 생산비율 측정, 정확하지 못한 레시피, 과다하게 포장된 개별 가공 식재료 등으로 인한 손실비용.
- 영업 공간(Front of House : FOH)에서 발생되는 식재료 손실 비용 : 정확하지 못한 음식 주문, 엎지르기 등과 같은 완성된 음식물 훼손 등으로 인해 발생되는 손실비용.

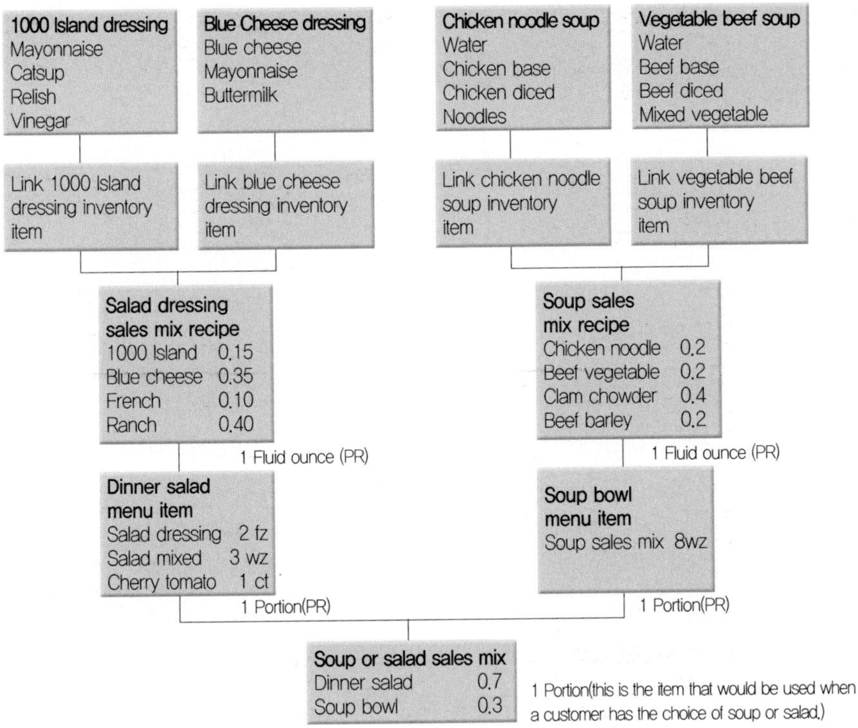

표 4-10

실제 식재료원가를 계산하는 방법은 다양하다. 그 중 한 가지 방법을 소개하면 다음과 같다. 실제 사용된 식재료 원가를 먼저 계산해 보자.

	초기재고 식재료 (Beginning Inventory)
+	구매된 식재료 (Purchases)
+/−	이동된 식재료 (Transfer)
−	재고조사 시점의 식재료 (Ending inventory)
=	실제 사용된 총 식재료비용

예를 들면 다음과 같다. 초기 식재료 재고량은 $1,000이다. 영업을 위해 구입한 식재료 총 비용이 $600이며, 타 부서로 이동된 식재료가 $100이다. 그리고 최종 식재료 재고는 $950이라고 가정하자. 위의 계산 방법을 그대로 사용하면 표 4-11과 같다.

	초기 재고 비용		1,000.00
+/-	구매(반품, 선불, 신용, 실제)비용	+/-	600.00
+/-	추가구매 혹은 이동된 식재료비용	+/-	100.00
	마감 재고되기 전 총 재고비용		1,700.00
-	마감 재고비용	-	950.00
	소비되거나 사용된 총비용		750.00

표 4-11

정확한 실제 식재료원가를 산출하기 위해 여러 가지 고려해야 할 점이 많이 있으나, 이 부분에 대해서는 5장에서 자세히 설명할 것이다.

두 번째 단계는 음식제품 판매 매출액을 구하는 것이다. 총 음식 판매 매출액이 $ 2,500이라고 가정한 후 실제 식재료원가율을 계산하면 다음과 같다.

실제 식재료원가율 = 실제 식재료구매비용 ÷ 총 음식판매액
= $750 ÷ $2,500 = 30%

이제 실제 식재료원가와 예상 식재료원가가 차이나는 이유를 확인 할 수 있을 것이다. 예를 들어 음식 메뉴상품 매출액이 $2,500이라 한다면, lb(pound)당 $25의 Prime Rib 100lb가 판매되었다고 가정 할 수 있다. 그런데 실제 사용된 Prime Rib이 총 120lb가 사용되었다고 하자. Prime Rib의 구매가격이 lb당 $6이라면, 식재료 손실 비용은 $120이며 매출액으로 계산한 손실액은 $500이다. 만약 이러한 손실액을 관리하지 못한다면 경영상 큰 문제가 발생 할 것이다. 어떠한 형태의 식재료 손실 비용이든지 간에 그 결과는 곧바로 경영상 막대한 악영향을 미치게 된다.

고객에게 판매되는 메뉴 제품 생산에 사용된 식재료 비용

고객에게 판매되는 메뉴 제품 생산에 사용된 식재료비용은 정상적인 식재료 비용발생 원인이다. 다시 말해 고객에게 판매되는 메뉴에 사용된 식재료 비용은 예상 식재료원가와 동일한 개념이며, 이외의 비용은 손실액이라 한다. NRA의 발표에 의하면 전체 레스토랑 중 약 26%에 해당하는 많은 레스토랑들

이 계획부재와 관리능력 부족과 같은 경영상 이유로 문을 닫게 된다고 한다. 레스토랑 운영에 있어서 성공하기 위해서는 가장 기본이 되는 예상 식재료원가를 기준으로 하여 비용을 철저히 분석해내고 문제점을 확인할 수 있어야 하며, 만약 문제가 발생하였을 경우에는 즉시 문제점을 해결 할 수 있어야 한다. 만약 매출액 및 영업상 발생된 모든 비용을 정확히 계산하였다면, 식재료비용에 있어서 예상 비용과 실제 비용 사의의 차이가 발생되는 요인은 다음 설명하는 요인 중 하나일 것이다.

구매과정 중 발생되는 식재료 손실 비용

식재료 구매절차는 각 기업이 마련해 둔 표준절차를 반드시 준수해야 하며, 이러한 과정에 대해서는 이미 3장에서 자세히 설명한 바 있다. 식재료비용 손실이 구매 과정 중 발생하는 경우는 기업이 가지고 있는 제품 규격에 맞지 않는 식재료를 주문하여 사용하지 못하게 된 경우가 있다. 그리고 너무 많은 양의 식재료를 주문할 경우 식재료 부패 등의 이유로 인해 식재료 손실비용이 발생하는 경우이다. 반대로 주문한 식재료의 양이 너무 적어 제대로 영업을 하지 못하여 매출발생을 저해하는 경우 등과 같은 구매절차상 문제점들은 고객 불만족을 야기하게 된다. 각 기업은 식재료구매에 있어서 해당업장에 알맞은 정확한 세부지침을 세우고 또한 그 지침을 적극 활용하여 식재료를 정량으로 주문하여 식재료 손실비용을 최소화시킨 성공적인 레스토랑운영이 되도록 하는 것이 매우 중요하다.

정확한 식재료 생산율기준을 마련하는 것 역시 성공적인 원가관리에 매우 중요한 활동이다. 식재료 생산율기준이 없거나, 적절하지 못한 식재료 생산율기준은 식재료 구매활동 뿐만 아니라, 메뉴가격을 책정하는데 있어서 많은 문제를 발생하게 한다. 식재료 비용관리에서 가장 중요한 원칙은 '정확한 식재료비용 파악'이다. 정확한 식재료 생산율기준을 세운다는 것은 기업이 경영계획을 세우는 과정에 매우 유용한 자료를 제공할 수 있다는 것이며, 이는 곧바로 수익을 증대하기 위한 실행 계획을 세운다는 의미이다. 쇠고기 안심의 예를 들어 보자. 쇠고기 안심 메뉴가격이 $30이고, 식재료 생산비율이 65.5% 이라고 가정하자. 하지만 쇠고기 안심 메뉴의 실제 식재료생산비율은 40%이고 기타 부가적으로 사용되는 식재료의 비용이 $4이라면 마진율은 표 4-12와 같이 계산할 수 있다. 쇠고기 안심의 실제 구매가격이 $6.69일 때, 실제 식재료생산비용은 $10.21임을 확인할 수 있을 것이다.

표 4-12

줄		정확한 식재료 생산 기준율 40%	부정확한 식재료 생산 기준율 65.5%
1	메뉴 가격	$30.00	$30.00
2	-: 생산비율용($6.69를 %로 나눈 것)	$16.73	$10.21
3	-: 다른 재료 원가	$4.00	$4.00
4	총원가(2번째 줄과 3번째 줄을 더한것)	$20.73	$14.21
5	원가 비율(4번째 줄을 1번째 줄로 나눈것)	69.10	47.73
6	이익(1번째 줄에서 4번째 줄을 뺀것)	$9.27	$15.79

식재료 생산율이 잘못 계산되어 예상 식재료원가와 실제 식재료원가 차이가 매우 클 경우와 차이가 거의 없는 경우와는 경영 성과를 점검하는데 있어서 차이가 매우 크게 나타난다. 이러한 운영상의 차이 및 오류는 레스토랑기업에 있어서 재무적 그리고 회계적 문제점을 야기하기 쉽다.

식재료 반입 및 검수 혹은 저장기간 중 발생되는 손실비용

앞서 이미 설명하였듯이 적절한 물품반입절차를 따르는 것은 식재료 원가관리에 있어서 매우 중요하다. 반입되는 식재료 품목, 품질, 가격, 거래명세서 및 주문서 등을 세심하게 확인하여야 한다. 만일 레스토랑에서 물품반입 시 지켜야 할 점검사항들을 철저하게 지키지 않는다면, 그 결과는 곧바로 업장의 금전적손실로 연결된다. 예를 들어 반입품목 물품과 주문품목의 물품이 일치되지 않는다면, 이것 역시 금전적손실로 연결된다.

특히 육류 같은 고가의 물품 반입 시에는 더욱 더 세심한 주의와 관심을 기울여야만 식재료비용 손실을 최소화 할 수 있다.

뿐만 아니라, 물품저장고 역시 철저하게 관리하여 식재료 등의 물품이 부패되거나, 훼손되지 않도록 해야 한다. 특히 적절하지 못한 식재료 저장관리로 인한 식재료 부패 등 상품적 가치훼손은 막대한 영업이익손실을 가져온다. 따라서 저장고를 관리하는 직원들로 하여금 적절한 식재료관리방법 예를 들어, 물품의 선입선출, 저장실 온도, 습기 그리고 청결상태 등 규정사항들을 철저하게 준수할 수 있도록 정확하게 교육시키고 지속적으로 훈련시켜야 한다.

식재료 도난사고 역시 레스토랑 기업의 비용손실요인 중 중요한 이슈이다. 따라서 관리자는 모든 식재료의 반입과정부터 출고과정까지 전 과정을 철저하게 관리해야 한다. 식재료 반입창구는 도난사고가 빈번하게 발생하는 지역이므로 식재료의 반입이 이루어지는 지역에는 관계자 이외의 다른 사람들이 출입하지 못하도록 엄격히 통제해야 한다. 그리고 쓰레기를 모아 두는 쓰레기 처리장 역시 식재료 도난사고 때 많이 이용되는 지역이다. 캔 제품 등의 식재료를 다른 쓰레기와 함께 쓰레기 처리장으로 보내 식재료를 훔치는 행위가 종종 발생하곤 한다.

이런 까닭에 주방에서 사용하는 쓰레기통을 관리하는 것 역시 원가관리자의 중요한 업무 중 한 가지가 되고 있다. 육류 및 해산물제품 등 고가의 식재료를 관리하기 위해 개발된 다음의 두 가지 양식을 활용한다면 원가관리업무가 한결 수월할 것이다.

주 메뉴 상품 관리

식재료 중 제품 단가가 높은 주 메뉴(Entree Item) 상품의 재료인 육류, 가금류, 생선류 그리고 해산물류 등을 철저하게 관리하는 것은 식재료 관리의 매우 중요한 업무이다. 고가의 주 메뉴 상품 특히 육류제품 등은 제품반입 혹은 타 부서간의 이동시의 식재료 이동경로 및 관리과정을 철저하게 관리해야만 한다. 예를 들면 대용량으로 반입되는 육류, 해산물류 등은 일반적으로 제품 개수를 관리하는 것이 아니라 제품의 무게 단위로 관리를 철저히 관리해야만 식재료 손실을 방지할 수 있다. 이러한 고가의 식재료를 관리하기 위해서는 주방장 혹은 식재료관리자들은 철저한 식재료검수와 식재료반출 및 반입 시 항상 점검표를 활용하여야 한다. 대규모의 조직의 경우, 검수 및 식재료 전담 관리 요원을 배정하여 관리업무를 수행 할 수 있도록 하고 있다. 표 4-13은 주 메뉴상품(Entree Item)관리 양식이다.

표 4-13 주 메뉴 상품관리양식

1	주방장				4. 매장		
2	고객수 예상						
3	날짜						
	메뉴항목	5	Filet	Filet	NY Strip	Veal Chop	Lobster tail
		6	12oz	8oz	16oz	8oz	10oz
7	초기 재고		5	3			
8	주문량		10	15			
9	시작 재고		15	18			
10	추가		2	3			
11	총 판매 가능		17	21			
12	마감재고		3	5			
13	사용된 양		14	16			
14	매출 상 판매된 수량		13	16			
15	차이		1	0			
16	비고		12oz의 Filet이 너무 익혀져서 반환되고 새로 준비되었다.				

주방장, 육류관리자 그리고 식재료 전담 관리자 등은 식재료를 반출할 때마다 주 메뉴 제품 관리리스트를 활용하여 철저히 관리해야 한다. 다음 사항들은 표 4-13의 양식을 작성하는 방법을 설명한 것이다

1. 양식을 작성하는 사람의 이름(i.e. 주방장의 이름)
2. 예상 메뉴 판매개수(i.e. 주 메뉴를 주문하실 예상 고객수)
3. 날짜
4. 관리부서명
5. 식재료 품명

6. 정량(Portion Size)의 크기
7. 관리부서의 초기 재고량.
8. 관리부서로 반입된 식재료제품의 반입량
9. 관리부서의 사용 가능한 식재료제품의 재고량
10. 관리부서로 추가로 반입될 식재료의 반입량
11. 관리부서에서 사용할 수 있는 총 재고량
12. 영업종료 후 재고량
13. 11항목에서 12항목을 뺀 총 식재료 사용량
14. 실제 판매된 메뉴 제품 수량 (POS System 사용 시 자동 계산)
15. 13항목과 14번 항목의 차이.(원인과 이유를 분명히 찾아내야 함)
16. 15항목에 대한 자세한 설명

표 4-14는 요청서양식(Butcher Requisition Form)이다. 표 4-14를 확인해 보자.

표 4-14 요청서 양식

1	주 방 장				3 매 장		
2	날 짜						
	메뉴항목	4	Filet	Filet	NY Strip	Veal Chop	Lobster tail
		5	12oz	8oz	16oz	8oz	10oz
6	식재료 총 반출량						
7	반송되는 식재료 총량						
	시작재고						
8	가용할 수 있는 총량						
	마감재고						
9	사용된 양						
10	실질적인 판매						
11	차이						
12	비고						

표 4-14의 양식은 육류제품 관리자 혹은 주방장이 작성해야 하는 양식이다. 관리자는 다음의 항목을 반드시 기입해야 한다.

1. 양식을 작성하는 사람의 이름(i.e. 주방장의 이름)
2. 육류 식재료 반출 일자(양식발행일자)

3. 육류 식재료 수령부서명
4. 육류 식재료 품명 및 설명
5. 육류 정량의 크기
6. 육류 식재료 총 반출량
7. 다음날 반송되는 육류 식재료 총량
8. 관리부서에서 가용할 수 있는 육류 식재료 총 재고량
9. 총 사용량(가용 육류 식재료 총 재고량에서 실제 육류 식재료 재고조사량 뺀 육류 식재료량)
10. POS 시스템 상에서 실제 판매된 육류 메뉴 수량
11. 반출된 육류식재료량에서 판매된 메뉴 제품 수량 뺀 육류 식재료량 (차이)
12. 육류식재료 차이 이유 기입란 (원인과 이유를 분명히 서술)

특히 실제 식재료사용량과 POS 시스템의 메뉴판매량과의 차이 분석 등을 통해서 식재료의 원가손실부분의 정확한 원인과 이유를 파악하여 식재료 원가절감 및 손실비용의 최소화를 실현할 수 있을 것이다.

식재료 조리 과정 중 발생되는 식재료 손실 비용

식재료 원가관리를 철저히 하기 위해서는 각각의 메뉴 제품들의 원가를 항상 일정하게 유지할 수 있도록 메뉴 제품별 가치를 계산할 수 있어야 한다. 다시 말해 조리를 담당하고 있는 직원들에게 작업의 일관성을 요구해야 한다는 것이다. 모든 메뉴 제품의 식재료는 관련 종사원에게 항상 일정한 규격과 무게를 기준으로 제시되고, 그 기준을 지킬 수 있도록 교육 및 관리해야 한다. 주방직원의 일관된 조리 작업은 고객들로 하여금 음식을 주문하여 소비하게 될 때, 제품의 일관성을 느낄 수 있도록 해 줄 수 있을 것이다. 주방에서 제품의 일관성을 지키기 위한 방법으로는 식재료의 표준 사이즈 및 용량 그리고 표준 조리방법으로 완성된 표본이 될 수 있는 제품의 사진 전시 등이 있다. 레

스토랑관리자는 고객에게 제공되는 음식 제품이 기업내부에서 마련한 기준에 적합하게 준비되어 항상 일관성 있게 제공할 수 있도록 해야 한다. 그래야만 레스토랑 관리자와 이용 고객들이 만족 할 수 있고, 경영진과 관련 직원들은 다음의 사항들로 인해 만족해 할 것이다.

- 식재료원가가 항상 일정한 수준을 유지한다. 예를 들어 치즈버거 메뉴는 항상 일정한 무게와 크기의 고기, 치즈, 프랜치 프라이드가 제공되어야만 고객도 만족할 수 있고 식재료원가 역시 일정하다.
- 회사의 기준을 준수할 수 있도록 교육 훈련된 직원들은 제품의 질이 저하되거나 본인의 업무의 질이 저하되는 것에 대한 두려움이 없어지게 된다.
- 레스토랑관리자들은 표준량 기준을 활용하게 되어 서류정리 등 사무업무의 효율성을 높이게 될 뿐만 아니라, 관리자들은 왜 표준량기준이 중요한지를 정확한 데이터로 직원들에게 보여주면서 관리할 수 있다.
- 주방직원들이 근무하고 있는 지역에 완성된 표준조리사진을 전시함으로써 직원들로 하여금 회사의 기준에 충족될 수 있는 음식제품을 만드는데 도움이 된다.
- 회사의 기준을 충족 할 수 있는 음식제품의 일관성을 유지한다면, 음식을 준비하거나 고객에게 제공되는 과정에 소용되는 시간을 줄일 수 있다.

그리고 고객들은 다음의 사항들로 인해 더욱 만족할 것이다.

- 레스토랑에 방문하여 음식을 주문하면 항상 일정한 양의 음식을 먹을 수 있다. 처음 방문하는 고객일지라도 옆에 있는 고객에게 제공되는 음식의 양이 자신의 것과 동일하다는 것을 알 수 있게 된다.
- 고객들은 자신이 이용하는 레스토랑을 항상 기준과 원칙을 잘 지키는 신뢰 할 수 있는 기업으로 판단한다. 따라서 고객입장에서 레스토랑으로부터 무엇을 어떻게 제공받게 되는지를 사전에 알 수 있다.

부정확한 레시피

정확하지 않은 레시피 역시 생산량에 영향을 미친다. 각각의 제품 레시피는 사전에 충분히 검증되어야 하며 표준화되어 있어야 한다. 레시피에는 식재료의 설명 및 사용량 등이 정확하게 나타나 있어야 한다. 조리과정 역시 정확하고 자세하게 나타나 있어야 한다. 그래야만 고객이 주문한 음식을 어떠한 직원이 만들더라도 제품의 일관성을 유지할 수 있다. 표 4-5, 4-6, 4-7, 4-9 등에서 예시된 식재료 1차 가공 레시피, 메뉴 레시피 기록양식 등을 활용하여 제품의 일관성을 유지 할 수 있다. 만약 레시피에 나와 있는 식재료를 사용하지 않거나, 식재료의 기준량을 지키지 않을 경우 해당 레스토랑은 비용측면의 어려움을 경험하게 될 것이다. 제품의 일관성 유지를 통한 고객만족을 추구하지 않는다면 그리고 비용 예측 및 계산을 하지 않는다면, 결국 참담한 경영결과를 맞이하게 될 것이다. 대부분의 영업 관리자들은 다음의 활동을 통해 레시피 사용을 통한 품질의 일관성을 유지할 수 있다.

- 레시피를 항상 검증한다.
- 주방직원과 서비스직원이 이용하기 쉬운 곳에 레시피 카드를 비치해둔다.
- 고객에게 제공되어야 할 표준 음식 상태를 찍은 사진을 전시한다.
- 메뉴의 맛을 정기적 혹은 비정기적으로 모든 직원과 함께 점검한다.
- 교육훈련 중인 직원들로 하여금 일관성 없이 진행된 조리결과(i.e. 레시피를 정확하게 이행하지 않은 결과)를 인식시킴으로써 표준절차와 기준에 대한 중요성을 알게 한다.

식재료 낭비 관리

식재료 낭비(Controlling Waste)란 아무런 가치생산을 하지 못한 채 잘못 사용되어지는 식재료 사용을 일컫는다. 식재료비용은 지출되었지만 아무런 이익창출도 없이 사용되어지는 식재료원가를 식재료낭비라 할 수 있다. 식재료 낭비는 여러 가지 형태로 발생되는데 예를 들어 훼손된 식재료, 음식 상품 엎지르기 혹은 고객에게 제공될 음식을 만들었지만 기준에 맞지 않아 버리는 경우 등 다양한 원인에 의해서 발생된다. 또 다른 예로 양파 같은 농산물의 경우 손질하는 과정 중 몇 겹을 벗겨내느냐에 따라 낭비율과 생산율이 결정되어지기도 한다.

식재료 낭비를 점검하기위해서 관리자는 항상 쓰레기통을 확인해봐야 한다. 지금까지의 연구조사결과를 확인해보면 전체 쓰레기 중 약 15%가 사용할 수 있는 식재료가 버려진 것이라고 한다. 여러분이 속해 있는 기업 역시 식재료 낭비로 인해 비용이 발생하고 있을 것이다. 식재료쓰레기를 관리한다는 것은 다시 말해서 버려지는 돈을 줍는 것과 같다. 식재료 낭비에 발생되는 비용 역시 생산비용 중 일부분이며 다음과 같이 관리되어져야 한다.

표 4-15

모든 낭비, 손실, 파손 그리고 엎지르기 등의 손실 보고 양식						
날짜 :						
담당 :						
매장 :						
손실 보고서 작성자	손실 항목과 수량	브랜드 혹은 상품번호	형태 W–와인 L–리큐르 F–음식	단위별 가치	총 가치	원인

낭비되어지는 식재료의 양은 준비하는 때에 따라 혹은 직원의 능력에 따라 달라진다. 그리고 또 다른 경우의 식재료 낭비는 제품의 자체적 결함에 의해

발생되어지기도 한다. 식재료관리자가 아무리 관리를 잘한다고 하더라도 낭비는 근절될 수 없지만, 관리자의 특별한 노력으로 긍정적 결과를 만들 수는 있다. 만약 식재료 원가손실 보고를 받게 된다면 우선적으로 식재료 원가 손실을 방지하기위해 어떤 점에 주의를 기울어야 할지 알아야 된다. 뿐만 아니라, 직원들에게 '식재료 낭비문제'에 관하여 질문을 하거나 식재료 낭비 방지를 위한 해결책을 강구하도록 요구해야 한다. 표 4-15는 식재료 낭비, 파손, 도난 혹은 엎지르기 등과 같은 식재료 손실을 관리하기 위한 일반적 양식이다. 레스토랑관리자들은 모든 직원들이 식재료손실이 발생할 경우 이 양식을 사용하도록 직원들에게 요구해야 한다.

표 4-16

질문	Yes / No	제안에 대한 설명	제안을 실행할 경우 절감 예상치
· 낭비와 산출량의 차이를 없애기 위해 1년 내내 재료의 품질이 일정할 수 있는가? · 만일, 일정하지 못하다면 그 이유는? · 변화주기는 얼마간인가? · 해당 항목의 적은 비용을 위해 제안할 수 있는 방법은?			
· 기존의 재료들을 취급하는 다른 방법들이 있는가?			
· 추가 부분을 없애거나 혹은 줄일 수 있는가?			
· 원가를 줄이거나 분량을 간략화할 수 있는 방법은?			
· 이 제품과 같은 만족을 주면서 대체할 수 있는 것이 있는가? · 있다면 그것은 무엇인가? · 대체물의 비용은 얼마인가? · USDA에 만족하는 혹은 적정한 것인가?			

관리자들은 식재료 낭비를 기록하는 양식을 직원들로 하여금 활용케 함으로써 손실액이 얼마인지 또는 손실액 발생건수는 몇 건인지 등 식재료원가손실에 관하여 자세한 정보를 가질 수 있게 된다. 앞서 언급하였듯이 이러한 정보를 활용하게 되면 식재료낭비가 발생한 식재료제품의 결함을 찾아낼 수도 있다. 발견된 제품의 결함은 식재료 공급자에게 반드시 알려야 한다. 식재료 손실비용발생 부분을 엄격하게 관리함으로써 비용절감 노력을 공급업자와 함께 할 수 있도록 유도해야 하며, 각각의 식재료의 고유한 특성에 적합한 관리 및 활용법을 이행함으로써 낭비를 피할 수 있게 된다.

일반적으로 식재료공급업자에게 작성하도록 요구하는 설문지는 견적서와 함께 제공되며, 공급업자에게 설문하는 내용은 표 4-16과 같다.

고객 서비스 지역에서 발생하는 식재료 손실비용

고객이 주로 이용하는 서비스지역(Front of the House)인 홀(Hall) 내에서 근무하고 있는 서버(Server)와 서버도우미들 역시 식재료원가손실을 발생시키고 있다. 서버 혹은 서버도우미들은 고객의 주문내용을 정확히 인지한 후 주방직원에게 알려줄 수 있도록 훈련되어야 한다. 그래야만 정확하지 못한 음식주문으로 인해 발생하는 식재료원가손실을 막을 수 있다. 또한 서버와 서버도우미들이 고객에게 제공되어야 할 음식이 담긴 접시를 떨어뜨리거나, 엎지르는 등의 실수를 방지하기위해 쟁반(Tray)과 받침대(Trip) 사용방법을 포함해 고객에게 제공되어야 할 음식이 담겨진 접시를 안전하게 다룰 수 있는 여러가지 기술적인 능력배양을 할 수 있도록 해야 한다.

요 약

이장에서는 레스토랑에서의 식재료 원가관리에 관하여 학습하였으며, 식재료비용에 대한 이해를 돕기 위해 식재료 원가구조에 대한 기초지식을 제시하였다. 목표 식재료비용이란 기업이 달성하고자 하는 최상의 목표비용을 의미하며, 이는 기업이 목표하는 수익률을 결정한 후 결정되어진다. 다음으로 예상 식재료원가란, 식재료 1차 가공 등 음식제품 판매에 사용되어지는 최소한의 식재료원가율을 의미한다. 예상 식재료원가는 성취 가능한 실제 식재료원가이다. 예상 식재료원가의 계산은 구매비용을 기준으로 산출 할 수 있다. 끝으로 실제 식재료원가란, 영업을 위해 사용한 실제 식재료 원가이다.

또한, 식재료구매비용을 최소화하거나 효율적인 구매비용관리를 위한 여러 가지 기술적 방법들이 제시되었다. 구매부서에서의 잘못된 식재료원가 사용내역을 확인해보면 정확하지 못한 식재료주문, 부정확한 생산비율검증 등이 기업에서 식재료손실비용을 발생하게 한다. 식재료의 반입 및 검수 그리고 저장하는 일을 맡은 직원들이 식재료의 낭비 혹은 손실이 발생하지 않도록 정확한 업무수행이 이루어질 수 있도록 능력을 배양하는 교육 및 훈련이 이루어져야 한다. 잘못된 업무수행 예를 들어 반입물품 혹은 주문 물품의 누락, 식재료 저장실 관리부실로 인한 도난사고, 식재료 손실 및 파손 등의 업무상 실수가 발생하지 않도록 직원교육에 주의를 기울여야 한다. 뿐만 아니라 주요메뉴 제품 식재료의 타부서 이동내역 등도 철저히 확인하도록 해야 하며, 특히 고가의 주 메뉴 제품의 식재료(e.g. 육류 및 해산물류 등)가 도난당하지 않도록 관리를 철저히 해야 한다. 이러한 손실비용 요인들이 식재료손실비용의 대부분을 차지하기 때문이다.

음식을 조리하거나 가공하는 영역 내에 근무하는 직원들은 레시피를 반드시 검증 한 후, 제품의 일관성을 유지할 수 있도록 최선의 노력을 해야 한다. 철저한 레시피 준수, 표준 완제품의 사진 전시, 레시피 카드 활용의 습관화 등 제품일관성을 유지하기 위한 노력을 꾸준히 해야 한다. 이는 주방에서 발생되는 식재료 낭비가 주요한 식재료비용 낭비의 원인 중 하나이기 때문이다. 마지막으로 홀(Hall)내에서 근무하는 직원들이 고객의 주문내역을 정확히 인지하고, 주방직원에게 알려줄 수 있도록 훈련되어야 하며, 고객에게 전달되어져야 하는 음식을 정확하고 안전하게 전달할 수 있도록 교육훈련을 철저히 해야 한다.

이상의 여러 가지 식재료 관리 방법들을 활용하여 식재료비용의 최소화를 이끌어 내야만이 사업의 성공을 실현할 수 있다.

논의과제

1. 목표원가는 무엇이며 어떻게 결정되어지는가?

2. 원가율은 판매가격을 실제구매비용으로 나누면 얻게 된다. True or False

3. 예상비용이란 무엇인가?

4. 고객에게 판매되는 음식제품의 식재료 원가에 영향을 주는 요인은 무엇인가?

5. 예상비용 산출방법은 무엇인가?

6. 식재료원가를 관리하기 위한 방법에는 어떤 것이 있는가?

7. 총 매출액이 $326,000이고, 식재료구매비용이 $92,000이라면 식재료원가율은 얼마인가?

8. 수익률 7%, 예상 인건비율 35%, 음료 원가율 5% 그리고 기타 비용율 20%로 목표하고 있다고 가정하자. 그렇다면 목표 식재료 원가는 몇 % 인가?

9. 목표 식재료 원가율이 30%라 가정하자. 어떤 메뉴의 식재료 비용이 $3.87이라면 메뉴가격은 얼마인가?

10. 9번 문제에 나오는 메뉴가격이 $12.29이라면, 예상 원가율은 얼마인가?

11. 레스토랑에서 고객에게 제공되는 메뉴가 세 가지이고, 각 메뉴의 예상 식재료 원가율을 확인해보면 다음과 같다. 판매가격이 $10.00인 메뉴'A'상품의 예상 원가율이 33%, 판매가격이 $8.00인 메뉴'B'상품의 예상 원가율이 35% 그리고 판매가격이 $15.00인 메뉴'C'상품의 예상 원가율이 30%라고 가정하자. 모든 메뉴 상품이 균일판매 되었다면, 총 예상 원가율은 몇 % 인가?

12. 11번 문제에서 메뉴 'A' 상품이 150개, 메뉴 'B' 상품이 100개, 메뉴 'C' 상품이 200개 판매되었다면 예상 식재료 원가율은 얼마인가?

13. 음식판매 매출액 $5,000이고, 실제 식재료비용이 $1,700이라면 실제 식재료 원가율은 얼마인가?

14. 어떤 레스토랑의 예상 식재료원가율이 31%이고, 실제 식재료원가율이 34%라면 차이는 몇 % 인가?

15. 초기 식재료재고비용이 $3,500이고, 구매비용이 $12,000 그리고 재고 조사 시 재고 식재료원가가 $3,000이라면 실제 발생한 식재료원가는 얼마인가?

16. 어떤 레스토랑의 샐러드 상품의 레시피를 확인해보니 샐러드 제품 하나당 2oz의 샐러드 드레싱이 제공되고 있으며, 샐러드 드레싱의 비용이 oz당 $0.2이었다고 가정하자. 샐러드의 예상 원가는 $0.65이며, 샐러드 메뉴 가격은 $1.95이었다. 만약 샐러드의 레시피가 변화되어 샐러드에 들어가는 드레싱이 2.5oz이라면 그 비용차이가 얼마이며, 또 원가율은 얼마인가?

Chapter 5

월간 재고조사 및 식재료 원가계산

학습목표

이장을 학습 후, 다음 내용들을 이해할 수 있어야 한다.

- 재고조사(Inventory Stock)
- 지속적인 재고조사와 정기재고조사의 실행여부와 둘의 차이점의 비교
- 재고자산의 가치 계산
- 다양한 재고자산 가치 계산방법의 이해 및 활용
- 비용 편성과 변경
- 재고자산 회전율(Inventory Turnover Ratio) 계산

개 요

이 장에서는 다양하면서도 복잡한 재고조사 기법과 절차 그리고 자산 회전율, 재고자산 가치 계산의 장점 혹은 단점 등을 자세히 설명할 것이다. '재고자산관리'라는 용어가 다소 평범하면서도 익숙한 용어로 다가 갈수도 있지만 지금껏 알고 있는 단순한 재고자산관리의 의미가 아닌, 재고자산관리를 통해 재고자산의 수익성을 높이기 위한 중요한 가능성의 제시와 함께 여러 가지 흥미로운 재고자산관리의 의미를 경험하게 될 것이다.

식재료 제품 재고관리

식음료 제품의 재고관리(Inventory of Food and Beverage Items)에 있어 재고비용을 정확하게 파악하고 산출하는 것은 실제 식재료 원가를 파악하는 데 가장 기본적이면서도 중요한 활동이다. 일반적으로 재고조사는 '월' 단위로 실시되지만 기업마다 정해진 특정기간에 따라 재고조사를 실시할 수도 있다. 재고물품의 정확한 자산 가치를 파악하는 것 역시 매우 중요한 의의를 지니는 까닭은 적절하지 못한 재고 자산 가치 계산으로 인해 총비용 혹은 총이익 산출 시 오류를 발생시킬 수도 있기 때문이다. 그리고 재고조사 시점의 파악된 재고량이 다음 점검주기의 초기 재고량이 되므로 한번 잘못 계산된 재고조사는 해당 점검주기의 잘못된 식음료 구매 비용 산출 및 이익 산출이라는 문제를 일으킨다. 뿐만 아니라, 다음 점검주기의 재고조사에도 오류를 발생시켜 부정적인 결과를 계속적으로 식음료 비용 및 이익 산출시 오류를 발생시킨다.

재고자산의 가치는 실제 물품의 보관 수량 파악 또는 영구 재고조사의 물품관리 데이터로도 파악할 수 있다.

실제 재고조사

실제 재고조사(Physical Inventory)란 재고 물품보관 장소 내에 보관된 모든 종류의 제품명(名)과 제품포장 단위를 기록한 기록표를 활용하여 각각의 제품의 수량을 정확하게 파악하는 것을 의미한다. 재고물품의 수량을 기록하는 재고조사양식은 재고조사 전에 준비되어 있어야 하며, 재고조사에 있어서 컴퓨터 시스템을 사용하는 회사에서는 재고조사 양식을 컴퓨터시스템을 활용하여 준비할 수도 있다. 재고조사를 실시하기 전 재고조사양식을 재고물품과 보관 장소별로 정리하여 활용해야만 재고 조사 업무가 효율적으로 진행될 것이다. 물품구매자는 물품의 정확한 주문을 하기 전 반드시 재고조사를 실시해야 한다. 이러한 업무는 실제 재고조사 진행방법과는 다소 차이가 있으나 같은 맥락이다.

재고조사를 실시하려면 두 명이 하나의 팀이 되어 진행할 수 있도록 해야 한다. 한명은 정확한 재고물품의 품명과 수량을 파악하고, 다른 한명은 그 내용을 기록하도록 한다. 이때 재고조사를 정확하게 시행하기 위해서는 팀원 중 한 명은 재고조사를 실시하는 부서와는 상관없는 부서의 직원으로 하기도 한다. 그래야만 재고조사의 정확성과 객관성을 확보 할 수 있기 때문이다. 재고조사는 앞서 언급한 것과 같이 제품보관 장소에 보관된 물품의 정확한 품목과 개수를 파악하는 것이며, 제품명과 제품의 수량을 정확하게 파악 후 재고조사 양식을 활용하여 정확하게 기록하는 것이다. 그리고 재고조사가 끝나면 재고물품 수량을 파악한 직원과 그 내용을 기록하는 직원 모두 재고조사양식에 각자의 서명을 남기도록 한다.

재고조사를 진행하는 동안 가능하다면, 물품보관 장소의 문과 레스토랑 문을 잠그도록 한다. 만약 식재료 재고조사를 하는 팀이 주방에서 사용하는 음료 제품을 발견하였다면, 비록 식재료 제품이 아니더라도 음료제품의 수량을 식재료 재고조사에 포함시켜 정확하게 파악해야 한다. 이와 반대로 음료제품의 재고조사를 실시하는 팀이 바(Bar)에서 사용하는 식재료 아이템을 발견하였다면, 그 식재료 제품의 정확한 수량을 음료제품 재고조사에 포함시켜 실시하도록 해야 한다.

파악된 재고물품의 수량을 재고조사양식에 기록할 때에는 정확한 숫자를 기록할 수도 있고, 혹은 십진법을 사용하여 기록할 수도 있다. 예를 들어 1gallon 포장용기에 4개씩 포장되어 있는 겨자 제품 6gallon을 기록한다면 다음과 같이 기록할 수 있다.

			수 량	
식재료	단위		Case	Parts
Mustard	4/1		1.5	
		또는		6
		또는	1	2

음료제품은 대개 병 속에 담겨져 있으므로 병에 완전히 채워진 음료는 10/10, 반만 채워진 경우는 5/10 으로 기록하도록 한다. 이와 같이 병에 남겨진 음료제품의 양을 측정할 때는 많은 주의가 요구된다. 음료제품의 실제 재고조사를 실시할 때 많은 실수가 발생할 수 있으므로 직원들로 하여금 많은 연습을 통해 올바른 측정방법을 익힐 수 있도록 해야 한다.

기업에 따라 1차 가공한 대용량 식재료의 재고 조사하는 방법은 각기 다르다. 어떤 기업은 매달 재고조사 시 특정한 양 만큼을 1차 가공 대용량 식재료 재고로 간주하기도 하지만 이러한 재고조사 방법은 적절한 방법이 아닌 것 같다. 편의상 용이하긴 하지만 매달 발생되는 1차 가공 대용량 식재료 재고량이 다르기 때문에 재고조사의 정확성이 떨어지기 때문이다.

올바른 1차 가공 대용량 식재료 재고조사 방법은 레시피에 따라 사용되어진 각각의 식재료를 정확히 계산하는 방법이다. 4장에서 샘플로 사용된 채소수프의 경우를 확인해보자. 예상 레시피 비용을 계산해보면, 20gallon의 채소수프 비용은 $ 38.78 이다. 재고조사에 따르면 '1.5 대용량' 의 1차 가공 대용량의 채소수프가 있다면 이를 재고자산 가치로 환산하면 $58.17이다(1대용량이 20gallon으로써 비용이 $38.78이므로 1.5대용량의 경우 $58.17의 비용으로 나타낼 수 있다). 예상비용 데이터를 활용하여 정확하게 재고자산 가치를 계산해야 한다. 하지만 이렇게 정확하지만 복잡한 방법에 대해서 반대하는 사람들도 있다. 그들의 주장에 따르면 매달 재고조사 시 항상 동일한 양의 1차 가공 대용량 식재료의 양이 확인되므로, 굳이 복잡하게 일일이 식재료 재고가치를 확인하는 것은 의미 없다는 주장이다.

표 5-1은 일반적으로 사용되는 재고조사양식의 예이다.

영구재고조사

영구재고조사(Perpetual Inventory)라 함은 기업이 보유하고 있는 모든 자산 및 재고를 지속적으로 관리하고 기록하는 것을 말한다. 새롭게 물품들이 반입

Outlet:			Periods:			Date:		
Signature of Who is Calling:				Signature of Who is Recording:				
				Signature of Who Extended the Count:				
Item #	Item Description	Unit Description	Inventory Counts			Unit Price($)	Extension ($)
			Case	Part	Unit		
	Main storeroom						
565	Mustard	1/4	1	2		10.00	15.00
577	Flour all purpose	50#					
555	Rice white	50#					
	Recipe items						
L103	Vegetable soup	20 gal batch	1.5			38.78	58.17
L105	Beef roasted entree	10 oz portion					
	Freezer						
212	Beef ground	30#					
215	Beef patties	10#					
210	Beef NY strip	1#(30# avg)					
	Walk-in cooler						
100	Lemons	115 ct					
101	Oranges	88 ct					
110	Tomatoes 5×6	60 ct					

표 5-1
재고조사양식

되었거나, 타부서 등으로 물품이 이동되었거나 혹은 사용되어진 물품들에 대한 모든 기록을 철저히 해야 한다. 끊임없이 지속되는 영구재고조사는 기업에서 새롭게 구매해야 하는 물품의 양을 알려주고, 각각의 물품별 월간 사용량을 제시해주는 등 물품 재고의 정확한 정보를 제공해준다. 매월 실시되는 월간 재고조사의 물품보관 숫자와 영구재고조사의 숫자는 항상 일치해야 한다. 만약 두 숫자가 다르다면 월간재고조사에서 파악된 숫자와 영구재고조사의 숫자를 확인하여 그 원인을 찾아내고 영구재고조사 숫자를 수정해야 한다. 뿐만 아니라 담당직원은 두 가지 재고조사의 숫자가 다르다는 점을 원가관리자에게 보고한 후 적절한 해결 방안을 찾아야 한다. 대기업의 경우 원가관리자가 이러한 사항들에 대해 기록을 남겨두고 그 차이점을 경영진에게 보고 한다.

재고조사실시 이유와 조정

재고물품의 보유 숫자를 정확히 파악하고 재고자산 가치를 점검하는 것은 매우 중요하다. 정기적으로 시행하는 재고조사는 회계자료의 데이터를 마련해줄 뿐만 아니라, 비용관리에 있어 중요한 정보를 제공해준다. 매월 정기적으로 재고조사를 실시하는 또 다른 목적은 정기재고조사의 숫자와 영구 조사 숫자와의 일치 혹은 불일치를 확인하기 위해서이다. 아쉽게도 예상 식재료원가와 실제 식재료원가의 차이점을 정확하게 파악하고 관리해주는 표준 관리 시스템은 아직 존재하지 않는다. 그렇지만 통상적으로 실제 재고조사량과 예상 재고조사량의 차이가 ±1% 이내일 경우가 대부분이나, 만약 두 조사량의 차이가 1%이상의 차이가 날 경우에는 다음의 사항을 시행해야 한다.

1. 주문량이 정확한지 확인한다.
2. 재고조사 방법이 일관성 있게 진행되었는지 확인한다.
3. 주문서의 단위와 실제 재고물품의 포장단위를 확인한다.
4. 식재료 및 음료관리자에게 레시피가 수정되었는지 확인한다.
5. 차이가 많이 발생한 물품을 우선적으로 재고조사를 한번 더 실시한 후 정확히 계산해 본다. 차이점이 발생했을 경우 즉시 수정해야 한다.
6. 재고조사 방법의 정확성과 진행상 발생 가능 문제점 등을 철저히 확인해 본다.

각 기업별로 재고조사방법 뿐만 아니라 자산 가치 계산방법 역시 다르다. 재고자산은 기업 회계장부에 현 자산으로 분류되어진다. 회계 관련 의사결정은 소유주 혹은 회계 책임자의 몫이지만 관리상의 의사결정은 관리자, 비용관리자, 구매부서장 등의 몫이다. 대부분의 기업들이 정기재고조사를 실시하는 대신 영구재고조사를 실시하고 있지만 현실성 내지 정확성은 의심된다. 어떤 기업은 시기적 혹은 관리적 목적으로 일부품목에 관해서 정기재고조사를 진행하지만 이외 다른 품목들은 영구재고조사를 실시하고 있다. 또 어떤 기업은 영구재고조사와 정기재고조사를 병행하여 사용하고 있다. 예를 들면 영구재고조사를 실시한 후 격월로 정기재고조사를 진행한다. 어떠한 재고조사방법을 선택하든지 영구재고조사는 비용관리 및 회계의 관리목적으로 지속적으로 진행되어야 하며, 정기재고조사는 재고조사의 정확성 유지 및 예상비용과 실제비용의 차이점 확인을 하기 위해서 진행되어야 한다.

재고 자산 가치 환산 방법

현재 미국 내 기업에서 일반적으로 사용하고 있는 재고자산 가치 계산방법(Inventory valuation methods)으로 GAAPS(Generally Accepted Accounting Practice)가 사용되고 있다. GAAPS 에는 여러 가지 기술적인 운영방법이 있는데, 우선 선입선출법(FIFO : First in First out), 후입선출법(LIFO : Last in First out), 평균법, 실제법, 그리고 최근가격 접근법 등이 있다. 위의 다섯 가지 기술적 운영방법 중 가장 널리 활용되는 기법은 FIFO와 최근가격 접근법이다.

식재료 물품은 가격적 측면이나 품질 측면에서 안정적이지 못한 까닭에 어떠한 회계방법을 적용하더라도 식재료의 비용적인 부분에 영향을 받게 된다. 또한 어떠한 회계방법을 사용하더라도 명심해야할 부분은 법 규정을 어겨서는 안 된다. 뿐만 아니라, 일관성 있는 회계운영방법을 적용해야 한다는 것이다. 따라서 회계운영방법에 있어서는 법적용 부분에 익숙한 전문가와 반드시 상의한 후 시행하여야 한다. 다음에 다섯 가지 회계운영기법에 관하여 간략하게 소개할 것이며, 이때 각각의 방법들이 비용 측면에 어떠한 영향을 미치는가를 확인하기 바란다.

선입선출법(FIFO : First in First out) 선입선출법이란 제품생산에 필요한 물품구입 비용 계산 시 가장 최근에 구매된 가격을 적용하여 비용을 산출하는 방법이다. 이러한 운영방법은 식재료의 특성상 오래 보관할 수가 없다는 점과 공간적 제약을 받는다는 점으로 입고되는 순서대로 물품을 사용하는 것을 말한다. 다시 말해서 물품이 반입되는 순서대로 사용하는 것을 의미한다. 이러한 운영방법은 재고자산 가치를 계산할 때도 최근의 물품가격으로 계산한다. 인플레이션이 극심할 때 선입선출법(FIFO) 기법을 사용하면, 수익계산 시 이익률이 증가된다. 왜냐하면 현재 매출액에 대한 비용 계산 시 가장 최근의 물품 구매 가격을 적용하여 비용을 계산하기 때문이다. 선입선출법은 구매 물품의 정확한 구매 가격으로 계산하는 방법이 아니지만, 인플레이션 시 수익을 계산 할 경우에는 도움이 된다. 관리자들은 세금을 납부할 때나 혹은 직원들에게 성과금을 지급할 때에도 현재 경제상황을 그대로 반영하기 때문에 회계 측면에서도 유리하다. 예를 들어 표 5-1에 나오는 겨자 물품 재고조사양식을 활용하여, 표 5-2와 같은 다양한 재고조사형태를 소개할 수 있다.

표 5-2

	수량	가격($)	합계($)
초기 재고	4	7.80	31.20
재고관리 전 7/7 구매	4	8.50	34.00
재고관리 전 7/14 구매	4	7.95	31.80
재고관리 전 7/21 구매	4	8.95	35.80
재고관리 전 7/28 구매	4	8.00	32.00

표 5-3

	수량	가격($)	합계($)
재고관리 전 7/21 구매	4	8.95	35.80
재고관리 전 7/28 구매	4	8.00	32.00
합계	8		67.80

한 가지 물품에 대해서 다양한 구매가격을 확인한다는 점이 다소 복잡하게 느껴질 수도 있겠지만, 단순하게 생각해보자. 선입선출 기법을 활용하여 재고자산 가치 계산의 기준을 마련해 보자. 재고조사시점에 겨자 물품이 6gallon으로 파악되었고, 가장 먼저 입고된 제품이 먼저 사용되었다면, 남아있는 6gallon의 겨자 제품은 가장 최근에 구매한 4개와 그 전에 구매한 2개의 제품이 남아있을 것이다. 표 5-3은 6gallon의 겨자 제품의 가치를 환산한 것이다.

재고조사 시점과 초기재고물품의 가격 차이는 크지 않다. \$8.00 - \$7.80 = \$0.2 그렇지만 인플레이션이 심할 때에는 그 가격차이가 커지기 때문에, 정확한 재고가치조사방법으로는 선입선출기법이 적합하지 않다.

후입선출(LIFO : Last in First out) 후입선출(LIFO) 기법은 현재 외식업체에서 많이 사용하지 않는 관리기법이다. 하지만 특별한 경우에는 적용 가능한 방법이다. 후입선출기법은 그 의미처럼 가장 나중에 입고되는 물품을 먼저 사용하는 재고관리기법이다. 재고자산 계산방법은 초기재고물량에서 새롭게 구매한 물품을 더해서 총사용량을 빼내면 현 재고자산을 계산할 수 있다. 인플레이션이 심할 때 후입선출기법 사용은 선입선출기법 사용보다는 낮은 수익률을 얻게 된다. 왜냐하면 가장 먼저 구매된 물품의 가격으로 비용을 계산하기 때문이다.

만약 지금의 경제상황이 인플레이션이라면, 기업은 후입선출기법을 사용하고자 할 것이다. 만약 재고자산 운영방법으로 후입선출기법을 사용하고 있다면, 재고자산 가치계산 방법은 다음과 같을 것이다. 표 5-4를 살펴보면 앞서 예로 사용했던 겨자 물품을 후입선출 방법을 사용하여 재고자산가가치를 계산하였다. 선입선출기법과 재고자산 가치계산이 다르다는 점을 확인할 수 있을 것이다.

표 5-4

	수량	가격(\$)	합계(\$)
초기 재고	4	7.80	31.20
재고관리 전 7/7 구매	2	8.50	17.00
합계	6		48.20

평균법(Average Method) 이 방법은 모든 재고자산의 평균가격을 계산하여 가치를 계산하는 방법이다. 보다 자세하게 설명하자면 재고조사 기간 중 구매된 모든 물품의 가격을 더하여 물품의 포장단위 혹은 물품의 개수로 나누어 재고물품의 가치를 계산하는 방법이다. 표 5-5에 그 계산방법의 예가 나와 있다.

표 5-5

	수량	가격($)	합계($)
초기 재고	4	7.80	31.20
재고관리 전 7/7 구매	4	8.50	34.00
재고관리 전 7/14 구매	4	7.95	31.80
재고관리 전 7/21 구매	4	8.95	35.80
재고관리 전 7/28 구매	4	8.00	32.00
합계		41.20	
평균($41.20을 5로 나눈 것)		8.24	

재고조사 시점의 재고자산 가치는 $8.24 × 6 = $49.44 가 된다. 이러한 계산 방법은 다소 신중하다고 할 수 있겠지만, 재고 물품의 운영방법이 선입선출기법을 사용하고 있다면, 비용계산이 부정확할 수밖에 없기 때문이다. 이러한 작업은 많은 시간을 필요로 하는 작업이니 만큼 컴퓨터 시스템을 활용하고 있는 기업이라면 손쉽게 평균비용을 계산할 수 있을 것이다.

실제법(Actual Method) 실제법은 재고자산 가치를 계산할 때, 실제 물품 구매 가격을 그대로 적용시켜 계산하는 방법이다. 이 방법은 모든 물품의 구매가격을 일일이 다 기록해두어야만 시행할 수 있다. 따라서 각각의 물품가격을 확인하는데 필요한 시간이 많이 소요되는 방법이다. 하지만 컴퓨터 시스템이 마련된 기업에서는 손쉽게 그 작업을 수행할 수 있을 것이다. 실제법을 사용할 때에는 얻고자 하는 것이 무엇인가를 정확하게 파악하여야 한다. 재고자산 가치계산에 있어서 실제법은 비용과 시간이 많이 들기 때문에 효율성을 충분히 고려해서 실시해야 한다. 만일, 기업이 실제법을 사용하고 있다면, 재고자산 가치를 파악하는 방법은 표 5-6과 같을 것이다.

표 5-6

	수량	가격($)	합계($)
재고관리 전 7/14 구매	2	7.95	15.90
재고관리 전 7/21 구매	2	8.95	17.90
재고관리 전 7/28 구매	2	8.00	16.00
합계			49.80

최근가격기법(Last price method) 최근 가격기법은 선입선출기법과 유사하지만 다소간의 차이가 있다. 재고물품 가치계산 시 남아있는 물품과 최근 가격을 적용시켜 계산하는 방법이다. 만약 실제 물품 구매비용과 예상비용을 비교하고자 한다면 최근 가격기법을 적용하는 것이 유리하다. 그렇지 않다면 두 비용의 차이점을 해결 하는데 어려움을 겪게 될 것이다. 최근 가격기법으로 산출한 재고자산 가치계산방법은 표 5-7과 같다.

표 5-7

	수량	가격($)	합계($)
재고관리 전 7/28 구매	6	8.00	48.00

이상으로 다섯 가지 재고자산 가치 계산방법을 설명하였다. 다섯 가지 운영기법을 활용하여 계산한 재고자산 가치를 비교해보면 다음과 같다.

표 5-8

	가격($)
선입선출법(FIFO)	49.90
후입선출법(LIFO)	48.20
평균법(표 5-8 Average method)	49.44
실제 가격기법(Actual method)	49.80
최근 가격기법(last price method)	49.00

한 가지 구매물품으로 각기 다른 재고자산 가치 계산 기법을 활용하여 그 결과를 비교해보면 그 차이가 크지는 않지만, 기업에서 사용하고 있는 수천 수백 가지의 다양한 물품과 막대한 양으로 환산한다면, 회계 측면에서 큰 차이가 나타날 것이다.

선입선출기법은 제품운영 측면에서는 추천할 만한 기법이다. 왜냐하면 선입선출 기법이 식재료의 품질과 맛을 유지하는 최선의 방법이며, 낭비를 줄일 수 있는 방법이기 때문이다. 그러나 앞서 언급했듯이 예상비용 산출시 심한 변동 가격으로 인해 예상비용 계획의 일관성을 유지하기 어려운 점 때문에 선입선출기법은 인플레이션이 극심할 때에는 실시하지 않는 것이 유리하다.

반면 후입선출기법은 식재료 순환 및 관리상에는 많은 문제점을 가지고 있음에도 불구하고 인플레이션이 극심할 때 사용하기 적합하다. 숙성정도와 보관 상태에 따라 품질 변화가 심한 와인 제품의 경우 후입선출기법 적용이 가장 적절하지만, 다른 식재료 경우 부패 등 식재료 손실 문제를 일으킬 수 있다. 평균가격 및 실제가격 적용기법은 시간이 많이 소요되며, 인건비가 많이 발생하는 점과 같은 공통된 단점을 가지고 있다.

최근 가격 적용기법은 적절한 재고자산 가치 계산방법이다. 예상비용과 레시피 계산 시에도 적절하게 사용할 수 있는 기법으로 가장 효율적 적용기법으로 판단된다. 최근 가격적용기법을 활용함으로써, 정확한 자산에 관한 자료를 손쉽게 얻을 수 있을 것이다.

월간 식재료 비용계산 및 관리

실제 식재료비용계산은 다음의 공식에 의해 산출 할 수 있다.

(초기재고비용 + 구매물품비용 ± 물품이동) − 재고조사 시점 재고비용 = 실제 식재료비용

실제 식재료비용은 적용하는 재고자산 관리기법에 따라 다르게 나타날 수 있다. 예를 들어 초기 재고비용이 $1,000이고, 기간 내 총구매비용이 $600, 부서간의 물품이동 $100이라고 가정할 때, 재고조사 시 재고물품 자산 가치 계산결과는 각각의 적용기법에 따라 다양하게 나타난다. 표 5-9을 확인하기 바란다.

표 5-9

	선입선출($)	후입선출($)	평균가격($)	실제가격($)	최근가격($)
초기 재고 비용	1,000.00	1,000.00	1,000.00	1,000.00	1,000.00
구매 비용	600.00	600.00	600.00	600.00	600.00
추가 구매 비용	100.00	100.00	100.00	100.00	100.00
총 재고	1,700.00	1,700.00	1,700.00	1,700.00	1,700.00
재고조사시점 재고비용	49.90	48.20	49.44	49.80	48.00
사용된 제품의 비용	1,650.10	1,651.56	1,650.56	1,650.20	1,652.00

물품 몇 가지를 계산할 때에는 그 차이가 미비하지만, 기업의 전체물품을 계산 할 때에는 그 차이가 상당하다.

월간 식재료 비용계산에 영향을 주는 비용

정확한 월간 식재료비용을 계산하기 앞서, 식재료비용 계산에 영향을 주는 요인들을 먼저 확인해야 한다. 식재료비용 계산에 영향을 주는 요인으로는 음식물 손실비용, 홍보용 식재료비용, 접대용 식재료비용 그리고 재활용되는 식재료비용 등이 있다. 이러한 요인들은 식재료비용 계산뿐만 아니라 음료재료비용계산 시에도 적용된다.

직원식사(Employee Meal) 대부분의 기업에서는 근무 중인 직원에게는 무상으로 직원식사를 제공한다. 보통 직원용 식당에서 근무하는 직원들은 그 날 근무하는 직원의 정확한 인원수를 확인하여 직원용 식사를 준비한다. 뿐만 아니라, 직원식당용 주간 식단을 직원용 홍보게시판에 전시하여 직원들에게 알려 준다. 이러한 조치는 직원만족과 가용할 수 있는 직원식당용 비용예산의 균형을 적절히 조화시킬 수 있으므로 매우 중요하다. 예를 들어 캘리포니아 주의 경우, 직원용 식재료비용에 대해서는 세금을 면제해 준다. 그 이유는 직원용 식재료비용은 직원에게 지불되는 또 다른 형태의 급여로써 이에 해당되는 세금은 직원들이 이미 지불하는 것으로 간주하기 때문이다.

표 5-10은 캘리포니아 주에서 제공하는 자료인데 직원식사용 식재료에 대한 비용 적용치를 나타낸 것이다.

표 5-10

년도	일일 3회($)	아침($)	점심($)	저녁($)	일정하지 않은 시간대($)
2001	6.40	1.40	1.95	3.05	2.20
2002	6.60	1.45	2.00	3.15	2.30
2003	6.75	1.45	2.05	3.25	2.35
2004	6.90	1.50	2.10	3.30	2.40

기업에서는 해당 직원들이 근무하는 일수와 식사 횟수 등을 정확히 계산하여 직원들의 총 급여 계산 시 적용하며, 각각의 직원들이 소비한 식재료비용만큼 급여에서 공제한다. 실제로 직원 개개인들이 소득으로 간주되는 직원 식사용 식재료비용에 대한 세금을 납부하는 것이다. 예를 들어 콜로라도 주에는 직원식사를 직원에게 제공되는 혜택으로 간주하고 있으나, 캘리포니아 주와는 달리 세금납부는 직원이 아닌 기업에서 하게 한다. 두 가지 경우 모두 다 손익계산서에는 식재료비용으로 나타난다.

직원용 식재료비용에 대한 세금면제 적용여부와는 상관없이 실제 직원용 식재료비용과 예산과의 차이를 확인함으로써 식재료비용, 품질, 손실액 등을 정확하고 철저하게 관리해야 한다.

직원식사 비용은 신용거래(Sales Credit)로 이루어진다. 직원식사 비용계산은 가격적인 측면에서는 고객이 지불하는 가격으로 계산하여 인력관리부서가 지불하는 것이 일반적인 방법이다. 보통의 경우 직원식사용 메뉴는 고객에게 제공되는 메뉴 중 일부분이 제공된다. 그 이유는 직원식사용 메뉴를 준비하는데 필요한 인건비를 절약할 수 있기 때문이다. 하지만 직원식사용 메뉴를 고객에게 제공되는 메뉴 중 일부분을 적용함으로써 실제 고객에게 판매되는 메뉴 숫자 정보를 왜곡할 수 있는 단점은 있다. 다시 말해, 경리부서에서는 아주 단순하게 메뉴판매액을 계산하며, 직원식사용 메뉴판매액이든지 혹은 고객용 메뉴판매액이든지 상관하지 않는다는 것이다. 따라서 레스토랑 관리자 역시 두 가지 메뉴판매액을 구분하지 않고 판매액 대비 실제 식재료비용을 계산한다.

직원식사비용은 물품 주문방법(Requisition Method)과 직원 1인당 소비되는 양에 의해 많은 영향을 받는다. 직원 1인당 소비량을 관리하기 위해 많은 기업들은 자동판매기 같은 기기를 활용하고 있다. 직원식사용 식재료비용을 회계처리상 독립된 항목으로 적용하고 있다. 대부분의 기업은 회계 상의 분리뿐만 아니라, 직원식사를 준비하기 위한 별개의 주방과 전담직원을 따로 배치하고 있다. 직원식사를 준비하는 직원의 인건비는 식재료비용과 함께 직원식사용비용에 포함된다. 직원식사를 준비하기 위한 식재료비용, 인건비용 등은 인력관리부서(HRD)에서 지불하고 있다.

대부분의 호텔기업은 '월간예산(Monthly Budget)' 방법을 이용하여 직원식사비용을 계획하고 있다. 월간예상방법을 적용하고 있는 기업의 비용관리자는 주방책임자에게 사용할 수 있는 비용예산을 상세하게 알려주고, 그 범위 내에서 집행할 수 있도록 한다. 직원 식사비용 예산은 적용기간에 따라 다양하게 설정되어지기도 한다. 직원식사에 관한 자세한 사항들은 직원식사비용을 관리하는 관리자의 재량에 따라 운영될 수 있다.

음식물 훼손 및 손실 비용 식재료 원가관리에 있어서 손실되거나, 훼손되어 상품의 가치가 없어진 음식 상품의 식재료 원가관리가 매우 중요하다. 이는 매출과는 무관하게 발생하는 비용이기 때문이다. 이러한 식음료재료원가 손실관리는 1차적으로는 담당매니저의 소관이다. 따라서 매니저는 모든 식음료 상품의 엎지르기, 파손 등의 사고에 대한 기록을 철저히 해야 한다. 뿐만 아니라, 사고에 대한 자세한 경위(예를 들어, 직원 실수로 인한 주문 오류, 레시피에 나타나 있지 않은 식재료를 사용하여 상품 만들기, 조리직원의 실수로 인한 식재료 낭비 등)를 기록하여 철저하게 관리해야 한다. 월말재고조사 시 이처럼 사고로 인해 매출로 연결되지 못한 식재료비용에 관하여서 다음의 예처럼 비용에 관한 회계처리를 철저하게 해야 한다.

	차 변 (Debit)	대 변 (Credit)
음식물 손실	×××	
제품생산에 사용 중인 재고		×××

식재료 낭비를 일으킨 사고에 대한 경위서에 모든 식재료 낭비 비용을 계산하여야 한다.

광고/홍보비용(Promotional or Entertainment Expenses) 새로운 상품을 홍보하기 위해 발생되는 비용은 주문서상에 따로 명시되어 있어야 한다. 만약 무료시음회 등 홍보 행사가 매장자체 내에서 진행되었다면 매장의 손익계산서 상에 무료 시음회 홍보비용에 관한 회계처리를 해야 한다. 상품판매 및 생산에 사용된 실제 식음료 재료비용과는 별도로 홍보용 식음료 비용을 계산해야 한다. 기업에 따라 다르게 적용할 수도 있지만, 홍보행사 비용만을 손익계산서에 적용할 수도 있고, 제품 판매가격을 손익계산서에 적용할 수도 있다. 무료 시음회 등 홍보행사를 개최한 부서에서는 행사에 필요한 식재료비용을 지출로 간주할 수도 있고, 식음료 상품판매부서에서는 이를 매출로 간주할 수도 있다. 이러한 적용은 기업에 따라 다르게 적용하고 있다.

일반적으로 대부분의 홍보비용은 세금적용대상 부분에서 제외되지만, 법적으로 준수해야할 몇 가지 규정이 있으니 반드시 확인해야 한다.

- 무료 시음회 등 홍보행사 담당 직원 이름
- 홍보대상자 이름
- 기업과 홍보대상자의 관계
- 홍보 내용 및 주제
- 홍보담담자의 서명

표 5-11은 호텔기업에서 사용하고 있는 홍보행사용 승인 내역서에 대한 샘플이다. 행사 승인 내역서를 확인하여 보면 행사를 시행하기 위해 누구의 승인을 얻어야 할지를 보여주고 있다. 홍보행사의 규모 혹은 내용에 따라 행사 승인에 관련된 관리자 역시 달라진다. 다시 말해, 행사계획서를 작성할 때 반드시 승인 혹은 결재선을 확인해야 한다.

- **홍보행사비용** : 홍보행사에 참석하는 대상자들은 가능한 현재 혹은 향후 기업의 사업적 동반자로서 역할을 하는 사람으로 구성 되어야 한다. 비용 결재서류에는 홍보행사 담당직원 성명, 초대자 이름 및 숫자, 초대자 소속 회사명, 행사주제 및 목적, 담당자 이름 등이 기록되어야 한다.
- 만약 행사 참석자가 공급업체, 협력업체 등 사업적으로 연관된 회사에 소

속된 경우에는 지출서에 다음과 같은 정보가 기록되어 있어야 한다.

- 직원이름
- 참석자수
- 참석자 소속회사
- 행사주제 및 목적
- 관리자 서명

표 5-11

	매장							
	연회		룸서비스		카페		바	
직위	행사	직원	행사	직원	행사	직원	행사	직원
총지배인	×	×	×	×	×	×	×	×
레지던트 지배인	×	×	×	×	×	×	×	×
관리자	×	×	×	×	×	×	×	×
영업 책임자	×	×	×	×	×	×	×	×
룸 책임자	×	×	×	×	×	×	×	×
인사부 책임자	×	×	×	×	×	×	×	×
식음료 책임자	×	×	×	×	×	×	×	×
행정 책임자	×	×	×	×	×	×	×	×
룸서비스 매니저				×				
카페 매니저						×		×
바 매니저								
× = 권한 인정								

■ **직원에게 사용되는 행사비용** : 만약 기업에 직원식당이 있다면 직원대상 홍보행사시 관리자들은 이를 적극적으로 활용할 수 있다. 하지만 특별한 경우(예를 들어, 행사내용에 관한 보안유지가 필요할 경우)에는 직원식당을 사용하는 것이 적절하지 않을 수도 있다. 이러한 경우에는 다른 장소를 활용해야 할 것이다. 지출서에는 반드시 행사주관 직원이름, 행사에 참여한 직원이름 및 숫자, 관리자 서명이 기록되어야 한다.

여러분이 어떤 기업에 속해있는지 상관없이 홍보행사 비용을 관리함에 있어 다음과 같은 몇 가지 공통된 규정이 있다. 첫째, 모든 행사 진행에 관련된 지출서를 기준으로 비용관리를 해야 한다는 것이다. 둘째, 지출서에 정확한 금액을 명시하도록 한다. 셋째, 현명한 판단기준을 적용해야 한다. 예를 들어 비용발생이 과다한 호텔로비에서의 홍보행사 등을 당연하게 받아들이면 안 된다는 것이다. 넷째, 직원들은 홍보행사 시간이 타 업장에서 바쁜 시간대를 피해서 시행할 수 있도록 해야 한다. 홍보행사보다는 정당한 가격을 지불하여 매출을 발생시키는 고객이 우선시 되어야 하기 때문이다.

직원판매 직원들에게 판매되는 식음료 상품의 비용은 구매부서의 입장에서 본다면 매출로 간주되며 이러한 매출은 비용관리에 있어서 여러 가지 이점이 발생할 수 있다. 왜냐하면 직원에게 식음료 상품을 판매한다는 것은 매출 발생인 동시에 비용 발생이다. 직원에게 판매된 식음료 상품은 회사의 재고자산에서 제외되기 때문이다. 이러한 비용 적용은 현재 업계에서 널리 사용되고 있는 것이지만, 관리자들은 직원판매를 위해 판매부서가 존재하지 않도록 관리를 철저하게 해야 한다.

재활용 식재료를 이용한 상품판매 간혹 보관하고 있거나 혹은 이미 사용된 상품을 활용하여 매출을 발생시킨 경험을 하였거나 앞으로 할 수도 있을 것이다. 예를 들어 조리에 사용한 폐식용유를 화장품 제조회사에 판매하는 행위 등이다. 폐식용유의 판매금액은 비록 작은 액수이지만, 판매대금은 전체 매출에 포함되어 매출액이 증가할 것이다. 따라서 관리자들은 직원들로 하여금 비용절감을 위한 여러 가지 좋은 아이디어를 끄집어낼 수 있도록 유도해야할 것이고, 철저한 관리도 있어야 한다.

식재료비용 계산 결과

실제 식재료원가에 영향을 주는 요인들을 충분히 검토한 후, 각각의 식재료원가 발생항목들을 정리해야 한다. 실제 식재료원가 계산결과는 표 5-12 와 유사 할 것이다(표 5-12에서 예를 든 금액은 단순히 숫자적 샘플일 뿐이지, 특정회사를 예로 하지 않았음을 먼저 알려둔다). 실제 식재료 원가율을 계산한 후 마지막으로 해야 하는 작업은 예상 원가율과 비교하여 그 차이점이 발생한 원인을 확인해야 한다.

발생주의 회계

발생주의 회계(Accruals)란 매출발생시점과 비용발생시점의 매출과 비용을 의미한다. 발생주의 회계는 현금이 수취거나 지급될 때 기록되는 것이 아니라 매출액과 비용을 적립한다는 의미이다. 발생주의 회계시스템에 있어서 통상적으로 월간회계 적용 시 실질적으로 현금 수입이 발생하고, 비용지출이 발생하는 행위와는 상관없이 발생하는 매출과 비용을 의미한다. 발생주의 회계기법과 반대되는 개념은 현금 수입 및 지출을 기준으로 하는 현금주의 회계기법이 있다. 하지만 현금주의 회계기법은 정확한 수입과 지출을 파악하기에는 문제점이 많아 대부분의 기업에서는 발생주의 회계기법을 활용하고 있다.

(단위 : 달러)

표 5-12

음식매출		2,200.00
초기 재고 비용	1,000.00	
+) 구매 비용	600	
+) 추가 구매 혹은 부서 간 이동 비용(예를 들어 바에서 주방으로)	100	
총 식재료 구매 비용	1,700.00	
-) 마감재고	950	
판매된 음식의 순 비용	750	
-) 다른 매장으로의 이전 (예를 들어 주방에서 바로)	10	
-) 직원의 판매매출	10	
-) 직원 식사	100	
-) 행사용 음식원가	10	
사용된 음식의 순 비용	620	
매출대비 원가율(%)		28.18

미수 수익(Accrued Revenues)이란 매출액 발생시점과 기록되는 시점이 서로 다른 회계기간에 발생하여 이를 관리하는 항목을 의미한다. 예를 들면 12월31일 저녁행사를 유치하였다면 이날 행사는 밤늦게 진행되기 때문에 일반적 POS시스템에서는 12월31일 자정을 지나서 발생한 매출은 다음해 1월1일 매출로 간주 될 것이다. 이러한 경우 12월31일 발생한 매출액은 12월 매출에는 차변(Debit)으로 1월 매출에는 대변(Credit)으로 인식된다. 미수 수익은 때로는 미수 자산을 의미하기도 한다. 기업의 대차대조표 항목 중 현재 자산 아래 칸에 표기되고 있다.

미불 비용(Accrued Expenses)이란 회계기간 내 비용이 발생되었지만, 실질적으로 비용지출이 발생하지 않은 비용을 말한다. 미불 비용을 미불 부채라고도 한다. 그 이유는 기업의 대차대조표상 현재부채란 아래 누적부채가 표기되기 때문이다. 다음의 상황은 미불비용이 발생하는 상황을 가정한 것이다. 공급업체 'A'가 $100에 해당 쇠고기 안심을 공급하였다고 가정하자. 쇠고기 안심의 공급량은 lb당 $6.5로 15.38lb가 공급되었다. 공급업체 'B'는 닭고기 35lb를 공급하였다고 가정하자. 그리고 공급업체 'B'에 주문한 닭고기의 양은 25lb이었다. 실제로 식재료를 사용하는 부서에서는 닭고기 10lb를 반품하였으나, 거래명세서상 총금액을 지불하여야 하기 때문에 닭고기 10lb에 해당하는 만큼 비용은 적립하기로 하고 전체 청구금액을 지불하기로 하였다. 닭고기 가격은 lb당 $2이라고 하자. 닭고기 거래결제대금은 적립금 $20을 포함하여 $70이다. 반입물품의 비용은 아직 공급업체에게 지불하지 않았고, 닭고기 10lb에 해당하는 적집명세서를 받지도 않은 상황이라면 기업은 표 5-13과같이 회계처리를 시행해야 할 것이다.

표 5-13

월별	12월	승인 :		
미불비용				
공급업자	음식	음료	재고관리 회계번호	금액($)
A	×		100-1	100.00
B	×		100-1	70.00
미불부채				
B	×		100-1	(20.00)
총계				150.00

실제 미불 식음료비용은 $150이다. 이는 표 오른쪽 하단에 나타나 있다. 이 금액이 월간 식재료비용계산에 적용해야 하는 비용이다.

재고자산 회전율

재고자산 회전율(Inventory Turnover Ratio) 점검은 월간재고자산의 회전율을 확인하여 불필요한 자본금이 재고자산으로 묶여 있는지를 점검하기 위한 관리방법이다. 재고관리에 있어서 여러 가지 직접비용을 발생하는 요인이 있다. 예를 들어 재고물품부족, 재고조사서 보관, 재고자산 취급보관, 재고조사 등이다. 효율적인 경영방법 중 한 가지는 재고자산의 회전율을 극대화하여 재고비용을 최소화해야 하며, 재고물품의 손실을 줄이고, 자본금의 흐름을 원활하게 해야 한다는 것이다.

재고자산의 원활한 회전에 대한 전적인 책임은 구매부서에 있다. 회사의 규정에 따라 재고 물품의 손실 및 파손을 최소화해야 하며, 재고자산으로 인해 묶여있는 자본금을 원활하게 하여 회사 내 현금흐름을 극대화시키는 등 많은 업무를 구매부서에서 책임져야한다. 대부분 기업들은 재고자산 회전율을 계산할 때 다음 두 가지 방법을 활용하고 있다.

a) 매출액에 따른 발생비용과 재고자산관리 회전율 비교

b) 각 제품별 재고자산 회전율 점검이 있다.

두 가지 방법 모두 표 5-14에서 자세히 설명하고 있다.

재고자산 회전율 계산을 다음의 공식을 활용하여 해보도록 하자. "회전율 = 매출관련비용 / 평균재고량 (line A / line D)"을 먼저 구한 후 조사기간에 따라 회전율을 곱하면 조사기간 동안의 재고자산 회전율을 구할 수 있다. 예를 들어, 1분기 동안의 재고자산 회전율은 2.724 × 3개월 = 10.896이다. 다시 주간별 재고자산 회전율을 구할 때에는 2.72 ÷ 17주 = 0.641이다. 아쉽게도 재고자산회전율에 대한 산업별 기준은 마련되어 있지 않다. 왜냐하면 매출액,

표 5-14

라인		1월	2월	3월	4월
	재고자산회전				
A	판매 원가	95,000	80,000	70,000	65,000
B	초기 재고	40,000	45,000	25,000	21,000
C	마감 재고	45,000	25,000	21,000	18,000
D	재고 평균([B+C]/2)	42,500	35,000	23,000	19,500
E	재고 회전률(A/D)	2.235	2.286	3.043	3.333
	일별 재고				
F	일수	31	28	31	30
G	판매원가 대비 재고(D/A)	0.447	0.438	0.329	0.300
H	재고 평균(G×F)	13.87	12.25	10.19	9.00
	판매 효율성				
I	매출	30,000	265,000	230,000	217,000
J	매출 대비 원가율(A/I)	28.79	30.19	30.43	29.95
K	매출 대비 재고(I/D)	7.76	7.57	10.00	11.13
	평균 계산				
L	월별 회전률	2.724			
M	분기별 회전률(L×4달)	10.896			
N	주별 회전률(M/17주)	0.641			

재고자산 보관 공간 혹은 시간별 구매량에 따른 가격할인, 기업현금 흐름상황 그리고 제품의 유효기간 등의 많은 고려요인이 있으며 각 기업의 특성에 맞게 재고자산회전율을 정해서 지킬 수 있도록 하는 것이 훨씬 더 효율적이기 때문이다. 일반적으로 매출을 구성하는 메뉴판매량이 많은 물품일수록 자산회전율은 높다.

재고조사결과해석

재고자산의 평균보유기간을 바탕으로 재고자산운영의 효율성을 가늠할 수 있다. 지난 수년간의 평균 재고자산 보유현황자료를 확인함으로써 여러분은 기업예산을 세울 때 재고자산관리에 대한 예산을 수립할 수 있을 것이다. 재고자산에 관한 예산을 수립할 때에는 미래에 발생하게 될 판매현황 예측을 근거로 하는 것이 훨씬 더 효과적이다. 표 5-14에 나타난 평균 재고자산 대비 매출비용 비율을 확인해 보면, 1월에 0.447에서 4월에는 0.300으로 줄어든 것으로 나타나 있다(문자열 G). 그리고 평균자산 대비 매출비용율과 재고조사 기간을 합하여 얻은 숫자(문자열 H) 다시 말해서, 재고물품 평균보관기간을 확인해보면 1월에 비해 4월은 역시 줄어든 것으로 나타나 있다. 이러한 결과는 재고보유율을 떨어뜨리는 긍정적 결과이다. 뿐만 아니라 대차대조표상에도 긍정적 효과를 나타낸다.

판매효율성이란 판매액과 평균재고량 관계를 나타낸 것이다(표 5-14)에서 문자열 K를 확인하면 된다). 판매효율성은 매출규모에 따라 재고자산의 규모를 나타낸다. 판매효율성을 관리하는 목적은 매출에 필요한 적절한 재고량 파악과 재고자산의 순환을 점검하기 위함이다. 표 5-14를 확인해 보면, 판매효율성은 1월에 7.76에서 4월에는 11.13으로 증가되었음을 보여주고 있다. 결론적으로 재고자산소비가 크게 증가했음을 의미하며, 이러한 결과는 재고자산이 판매물품 부족 등의 부정적 결과를 발생시키지 않는 한 판매효율성은 증가되어야 한다는 것이다. 재고조사 결과를 분석함에 있어 가장 신중한 방법은 재고품목별 회전율을 점검하는 방법이다.

재고자산품목별 구분은 크게 식재료와 음료재고 부분으로 나눈다. 재고물품을 더욱 세분하면 현재 재고물품의 상태에 따라 구분할 수 있다. 예를 들어 조리하기 전 물품, 조리과정 중인 물품, 조리 과정이 끝난 물품 그리고 완제품 등으로 나눌 수 있다.

이러한 분석 방법은 비용관리자에게 상세한 재고관리방법을 제공한다. 하지만 이 방법을 적용하기에 앞서 주의해야 할 점은 적정재고보다 많이 구매했을 경우 물품 상태에 따라 재고물품을 구분하므로 적정구매량을 잘못 판단할 수 있다는 것이다. 다음은 재고자산회전율을 계산하는데 있어서 재고물품의 상태에 따라 세 가지로 구분할 수 있다.

■ 조리가 끝난 식재료 재고자산 회전율 : 매출비용 ÷ 조리가 끝난 평균 식

재료 재고원가

■ 조리과정중인 식재료 재고자산 회전율 : 조리과정중인 식재료재고원가 ÷ 조리과정중인 평균 식재료 원가

■ 가공하지 않은 식재료 재고자산 회전율 : 가공하지 않은 식재료비용 ÷ 가공하지 않은 평균 식재료 원가

위의 세 가지 재고자산관리부분에 적용했던 공식을 더욱 발전시켜 보면

■ 고객만족 그리고 현금유동성에 영향을 미치는 재고보유수준

■ 회전율이 낮거나 폐기가 예상되는 재고자산

■ 정확하지 않거나, 예측하지 못하는 생산 준비율

구매부서의 구매능력을 정확히 평가하기 위해서는 물품보관창고에 보관중인 식음료 재고자산의 회전율과 생산과정 중에 있는 식음료 재고자산 회전율을 분리해서 계산해야 한다. 다음은 재고자산회전율에 대한 가이드라인을 제시하고자 한다.

음식 (저장실에 있는 것만)	4.0 ~ 2.5
음료 (저장실에 있는 것만)	2.0 ~ 1.0
음식 (저장실에 보관중인 것과 생산과정에 있는 것)	2.5 ~ 1.5
음료 (저장실에 보관중인 것과 생산과정에 있는 것)	1.0 ~ 0.5

장기보관 재고자산

재고자산회전율을 분석하게 되면 오랫동안 사용되지 않는 장기보관 재고자산량(Dead Stock)을 파악하게 된다. 장기재고물품이란 장기간 동안 물품회전율이 낮아 구매 또는 사용되는 양이 극히 적은 재고물품으로서 기업에서는 자본금 손실로 파악되기도 한다. 다시 말해 제품판매에 전혀 사용되지 않은 손실금으

로 취급되는 비용이다. 장기보관 재고품의 양이 과다하면 재고자산회전율이 낮아지게 된다. 장기보관재고량을 줄이기 위해서는 다음을 반드시 지켜야 한다.

- 장기재고 물품은 빨리 회전되는 물품과는 별도로 보관 장소를 분리하여 보관해야 한다.
- 매달 장기재고 물품의 재고수준을 점검하고 관리한다.
- 구매담당 관리자와 함께 장기재고 품목에 관하여 논의한 후 각 업장의 관리자에게 장기 보관중인 물품목록 및 보유량을 알린다.
- 장기재고물품의 회계처리방법에 관하여 논의한 후 장기재고물품을 사용할 수 있는 방법을 찾는다(예를 들어 특별메뉴 구성, 판매직원 홍보강화, 직원용 특별 메뉴 등).
- 연회담당 관리자는 1회성 행사에 필요한 물품구매 혹은 특별 주문에 의한 메뉴준비 등 특별한 물품이 필요할 때 예상 매출액 및 원가 그리고 주문량을 정확하게 계획을 수립한 후 시행하도록 한다.

모든 장기재고물품의 목록과 자산 가치를 계산하여, 매월 실시하는 재고조사 때 최신자료로 수정 후 관리해야 한다.

요 약

5장에서는 다양한 방법의 재고관리기법에 관하여 학습하였다. 이러한 재고관리기법은 판매를 목적으로 실제 사용한 비용을 계산하기 위해 반드시 필요하다. 매월 실시하는 재고조사를 너무 정확하게 하려는 의도로 인해 분기별 재고조사가 중복되는 경향이 있다. 하지만 영구재고조사가 제대로 시행되고 있다면, 기업의 특성에 맞게 재고조사 방법 및 시기를 선택하면 될 것이다. 그리고 영구재고조사가 제대로 진행되기 위해서는 관련 직원들은 재고조사방법에 대한 업무지식을 반드시 갖추고 있어야 한다.

직원식사용 식재료 관리방법, 식재료 손실 및 파손 원가관리, 판매촉진을 위해 사용한 식재료비용 처리 방법, 누적회계방법 그리고 재고자산 평가방법에 대해서도 학습하였을 뿐만 아니라 재고자산회전율을 점검함으로써 재고관리에 대한 실제적인 방법을 제시하였으며 장기재고 같은 불필요한 비용발생 요인을 방지하기 위한 관리방법을 제시하였다.

논의과제

1. 포장단위가 박스(Box)로 이루어졌으며, 1박스에는 6개의 캔 제품으로 구성된 토마토 제품을 여러분의 기업에서 사용하고 있다고 가정하자. 2개의 토마토 캔이 남아있으면 토마토 제품의 재고량이 몇 %인가?

2. 아래의 표를 참조하여 질문에 답하기 바란다.

구매 날짜	단위	케이스별 금액
2/6	3 케이스	21.50
2/10	2 케이스	20.99
2/13	5 케이스	21.75
2/17	1 케이스	21.90

재고조사시점에서 3 Box의 토마토 캔 재품이 남아있다

ⓐ 선입선출(FIFO)기법을 활용하여 재고자산 가치를 계산하시오.

ⓑ 후입선출(LIFO)기법을 활용하여 재고자산 가치를 계산하시오.

ⓒ 평균값 기법을 활용하여 재고자산 가치를 계산 하시오.

ⓓ 실제 구매가격 기법을 적용하여 재고자산 가치를 계산하시오.

ⓔ 최근 가격 적용기법을 활용하여 재고자산 가치를 계산하시오.

3. 아래의 자료를 활용하여 식재료 원가를 계산하시오.

초기 재고 자산	: $ 3,250	구매비용	: $ 23,560
부서 간 이동 (out)	: $ 450	부서 간 이동 (in)	: $ 4,218

4. 위의 3번 문제의 자료를 포함하여 직원식사비용 $560과 홍보용 식재료비용 $350을 사용하였다면, 실제 식재료비용은 얼마인가?

5. 위의 3번의 자료를 활용하여 매출액이 $7,5000이라면, 재고자산 회전율은 얼마인가?

6. 재고실시를 하는 목적은 무엇인가?

7. 재고조사 양식에 들어가는 비용은 어떤 것들이 있는가?

8. 영구재고조사란 무엇인가?

9. 영구재고조사가 가장 필요한 물품은 어떤 것들이 있는가?

10. 선입선출(FIFO)기법이란 무엇이며 장점 및 단점은 무엇인가?

11. 후입선출(LIFO)기법이란 무엇이며 장점 및 단점은 무엇인가?

12. 초기재고량은 어떻게 계산 하는가?

13. 재고자산의 부서 간 이동이 왜 중요한가?

14. 실제 식재료비용 계산 시 직원 식사용 비용과 홍보용 식재료원가 계산이 왜 중요한가?

15. 재고자산 회전율을 계산하는 이유는 무엇인가?

Chapter 6

음료상품 수익률 증대 및 관리

학습목표

이 장을 학습한 후, 다음 내용들을 이해할 수 있어야 한다.

- 음료상품관리와 음식상품관리의 차이점 이해
- 음료상품 판매 수익성과 판매경향 분석
- 음료상품관리에 있어서 중요 요인 이해 : 표준 음료제품 관리번호, 표준 음료재고량, 음료제품 관리시스템, 음료제품 반출기법 가치계산, 음료 상품손실 및 낭비 방지, 홍보비용 처리, 예상 음료원가
- 실제 음료원가와 예상 음료원가의 차이 이해
- 음료상품 재고조사
- 음료상품 판매에 따른 상품 관리기법
- 음료상품 중 자산회전율이 낮거나, 장기재고상품 관리방법
- 음료상품 관리에 필요한 표준운영절차 수립

개　요

음료상품 관리뿐만 아니라 음료상품과 음식상품의 관리상 차이점을 이해하고, 음료상품의 구매, 재고관리 및 운영 그리고 음료상품의 판매에 따른 운영기법에 대하여 학습하게 될 것이다. 끝으로 고객만족에 관련된 부분 역시 배우게 될 것이다.

음료상품에 대한 이해

주류 상품을 포함한 음료상품의 수익성은 음료상품의 생산과정에서부터 소비과정에 이르기까지의 전 과정에 대한 관련종사원의 업무지식과 원가관리자의 관리 결과와 비례한다고 할 수 있다. 따라서 음료상품의 구매, 저장, 판매 그리고 음료상품을 소비한 고객만족 등에 관한 모든 운영활동에 관한 업무지식을 제대로 갖추어야만 한다. 6장에서는 음료상품의 구성요소에 관하여 배우게 될 것이며 고객의 소비성향, 음료원가 및 수익산출 마지막으로 중요한 음료상품 관리기법에 대해서도 배우게 될 것이다. 여러분이 반드시 기억해야 할 것은 여러분의 고객은 여러분이 속해 있는 기업이외에도 무수히 많은 경쟁업체를 선택할 가능성을 가지고 있다는 것이다. 이러한 치열한 경쟁 속에서 성공하기 위해서는 업무지식 향상과 경영관리능력을 충분히 배양해야 한다.

음료상품과 음식상품은 여러 가지 측면에서 많은 차이가 있다. 상품의 주문, 반입, 저장 및 관리, 판매 방법 그리고 원가관리측면에서도 두 상품이 지닌 독특한 특성을 충분히 고려해야 할 것이다. 우선 음료상품은 음식상품과는 달리 규격화 및 표준화되어 있다. 음료상품이 규격화와 표준화가 이루어져 있기 때문에 음료상품의 저장장소의 크기를 계획할 때 정확한 저장 공간의 크기를 예측할 수 있다. 둘째, 상품의 유효기간의 차이이다. 음료상품은 음식상품보다 유효기간이 월등히 길다. 상품 보관 시 상품의 질을 좌우하는 보관온도 측면에서도 음료상품이 음식상품보다 훨씬 덜 민감하다. 음료상품의 이러한 특성은 상품의 주문 및 저장상의 문제점을 해결해 주고 있다. 셋째, 음료상품은 음식상품에 비해 상품 판매에 따른 상품의 원가율이 안정적이며, 예측이 가능하다는 것이다. 넷째, 음료상품의 특성상 음료상품을 보관하는 장소를 이용하는 이용자의 수를 제한해야 한다는 것이다. 음료상품은 대개 고가의 상품이 많으며, 소량 단위로 포장되어 있어서 분실 및 도난의 위험이 높기 때문이다. 따라서 음료상품관리에 있어서 원가관리자의 관리 및 감독이 더 많이 요구된다. 여러 가지 음료상품의 특성은 상품관리 측면에서 훨씬 더 정확하고 완벽한 관리를 요구하고 있으며, 이를 수행했을 때 높은 수익률을 안겨줄 것이다. 구매한 음료상품은 음식상품과 달리 단 1%도 판매 이외의 다른 용도에 의한 상품손실이 발생할 수 없다. 다만 음료상품을 취급하는 직원들에 의한 손실이 발생할 뿐이다. 따라서 직원에 대한 교육 강화를 통해 음료상품의 수익성을 높일 수 있는 여러 가지 방안을 마련하고, 이를 강력하게 시행해야 한다.

음료상품에 대한 기본 지식

음료상품의 구분은 크게 알코올음료와 무알코올음료 두 가지로 나눌 수 있다. 무알코올음료는 상품에 포함된 알코올의 농도가 0.5%이하의 음료상품이다. 예를 들면 소다음료, 탄산수 그리고 알코올 함유량이 0%인 샴페인 종류 및 맥주 등이 있다. 알코올음료는 증류주와 숙성주로 나눌 수 있고, 이러한 알코올음료의 매출은 레스토랑 기업 매출의 많은 부분을 차지하기 때문에 상품 구매, 판매 그리고 고객의 소비성향 등을 관리할 담당자를 따로 배치하는 것이 좋다.

발효주

발효주의 제조과정은 매우 까다롭다. 발효주의 '발효'현상은 이스트(Yeast)와 곡물이 결합하는 현상을 말하며, 발효과정 중 과당은 알코올과 탄산가스로 변형된다. 이때 발효과정 중 생성되는 탄산가스는 공기 중으로 증발되고, 알코올만 남게 되어 발효주가 되는 것이다. 다음의 그림은 이러한 과정을 설명한 것이다.

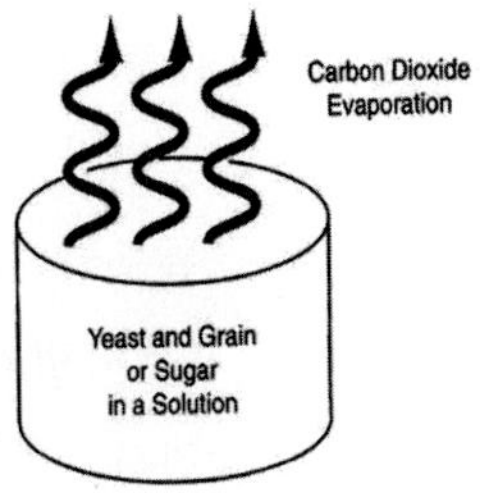

발효과정 중 생성되는 알코올의 양은 곡물에 포함되어 있는 과당의 양에 따라 결정되어진다. 다시 말해, 발효주의 원료가 되는 곡물의 과당양이 많을수록 알코올의 양이 많아진다는 것을

의미한다.

와인과 맥주 역시 발효주 종류 중의 하나이다. 와인과 맥주는 그 종류에 따라 알코올 함유량이 다양하다. 예를 들어 맥주의 알코올 함유량은 일반적으로 4~6%가 표준이고, 와인의 경우는 알코올 함유량이 12%에서 21%까지 다양한 편이다. 알코올 함유량에 대해서 좀 더 자세히 설명하면, 알코올 함유량이 13%인 와인 4oz에는 약 0.52oz의 알코올이 함유되어 있고, 이러한 와인의 알코올 함유량은 10oz 글라스의 맥주 한 잔에 함유된 알코올 함유량 4%보다 약 30%가 더 많은 것이다. 알코올 농도 45%인 진 토닉 1.5oz에는 약 0.675oz의 알코올이 포함되어 있고, 이러한 진 토닉 알코올 함유량은 맥주 10oz에 포함된 알코올 함유량보다 69%가 많은 것이며, 와인 4oz에 포함된 알코올보다 약 30%가 더 포함된 것이다.

맥주제품은 일반적으로 거대 양조회사가 정한 일정한 생산기준으로 균일화된 품질 생산이 가능하다고 하지만, 제품이 일단 개봉된 후에는 기타 알코올 제품보다는 저장 보관기간이 매우 짧을 뿐만 아니라, 잘못된 보관 방법 및 유통 과정중의 부주의로 인해 품질관리가 매우 어렵다. 와인제품 역시 맥주제품과 마찬가지로 보관 및 유통과정이 까다로운 제품이다. 와인제품은 제품의 품질관리를 위해 제품 보관 및 유통과정의 엄격한 관리절차와 더불어 특별한 품질 점검 및 관리가 필요하다.

증류주

증류주를 만들기 위해서는 우선 발효주를 먼저 제조해야 한다. 발효주를 가공하여 만든 음료가 증류주이기 때문이다. 증류주의 종류로는 럼, 브랜디, 위스키가 있으며 이러한 제품 이외에도 알코올 함유량이 40%~70%인 음료를 증류주라 일컫는다. 증류주를 제조하는 과정에 대해서 간단히 소개하면 다음과 같다. 발효주를 화씨 175도 이상으로 가열하게 되면, 알코올 성분이 증기로 변화하고 발효주에 포함된 물은 남게 된다(물은 화씨 212도가 되어야 증발하기 때문이다). 이때 온도관리가 가장 중요한 점검관리사항이다(부록 표 A-28 참조). 증기상태로 변한 알코올은 차가운 관을 통과하면서 다시 액체로 변화하게 된다. 이렇게 모아진 알코올 액체를 증류주라 하는 것이다. 증류주를 생산할 때에는 품질관리에 대한 세심한 관리가 요구된다. 세심한 관리 하에 생산된 증류주는 알코올음료 제품 중 질적인 면에서 가장 안정된 음료제품이다.

표 6-1

<table>
<tr><th colspan="2">발효주</th><th colspan="4">증류주</th></tr>
<tr><th>맥주와
에일(Ales)</th><th>와인</th><th>위스키</th><th>진</th><th>브랜디</th><th>리큐르</th></tr>
<tr><td>라거(lager)</td><td rowspan="4">테이블
화이트(White)
레드(red)
로제(rose)</td><td rowspan="7">스카치
(scothch)
아이리쉬
(irish)
버번
(bourbon)
라이(rye)
블랜드(blend)
캐나디언
(canadian)
라이트(light)</td><td rowspan="7">런던드라이
(london dry)
홀랜드
(holland)</td><td rowspan="7">코냑(cognac)
알마냑
(armagnac)
칼바도스
(calbados)</td><td rowspan="7">아마레또
(amaretto)
비엔비(B&B)
베네딕트
(benedictine)
샤르트뢰즈
(chartreuse)
꼬인트르
(cointreau)
큐라소
(Curacao)
드람뷔
(drambuie)
갈리아노
(galliano)
아이리쉬미스트
(irish mist)
깔루아
(kahlua)
퍼노드
(pernod)</td></tr>
<tr><td>에일(ale)</td></tr>
<tr><td>생맥주(draft)</td></tr>
<tr><td>스타우트
(stout)</td></tr>
<tr><td rowspan="3">라이트
(light)</td><td>아페히티프
(Aperitif)
버뮤스
(vermouth)
듀보넷
(dubonnet)</td></tr>
<tr><td>디저트
세리(sherry)
포트(port)
마데라
(madeira)
마샬라
(marsalla)</td></tr>
<tr><td>스파클링
샴페인
(champagne)
스파클링 버건디
(sparkling
Burgundy)</td></tr>
</table>

여러분 스스로가 알코올제품에 관하여 몇 가지 질문에 답해보도록 하자. 바(Bar)에서 쉽게 볼 수 있는 알코올음료 제품이 발효주인지 아니면 증류주인지를 쉽게 구분할 수 있는가? 알코올음료는 쉽게 발효주와 증류주로 구분하고 있는데, 알코올음료의 종류가 다양한 이유는 무엇인가? 알코올 음료제품 각각의 차이는 무엇일까?(표 6-1 참조)

현재 미국 내 각 주정부에서는 다양한 종류의 증류주, 와인 그리고 몰트 음료 제품에 대한 기준을 다양하게 제시하고 있다.

각각의 알코올음료 제품의 상표(Label)에는 음료의 제조원료, 제조과정, 제조일자 그리고 알코올 함유량 등 제품에 관련된 기본적 정보가 제공되고 있다. 주류음료상품의 상표에 기재된 제품정보는 각 음료제품의 특성을 누구나 쉽게 판별할 수 있도록 도와주고 있다. 이러한 알코올음료 제품의 정보는 향후 주 정부차원의 관리기준이 되며, 수입 알코올 음료제품에도 공통된 기준을 적용받게 될 것이다(표 6-2 참조).

알코올음료인 주류에 관한 정보 공개기준은 1934년 금주령이 해제되면서 마련되었다. 미국 주정부에서는 금주령이 선포된 동안 주류시장의 혼란과 부조리를 피해나가기 위해 새롭고 강력한 관리 시스템을 요구하였다. 주정부에서 강력한 주류 관리 시스템을 요구하게 된 이유는 첫째, 주류 제품에 부과되는 세금을 예측하고 징수하기 위한 것이었다. 둘째, 소비자들에게 자신이 소비하는 주류제품에 관한 정보를 제공하기 위한 것이었다. 즉, 소비자 스스로

표 6-2

자신이 소비하는 제품이 어떤 제품인지 그리고 다른 제품과의 차이가 무엇인지 알고 소비할 수 있도록 하기 위한 것이었다. 이러한 제품의 정보는 원가관리자에게도 도움이 될 것이다(e.g. 주류제품의 수익률 분석 시).

증류주의 종류 및 차이점 증류주의 종류는 다양하지만 몇 가지 공통점이 있다. 우선 모든 증류주는 발효주를 증류하여 만들어졌다는 것이고, 다른 알코올 음료제품과 비교해서 알코올 함유량이 월등히 높다는 점이다. 그리고 고객에게 제공되는 시점은 주로 식전 혹은 식후라는 점이다. 종류가 다양한 증류주는 각 제품마다 중요한 차이점이 존재한다. 예를 들어 향(Flavor), 질감(Body) 등이 각기 다르며, 증류주를 소비하는 고객들은 향과 질감 등의 차이에 따라 자신이 선호하는 제품을 선택하고 있다.

각각의 알코올 음료제품은 고유한 맛을 가지고 있다. 증류주는 위스키, 진 등으로 그 종류를 나눌 수가 있고, 같은 위스키 제품이라고 하더라도 버본 위스키(Bourbon Whiskey)는 스카치(Scotch Whiskey)와는 맛과 향이 매우 다르다. 아이리쉬 위스키 제품 역시 앞의 두 가지 제품의 위스키와는 그 맛과 향이 다르다. 뿐만 아니라, 같은 스카치 위스키제품이라 할지라도 제조회사에 따라 그 향과 맛이 역시 다르다. 대부분의 고객 역시 이렇듯 다양한 위스키 제품 중에서 본인이 가장 좋아하는 향과 맛을 지닌 제품을 선택하며 소비한다. 따라서 고객이 원하는 제품이 어떻게 만들어졌으며, 어떤 특징이 있는지를 분명히 알고 있어야 한다.

알코올음료의 질감(Body) 역시 각 제품의 특징을 구분하는 중요한 요인이며, 이러한 질감은 풀 바디(Full-Bodied)에서 라이트바디(Light-Bodied) 등으로 다양하게 구분된다. 다음의 몇 가지 중요한 사항들은 알코올 음료제품의 향과 질감을 구분하는데 중요한 단서들이다.

- 발효주를 만드는데 사용된 곡물이나 기타 원재료의 종류
- 음료에 포함된 알코올 함유량
- 알코올음료 증류 후 착향 및 착색 등 알코올음료를 변화시킨 요인

이상의 여러 가지 요인들을 적극적으로 활용하여 다양한 종류의 증류주 제품이 개발된 것이다. 따라서 음료제품을 구매하는 고객에게 한 단계 높은 차원의 서비스를 제공하기 위해서는 반드시 각 제품의 특성과 타 제품과의 차이점을 인지하고 있어야 한다. 주류 공급업자들에게 자신들이 판매하고 있는 제품의 특성과 타 제품과의 차이점에 관한 정보를 요구하여 활용한다면, 주류제품에 관한 정보를 손쉽게 가질 수도 있을 것이다.

음료제품의 역사

1934년 금주령이 해제된 후, 미국 내 알코올음료의 소비형태가 변화되었다. 이러한 변화는 당시의 사회적 그리고 산업적 환경요인에 의해 발생되었고, 표 6-3은 1934년부터 2002년까지 약 68년간의 미국 내 알코올 음료제품의 소비성향 및 소비량의 변화를 자세히 설명해주고 있다. 표 6-3을 이해하기 위해 다음과 같은 기본적인 정보들을 우선적으로 알아야 한다. 1 인당 알코올 소비량 산출방법에 있어서 1970년대를 기준으로 이전에는 15세 이상의 모든 인구를 대상으로 하였고, 이후에는 14세 이상의 인구를 대상으로 계산하였다.

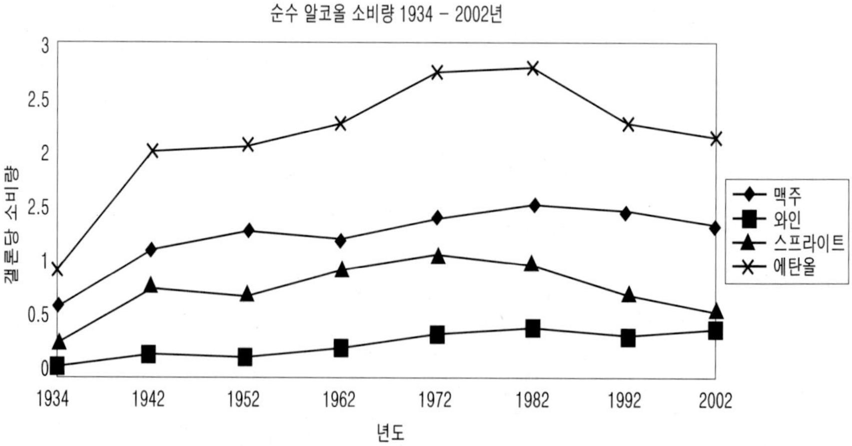

표 6-3

표 6-4

Year	License States		Control States		Total						
	Wine Callon (000)	Percentage of Total Consumption	Wine Gallon (000)	Percentage of Total Consumption	Wine Gallon (000)	Percentage Cgange	Resident Population (000)	Adult Population (21 & older) (000)	Per Capita Consumption (Resident) (galperson)	Per Capita Consumption (21+)	Number of States
1934	45,892	79.2	12,073	20.8	57,965	–	126,374	77,619	0.48	0.75	28
1935	65,219	72.7	24,452	27.3	89,671	54.7	127,250	78,751	0.7	1.14	41
1936	87,107	71.3	35,011	28.7	122,118	36.2	128,053	79,825	0.95	1.53	43
1937	94,661	89.9	40,692	30.1	135,353	10.8	128,825	80,867	1.05	1.67	44
1938	88,447	59.7	38,446	30.3	126,893	-6.3	129,825	81,978	0.98	1.55	45
1939	94,522	70.2	40,131	29.8	134,653	6.1	130,880	83,104	1.03	1.62	46
1940	101,736	70.2	43,256	28.8	144,992	7.7	131,954	84,311	1.1	1.72	46
1941	111,224	70.3	46,933	28.7	158,157	9.1	133,121	85,563	1.19	1.85	46
1942	133,831	70.3	56,417	29.7	190,248	20.3	133,920	86,380	1.42	2.2	46
1943	105,879	72.8	39,650	27.2	145,529	-23.5	134,245	86,634	1.08	1.68	46
1944	124,414	74.6	42,265	25.4	166,679	14.5	132,885	85,599	1.25	1.95	46
1945	142,220	74.8	47,911	25.2	190,131	14.1	132,481	85,200	1.44	2.23	46
1946	175,029	75.8	55,952	24.2	230,981	21.5	140,054	91,965	1.65	2.51	46
1947	130,126	71.6	51,520	28.4	181,646	-21.4	143,446	93,500	1.27	1.94	46
1948	118,637	69.4	52,384	30.6	171,021	-5.8	146,093	94,913	1.17	1.8	46
1949	120,471	71.1	49,074	28.9	169,545	-0.9	148,665	96,364	1.14	1.76	47
1950	138,966	73.1	51,053	26.9	190,019	12.1	151,868	98,060	1.26	1.84	47
1951	139,765	72.1	54,002	27.9	193,767	2	153,882	98,914	1.26	1.96	47
1952	131,409	71.5	52,278	28.5	183,687	-5.2	156,393	99,862	1.17	1.84	47
1953	140,380	72.1	54,283	27.9	194,663	6	158,956	100,795	1.22	1.93	47
1954	136,956	72.3	52,515	27.7	189,471	-2.7	161,884	101,910	1.17	1.86	47
1955	145,422	72.9	54,148	27.1	199,570	5.3	165,069	103,179	1.21	1.93	47
1956	158,518	73.7	56,707	26.3	215,225	7.8	168,088	104,307	1.28	2.08	47
1957	154,560	72.9	.57,514	27.1	212,074	-1.5	171,187	105,340	1.24	2.01	47
1958	159,257	73.9	56,209	26.1	215,466	1.6	174,148	106,243	1.24	2.03	47
1959	167,364	74.2	58,090	25.8	225,454	4.6	177,135	107,299	1.27	2.1	48
1960	175,573	74.8	59,141	25.2	234,714	4.1	179,979	108,346	1.3	2.17	49
1961	182,707	75.7	58,742	24.3	241,449	2.9	182,992	109,418	1.32	2.21	49
1962	192,693	76	61,008	24	253,701	5.1	185,771	110,495	1.37	2.3	49
1963	196,780	76	62.200	24	258,980	2.1	188,483	111,698	1.37	2.32	49
1964	209,721	76	66,141	24	275,862	6.5	191,141	113,261	1.44	2.44	49
1965	223,889	76.1	70,355	23.9	294,244	6.7	193,526	114,595	1.52	2.57	50
1966	233,071	75.4	75,845	24.6	308,916	5	195,576	115,791	1.58	2.67	51
1967	244,368	75.3	80,094	24.7	324,462	5	197,457	116,940	1.64	2.77	51
1968	261,514	75.5	84,730	24.5	346,244	6.7	199,399	119,125	1.74	2.91	51
1969	272,534	75.3	89,240	24.7	361,774	4.5	201,385	121,038	1.8	2.99	51
1970	279,534	75.4	91,039	24.6	370,573	2.4	203,984	123,321	1.82	3	51
1971	288,368	75.4	94,156	24.6	382,524	3.2	206,827	125,688	1.85	3.04	51
1972	296,281	75.2	97,555	24.8	393,836	3	209,284	128,188	1.88	3.07	51
1973	306,727	75.4	100,332	24.6	407,059	3.4	211,357	130,623	1.93	3.12	51
1974	314,476	75.4	102,841	24.6	417,317	2.5	213,342	133,110	1.96	3.14	51
1975	318,697	75.3	104,735	24.7	423,432	1.5	215,465	135,748	1.97	3.12	51
1976	320,086	75.1	106,307	24.9	426,393	0.7	217,563	138,514	1.96	3.08	51
1977	323,813	75	107,740	25	431,553	1.2	219,760	141,335	1.96	3.05	51
1978	332,925	75.1	110,536	24.9	443,461	2.8	222,095	144,340	2	3.07	51
1979	335,418	75	112,078	25	447,496	0.9	224,567	147,398	1.99	3.04	51
1980	337,631	75.1	111,786	24.9	449,417	0.4	227,225	150,452	1.98	2.99	51
1981	339,144	75.5	110,276	24.5	449,420	0	229,466	153,212	1.96	2.93	51
1982	329,600	75.5	106,982	24.5	436,582	-2.9	231,664	155,989	1.88	2.8	51
1983	326,885	75.8	104,331	24.2	431,216	-1.2	233,792	158,599	1.84	2.72	51
1984	324,226	76	102,512	24	426,738	-1	235,825	161,112	1.81	2.65	51
1985	317,649	76	100,237	24	417,886	-2.1	237,924	163,520	1.76	2.56	51
1986	297,620	75.4	96,898	24.6	394,518	-5.6	240,133	166,844	1.64	2.38	51
1987	294,055	75.7	94,305	24.3	388,360	-1.6	242,289	167,876	1.6	2.31	51
1988	286,929	75.8	91,542	24.2	378,471	-2.5	244,499	169,753	1.55	2.23	51
1989	282,462	76	89,002	24	371,464	-1.9	246,819	171,567	1.51	2.17	51
1990	284,820	76.1	89,676	23.9	374,496	0.8	249,403	173,507	1.5	2.16	51
1991	260,221	75.1	86,097	24.9	346,318	-7.5	252,136	175,791	1.37	1.97	51
1992	266,908	75.3	87,785	24.7	354,693	2.4	255,039	178,199	1.39	1.99	51
1993	256,428	75.2	84,598	24.8	341,026	-3.9	257,800	180,219	1.32	1.89	51
1994	252,286	75.4	82,203	24.6	334,489	-1.9	260,350	181,891	1.28	1.84	51
1995	244,352	75.2	80,578	24.8	324,930	-2.9	282,755	183,401	1.24	1.77	51

표 6-3에 나타난 자료를 확인해 보면 계속적으로 증가하던 알코올 음료제품의 소비량은 1982년대 이후 감소되었으며, 특히 알코올 함유량이 높은 알코올 제품의 소비는 급격하게 감소된 것을 확인할 수 있다. 이러한 현상을 확인함으로써 변화된 고객의 소비 성향을 알 수 있을 것이며, 기업의 원가관리자로서 고객에게 판매할 제품을 준비하는데 있어서 중요한 경영정보를 갖게 될 것이다. 또한 알코올 음료제품의 소비가 전체적으로 감소된 반면에 몇몇의 고급 알코올 제품의 소비량은 증가하였다는 것을 발견할 수 있을 것이다. 이는 알코올음료제품의 소비자들의 변화된 성향을 보여준 것을(표 6-5 참조) 이해할 수 있다. 미국 내 증류주 협회에서 조사한 자료(표 6-4)에 의하면 알코올 함유량이 높은 음료제품의 소비자의 소비동향 역시 감소하고 있음을 보여주고 있다. 표 6-4의 자료내용을 확인 하기 앞서 몇 가지 사항을 알고 있어야 한다.

a) 콜럼비아지역에 1959년부터 알래스카지역이 포함되었고, 1960년부터 오클라오마지역이 포함되었으며, 하와이지역은 1965년에 포함되었다는 것.
b) 인구통계 자료 중 1934-1949년 자료에는 하와이지역과 알래스카지역의 인구자료는 포함되어 있지 않다는 것.
c) 미시시피지역은 1966년 7월부터 12월간의 자료만 포함되었다는 것.

표 6-4를 보면, 21세 이상의 성인 1인이 1년간 소비한 주류 소비량은 1970년

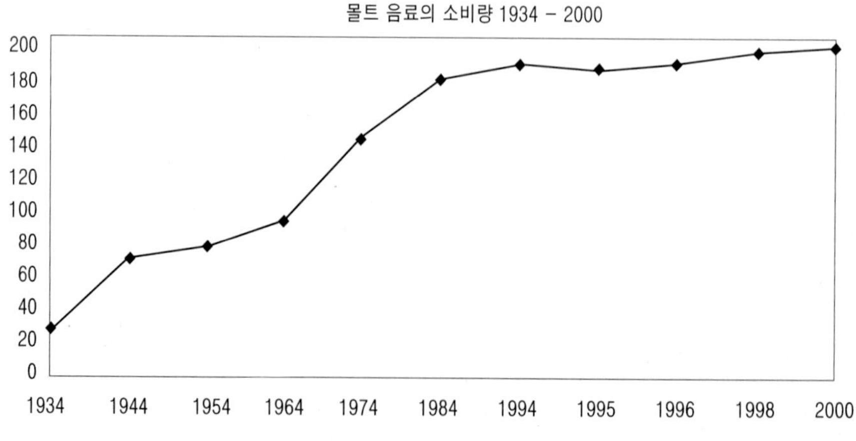

표 6-5

대 최고 3.14gallon에서 1994년 1.84gallon으로 현저히 줄어들었음을 확인할 수 있다. 음료제품 소비자의 변화된 소비성향에 관한 또 다른 연구결과에서는 알코올 음료제품의 소비가 현저히 줄어든 반면, 미네랄워터 혹은 소다음료 등의 무알코올 음료제품의 소비량은 크게 증가했음을 알려주고 있다. 미국 내 맥주협회에서 발표한 연구조사 결과에 따르면, 알코올 음료제품의 소비성향 변화의 또 다른 면을 보여주고 있다(표 6-5 참조).

맥주협회에서 발표한 자료에 따르면 맥주음료 제품시장의 변화된 모습을 보여주고 있다. 맥주음료제품은 맥주산업의 적극적인 홍보활동과 더불어 알코올 함유량이 낮은 음료제품을 선호하는 소비자의 욕구가 맞아 떨어져 1970년대 들어서 빠르게 증가하고 있음을 알 수 있다. 맥주음료산업과 달리 알코올 함유량이 높은 증류주 산업은 미국 내에서 광고홍보를 시행하는데 있어서 많은 제한을 받기 때문에 알코올 음료산업 내 시장 점유율면에서도 차츰 밀리고 있음을 확인할 수 있다.

표 6-6은 알코올 음료제품의 시장전체 상황을 개략적으로 보여주고 있다.

표 6-6

	1934	1944	1954	1964	1974	1984	1994	1998	2000	2002
맥주	63	55	52	47	47	51	51	57	56	55
와인	7	9	11	12	12	12	13	14	14	15
스프라이트	30	37	38	43	42	35	30	29	30	30
모든 에탄올	100	100	100	100	100	100	100	100	100	100

알코올음료제품의 소비형태가 변화하게 된 주요한 세 가지 원인은 다음과 같다.

1. 건강에 대한 중요도와 경제적인 면과 관련 알코올 중독의 부정적 효과 파급-관리 불가능
2. 알코올제품 소비자들의 정신적 황폐화와 이용에 대한 법적 규제 - 관리 불가능
3. 가격과 소비자 선호도-관리 가능

알코올 중독이 국민건강 및 경제적인 측면에 미치는 효과

미국 내에는 알코올 중독과 남용 방지 협회인 'NIAAA' (Alchol Abuse and Alcholism), 보건국 산하 기구인 'HHR' (Health and Human Resources) 그리고 음주운전 방지를 위한 어머니들의 모임인 'MADD' (Mothers against Drunk Driving) 등의 단체들이 알코올 중독 및 남용에 관한 위험성에 관하여 일반대중들을 대상으로 홍보활동을 하고 있다. 'NIAAA' 단체에서 밝힌 알코올 중독 및 남용에 관한 피해 및 문제점을 살펴보면 다음과 같다.

- 1991년 한 해 동안 발생한 자동차 사망사고 중 약 50%가 음주로 인한 사고였다. 1994년에는 자동차 사망사고 중 약 37.4%가 음주와 관련된 것으로 나타나 음주로 인한 자동차사고가 줄어든 것으로 나타났으나, 1995년에는 다시 41%로 증가하였다. 1995년 한 해 동안 음주 관련 자동차 사고 사망자 수는 17, 274명으로 1980년 중반과 비교해 볼 때 약 6,000명이 줄어든 수치이나 2002년에는 17,419명으로 다시 증가한 것으로 집계되었다.
- 경제적인 면에서 볼 때 일반 대중에게 있어서 알코올 중독 및 남용으로 인한 질병은 기타 다른 질병으로 인해 발생한 것보다 부정적인 파급 효과가 매우 크다. 알코올중독 및 남용으로 인한 사회적 비용 발생금액은 연간 900억불에서 1,116억불에 달한다. 이러한 비용의 약 70% 이상은 알코올음료 소비로 인한 생산성저하 및 알코올오용 혹은 남용으로 인한 사망사고로 발생한 비용이다. 또한, 전체 비용의 약 13%는 알코올 오용 및 남용방지 프로그램 및 알코올중독으로 인한 질병 치료 프로그램을 위한 비용이다. 2000년 한 해 미국자동차보험 1,030억 달러 중 18%에 해당되는 부분이 자동차사고로 인해 소비되었다.
- 많은 사회 범죄들이 알코올제품의 남용과 관련된 것으로 나타났다. 자살사건의 약 30%, 살인사건의 약 50%, 강간 및 기타 성범죄의 약 52%, 폭력범죄의 약 62% 및 기타 범죄사건의 약 49%가 알코올 오용 및 남용에 의해 발생한 것으로 집계되었다.

■ 도시지역에 위치하고 있는 종합병원 입원자의 약 20%~40% 정도가 알코올 제품의 오용 및 남용으로 인해 질병을 앓고 있으며, 특히 주목할 만한 사항은 환자 스스로가 자신의 질병 원인이 알코올제품의 오용 및 남용으로 인해 발생한 질병인줄을 모른다는 사실이다.

■ 간경화 질병으로 사망하는 사망자의 숫자는 질병사망자의 사망원인 중 9번째로 높게 기록되고 있다. 즉, 매년 약 28,000여명이 간경화 질병으로 사망하고 있다. 이와 더불어 알코올 중독 환자들은 신경계 질환을 포함한 여러 가지 질병에도 쉽게 노출된다고 한다.

■ 매년 알코올오용 및 남용으로 인해 사망하는 사람들의 숫자는 100,000명 이상이며, 알코올 관련 사망사고는 사망원인 중 3번째 혹은 4번째로 집계되며, 2004년 기준 만 2세에서 만 33세 사람들의 자동차사망원인이 바로 음주 때문이다.

■ 서양에서는 신생아 1,000명 중 3명이 FAS(태아 알코올 증후군)의 질병을 가지고 태어나는데 FAS는 예방이 가능한 질병이며, 미국은 1992년 한 해 동안 정부에서 약 19억불이라는 천문학적 금액을 FAS 방지를 위해 사용하였다.

■ 2003년 기준에 의하면 미국 인구의 8.5%에 해당되는 미국 성인 약 1,800만 명이 알코올 중독 및 오용 혹은 남용으로 인한 질병을 앓고 있으며, 그 중 약 40%는 가족구성원 중 1명이상이 알코올로 인한 질병을 앓고 있는 것으로 나타났다.

기업이 비록 고객이 원해서건 혹은 기업의 특성상 알코올제품을 판매하고 있지만, 위의 사례에서 충분히 언급하였듯이 알코올 제품의 오용 및 남용으로 인해 발생되는 부정적인 측면을 간과해서는 안 된다.

정신적 피해 및 법규

알코올 오용 및 남용에 관련된 법규는 미국 내 각 주정부마다 고유한 법규가 존재하고 있다. 단지 한 가지 공통적으로 규정하고 있는 사항은 알코올음료를 소비할 수 있는 나이를 21세 로 적용하고 있다는 점이다. 나이제한 이외에는 각 주정부별로 알코올 관련 법규에는 조금씩 차이가 있다. 최근 몇 년 사이 알코올음료 판매 및 알코올 소비자가 일으킨 사고와 관련한 제삼자 책임규명법규 (Third-Party Liability) 및 주점 관리법규 등으로 확대하고 있으며, 이러한 법규 적용은 알코올음료 소비자뿐만 아니라 판매자 역시 알코올 관련 사건 사고에 책임을 묻고 있다는 것을 의미한다. 다시 말해, 바 혹은 레스토랑에서 고객에게 돈을 받고 알코올음료를 제공하고 있지만, 판매자는 소비자의 음주행동까지도 책임져야 한다는 것이다. 제삼자책임 법규 적용을 받게 된다는 것은 알코올제품판매에 따른 일정한 금전적 보상을 받고, 알코올음료를 소비한 소비자가 일으킬지도 모를 범죄발생에 대한 책임을 지게 된다는 것이다. 알코올음료산업에 있어서 주점관리법규의 적용으로 인해 산업계에도 많은 변화가 있었다. 예를 들어 음주자를 위한 대리운전 장려, 무알코올 음료제품 판매 장려, 술 취한 고객에게 추가 알코올 음료판매 거부, 술 취한 고객의 음주운전 방지를 위한 택시호출 서비스 등을 통해 현장에서는 음주로 인한 사건 사고를 미연에 방지하고자 적극적으로 노력하고 있다. 알코올 음료제조사 역시 알코올음료의 오용 및 남용 그리고 중독의 위험성을 소비자에게 충분히 고지하여 소비자들로 하여금 경각심을 높이고자 노력하고 있다.

1980년에 발생한 한 사건으로 인해 알코올음료오용 및 남용의 심각성에 관한 관련자들의 문제 인식에 큰 변화가 있었다. 음주운전 때문에 5번이나 구속된 경력이 있는 음주운전자가 13살 어린이를 사망하게 한 사건이 있었다. 음주 운전자에 의해 죽은 아이의 어머니는 음주운전방지를 위한 어머니회 (MADD)를 결성하게 되고, 이후 이 단체는 대중적인 지지를 받으며, MADD 단체 결성이후 여러 관련자들의 꾸준한 노력의 결과로 음주운전사고를 줄이기 위한 법적제재조치를 마련하였다. 또한 알코올음료를 소비할 수 있는 법적연령을 높이고, 혈중알코올 농도측정 등의 관련법규를 통과시켰다. 혈중 알코올 농도에 관련된 규제를 보면, 콜로라도 주에서는 혈중 알코올 농도기준을 0.05로 정하고 있다. 혈중 알코올농도 수치와 알코올음료의 알코올 농도를 비교해보면 다음과 같다. 맥주제품은 0.045, 와인제품은 0.129, 위스키류는 0.414

에 해당한다(같은 양을 기준으로 할 때). 12oz 크기의 맥주 한 병에는 순수 알코올이 약 0.54oz 정도가 함유되어 있으며 6oz 크기의 와인 한잔에는 순수 알코올이 약 0.77oz 정도가 함유되어 있고, 2oz 크기의 위스키류 한잔에는 약 0.83oz의 순수 알코올이 포함되어 있다는 의미이다.

기업은 이상에서 언급한 알코올 관련 법규와 위험성을 충분히 고려한 후 영업활동 지침 및 운영 관리기준 등을 세워야 할 것이다.

가격결정 및 고객 선호도

알코올 음료제품의 가격결정은 각 기업의 영업형태, 위치, 경영주의 경영목표 등에 따라 각각 다르게 결정되어지고 있다. 지금 현재 대부분의 사업은 미래를 예측하여 경영목표를 세우고 운영되기보다는 경영자의 사업에 대한 열정에 의해 운영되고 있는 실정이며, 아주 드물게 광고 활동 그리고 이벤트 등의 행사를 활용하며 운영하고 있는 상황이다. 혹은 성공한 사람들의 사례를 중심으로 그 내용을 답습하면서 경영하고 있는 상황이다. 음료제품의 가격을 결정할 때에는 원가, 가용성, 경쟁 및 기타 주변 환경 등을 충분히 고려한 후 신중하게 결정해야 하며, 이로써 기업은 경쟁력과 경쟁우위를 차지하게 될 것이다.

원가 음료제품의 원가를 산출하는 것은 비교적 쉬운 작업이다. 음료제품을 생산할 때 사용되는 모든 원료의 가격을 합하면 제품의 원가가 된다. 표 6-7은 블러드 메리(Blood Mary)라는 칵테일 음료제품의 원가를 계산하는 과정을 보여준 것이다. 표 6-7의 양식은 4장에서 이미 학습하였던 예상 원가 계산 양식과 유사하다. 양식의 기입 방법에 대해 이미 4장에서 설명하였지만, 다시 한번 더 복습하는 의미에서 확인해보면:

1. **제품관리번호** : 각 제품에 부여된 제품번호를 기입하면 된다. 만약 여러분의 기업에서 POS 시스템을 사용하고 있다면, POS 시스템에서 사용하고 있는 제품의 관리번호를 활용하면 훨씬 더 효과적이다.

2. **제품판매여부** : 현재 해당 제품의 판매가 계속 이루어지고 있는가? 에 대한 답을 하면 된다.
3. **제품설명** : 해당제품의 제품명과 간단한 설명을 기입하면 된다.
4. **매출분류** : 해당제품의 판매에 따른 매출 분류 (음식/음료/기타 등)
5. **재료 1차 가공장소** : 제품 제조 장소에 관한 정보를 기입하면 된다. 기업에 따라서 같은 제품이 여러 장소에서 사용되기도 하고, 1차 가공 후 제품이 만들어지기도 하기 때문이다. 이러한 정보는 새로운 직원 혹은 타부서에서 이동된 직원 등 업무와 작업 장소에 익숙하지 않은 직원들에게는 매우 유용한 정보이다.
6. **제품의 판매 여부** : 1차 가공된 제품이 곧바로 판매로 연결되지 않은 경우가 많다. 예를 들어 제품의 1차 가공용 레시피를 이용하여 만든 제품과 판매용 레시피를 활용하여 만든 제품이 다르기 때문이다. 따라서 상품의 제조과정 중 해당하는 제조과정을 기입하여야만 제품의 매출 관리를 철저하게 수행할 수 있다.
7. **회계 관리번호** : 정확하고 원활한 회계 처리를 위해 각 제품에 부여된 제품의 관리번호를 기입하면 된다. 이때 부여된 제품의 관리번호는 앞서 설명한 제품관리번호와는 다르다. 기업의 회계처리상 특히 비용이 발생되는 제품은 몇 가지의 소그룹으로 분류하고 있다. 이때 회계 처리상 분류된 관리번호를 기입하면 된다.
8. **제품점검주기** : 각 제품의 사용량 혹은 특성에 따라 각 제품의 점검주기는 다르다. 예를 들어 양식에 표시된 점검주기는 매일, 월 2회, 월별 등 세 가지로 나타나 있다. 월별이란 일반적으로 정기 회계 적용기간인 1개월을 점검주기로 한다는 것을 의미한다.
9. **대용량(Batch) 크기** : 대용량 레시피에 의해 만들어진 제품의 총생산량을 기입하면 된다. 표 6-7에 나타난 예는 1인분 기준이다. 정확한 제품관리를 위해서 각 제품의 레시피가 철저히 지켜질 수 있도록 노력한다.
10. **레시피 그룹 분류** : 제품의 생산과 판매 등의 효율적 관리를 위해 각 제품의 레시피는 몇 가지 소 그룹으로 나누어져 관리된다. 표 6-7에 나타난

제품 블러드 메리는 칵테일 종류이므로 음료그룹으로 분류되었다.

11. **제품재료 관리번호** : 제품 생산을 위해 사용된 모든 재료를 기입하고 각 재료의 관리번호를 기입하면 된다.
12. **제품재료 설명** : 제품 생산을 위해 사용된 모든 재료의 품명과 재료를 설명할 수 있는 특성 및 기타 정보를 기입하여 사용된 재료에 대한 이해를 돕기 위해 작성되는 란이다.
13. **제품 재료의 사용량** : 제품을 생산하는데 사용된 재료의 정확한 사용량을 기입하는 것이다.
14. **제품 재료의 사용 단위** : 제품 생산에 사용된 각 재료들의 특성에 따라 사용량을 측정하는 정확한 단위를 기입하는 것이다. 각 재료들의 특성이란 액체와 고체 등의 특성으로 크게 분류할 수도 있다. fz단위 사용은 액체로 된 재료를 측정하는 단위이고, wz단위는 고체로 이루어진 재료를 계량하기 위한 단위이다. 고체의 경우(일정한 무게로 사용되는 경우)에는 개수 파악을 위해 ct단위를 사용한다. 분말의 재료는 계량스푼을 사용하므로 ts 혹은 TS 단위로 계량된다(부록 참조).
15. **제품 재료의 사용 단위당 원가** : 각 재료의 사용 단위별 원가를 기입하면 된다. 예를 들어 보드카의 경우 리터 당 $8.12이다. 블러드 메리라는 제품을 생산하는데 필요한 보드카의 양은 oz 단위로 계산되기 때문에 리터의 용량을 oz 단위로 환산하여 원가를 계산해야 한다. 1리터는 33.8oz이므로, 보드카의 oz당 원가는 $0.24가 된다. 각 재료의 단위별로 정확한 계산을 하여야만 정확한 재료의 원가 비용을 계산할 수 있다.
16. **총 원가(비용)** : 제품생산을 위해 사용된 모든 재료의 원가 총합을 기록하는 란이다. 제품생산에 필요한 각 재료의 정확한 레시피 단위와 단위별 원가를 정확히 계산하여, 모든 재료의 원가를 더하는 것이다. 예를 들어 블러드 메리 칵테일 제품 생산에 사용된 보드카의 원가를 계산해보자. 보드카가 총 1.25oz 사용 되었으므로 oz당 $0.24 원가를 곱하면 총 보드카의 원가비용을 계산 할 수 있다. ($0.24 × 1.25 oz = $0.30)

표 6-7

<table>
<tr><td colspan="3">1. 아이템번호 : M611</td><td colspan="4">2. 제품판매여부? YES / NO</td></tr>
<tr><td colspan="3">3. 제품 설명 : Bloody Mary</td><td colspan="4">4. 매출분류 : 음료</td></tr>
<tr><td colspan="3">5. 재료 1차 가공장소 : 라운지 바</td><td colspan="4">6. 제품판매 여부 : YES / NO</td></tr>
<tr><td colspan="3">7. 회계관리번호 : 01120-130</td><td colspan="4">8. 제품 점검주기 : 일별/2주/월별</td></tr>
<tr><td colspan="3">9. 대용량 크기 : 1인분</td><td colspan="4">10. 레시피 그룹 분류 : 음료</td></tr>
<tr><td>11. 제품 재료 관리 번호</td><td>12. 제품 재료 설명</td><td>제품 재료의 사용량</td><td>14. 제품 재료의 사용 단위</td><td>15. 단위 원가($)</td><td>16. 총 원가($)</td><td>17. 원가율 (%)</td></tr>
<tr><td>87</td><td>Vodka Smirnoff 80</td><td>1.25</td><td>액체 온즈(FZ)</td><td>0.24</td><td></td><td></td></tr>
<tr><td>718</td><td>juice V-8</td><td>5.5</td><td>FZ</td><td>0.06</td><td></td><td></td></tr>
<tr><td>941</td><td>pepper black ground</td><td>0.25</td><td>WZ</td><td>0.39</td><td></td><td></td></tr>
<tr><td>617</td><td>spice celery salt</td><td>0.5</td><td>WZ</td><td>0.13</td><td></td><td></td></tr>
<tr><td>197</td><td>sauce horseradish</td><td>1</td><td>FZ</td><td>0.07</td><td></td><td></td></tr>
<tr><td>801</td><td>sauce Worcestershire</td><td>0.25</td><td>FZ</td><td>0.21</td><td></td><td></td></tr>
<tr><td>555</td><td>sauce Tabasco</td><td>0.1</td><td>FZ</td><td>0.36</td><td></td><td></td></tr>
<tr><td>631</td><td>lemon fresh</td><td>0.167</td><td>CT</td><td>0.18</td><td></td><td></td></tr>
<tr><td colspan="4"></td><td>합계</td><td></td><td></td></tr>
</table>

18. 예상 원가 : $0.96
19. 제품 가격 : $5.00
20. 예상 원가율 : 19.22%
21. 목표 원가율 : 20%
22. 목표 메뉴 가격 : $4.78

17. **원가율** : 제품 생산을 위해 사용된 모든 재료의 원가 총합을 각 재료의 원가비용으로 나누게 되면 각 재료들이 차지하는 원가율을 구할 수 있다. 예를 들어 블러드 메리 칵테일의 제조원가는 총 $0.96. 이중에서 보드카의 비용원가는 $0.30이므로 총 원가에서 차지하는 비율은 31.25%이다.
18. **예상 원가(비용)** : 제품 생산에 투입된 모든 재료비용의 합계를 기입하면 된다. 표 6-7에서 예로 사용되었던 블러드 메리 칵테일 제품의 경우 $0.96을 기입하면 된다.
19. **제품(메뉴) 가격** : 완성된 제품이 고객에게 판매되는 실제가격을 기입하면 된다. 블러드 메리 칵테일의 판매 가격인 $5.00를 기입하면 된다.
20. **예상 원가율** : 예상 원가율을 구하려면 제품 생산에 투입된 총 재료비용

(원가)을 제품의 판매가격을 나누면 된다. 블러드 메리 칵테일 제품의 경우 총 원가 비용인 $0.96 / 판매 가격인 $5.00 × 100 = 원가율 19.2%를 구할 수 있다. 예상 원가율이란 모든 관리업무를 철저하게 수행하여 얻게 되는 숫자이다.

21. **목표원가율** : 회사가 정한 각 제품의 목표원가율을 기입하면 된다. 기업에서 만약 음료제품의 경우 원가율을 20%로 정하였다면, 20%를 기입하면 된다. 각 기업의 경영목표에 따라 정해진 목표 숫자를 기입하면 된다. 블러드 메리 칵테일 제품의 경우 회사의 목표 원가율 20% 보다 작은 이유는 레스토랑 기업의 특성상 그리고 운영상에서 발생할 수 있는 문제점들을 충분히 고려하여 목표와 실제 원가율간의 여유를 둔 것으로 해석할 수 있다.

위에서 예를 든 블러드 메리 칵테일 제품의 재료비용을 산출하는 양식에는 제조 시간 혹은 제조에 필요한 기물 등을 기록하는 란은 없으나, 성공적인 관리업무를 수행하기 위해서는 이러한 세부사항 역시 반드시 고려되어져야 한다. 현재 사용되고 있는 각 제품 재료의 대체 재료에 대한 원가 및 비용 역시 동시에 고려되어져야 한다. 뿐만 아니라, 제품 생산에 필요한 기타경비 역시 빠짐없이 계산되어야 한다.

가용성 및 경쟁 만약 블러드 메리라는 칵테일 제품을 아주 유명한 산 정상에서 혹은 공항 내 고급 라운지에서 판매하게 된다면, 다른 장소에서 판매할 때보다 훨씬 더 높은 가격을 받을 수 있을 것이다. 그러한 장소에는 별다른 경쟁업체가 없기 때문이다. 경쟁의 유무 혹은 정도가 제품 가격결정에 매우 중요한 변수이기 때문이다.

환경요소 서비스상품의 가격결정에 있어서, 상품의 가격과 품질사이에는 분명한 연관이 있다. 음료상품의 가격결정에 있어서도 상품의 품질과 가격의 연관성 역시 예외는 아니다. 예를 들어 소비자가 와인을 사서 집에서 마실 때에는 실제적인 원가(가격)만을 지불하면 된다. 하지만 같은 종류의 와인을 레스토랑에서 마시게 될 때에는 소비자는 추가의 서비스를 기대하면서 집에서보다 훨씬 비싼 가격을 지불하게 된다. 따라서 레스토랑기업은 고객에게 제공하는 서비스의 품질에 대한 기준을 명확히 하고 기준에 따라 고객에게 서비스를 제공해야 한다. 만약 해당 레스토랑이 하나의 영업장이 아닌 여러 개의 영업장을 가지고 있고 각 영업장마다 고유한 분위기와 고객의 선호도가 다르며, 제공하는 서비스의 질이 다를 경우에는 각 영업장별 제품 가격전략이 달라야 한다. 고객은 자기가 인지하고 평가한 서비스 상품의 질에 대하여 적절한 가격을 지불하고자 할 것이다. 만약 해당 레스토랑에서 고객에게 제공하는 서비스 상품의 질이 고객의 기대 이상일 경우에는 고객은 비싼 가격을 지불하고도 만족할 것이고 그렇지 않은 경우에는 고객은 불만을 가지게 되든지 아니면 구매 자체를 취소할 수도 있을 것이다. 음료 상품을 판매하는 기업은 종사원의 생산 효율성을 통해 경쟁업체보다 경쟁우위를 지킬 수 있어야 수익성을 확보할 수 있다.

가격 수립 전략 계획

음료제품의 가격결정은 음료 매출에 큰 영향을 주는 요인이다. 따라서 음료 메뉴가격을 결정하는데 있어서 충분한 시간적 여유를 가지고 심사숙고 한 후 결정해야 한다. 바(Bar) 혹은 음료제품을 판매하는 업장에서 제품의 가격결정과 통제를 효율적으로 시행할 수 있도록 다양한 종류의 음료제품을 분류하고 있음을 확인할 수 있을 것이다. 이러한 분류 방법은 수천가지의 다양한 음료제품을 손쉽게 분류하기 위함이며, 일반적인 분류기준은 음료의 종류와 가격이다. 지금까지 음료제품을 분류하는데 공통적으로 적용되는 분류기준인 종류와 가격이 정확하게 설정되어있지는 않으나, 다음의 예를 참조하면 음료제품의 분류에 대한 기본적인 지식을 가지게 될 것이다.

■ **웰 브랜드 제품그룹(Well Brands)** : 웰 브랜드란 고객이 특정한 브랜드의 음

료를 요구하지 않을 경우 일반적으로 고객에게 제공되는 알코올 음료제품을 통칭하는 것으로 하우스 음료제품(House Beverage)이라고도 한다. 매니저는 웰 브랜드 제품을 구성할 때에는 고객이 원하는 음료제품의 질과 고객이 지불 가능한 가격대를 충분히 고려한 후 신중하게 선택해야 한다. 분명히 기억해야 할 점은 일반적으로 대부분의 고객들은 선호하는 특정한 브랜드가 없으며, 가격대에서도 특별한 기준을 가지고 있지 않다는 것이다. 하지만 낮은 품질을 가진 제품은 고객의 불만을 가져올 것이고, 높은 품질의 제품은 원가비용의 부담을 가지게 되므로 매니저는 고객의 선호도 등을 충분히 고려해서 중간정도의 품질을 가진 웰 브랜드를 선정하는 것이 유리할 것이다.

- **콜 브랜드 제품 그룹(Call Brands)** : 콜 브랜드란 고객이 음료 제품을 주문할 때 특정 브랜드의 이름(e.g. 잭 다니엘(Jack Daniel), 레미 마틴 VSOP 등)을 말하면서 제품을 구매하는 음료제품그룹을 말한다. 콜 브랜드 제품은 웰 브랜드 제품 보다는 가격이 비싸고 품질이 우수하다. 콜 브랜드 제품그룹을 구성하기 위해서 사전에 고객의 음료선호도를 확인하여 준비하여야 한다.
- **프리미엄 & 슈퍼 프리미엄그룹(Premium & Super-Premium Brands)** : 프리미엄 혹은 슈퍼 프리미엄 음료제품은 콜 브랜드 제품 중에서 가장 고급 음료제품 그룹을 의미한다. 이 그룹의 음료제품은 주로 상류층의 고객들이 선호하는 제품 그룹이며, '루이 13세(Louis XIII)'처럼 고가의 음료제품 등이 프리미엄 혹은 슈퍼 프리미엄 그룹에 속한다.
- **국내산 병맥주류(Domestic Bottle Beer)** : 미국 내에서 생산되는 병맥주가 해당된다. 예를 들어 버드와이저(Budweiser)나 쿠어스(Coors) 등이다.
- **수입산 병맥주류(Import Bottle Beer)** : 미국이 아닌 다른 나라에서 생산되어 수입된 병맥주 제품이 해당된다. 예를 들어 멕시코산 도스 에귀스(Dos Equis), 영국산 기네스 스타우트(Guinnes Stout) 등이다.
- **생맥주류(Draft Beer)** : 생맥주류 제품은 케그(Keg)라는 특별한 용기에 담겨서 유통되는 맥주류이다.

- ■ **무알코올 음료제품류(Non-Alchololic)** : 무알코올 음료제품의 종류로는 페리에 (Perrier), 루트비어(Root Beer), 오렌지주스 등이 있다.
- ■ **와인(Wine)** : 와인은 잔 혹은 병 단위로 고객에게 제공된다.
- ■ **칵테일(Cocktail)** : 칵테일 음료는 다른 표현으로 혼합 음료라고도 한다. 칵테일 음료은 대개 증류주 같은 알코올 도수가 높은 음료에다 탄산음료, 주스류, 물 혹은 여러 가지 재료를 섞어서 만든 믹스류(Margarita mix) 등을 혼합하여 만든 음료제품이다.
- ■ **하이볼(Highballs)** : 알코올 함유량이 높은 증류주 등을 탄산음료와 혼합하여 얼음을 넣고 하이볼 잔에 제공되는 음료제품을 말한다.

대부분의 현장 운영관리자들은 음료제품의 가격결정 전략을 결정하기 위해 위에서 예시된 것처럼 음료제품을 우선 소그룹으로 분류하는 방법을 사용하고 있다. 표 6-8은 음료제품의 가격결정 전략의 예이며, 슬라이딩스케일(Sliding-Scale Strategy)방법과 원가율을 기준으로 한 음료제품 가격결정 전략을 보여주고 있다. 슬라이딩스케일 방법이란 표 6-8에 'B' 그룹과 같이 제품의 가격대과 원가율을 설정해 놓고 해당 제품의 가격을 설정하는 방법이다. 각 제품의 원가율을 기준으로 하여 제품의 가격을 결정하는 방법은 표 6-9에 'C' 그룹이다. 슬라이딩스케일 적용방법은 아주 단순한 방법인데 원가가 비싼 제품일수록 제품의 원가율을 높게 정하여 가격을 결정하는 방법이다. 일반적으로 제품의 가격이 높을수록 원가율은 높으나 수익금액은 많고, 제품의 가격이 낮을수록 원가율은 낮고 수익금액 역시 낮게 된다. 표 6-8의 그룹 'A'는 해당 기업이 판매하는 제품의 원가를 표시한 것이다. 제품원가정보는 관계자 이외에는 기업비밀로 취급되어야 하며 관계자 이외에는 열람할 수 없도록 해야 한다. 제품 원가정보는 정확해야 하며 만약 제품 원가정보가 틀릴 경우에는 재고자산 가치를 계산할 때 기업의 운영상 큰 문제를 일으킬 수도 있기 때문에 관리자는 항상 정확한 정보를 가질 수 있도록 노력해야 한다.

제품의 시장 가격이 변화가 심할수록 관리자는 제품 적정재고 수준, 공급의

표 6-8

추천적인 판매가격은 다음의 매트릭스에 따라 결정된다. → Category B

			Category A		Category B	Category C				
					<$10 = 33% <$15 = 35% <$20 = 37.5% <$25 = 40% <$30 = 45% <$60 = 47.5%					
제품 번호	제품 설명	케이스 설명	케이스 원가	병당 원가	추천적인 판매가격	40%원가 기준 가격	35%원가의 가격	30%원가의 가격	25%원가의 가격	20%원가의 가격
			샴페인 국내산							
9712	IRON HORSE BRUT	CS=12/750ML	$165.00	$13.75	$32.29	$34.38	$39.29	$45.83	$55.00	$68.75
9764	SPARKLING JORDAN "J"90	CS=12/750ML	$215.90	$17.99	$47.97	$44.98	$51.40			$89.95
			스페인산							
9707	FREIXENET CORDON NEGRO	CS=12/750ML	$59.93	$4.99	$15.12	$12.48	$14.26	$16.63	$19.96	$24.95
			독일산							
9710	CHAMPAGNE DEINHARD LILA	CS=12/750ML	$59.88	$4.99	$15.12	$12.48	$14.26	$16.63	$19.96	$24.95
			이탈이아산							
9708	CA DEL BOSCO BRUT	CS=6/750ML	$138.60	$23.10	$57.75	$57.75	$66.00	$77.00	$92.40	$115.50
			프랑스 샴페인							
9723	DOM PERIGNON 1.5 LT	CS=12/1.5LT	$1,858.00	$154.83	$325.96	$387.08	$442.37	$516.10	$619.32	$774.15
9669	CHAMPAGNE MOET WHITE STAR	CS=24/375ML	$371.99	$15.50	$41.33	$38.75	$44.29	$51.67	$62.00	$77.50
			샤도네이							
9887	CHARD FORTANT COLLECTOR	CS=12/750ML	$71.90	$5.99	$18.15	$14.98	$17.11	$19.97	$23.96	$29.95
6813	CHARD GRGICH HILLS94	CS=12/750ML	$287.90	$23.99	$59.98	$59.98	$68.54	$79.97	$95.96	$119.95
			반병							
9018	CHARD GRGICH HILLS 93	CS=12/375ML	$155.90	$12.90	$37.11	$32.48	$37.11	$43.30	$51.96	$64.95
9016	CHARD RUTHERFORD HILL 90	CS=12/375ML	$57.50	$4.79	$14.52	$11.98	$13.69	$15.97	$19.16	$23.95

연속성, 가격변동 폭 그리고 경쟁사의 제품가격 등을 고려하여 신중한 가격결정 전략을 수립해야 할 것이다. 또한 재고 유지 관리비용, 제품구입으로 인한 이자 비용, 재고 회계 처리비용, 인건비용, 기타 제품의 손실 및 훼손 등으로 발생한 비용 등은 고객이 지불하게 되는 가격결정에 중요한 요소이므로 관리자는 가격결정 시 한 두 가지의 사항만을 고려할 것이 아니라, 종합적인 상황을 고려하여 신중한 의사결정을 해야 한다. 그래야만 해당 기업의 제품가격이 일관성, 공정성, 경쟁성 그리고 수익성을 가지게 될 것이기 때문이다.

음료제품구매

음료제품의 선택과 구매는 기업의 이익목표와 고객의 음료선호도 모두를 동시에 충족시킬 수 있어야 한다. 기업이 추구하는 이익목표를 만족시키는 경우를 예를 통해 확인해 보면, 기업에서 보드카 제품을 750ml 와 1리터 두 가지 용량 단위로 구매하고 있다고 가정하자. 750ml 용량의 보드카 제품을 판매 단위인 oz로 환산하면 25.4 oz로 환산되며, 제품 가격은 $7.6이다. 750ml 용량의 보드카의 oz당 원가를 계산하면 oz당 $0.29 이다. 1리터 단위로 구매되는 보드카 제품을 확인해 보면, 1리터를 oz 단위로 환산하면 33.8oz가 되며 제품 구매가격은 $8.40이므로 이를 33.8oz로 나누게 되면 oz당 원가가 $0.25가 된다. 같은 보드카 제품이라 할지라도 포장용량에 따라 원가가 달라지는 것이다. oz당 $0.05의 차이가 아주 하찮은 금액이라 생각할지 모르겠지만, 판매숫자가 많은 제품의 경우에는 기업의 수익에 많은 영향을 미칠 것이다. 기업의 이익에 영향을 주는 다른 예를 살펴보자. 어떤 기업이 다양한 와인제품을 메뉴에 포함하고 있다고 가정해보자. 이러한 경우는 다양한 와인제품을 구매하고 보관하기 위해 많은 자본이 묶여지게 되는 경우이다. 물론 다양한 제품을 고객에게 제공하는 것이 고객을 위한 마케팅전략일 수 있겠지만, 다양한 제품을 준비하고 있다는 것이 곧바로 수익과 직결되는 것은 아니다. 따라서 기업의 관리자에게는 수익성과 고객만족을 이끌어낼 수 있는 전략사이의 적절한 조화와 이상적인 결정이 요구된다.

음료 구매과정에서 중요하게 고려해야 할 사항 중 한 가지는 목표한 수익에 대한 달성 가능정도이다. 현재 많은 레스토랑 기업현장에서는 음료제품을 주요한 핵심 판매제품으로 인식하고 있고, 음식제품 판매의 중요성을 그 다음으로 두고 있다. 그 이유는 음료제품의 판매활동이 기업에서 정한 지침을 제대로 종사원들이 시행한다면, 판매수익률이 음식제품 판매수익률보다 높기 때문이다. 메뉴엔지니어링기법을 통해 음료제품의 판매 수익률을 평가할 수 있으며, 기준을 마련할 수 있을 것이다. 앞서 언급한 것처럼, 수익률에 대한 산업 내 절대기준은 존재하지 않으며, 각각의 기업이 설정한 수익 목표만이 존재하고 있다는 것을 명심해야 한다. 수익목표설정에 있어서 수익률을 높게 설정하였으나 판매가 이루어지지 않아 수익 목표 달성이 불가능 할 경우도 있고, 반대로 제품판매는 활발히 이루어졌으나 낮은 수익률 설정으로 인해 기업이 목표로 하는 수익률을 달성하지 못하는 경우도 있다. 따라서 관리자는 판매가 적절히 이루어질 수 있고, 기업이 목표로 하는 수익률을 달성할 수 있는 목표 수익률을 설정해야 한다.

주문

음료제품 역시 음식제품처럼 제품의 질적인 면에서 여러 단계의 품질수준으로 구분할 수 있다. 하지만 음료제품은 음식제품과는 달리 특별하게 요구하는 사항들을 만족시키는 제품을 찾기란 쉽지 않으나, 다양한 수준의 품질을 가진 음료제품은 쉽게 발견할 수 있을 것이다. 예를 들어 보드카제품을 구매하려 한다고 했을 때 품질과 가격적인 측면에서 너무나 다양한 제품을 발견할 것이며, 기업을 방문하는 고객 역시 음료제품 구매 시 다양한 제품을 선택할 수 있는 기회를 원할 것이다. 하지만 여러분은 기업의 목표 달성과 고객만족을 동시에 실현할 수 있는 의사결정을 해야 한다. 고객이 선호하는 제품(품질&가격)이면서, 동시에 기업이 목표로 하는 수익률을 달성할 수 있는 제품을 구매해야 한다.

음료제품의 구매에 있어서 법적인 규제와 기준 역시 원가관리자가 인지하고 있어야 하는 사항이다. 예를 들어 콜로라도주의 한 지역에서는 모든 주류판매업체들은 일요일에는 문을 닫는다. 단지 일반 슈퍼마켓에서만 와인제품류 혹은 맥주제품류 등의 알코올 함유량이 3.2% 이하의 음료만 구입할 수 있다. 원가관리자는 해당지역 내 알코올 제품취급과 관련한 법규 및 기준을 확인하여 업무에 지장을 받지 않도록 노력해야 할 것이다.

음료제품구매는 음식재료구매와 달리 소량 단위로 구매가 가능하다. 따라서 원가관리자는 기업의 음료제품의 판매현황과 재고자산의 원활한 운영 및 비용 측면의 효율성을 고려해서 구매량을 결정해야 한다. 대량구매를 하게 되면 제품구매가격이 낮아지는 것이 일반적이지만, 제품보관 장소의 확보 및 자본금 운영에 따른 금전적 부담 등이 발생할 수 있다는 점을 충분히 고려해서 기업에게 유리한 의사결정을 해야 한다. 구매량에 따른 가격절충부분은 이미 3장에서 언급하였으므로 추가적인 설명은 생략하도록 하겠다.

음료제품구매과정에 있어서 기본적인 운영지침은 크게 두 가지 정도이다. 제품의 질과 제품의 다양성이다. 음료제품의 구매결정을 할 때는 고객의 취향을 충분히 반영하여 고객이 원하는 음료제품의 질적 수준을 결정해야 한다. 주택가에서 영업을 하고 있는 중저가 레스토랑에서 가격이 비싼 슈퍼프리미엄 수준의 알코올음료제품을 판매하는 것은 현명한 구매결정이 아니라고 판단된다. 하지만 최고급 수준의 레스토랑에서는 반드시 준비해야 할 제품의 종류일 것이다. 음료제품의 구매결정에 가장 기본적으로 고려되어야 할 사항은 고객의 취향과 구매가능성에 적합한 제품을 찾아내는 것이다.

음료제품 소그룹 중 하나인 웰 브랜드(Well Brands) 제품류의 품질을 결정할 때는 신중해야 한다. 웰 브랜드란 고객이 음료제품을 주문할 때 특정한 브랜드명을 언급하지 않고 구매하는 음료제품 수준이므로 일반적인 고객들의 취향을 반드시 고려해야 하며, 한번 결정된 웰 브랜드의 경우에는 지속적으로 유지되도록 해야 한다. 많은 현장의 관리자들은 웰 브랜드 제품을 결정할 때 고객이 제품의 질 차이를 인지하지 못할 것이라는 가정 하에 무조건 값싼 제품을 구매하거나 혹은 널리 알려진 제품을 선택하는 경향이 있다. 후자인 경우 관리자들은 자신의 기업이 고객에게 높은 인지도와 검증된 제품의 질로 구성된 웰 브랜드 제품을 고객에게 제공한다는 것에 대한 자부심을 느끼고 이를 고객에게 알리고자 노력하는 사람들이다. 물론 인지도가 높은 제품을 웰 브랜드로 구성함으로써 가격이 낮은 타제품을 구매하는 것보다는 원가적인 측면에서 부담을 가질 수 있겠지만, 타 경쟁업체에 비해 고객이 선호하는 제품을 제공한다는 전략으로 다소 높은 가격의 웰 브랜드 제품을 선정할 수도 있을 것이다. 과거에 비해 지금의 고객은 매우 현명하다. 자신이 기대한 제품의 수준과 가격수준이 맞지 않을 경우에는 고객은 해당업체를 떠나 다른 경쟁업체를 방문할 것이며, 자신의 나쁜 경험을 많은 사람들에게 알리려고 노력할 것이다.

원가관리자는 제품의 질에 관하여 충분히 고민해야 할 뿐만 아니라, 고객에게 제공되는 음료제품의 정확한 양을 신중히 결정해야 한다. 각 음료제품의 정확한 양은 제품의 레시피로 만들어져야 하고, 정해진 제품의 레시피는 고객을 만족시킬 수 있어야 하며 종사원들로 하여금 레시피를 철저하게 준수하도록 교육시켜야 한다. 고객에게 제공되는 제품의 양 역시 제품의 질과 마찬가지로 고객을 만족시킬 수 있어야 하며, 동시에 기업이 목표로 하는 원가율을 달성할 수 있어야 한다.

표 6-9와 표 6-10은 콜 브랜드와 웰 브랜드 제품의 예를 든 것이다. 물론 이러한 양식은 와인제품, 맥주제품 등 다른 음료제품에도 적용할 수 있다. 이 책의 부록에는 다양한 종류의 음료제품을 정확하게 측정할 수 있도록 도량형 환산표를 제시하고 있으니 참고하기 바란다. 표 6-9와 표 6-10에 제시된 두 가지 알코올음료제품 운영 계획안을 확인해 보면 수익률 차이를 발견할 수 있을 것이다.

우선 표 6-9를 확인해보자. 구매정보란인 문자열 A, B 그리고 C는 음료제품 그룹별 포장 단위용량, 가격, 환산용량 등의 정보를 기입하도록 되어 있다. 판매정보란인 문자열 D, E, F 그리고 G에는 제품의 판매 가격, 월간 판매량, 생산율 그리고 단위당 원가정보 등을 기입할 수 있다. 음료제품의 생산율은 음식제품과는 달리 모든 제품이 100% 생산비율 기준이 적용된다. 문자열 G의 정보는 제품 가격을 판매단위로 나누게 되면 구할 수 있다. 단위당 원가는 대개 $1 단위가 아니라 센트(cents, 1달러=100센트) 단위로 나타난다. 제품의 레시피 원가 정보는 문자열 H, I, J, K, 그리고 L이다. 문자열 H는 제품 생산을 위해 사용된 알코올음료의 사용량을 기록하는 란이며 문자열 I는 사용된 제품의 양과 단위당 가격을 곱하면 구할 수 있다. 문자열 J는 월간 제품 사용총액을 기입하는 란이다. 문자열 L은 제품 총 판매액 대비 총 비용 비율인 총 원가율을 나타낸 것이다.

다음으로 표 6-10을 확인해보자. 표 6-10의 내용은 표 6-9의 경우와는 달리 웰 브랜드 제품의 판매량과 프리미엄 브랜드 제품의 판매량이 감소한 것을 발견할 수 있을 것이다. 전체음료 제품판매량도 감소하였으나, 원가율은 표 6-9 경우보다 좋은 결과를 보이고 있다.

표 6-9의 결과와 표 6-10의 결과를 비교해보면, 여러 가지 측면에서 차이를 발견할 수 있을 것이다. 우선 총 판매액을 비교하면, 표 6-9의 결과가 표 6-10

의 결과보다 상대적으로 훨씬 더 높다는 것을 알 수 있다. 제품 원가율의 경우 표 6-10의 경우가 표 6-9의 경우보다는 낮은 원가율을 보여주고 있지만, 추측하건데 적은 제품 양으로 인해 고객의 불만이 생겼을 가능성이 높다. 고객이 판단해서 가격 대비 제품의 양과 질이 부족하다면 불만이 생기는 것이 당연하다. 결론적으로 이러한 판매 전략은 고객에게 금전적으로 피해를 주는 행위이며, 미래를 내다보지 않은 단기적이고 근시안적인 운영전략으로 판단된다.

표 6-9

	구매 날짜			판매 날짜				레시피 원가 정보				
	A	B	C	D	E	F	G	H	I	J	K	L
Liquor	크기	FZ	병당 원가	판매 가격($)	월간 판매량	생산율 (%)	FZ당 원가 (C/B)	FZ당 사용양	실제 사용원가 (G×H) ($)	총 비용 (I×E)($)	총 판매 (D×E) ($)	사용한 원가 (J/K) (%)
Well	리터	33.8	12.00	2.50	200	100	0.36	1.25	0.45	90.00	500	18.00
Call	리터	33.8	21.00	5.00	120	100	0.62	1.25	0.78	93.60	600	15.60
Premium	리터	33.8	30.00	8.00	280	100	0.89	1.75	1.56	436.80	2,240	19.50
합계					600					620.40	3,340	18.60

표 6-10

	C	D	E	F	G	H	I	J	K	L
Liquor	병당 원가	판매 가격($)	월간 판매량	생산율 (%)	FZ당 원가 (C/B)	FZ당 사용양	실 제 사용원가 (G×H) ($)	총 비용 (I×E)($)	총 판매 (D×E) ($)	사용한 원가 (J/K) (%)
Well	12.00	2.50	100	100	0.36	1.0	0.36	36.00	250	14.4
Call	21.00	5.00	120	100	0.62	1.25	0.78	93.60	600	15.6
Premium	30.00	8.00	240	100	0.89	1.5	1.34	213.60	1,920	11.1
합계			460					343.20	2,770	12.4

제품가격과 제품의 양을 결정하기 위해서는 기업은 기본적으로 두 가지 전략을 시행할 수 있을 것이다. 낮은 가격으로 대량 판매 전략을 그리고 높은 가격으로 높은 수익률을 얻고자 할 것이다. 따라서 제품의 가격과 양을 결정하기 위해서는 이러한 두 가지 기본전략을 고려하고 두 가지의 고려대상을 적절하게 혼합하여 결정해야 한다. 음료제품 산업에서는 판매량이 기업의 수익률 달성과 기업 성공을 위한 중요한 지표가 되고 있다. 한 번 방문한 고객을 지속적으로 방문할 수 있도록 하고, 많은 제품 소비를 하게 하는 것이 치열한 경쟁 속에서 살아남을 수 있는 방법이다. 뿐만 아니라 판매량은 기업의 재고자산

관리에 직결되기도 한다.

구매 제품의 결정은 재고자산 관리 측면에서 여러 가지 부정적인 결과를 피할 수 있어야 하며, 고객에게는 합리적인 구매활동을 할 수 있도록 이루어져야 한다. 이때, 재고자산 관리 측면에서의 부정적인 결과란 자본금이 재고자산으로 묶임으로써 자본금에 대한 압박 그리고 재고물품의 보관 장소 및 관리비용 등의 발생으로 인한 부정적 결과를 의미한다. 따라서 기업의 제품 구매결정은 고객의 입장에서 합리적 구매활동을 도울 수 있는 제품구성을 하는 것이 올바른 의사결정이 될 것이다. 다시 말해 고객의 선호도를 충족시킬 수 있으며, 기업의 수익목표를 달성할 수 있는 제품 구매결정이 이루어져야 한다는 것이다.

표 6-11은 음료제품의 고객구매성향을 파악하기 위한 양식이다. 이 양식은 매장을 방문한 고객의 선호 제품명을 직원이 파악하도록 하는 것으로써 고객이 선호하는 제품명과 방문날짜 그리고 고객의 성향을 파악한 직원의 이름을 양식에 기입하도록 되어있다. 일정기간동안 양식을 작성하게 되면 자연스럽게 음료제품 그룹별 고객이 선호하는 제품명을 파악하게 될 것이다.

표 6-11

날짜	제 품 명	직원
6-20-97	Coors Light	Nancy M.
6-21-97	Louis Ⅷ	David K.
6-21-97	Coors Light	Henry W.
6-21-97	Absolut Vodka	Jackie S.
6-21-97	Coors Light	Nancy M.
6-22-97	Coors Light	Elaine Y.
6-22-97	Southern Comfort	David K.

표 6-11을 보면, 고객이 선호하는 맥주제품은 쿠어스 라이트(Coors Light) 임을 쉽게 알 수 있다. 제품 구매결정자는 표 6-11에서 제시된 자료를 이용하여 맥주제품은 반드시 쿠어스 라이트 맥주가 준비될 수 있도록 구매결정을 해야 한다. 단순히 종사원의 '느낌' 혹은 '감'으로 구매결정을 하는 것이 아니라, 위

와 같이 제시된 정확한 데이터를 근거로 의사결정을 하는 것이 훨씬 더 정확하고 효율적인 의사결정임을 보여주고 있다.

만약 레스토랑을 방문한 고객이 준비되어있지 않은 제품을 요구했을 때에도 어쩌면 고객의 구매 욕구를 충족시켜줄 수도 있을 것이다. 왜냐하면 대부분의 많은 고객들이 선호하는 제품을 미리 준비해 두었기 때문이다. 이때 제품을 판매하는 직원의 역할이 매우 중요하다. 고객이 요구하는 제품을 미처 준비하지 못했음을 사과하고, 고객의 요구를 대체할 수 있는 널리 알려진 제품을 고객에게 추천하여 판매할 수 있기 때문이다. 고객에게 다른 제품의 특성을 상세하게 알려주는 것은 직원의 기본적인 역할이며, 종사원 스스로 이러한 역할을 충실히 이행할 수 있도록 교육, 훈련시키는 매니저의 역할 또한 중요하다.

구매해야할 제품의 종류와 양을 제한하는데 가장 좋은 방법은 메뉴리스트를 만드는 것이다. 레스토랑기업이 고객을 위해 준비하고 있는 음료제품 리스트를 마련해두었다면, 고객은 메뉴리스트에 있는 제품 중에서 자신이 좋아하는 제품을 선택하게 될 것이다. 메뉴리스트는 정기적으로 변경될 수도 있으며 특별한 경우 첨가 혹은 삭제될 수 있지만 고객은 언제나 기업에서 제공하는 메뉴리스트 내에서 자신이 선호하는 제품을 주문할 것이다.

제품 구매결정에 있어서 여러 가지 고려할 사항이 있다. 기업의 제품 저장능력(공간), 고객의 제품 선호도, 사업형태(클럽, 레스토랑, 호텔, 기타), 판매량 그리고 기업의 재정상태 등이다. 다양한 제품을 구매해야 하는 부담을 줄이기 위한 방법 중 한 가지는 불규칙적으로 판매되는 제품을 메뉴리스트에 무작정 추가하지 않는 것이며, 새로운 제품을 메뉴리스트에 추가함과 동시에 판매실적이 저조한 제품을 메뉴리스트에서 삭제함으로써 기업은 제품구매에 대한 부담을 덜게 될 것이다. 이러한 작업들은 제품판매 데이터를 활용하게 되면 쉽게 진행할 수 있는 작업이다.

새롭게 출시된 제품에 대한 정보수집과 고객의 최신 구매성향을 파악하는 업무는 매니저가 해야 하는 또 다른 중요한 업무이다. 새롭게 출시된 제품 정보 수집 방법은 전문책자를 확인하는 방법 혹은 공급업자와 최신 제품에 관한 정보 및 최근 동향을 의논하는 방법들이 있다. 하지만 공급업자는 특정제품을 판매할 목적으로 편파적인 정보를 제공할 수도 있으니 매니저는 정확한 정보를 수집하려고 노력해야 한다.

개별 음료제품을 선택한다는 것은 특정 브랜드를 선택하는 것과 거의 유사한 개념이다. 중저가의 음료제품은 제품 구매를 결정하기 전 다양한 제품테스트를 실시해야 하며, 관리자뿐만 아니라 직원과 고객을 대상으로 다양한 제품테스트를 실시하여 결정하는 것이 현명한 구매결정 방법이다. 물론 고가의 유명 브랜드 제품은 이러한 제품 테스트를 실시할 필요는 없다.

와인제품 구매

와인제품 구매결정은 다소 복잡하고 까다로운 작업이다. 예를 들어 특정 브랜드를 요구하지 않고, 중저가의 와인을 요구하는 고객에게 제공되는 하우스와인(House Wine)은 대량으로 구매되어 소량으로 판매되기 때문에 제품의 질을 유지하는 것이 가장 어려운 과정이다. 물론 병 단위로 판매되는 경우는 예외이다. 병 단위로 판매되는 와인제품은 대개 하우스 와인보다는 품질이 좋으며 가격 역시 비싼 편이다. 병 단위로 판매되는 와인제품은 해당 기업에는 별다른 비용 부담을 발생시키지는 않는다. 와인제품은 쉽게 변질되므로 관리자들은 제품품질 관리에 많은 신경을 써야 한다. 음료매출에 사용되지 않고, 변질되거나 훼손되어 사용하지 못하는 와인제품의 비용은 고스란히 기업의 수익에 부정적 영향을 미치기 때문이다. 동일 브랜드의 와인제품이라 할지라도 제품생산일자와 보관방법 등에 따라서 와인제품의 맛과 향 등이 다르기 때문에 와인제품을 구매하는 고객의 주문 사항은 맥주와 기타 알코올 음료제품을 구매하는 고객의 주문사항 보다 다소 명확하지 않을 수 있으며, 와인제품을 구매하는 고객에게 제품을 구매하기 전 제품테스트를 실시하는 것도 이러한 이유 때문이다. 와인제품의 구매결정 역시 품질 테스트와 전문가의 충분한 조언을 통해서 결정되어져야 한다.

물품반입 및 검수

물품반입의 가장 기본적인 절차는 주문내역과 도착한 물품이 정확하게 일치하는지를 확인하는 것이다. 관리자는 입고되는 제품의 브랜드명, 크기, 가격, 양, 품질 및 포장 상태 등을 반드시 점검해야 한다. 입고되는 음료제품의 검수과정은 음식제품의 검수과정과 다르지 않다. 물론 음료제품은 대부분 규격화되어 복잡하고 다양한 음식제품의 검수과정에 비해 업무가 수월하다고 할 수 있지만, 정확한 제품검수는 반드시 이루어져야 한다.

입고되는 제품을 검수하는 담당자는 다음의 사항들을 철저히 이행해야 한다.

- 주문량과 입고량, 가격 점검
- 와인제품의 경우 생산일자 점검
- 제품의 유효기간 점검
- 제품 봉인 상태 및 포장용기(유리병 등) 훼손 상태 점검
- 포장단위 점검(ml, liter 등)
- 제품 브랜드명 점검

제품검수 담당자가 만약 주문한 제품내역과 입고된 제품사항들이 차이가 있을 경우 즉시 매니저에게 보고하고, 제품 인수과정이 끝나기 전에 문제를 해결해야 한다. 문제가 발생한 제품(파손된 제품)을 반품하고, 송장(Invoice)을 수정해야 한다. 대개의 경우 제품을 공급하는 회사직원은 문제가 있는 제품이 소량일 경우 송장을 수정하기보다는 문제가 발생한 제품의 수량만큼 차후에 공급하겠다는 의견을 제시할 것이다. 이럴 경우 매니저는 해당 일에 주문하여 배달된 제품 전부를 반품할 것인지 혹은 문제가 있는 제품만 반품하고, 부족한 제품의 수량만큼 공급자에게 알려 교환받을 것인지를 결정해야 한다. 부족한 제품만큼 추가로 공급받고자 할 때에는 매니저는 제품의 재고량과 예정 공급일자 등을 반드시 고려한 후 결정해야 한다.

제품 저장

제품의 저장관리 단계는 구매활동의 세 번째 단계라 할 수 있다. 저장관리는 세 가지 주요한 관리활동으로 이루어진다. 제품의 질을 유지하기 위한 활동, 재고조사 및 기록관리 활동, 도난방지 활동. 제품을 저장하는 장소를 독립된 장소로 생각해보자. 제품 저장소에는 물품관리를 담당하는 직원과 구매담당 직원 등이 있을 것이다. 제품 저장소에는 항상 담당 직원이 근무하고 있을 것이고, 업무와 관련 있는 사람들 이외에는 출입을 통제해야 한다. 해당 직원이 자리를 비울 경우는 반드시 저장소의 제품도난방지를 위한 잠금장치를 해야 하며, 물론 잠금장치를 해제할 수 있는 사람은 업무권한이 있는 사람들로 한정되어 있어야 한다. 제품을 보관하는 장소가 비록 건물 내에 존재한다 할지라도 제품보관 장소의 보안과 관리는 위에서 설명한 것처럼 독립된 공간으로 생각하고 철저하게 관리해야 한다.

각각의 음료제품은 특성과 종류에 따라 분리하여 보관해야 한다. 그리고 재고제품은 철저하게 선입선출이 가능할 수 있도록 관리되어야 한다. 예를 들어 최근에 입고된 제품은 뒤쪽으로 보관하고 가장 먼저 입고된 제품을 앞쪽에서 보관하여 재고자산의 순환이 선입선출방법으로 원활하게 진행될 수 있도록 해야 한다.

대개의 경우 알코올함유량이 높은 제품의 용기는 무겁기 때문에 단단하고 견고한 선반을 이용하여 안전하게 보관할 수 있도록 해야 한다. 제품포장 단위가 대량일 경우는 음료제품을 보관하는 선반의 하단에 보관하도록 하여 담당자가 관리하기 수월하도록 해야 한다. 제품의 보관온도 역시 중요한 사항이다. 보관 장소의 온도가 화씨 70도에서 80도 사이가 될 수 있도록 해야 한다.

와인제품은 와인이 담겨진 병이 눕혀진 상태나 혹은 병 입구가 아래쪽으로 향할 수 있도록 보관해야 하며, 박스단위로 포장되어 있다면 제품을 꺼내지 말고 그대로 보관하는 것이 좋다. 와인제품은 변질되기 쉬우며 빛, 온도, 습기 등의 환경적인 요인에 매우 민감한 제품이기 때문이다. 와인제품을 보관하기

적합한 장소는 빛이 차단되고 습기가 없고 서늘한 장소로써 보관온도는 화씨 50도에서 70도 사이가 가장 적당하다. 와인전문가들은 와인제품을 보관할 때에는 와인전용저장고(cellar)를 마련하는 것이 좋다고 충고하고 있으며, 제품 보관온도 역시 화씨 55도에서 65도가 가장 적당하다고 조언한다. 와인제품은 병 속에서도 지속적인 화학작용을 하고 있기 때문에 와인제품 취급 시 가능한 제품에 충격을 주지 않도록 권장하고 있다.

와인병을 막고 있는 코르크 역시도 세심하게 관리해야 한다. 만약 코르크가 건조하여 균열이 생기게 되면 그 틈새로 공기 중 산소가 들어가 산화작용을 일으켜 제품의 질이 변질되기 때문이다. 제품 검수 시 이러한 결점을 발견했다면 즉시 반품조치를 해야 하며, 제품 보관 중 이러한 현상이 발견되었다면 제품의 질을 점검한 후 다른 사용방법을 강구해야 할 것이다. 예를 들어 주방에서 조리용 와인으로 사용하는 방법 등이 있다.

맥주제품은 유통기한에 매우 민감한 제품이다. 관리자들은 맥주제품의 유효기간과 맥주제품의 판매량 등을 고려하여 고객에게 최상의 품질을 전달할 수 있도록 해야 하며, 유효기간이 지나 제품의 손실비용이 발생하지 않도록 해야 한다. 맥주 제품의 품질관리를 위해서 캔제품 혹은 병제품으로 생산된 제품은 햇빛이 들지 않는 어두운 곳(보관온도 화씨 70도 이하)에 보관해야 하며, 생맥주 제품은 적정온도(화씨 36도~화씨 39도)를 유지할 수 있는 냉장시설이 갖추어진 곳에서 보관해야 한다. 대개의 맥주제품에는 유통기간이 명시되어 있으나, 냉장 보관해야 하는 생맥주의 경우 별도의 유통기한 표시가 없더라도, 유통기한은 30일~45일 이내를 유지해야 제품의 질을 유지할 수 있다.

음료제품의 올바른 구매절차

음료제품이 판매되고 있는 현장(바 혹은 기타 장소)에서 근무하고 있는 직원들이 회사에서 규정해 놓은 음료 제품재고 파악 및 구매 절차를 철저하게 이행할 수 있도록 해야 한다. 바에서 근무하고 있는 바텐더가 사용한 음료제품의 빈병을 관리하는 방법을 살펴보면 다음과 같다. 대개 근무자가 근무를 시작할 때 혹은 근무시간을 마감할 때 빈병을 기준으로 새롭게 채워야할 음료제품을 확인하게 된다. 바에서 필요로 하는 제품명을 관리대장에 기록하고 음료 저장고에 보내는 주문서를 작성하게 된다. 매니저는 바텐더 등 음료주문을 담당하는 직원이 음료관리대장과 주문서에 필요한 음료제품의 제품명과 관리번호 등을 정확하게 기재하였는지 반드시 점검해야 한다. 작성된 음료제품 주문서와 빈병을 함께 음료저장고로 보내 음료제품을 수령하도록 한다. 음료제품 주문 절차를 컴퓨터 시스템으로 이용하는 경우는 제품관리번호가 매우 중요하다. 제품주문이 통합재고관리시스템으로 연결되어 있어 제품 주문 및 재고자산관리가 동시에 이루어지기 때문이다.

음료제품 구매가 수작업으로 이루어지든지 혹은 컴퓨터시스템에 의해 이루어지든 상관없이, 철저한 재고관리를 위해서는 제품생산에 사용되어진 음료제품의 빈병과 함께 음료제품 주문이 이루어져야 한다. 음료제품을 관리하는 직원은 구매요구서와 사용된 음료제품의 빈병을 관리해야한다. 이때 관리직원은 빈병과 주문요구서의 제품을 확인하여, 기업에 따라 차이가 있겠지만 제품별 적정재고량(Par Level)에 맞춰 올바른 주문요구가 이루어졌는지 반드시 확인해야한다. 음료제품별 적정재고량을 유지하는 방법 중 가장 확실한 방법이 음료제품의 구매과정중 사용한 빈병을 반납하면서 구매요청이 이루어지는 것이다. POS 시스템을 사용하고 있는 경우, 제품의 사용내역(판매수량 등)을 확인하면서 동시에 구매현황자료를 확인할 수 있다.

음료제품 구매요구과정 중 빈병과 새 제품 교환방법(Bottle-for-Bottle)이 적용되지 않는 예외의 상황이 발생할 수도 있다. 제품의 적정재고량이 변경되었거나 음료제품의 파손으로 인한 구매요구가 발생하였거나 혹은 타 부서로 제품이동이 발생하는 경우 등이 이에 해당된다.

관리자는 재고물품을 관리하는 직원으로 하여금 회수된 빈병 처리를 확실하게 하도록 해야 한다. 대개의 경우 빈병을 깨어서 처리를 하는데, 이는 빈병을 활용한 부정한 방법의 구매요구가 발생하는 것을 방지하기 위함이다. 이러한 제품관리규정을 철저하게 이행함으로써 제품관리의 정확성과 회계 관리상의 정확성을 얻게 된다. 호텔의 룸서비스나 미니바(Mini-Bar)에서는 위에서 설명한 빈병과 새로운 제품교환 및 음료제품요구서가 동시에 이루어지기가 어렵다. 룸서비스 혹은 미니바를 이용하는 고객들 대부분이 빈병을 버리기 때문에 이러한 경우에는 구매요구서와 계산서를 중심으로 음료제품의 재고 및 출고 과정을 확인하게 된다.

음료제품 판매와 구매요구서를 발생하는데 빈병을 함께 요구하지 않은 음료제품도 많다. 예를 들어 와인제품, 맥주제품 그리고 기타 무알코올 음료제품 등이다. 이러한 제품들은 바에서 근무하고 있는 바텐더들이 지속적으로 제품 판매수량과 적정재고수량을 확인하기 때문에 제품판매의 증거물로 제시되는 빈병을 구매요구서와 함께 제출하지 않아도 상관없다. 특히 POS 시스템을 사용하는 기업의 경우 판매현황을 제품별로 쉽게 집계하여 확인할 수 있으므로 별도의 증빙자료(빈병)가 필요 없다. 그리고 병 단위로 취급되는 위스키류 제품과는 달리 와인과 맥주제품의 구매단위는 박스 단위로 이루어지기 때문이다.

추가주문요령

만약 구매요구서에 명시된 제품 재고가 없다면, 해당 제품이 구매업자로부터 공급되기 전까지는 해당제품은 '품절'표시가 되어 제품 추가주문(Back-Order) 관리대장에 기록되어 있어야 하며, 업장에서 요구한 구매요구서를 제품 추가관리대장에 보관해야 한다. 매니저는 재고물품의 품절이 발생하게 된 원인과 이유를 철저히 분석하여 같은 문제가 재발하지 않도록 해야 한다. 영구재고조사를 제대로 실시하기 위해서는 제품구매행위가 발생할 때마다 재고관리 담당직원은 구매명세서를 기준으로 재고자산구매 입력을 정확히 실시해야 한다.

올바른 구매승인절차

일반적으로 음료제품 구매업무를 담당하는 직원들은 구매 관련 업무권한을 가진 사람들로 구성되어진다. 구매담당부서에는 각 영업장별 음료제품 출고일자를 지정하여 효율적인 재고운영시스템을 마련하고 있다. 그리고 각 영업장에서는 지정된 날짜를 기준으로 음료제품의 판매량을 고려하여 적정재고량을 설정해야한다. 작은 소규모 영업장의 경우 관리자인 매니저가 판매량을 참고하여 적정재고량을 설정하고 이에 따른 개별구매활동이 이루어진다.

대개 음료제품 구매요청서는 원본과 복사본을 동시에 발행하게 된다. 따라서 주문내용의 수정사항이 발생되면 요청서 원본과 복사본을 동시에 수정해야 한다. 이때 수정한 내용을 확인하는 담당자의 확인과 서명을 남겨두어 차후에 점검할 수 있도록 해야 한다. 구매요청서의 원본은 회계 관리팀으로 전달되어 회계자료로 활용되며, 복사본은 구매요청부서에서 보관하도록 한다. 주문한 물품이 입고되었을 때, 회계 관리팀에게 전달되는 구매요청서 원본에 제품 검수담당자의 서명을 반드시 확인해야 한다. 구매요청서의 제품명 및 수량 등의 정보를 활용하여 재고관리자료를 생산해내기 때문에 구매요청서 복사본은 구매부서의 직원에게 유용한 자료가 된다.

음료제품관리

음료제품의 운영관리의 출발은 각 메뉴상품의 정량관리(Portion Size Control)와 표준 레시피(Standard Drink Receipe)를 정하는 것이다. 기업에서 정해놓은 메뉴상품의 정량과 표준 레시피는 모든 직원들이 예외 없이 지켜야 하는 약속이고 규칙이다. 메뉴상품의 정량과 표준 레시피가 존재하지 않는다면, 원가관리 작업이나 경영성과 평가 작업 등이 불가능해진다. 다시 말해 메뉴상품의 정량과 표준 레시피를 설정하고 이를 지켜나가기 위해서 노력하는 이유는 다음과 같다.

- 실제 사용한 제품의 양과 표준정양의 차이를 확인함으로써 원가관리가 가능하기 때문이다.
- 제품의 양과 질의 일관성을 유지할 수 있다.
- 새로운 직원 및 기존 직원의 교육훈련용 자료로 사용된다.
- 제품의 낭비 및 도난을 방지하고 점검할 수 있다.

제품의 정량 관리

음료제품의 정량관리(定量, Portion Size)는 사용되어지는 음료제품의 양을 정확하게 관리하여 비용 낭비를 방지하고 동시에 일관된 제품의 질을 유지하기 위함이다. 특히 음료제품을 생산하고 고객에게 서비스하는 바텐더의 경우는 개인별 능력차이로 인해 음료제품의 정량관리가 매우 힘들다. 바텐더가 신입직원이거나, 업무수행능력이 미숙한 직원일 경우 잘못된 정량관리로 비용낭비가 발생할 확률이 높다. 비용낭비 뿐만 아니라, 고객에게 제공되는 음료상품의 일관적인 품질유지 역시 정량관리가 이루어져야만 가능하다.

모든 고객이 가지고 있는 제품에 대한 기대수준을 충족시키는 것은 기업이 이익을 추구하는 것 이상으로 많은 노력을 기울어야 하는 부분이다. 기업이 추구하는 이익은 제품 판매가격과 판매량에 의해 결정되어진다. 기업에서 생산해내는 제품의 질이 고객의 기대를 충족시키지 못한다면, 제품 판매가 이루어지지 않을 것이고 제품 판매가 이루어지지 못한다면 당연히 기업이 목표로 하는 이익을 달성하는 것은 불가능한 일일 것이다. 기업이 추구하는 이익을 달성하는 방법 중 한 가지는 레스토랑을 방문하는 모든 고객들에 제공되는 제품의 일관성을 유지하여 고객을 만족시키는 것이다. 앞에서 언급한 것처럼 제품의 일관성을 유지하기 위해 모든 직원이 회사가 정해놓은 제품의 정량을 준수하여 제품이 누구에 의해 만들어지던지 상관없이 고객의 기대에 충족될 수 있도록 제품을 생산할 수 있어야 한다. 고객의 불만사항 중 많은 부분이 제품의 질이 일관성을 갖지 못해서 발생하고 있다. 음료제품을 생산하는 바(Bar) 혹은 다른 부서에서는 항상 제품생산에 있어서 정량(定量)준수와 표준 레시피를 지킬 수 있도록 해야 한다. 특히, 앞서 언급한 것과 같이 높은 이직률에 의해 자주 바뀌는 바텐더로 인해 제품의 품질이 변하지 않도록 주의해야 한다.

음료제품생산 과정에 있어서 정량을 준수하는 것은 고객에게 제공되는 제품의 품질의 일관성 유지 목적이외에도 비용관리 측면에서도 중요한 이슈이다. 제품생산 외에 사용되어지는 음료제품의 낭비를 방지한다는 것은 곧 이익관리와 같은 개념이다. 제품의 생산원가관리와 이익관리가 직접적으로 연결되어 있기 때문이다. 음료제품의 원가관리는 제품의 정량, 표준 레시피 그리고 제품용기(글라스류)에서부터 시작된다.

음료제품 생산 시 사용되어지는 각각의 음료제품의 사용량을 정확하게 측정하는 방법 세 가지를 소개하면 다음과 같다. 첫째, 자동제어장치가 부착된 기구를 사용하는 방법이다. 음료제품생산에 사용되는 주요 재료를 핸드건(Handgun)이나 특수 제작된 기구를 사용하여 제품 생산 시 각 재료가 정량대로 사용되도록 하는 것이다. 두 번째, 음료제품을 생산하는 직원 즉, 바텐더로 하여금 음료의 양을 측정할 수 있는 지거(Jigger)를 활용하여 모든 재료가 되는 음료의 양을 정확히 계량하도록 하는 방법이 있다. 세 번째, 프리-푸어링(Free-Pouring) 방법이 있다. 프리-푸어링 방법은 병 입구에 음료를 따를 때 음료의 양을 조절 할 수 있는 푸어러(Pourer)를 끼우고 음료제품 생산에 필요한 양만큼 따르는 방법으로 각 제품 생산에 필요한 양은 제어할 수 있는 방법은 음료를 따를 때 바텐더가 적절한 양이 되었다고 생각될 때 병 입구를 수직으로 세워 멈추어야 한다. 따라서 프리-푸어링 방법은 모든 바텐더가 아닌 근무 경험과 업무지식이 풍부한 바텐더에게만 적합한 방법이다. 업무 숙련도가 높은 바텐더만이 대개 음료상품의 표준 레시피를 외우고 있으며, 병을 기울여 음료제품을 따를 때 항상 일정한 양을 따를 수 있도록 훈련되어 있기 때문이다. 마지막 프리-푸어링 방법은 직원의 높은 이직률과 교육 훈련비용을 생각할 때 권장할 만한 방법은 아니다.

고객에게 제공되는 상품을 생산할 때 이용되는 자동제어계측 시스템은 재료의 정량 준수, 재고조사 및 표준 레시피 준수 등의 업무를 용이하게 한다. 그 중에서 자동제어계측 시스템은 음료제품 생산에 사용되는 음료재료의 양을 정확하게 하는 것이 주목적이다. 자동제어계측 시스템은 음료제품 생산에 사용되는 재료의 정확한 양을 제어 할 수 있도록 고안되어 있는데, 원료가 되는 제품의 병에 전자장치가 부착되어 일정한 양만큼 공급되도록 되어 있다. 정확한 제품 사용량을 측정할 수 있을 뿐만 아니라, 고객의 입장에서는 자신이 주문한 상품을 누가 만드는가에 상관없이 일정한 품질의 제품을 제공받을 수 있다는 장점이 있다. 따라서 관리자는 비용 관리뿐만 아니라, 제품의 질을 일관성 있게 유지하기 위해서라도 철저한 정량관리를 실시해야 한다. 음료제품을 만드는 과정에 있어서 자동제어계측 시스템을 사용함으로 해서 얻는 장점은 다음과 같다.

- 바텐더의 교육훈련시간을 줄일 수 있다.
- 직원의 실수로 음료재료를 쏟거나 낭비되는 것을 줄일 수 있다.
- 가격결정을 하는데 발생하는 문제를 줄일 수 있다.
- 제품생산을 할 때 투입되는 재료의 양을 표준화하여 제품의 품질의 일관성과 정확성을 확보할 수 있다.
- 직원의 부정한 행동(음료를 훔치는 것과 술을 손님에게 공짜로 제공해 주는 것)을 방지할 수 있다.
- 바 운영 및 관리업무 향상을 꾀할 수 있다.
- 음료 관련 매출과 각각의 품목에 대한 수익성을 계산하기가 용이하다.
- 매출관리, 제품재고관리와 종사원관리에 관한 리포터를 작성이 용이하다.

현재 시장에는 많은 자동제어계측 시스템이 소개되고 있지만, 모든 시스템이 위에서 언급한 장점을 다 실현시켜주는 것은 아니며, 시스템 운영상 가장 우려할 점은 때때로 시스템이 제대로 작동되지 않는다는 것이다. 그 외에 시스템을 사용함으로 인해 초래되는 불편한 점을 예로 들면 다음과 같다.

- 대개 음료 저장용기가 고객이 볼 수 없는 곳에 설치되므로, 제품을 전시함으로써 얻게 되는 고객의 구매 욕구를 자극할 수 없다(제품 전시를 통한 판매촉진활동이 불가능하다).
- 모든 음료제품을 생산하는데 자동제어계측 시스템이 적용되는 것은 아니다.
- 자동제어계측 시스템이 고장 났을 때 대부분의 음료판매 영업장에서는 상황대처 계획을 가지고 있지 않다. 기계작동이 오류가 발생하였을 때에는 장비가 수리되기 전까지 사용할 수 없게 되는 경우도 발생할 수 있다 .
- 정직하지 못한 직원이 장비를 고의로 고장 낼 수도 있다.

업장의 관리자로서 매니저는 자신이 맡고 있는 업무의 강점과 약점을 정확히 파악하고 있어야 한다. 그리고 효율적이고 원활한 영업활동을 위한 자동설비장치의 설치여부와 상관없이 매니저는 레스토랑의 효율적인 운영과 제품생산의 표준경영을 시행할 수 있어야 한다.

표준 음료 레시피

성공적인 표준 음료 레시피(SDR : Standard Drink Recipes)란 음료제품을 만들기 위해 사용되는 재료들의 적절한 조화를 고려해서 결정한 음료재료의 양, 음료를 담는 글라스 종류, 얼음 그리고 음료제품을 더욱 화려하게 장식해주는 가니쉬(장식) 등의 표준화를 설정해 놓은 것을 의미한다. 음료 메뉴상품을 기획하는 업무도 중요하지만, 더욱 중요한 것은 결정되어진 음료제품 레시피를 모든 직원들이 철저하게 지켜나가도록 하는 것이다.

음료상품의 표준화를 위해 매니저가 해야 할 일은 직원들의 철저한 교육훈련이다. 그리고 적절한 도구 활용도 필요하다. 예를 들면 표준 음료 레시피를 준수하며 만든 제품들의 사진을 전시하여 직원들이 음료상품을 만들 때 참고할 수 있도록 하는 방법 등이 있다. 표준 음료 레시피 준수를 위한 제품 사진을 촬영할 때 필요한 정보는 다음과 같다.

- 음료상품 주재료의 정확한 양을 보여주어야 한다. 이것은 직원들에게 어떤 지거(Jigger) 종류가 필요한지를 보여줄 수 있다.
- 그 외의 재료 종류, 양 혹은 각 재료의 비율을 보여주어야 한다.
- 표준 레시피에 명시된 컵 사이즈 및 종류를 보여주어야 한다.
- 표준 레시피에 명시된 정확한 얼음의 양을 보여주어야 한다.
- 표준 레시피에 명시된 가니쉬(장식)의 양과 장식 방법에 관하여 정확히 보여주어야 한다.

음료상품을 제조할 때 사용되는 얼음은 탄산음료 혹은 주스류와 함께 중요한 재료가 된다. 음료상품에 들어가는 얼음의 역할은 음료를 차갑게 하며, 음료의 양을 조절하는 역할이다. 음료상품을 만들 때 컵에 얼음부터 먼저 채우고 음료를 만들게 되는데 얼음을 많이 넣게 되면, 기타 음료 재료의 양이 줄어들게 된다.

음료상품의 전문가들은 사용하는 얼음의 크기와 모양에 따라서 음료상품의 차이가 발생한다고 말한다. 예를 들어, 만약 고객이 음료의 향과 강한 맛을 원할 경우에는 얼음의 양을 적게 넣거나 작은 글라스에 제공하기도 한다. 음료상품의 다양성을 강조하더라도 고려해야할 사항은 SDR(표준 음료레시피)을 준수해야 한다는 것이고, 누가 제품을 생산하더라도 항상 일정한 품질의 제품이 생산되어야 한다는 것이다.

실제 음료원가관리 음료상품을 생산할 때 사용되는 재료의 양에 따라 음료의 원가가 결정된다. 표 6-12는 표준 음료 레시피의 양과 병단위 제품의 양을 환산한 표이다. 더 자세한 내용은 부록을 참조하기 바란다.

표 6-12

사이즈	FZ의 수	1FZ음료안의 생산율	1.25FZ음료안의 생산율	1.5FZ음료안의 생산율
10/10병	33.8	33.8	27.0	22.5
5/10병	16.9	16.9	13.5	11.3
1/10병	3.38	3.4	2.7	2.3

1리터 용량의 보드카를 oz 단위로 환산하면 33.8oz이다. 표준 음료 레시피에 명시된 보드카의 사용량이 1oz라면 33.8개의 제품생산이 가능하고, 1.25oz의 사용량이라면 22.5개의 제품생산이 가능할 것이다. 보드카 1병의 가격이 $12.00이고, 음료상품의 판매가격이 $3.00이라고 가정해보자. 표 6-12에 제시된 정보를 활용하여 표 6-13을 만들 수 있을 것이다. 표 6-13은 레스토랑의 SDR(표준음료 레시피)로 활용할 수 있을 것이다.

표 6-13

바텐더	서빙분량 (FZ)	음료 생산율 (표 6-12)	리터당원가 ($)	분량원가 ($)	판매가격 ($)	총판매 (음료수×가격)	원가%
A	1	33.8	12.00	0.36	3.00	101.4	11.83
B	1.25	27	12.00	0.44	3.00	81.12	14.79
C	1.5	22.5	12.00	0.53	3.00	67.59	17.75

표 6-13에서 제시된 정보를 확인해보면 사용량이 1oz일 때와 1.5oz일 때의 차이는 원가 측면에서 약 5.92%의 차이가 있다. 이러한 원가차이는 당연히 수익에도 영향을 미친다.

음료제품 원가계산 양식

표 6-14를 활용하여 음료제품의 원가를 계산할 수 있을 것이다. 양식에 기입하는 자료는 정확해야 하며, 영업장이 하나 이상일 경우에는 각 영업장별 데이터 기록 관리대장을 분리하여 작성해야 한다. 영업장별 특성에 맞는 메뉴상품이 따로 있으며, 그에 따른 가격전략도 다르기 때문이다.

표 6-14

제품번호	아이템 이름	아이템 사이즈	병단위	사용 용량 (FZ)	혼합	총원가 ($)	판매가격 ($)	판매가격 (%)

기타 음료제품 관리활동

음료제품 저장고의 관리책임은 전적으로 매니저에게 있다. 관리자인 매니저는 제품의 재고상황과 입출고 현황을 항상 정확하게 파악하고 있어야 한다. 음료제품의 저장방법을 시스템적으로 운영하게 되면 조그마한 변동사항도 쉽게 파악할 수 있을 것이다.

전통적인 저장고 관리양식에는 제품명, 용량 및 사이즈, 재고현황 그리고 제품관리번호 등을 기입하게 되어있다. 뿐만 아니라, 제품별 최대 재고량과 최저 재고량 역시 기입하게 되어있는데 이러한 데이터는 제품 구매 시 적절하게 활용할 수 있는 자료이다. 저장고관리대장은 항상 저장고내 적절한 곳에 보관해야 한다. 저장고 제품관리대장에 모든 제품의 입출고현황을 기록하도록 해야 하며, 이 모든 데이터들은 영구재고조사에도 유용한 자료로 활용된다. 새롭게 구매된 제품의 양과 현재재고량 그리고 출고된 양이 정확히 기록되어 있는지 확인하기 위해 관리자는 수시로 저장고 제품관리대장에 기록된 제품의 양과 실제 제품의 재고량을 점검해야 한다.

음료제품관리에 있어서 관리자가 점검해야 할 사항 중 다른 한 가지는 기업에서 사용하는 음료제품의 용량 및 사이즈와 제품명의 혼용을 없애는 것이다.

구매담당자는 모든 음료제품의 특성 및 제품명, 용량 및 사이즈 등을 정확하게 숙지함으로써 영업장이 다수일 경우에도 각 영업장별 요구하는 제품을 정확하게 구매할 수 있어야 한다. 그리고 음료제품의 효율적인 관리를 위해 음료제품 그룹별 분류도 실시해야 한다. 예를 들어 음료제품 관리를 위해 제품분류를 4자리 숫자를 활용하는 시스템을 사용한다고 가정해보면, 진(Jin) 종류의 음료제품은 1000자리로 시작하는 숫자로, 럼(Rum) 종류의 제품은 2000으로 시작하는 숫자로, 데낄라(Tequila) 종류의 제품은 3000으로 시작하는 관리숫자로 정할 수 있다. 이러한 제품의 종류별 관리번호는 저장, 재고관리, 적정재고수준 점검시스템 그리고 주문 절차를 체계화 및 표준화 작업을 실시할 수 있도록 한다. 제품관리번호를 사용함으로써 얻는 효과는 다음과 같다.

- 음료제품 관리절차와 형식을 단순화하고 표준화할 수 있다.
- 구매, 저장, 청구, 재고의 기록 등을 원활하게 진행할 수 있다.
- 모든 제품에 부여된 관리번호는 제품의 재고관리와 구매 관리 시스템에 호환할 수 있다.

바 적정재고량

레스토랑이나 바에서 사용하는 적정재고수준 관리대장은 음료제품의 관리시스템 중 중요한 관리도구이다. '적정수준(Par Level)'이란 영업장에서 원활한 영업활동을 위해 반드시 재고로 보관해야 되는 제품의 양이다. 표 6-15는 적정재고수준의 예이다.

표 6-15

아이템	적정재고수준(Par Stock)
Shotz Beer six-packs	6
Applewood Creme de Menthe 1 liter	1
Reposado Tequila 750ml	3
Bumblebee Gin 1 liter	2
Haberdash Peach Schnapps 750ml	1

제품의 적정재고 수준을 기록한 양식은 반드시 관리자인 매니저 사무실과 음료제품 저장창고에 항상 비치되어 있어야 한다. 각 영업장에서는 제품의 적정재고수준을 충족시킬 수 있는 수준의 제품 보유량을 확보해야 한다. 구매담당자는 특별한 지시가 없는 한 제품의 적정수준을 충족시킬 수 있는 수준 내에서 제품구매 결정을 해야 하며, 적정수준 이상의 많은 제품 구매를 위해서는 관리자의 승인을 먼저 얻어야 한다. 만약 영업장의 영업이 활성화되어 제품의 적정재고수준을 변경해야 한다면 이러한 상황을 매니저에게 먼저 확인한 뒤, 적정재고수준을 수정해야 할 것이다. 적정재고수준을 유지한다는 것은 음료제품의 원가관리 및 재고자산관리에 중요한 기준을 지키는 것이므로 구매담당자뿐만 아니라 관리자 역시 항상 지키려고 노력해야하는 기준이다. 따라서 구매담당자와 영업현장에서 근무하고 있는 매니저는 제품의 적정재고수준을 주의 깊게 관찰하여 영업활동에 필요한 최적수준의 재고자산을 보유하기 위해 노력해야 한다. 제품의 적정수준을 유지하기 위한 노력은 월간재고업무를 훨씬 더 수월하고 효율적으로 실시하게 할 수 있다. 제품의 적정재고 수준 파악은 월간재고제품의 정확한 수량파악 업무에도 도움이 되기 때문이다. 재고관리 책임자가 각 제품의 적정재고수준을 사전에 혹은 수시로 점검하는 것 역시 자신의 업무를 정확하게 수행하는 것이므로 관리자는 이러한 업무가 진행될 수 있도록 해야 한다. 제품의 적정재고수준 관리와 월간재고조사 업무를 연계하여 진행하도록 하는 시스템은 다음과 같은 역할을 한다.

- ■ 적절한 제품 공급이 이루어질 수 있도록 한다.
- ■ 제품저장고에 영업에 필요한 최적의 재고수준을 유지할 수 있도록 한다(제품의 최적 재고수준을 유지한다는 것은 회사의 현금흐름 역시 최적의 상태를 유지하게 한다는 것을 의미한다.).
- ■ 저장고에 불필요한 출입을 통제 할 수 있으며, 바텐더와 구매 담당자의 업무생산성을 향상시킬 수 있다.
- ■ 영업장에서 필요한 음료제품 주문을 손쉽게 할 수 있다.

■ 직원 가운데 누구라도 손쉽게 제품의 재고량 파악을 할 수 있다. 만약 영업장에 POS 시스템이 설치되어 있다면, 음료제품의 판매량과 재고량을 정확하게 파악할 수 있다. POS 시스템에 파악된 음료제품의 판매량만큼 주문량이 결정됨으로써 주문량과 재고량이 항상 일정하게 유지할 수 있으며, 적정재고 수준을 지키기가 훨씬 더 수월해진다. POS 시스템에서 제품의 사용량과 재고량의 차이가 발생한다면 관리자는 차이가 발생된 원인과 이유를 찾아내야 한다(음료를 엎지르거나 혹은 제품의 파손 등 음료제품생산 이외에 사용된 경우 이에 대해 기록을 해두는 양식을 점검해야 한다. 자세한 내용은 제4장을 참조).

■ 정확한 판매수량과 재고수량 파악으로 인해 바텐더의 부정행위(예를 들어, 관리자 모르게 개인적으로 음료제품을 구매하여 고객에게 판매하는 경우)를 방지할 수 있다. 제품관리 색인표(꼬리표)를 활용하는 것 역시 직원의 부정행위를 방지할 수 있는 시스템이다.

제품의 적정재고량 수준과 적정재고량 보유현황은 적어도 매월 2회 정도는 비정기적으로 실시되어야 한다. 이러한 비정기적인 점검은 관리자 혹은 업무권한을 부여 받은 직원이 실시해야 하며, 점검자는 반드시 적정재고시스템에 관한 업무지식을 갖추고 있어야 한다. 적정재고량을 점검할 때는 단순히 수량점검에 그칠게 아니라, 업무를 수행하는 직원들에게도 시스템의 중요성과 의미를 교육시키는 업무까지 병행해야 한다.

색인표(Color-coded Stickers) 및 날인(Stamps) 시스템

관리자인 매니저는 제품주문 후 반입된 음료제품에 반드시 색인표(제품의 종류별 색깔을 구분하여 색인표를 붙임)를 붙이거나, 날인을 하도록 해야 한다. 반입된 제품에 색인표 혹은 날인을 함으로써 입고날짜와 관리부서 등의 정보를 활용할 수 있어서 제품의 순환 과정 확인 및 관리의 책임을 분명히 할 수 있다. 또한 직원들의 부정한 행위(도난 등)를 방지할 수도 있다.

색인표를 붙이거나 날인을 할 때에는 반드시 음료제품의 뒤쪽 라벨에 붙이도록 해야 한다. 병의 바닥에 색인표를 붙이거나, 날인을 하게 되면 재고조사 시 혹은 제품 관리상 번거로움이 많다. 색인표를 제작할 때에는 쉽게 떨어지거나, 분리되지 않는 재질로 만들어야 한다.

음료제품의 손실(파손 및 훼손, 엎지름 등)

음료제품이 저장고 혹은 바(Bar) 등에서 파손되었거나, 훼손되었을 경우 관리자는 재고관리 담당자에게 제품의 교환을 요구하여야 한다. 이때 재고담당 관리자는 훼손되었거나, 파손된 제품의 반환 및 청구 양식을 정확히 기록해야 한다. 단순한 제품의 교환이 아닌 재고자산 파악에 필요한 기록을 남기는 것이다. 이러한 정보는 월간 재고조사에도 적용되어 정확한 제품의 비용 및 원가를 산출할 수 있도록 해야 한다.

제품의 교환을 요구하는 매니저나 바텐더는 파손된 제품과 함께 새로운 주문청구서를 작성하여 제출해야 한다. 주문 청구서에는 파손된 제품의 교환용이라고 표시하여 비용관리에 있어 착오가 발생되지 않도록 해야 한다. 주문 청구서에 기록된 파손되었거나, 훼손된 제품의 양이 1병 이상일 경우에는 매니저는 그 이유와 원인을 반드시 확인하도록 해야 한다.

고객에게 제공된 와인제품이 변질되었거나, 제품의 질이 저하되어 교환할 때 역시 위에서 설명한 제품 교환 과정을 거쳐야 한다. 제품 판매현황에는 1병의 와인제품이 판매되었지만, 실질적으로는 2병의 와인이 재고보유수에서 빠져있으므로 제품의 훼손으로 인한 교환내역을 기록해두지 않으면 월간재고조사와 음료원가 산출작업이 정확하게 진행될 수 없다. 이때 제품교환 이유를 기록한 주문 청구서가 재고조사와 원가산출작업에 필요한 증빙자료가 될 것이다.

제품의 엎지름(Spillage)이란 음료제품을 고객에게 전달하는 과정 중에 직원의 부주의로 인해 엎지르는 경우를 말한다. 그리고 제품의 훼손(Spoilage)이란 제품의 질이 변질되어 고객에게 제공할 수 없는 경우와 고객에게 제공된 음료제품이 고객의 불만족으로 인해 판매되지 못하는 경우 등이다. 매니저는 제품의 엎지름 혹은 훼손의 상황이 발생하였을 경우, 반드시 보고하게 하고 발생한 내용을 기록철에 기록하도록 해야 한다.

음료제품을 판매하는 영업장에서는 여러 가지 원인으로 인해 비용이 낭비되는 경우가 발생할 수 있지만, 철저한 관리를 통해 낭비되는 비용을 최소로 해야 한다.

음료제품의 부서 간 이동(Inter-Bar Transfer)

부서간의 필요에 의해서 이동된 제품일지라도 반드시 어느 한 부서의 비용으로 기록되어야 한다. 보통 제품의 부서 간 이동은 발생되지 않는 것이 가장 좋으나, 부득이하게 발생하는 경우에는 반드시 부서 간 제품이동 기록양식을 활용하여 정확한 비용처리가 이루어질 수 있도록 해야 한다. 기록양식에는 제품을 주는 부서의 책임자와 받는 부서의 책임자의 서명이 반드시 있어야 한다.

예를 들어 제품이동이 발생한 부서들에 재고실사가 실시되었다고 가정하자. A부서에서 1병의 음료제품이 B부서로 이동되어 A부서의 적정재고수준에서 1병이 부족할 경우 A부서에서는 제품 대신 제품이동 기록양식을 현재 재고수량으로 대신할 수 있다. 재고 점검자는 제품의 이동기록양식 뿐만 아니라 위에서 언급한 색인표 혹은 날인 등을 확인하여 이동된 제품의 진위를 파악할 수도 있다.

현금 바 관리

현금 바(Cash Bar) 란 이용고객이 자신이 주문한 음료제품을 구매 즉시 지불하는 임시 캐시어(Cashier) 형태를 의미한다. 현금 바는 주로 기존의 음료제품 제공 장소인 바(Bar)와 거리가 먼 지역, 예를 들어 연회실 혹은 야외에 임시로 설치되곤 한다. 현금 바는 임시로 설치된 형태이지만, 관리측면에서는 일반 바(Bar)와 다름이 없다. 현금 바는 특성상 바에서 사용하고 있는 자동제어 계측 시스템과 POS 시스템을 사용할 수 없으므로 관리자는 음료제품을 만드는 과정(음료 제품을 사용하는 양)을 관리해야 하며, 매출액 역시 철저히 관리 감독을 해야 한다. 현금 바의 제품관리와 매출관리를 위해 표 6-16 양식을 활용하면 될 것이다.

표 6-16

스미스 결혼	날짜 :	4월 5일	장소 :	레스토랑
아이템	A	B	C	D
	초기 재고	추가 재고	마감 재고	A+B-C
Vodka Blitski	1	2	1	1+2-1=2
Tequila Rodeo	2	0	2	2+0-2=0
Gin Parker	3	1	1	3+1-1=3

표 6-16의 문자열 D란의 숫자와 제품의 가격을 곱하면 매출액을 계산할 수 있다. 만약 양식에 기록된 숫자와 실제 재고물품과 매출액에 차이가 발생한다면 관리자는 그 원인과 이유를 반드시 찾아야 한다. 현금 바의 규모에 따라 다르겠지만, 일반적으로 현금 바는 1명 정도의 직원이 담당하는 것이 효율적 운영을 할 수 있으며, 현금 바 담당 직원으로 하여금 표 6-16 양식을 작성하게 하여 운영결과를 확인할 수 있도록 한다. 자세한 내용은 7장을 확인하기 바란다.

현금 바를 운영할 때 위에서 언급한 양식을 활용한다면 비용 및 매출금 손실 방지 등 정확한 판매결과를 확인할 수 있다. 현금 바 운영 시 다음의 사항들을 유의하여야 한다.

- **티켓 혹은 고객 영수증 활용 시스템** : 현금 바 운영은 경우에 따라서 현금 대신 이미 판매된 티켓을 사용할 수도 있다. 이때 바텐더 혹은 직원은 현금을 관리함으로써 갖게 되는 업무 부담에서 벗어날 수 있으며, 고객서비스에 집중할 수 있다. 현금 바에서 판매된 음료제품 수량과 티켓 수량은 항상 일치되어야 한다. 만약 음료제품 판매승인취소 건이 발생하면 반드시

매니저에게 알려야 하며, 판매승인 취소 영수증에는 그 사유를 상세하게 기록해야 한다.

- **매출기록 시스템** : 현금 바에서 매출기록 시스템을 활용하게 되면 담당 직원의 업무를 효율적으로 운영할 수 있다. 판매내역(매출액, 판매수량 등)을 일일이 담당직원이 계산할 필요 없이 자동적으로 기록되기 때문이다. 메뉴가격이 다를 경우에는 변화된 가격만 매출기록 시스템에 입력하면 매출현황 기록표가 작성된다.
- **교환용 잔돈(하우스 뱅크 : House Bank) 관리시스템** : 잔돈 관리시스템이란 현금 바를 운영하는 직원이 고객이 현금을 지불할 때 필요한 교환용 잔돈을 관리하는 시스템을 말한다. 직원이 관리해야하는 잔돈의 규모는 예상 매출액 규모를 고려하여 결정되어진다. 잔돈 관리시스템은 음료를 제공하는 서비스직원용 잔돈과 바텐더용 잔돈이 따로 준비될 수도 있고, 모든 현금관리는 바텐더에 의해서만 하는 경우도 있다. 이러한 방법들 중 서비스의 내용에 따라 관리자가 결정하면 된다.

현금 바 형태 이외에 행사주최 측이 모든 음료제품의 비용을 지불하는 형태의 바 운영도 있다. 이 경우에는 매니저와 행사주최 측이 사전에 음료제품의 가격과 공급량을 협의한다. 직원들은 단지 사전에 준비된 음료를 고객의 요청에 따라 제공하는 것으로 현금 바 운영을 함께 하는 직원들보다 음료제품 생산과 고객서비스에 좀 더 집중할 수 있다. 사전에 판매제품과 가격, 수량 등이 결정되었다 하더라도 관리자는 제품의 재고관리 및 제품의 품질관리 등을 항상 기준에 맞게 운영될 수 있도록 점검해야 한다.

연회행사 음료 저장 관리절차

연회행사 음료제품의 관리절차는 일반적으로 적용되는 음료제품 표준관리절차와는 다르다. 연회행사는 특성상 행사의 목적에 따라 제공되는 음료제품이 다르기 때문에 기존의 음료제품을 보관하는 저장고와는 따로 운영해야 한다. 연회담당 매니저는 행사목적에 적합한 제품을 주문하여 제품을 저장해야 하며, 제품을 구매할 때 사용하는 주문서는 일반적인 주문서 양식을 활용하면 된다. 일반적으로 사용하는 주문서 양식은 음료제품명이 이미 양식에 인쇄되어 있고, 바텐더 혹은 매니저는 수량만 기입하면 된다.

특별한 행사의 목적에 맞게 주문되어지고, 반입된 제품들은 기존의 바에서 사용하는 제품들과는 별개의 보관 장소에서 보관되도록 해야 한다. 연회행사가 끝난 뒤 남은 음료제품은 연회용 음료제품 보관 장소로 이동하여 보관하도록 하며, 연회행사를 위해 구입한 음료제품의 총비용에서 행사 후 남은 음료제품의 비용을 차감하여 행사에 사용되었던 음료제품의 총비용을 구할 수 있다.

음료제품 원가 차이

음료제품의 실제비용과 예상비용 사이에서 발생하는 불일치를 원가차이(Variance)라 한다. 이러한 원가차이는 사업 특성상 매월 달라질 것이다. 하지만 제품운영 관리절차가 올바르게 준수되었고 월간 제품판매믹스에 큰 차이가 없다고 가정하면, 실제음료비용과 예상비용 사이의 차이는 1% 내외가 되어야 한다.

예상음료제품의 비용 계산방법은 음식제품의 비용 산출방법과 동일하며, 음료제품의 생산량과 판매가격을 곱하면 예상판매액을 구할 수 있다. 음료제품의 판매액을 실제로 계산해 보자. 예를 들어 음료상품의 재료가 되는 음료제품이 1리터로 구성되어 있고, 음료상품 생산에 사용되는 제품의 양은 1.25oz이라면 약 27개의 음료 상품을 생산할 수 있다. 그리고 음료상품의 판매가격이 개당 $3.75이라면, 음료재료 1리터를 사용하여 달성 가능한 예상 판매액은 $101.25이다. 예상 판매액을 예상원가 비용으로 나누게 되면 예상원가율을 구할 수 있다. 만약 1리터의 음료재료의 가격이 $22.00이라 한다면, 예상원가율은 21.7%이다.

만약 기업에서 고객에게 제공하는 음료상품의 가격이 동일하지 않다면 그리고 음료상품제조에 필요한 음료재료의 사용량이 각기 다르다면, 원칙적으로 그 기준을 설정해야 한다. 표 6-17은 병 당 가격이 $14.00인 진(Gin)제품을 활용하여 만든 표이다.

표 6-17

음료의 수	사용된 진의 양(FZ)	판매가격($) (지난달에 판매된 수)	총판매액($)	총 소비량(FZ)
Martini	1.5	3.75(16)	60.00	24
Gin $ Tonic	1.25	3.00(150)	450.00	187.5
Gin Fizz	1.0	2.75(39)	107.25	39
Gin on the Rocks	1.5	3.50(110)	385.00	165
Total		(315)	1002.25	415.50

표 6-17을 살펴보면 진 제품의 총사용량은 415.50oz이다. 총 판매량은 315개로 음료상품을 만들기 위해 사용한 진 제품의 평균 사용량은 1.32oz이다. 음료상품 1개당 평균사용량 1.32oz를 1리터(33.8 oz) 음료제품으로 나누면 병당 약 25.6개의 음료상품을 만들 수 있다.

음료상품의 평균가격을 산출하기 위해서는 총매출액을 총판매량으로 나누면 된다($3.18). 평균가격 $3.18이고 병당 생산량이 25.6개이라면 병당 판매액은 $81.41이다. 이 때 판매액 $81.41이라는 숫자는 예상 판매액이며, 예상 음료원가율을 구하는 방법은 총 판매액을 총 제품원가로 나누면 된다(17.2%).

실제 판매액을 구하기 위해서는 총판매량과 상품의 가격을 곱하면 구할 수 있다. 표 6-17의 경우에는 $1002.25가 총매출액이다. 만약 레스토랑에서 POS 시스템을 사용하고 있다면, 자동적으로 판매액이 계산되어 그 결과를 알려줄 것이다.

다음의 공식을 사용하면 해당 회계기간의 실제 음료상품의 원가를 구할 수 있다.

초기 재고 비용 + 구매 비용 − 재고 비용 = 실제 비용

식음료 운영상 식재료(e.g. 장식용 과일 혹은 주스류) 등이 주방에서 바로

혹은 바에서 주방으로 이동되는 경우가 발생하게 되는데, 이런 경우 음료상품 생산에 사용된 모든 재료비용을 계산하는데 이동된 식재료 제품들을 원가계산에 함께 계산해야 하며, 반대로 바(bar)에서 구매되어 주방으로 이동된 제품의 비용 역시 식재료 원가계산 시 반드시 포함시켜야 한다. 이렇게 이동된 제품들의 비용계산 공식은 다음과 같다.

총 음료상품 비용 + 바(Bar)로 이동된 제품의 비용 − 바(Bar)에서 이동된 제품의 비용 = 실제 음료상품의 원가

예를 들어보자. 실제 음료상품의 원가 비용이 $180.00이라고 가정하자. 그리고 총 음료상품 판매액이 $1002.25라고 한다면, 음료상품의 원가율은 $180/$1002.25 = 18.0%이다. 앞서 설명한 예상 음료상품의 원가율 17.2%와 비교해 보자.

표 6-18

월 : 년 :						
	음료 업장	실제 매출($)	예상(%)	예상($)	조정된 실제($)	조정된 실제(%)
1	연회	40,360.06	21.50	8,677.41	9,133.87	22.63
2	룸서비스	5,815.18	23.00	1,337.49	1,407.85	24.21
3	카페	1,222.75	23.40	286.12	301.17	24.63
4	파인 다이닝	30,545.63	24.00	7,330.95	7,716.58	25.26
5	바	36,249.75	19.50	7,068.70	7,440.53	20.53
6	합계	114,193.37	21.63	24,700.68	26,000.00	22.77
7	실제 음식 원가($)			26,000		
8	변수 대 실제(실제/예상비용)			1.05		
9	할당된 금액($)			1,299.32		

만약 영구재고 시스템을 사용하지 않은 기업이라면 각 영업장에서 발생한 원가율을 계산하기가 어려우며, 특히 예상원가율과 실제원가율이 다르다면 그 원인과 이유를 밝혀내는 작업은 매우 힘들 것이다.

예상원가율과 실제원가율의 차이를 밝힐 수 있는 양식이 표 6-18이다.

표 6-18을 살펴보면 예상 원가율은 21.63%이고, 실제 원가율은 22.77%이다. 예상원가액수와 실제원가액수의 차이는 $ 1,299.32이다(표 6-18에서 문자열 9번 참조). 다음의 사항들은 예상원가와 실제원가 사이에 차이가 발생하는 이유를 밝히는 점검사항들이다.

비용처리의 오류

- 식재료비용이 음료비용으로 회계처리가 되었거나, 그 반대의 경우
- 음료매출이 음식매출로 회계처리가 되었거나, 그 반대의 경우
- 부가가치세를 잘못 계산하는 경우: 예를 들어 부가가치세를 판매액으로 계산하는 경우

재고조사 오류

- 제품별 정확한 재고수량 파악이 되지 않은 경우
- 제품별 정보의 오류가 발생한 경우: 제품의 구매가격의 변동 내역을 반영하지 않은 경우, 혹은 제품의 용량 등을 잘못 파악한 경우
- 재고조사 후 재고실사 자료를 잘못 입력하는 경우: 예를 들어 보드카 1병을 1박스로 입력하는 경우

제품 판매 경향 변화

- **고가 음료상품의 판매량 상승.** 프리미엄급 상품은 일반적으로 웰 브랜드 상품보다 원가가 더 높다.
- **병맥주의 판매량 상승.** 일반적으로 병맥주는 생맥주(Draft Beer)보다 원가가 더 높다.
- **수입 맥주 판매량 증가.** 국내산 맥주제품이 수입산 제품보다 가격이 저렴하므로, 수입맥주의 원가율과 비교해서 훨씬 유리하다.

- 와인 판매량 증가. 와인제품의 원가율은 다른 음료상품의 원가율 보다 훨씬 높은 편이다.

부적절한 가격정책

- 원가율을 제대로 반영하지 못한 가격정책을 수립한 경우
- 고객의 음료상품 주문내역을 직원 실수로 잘못 입력한 경우

부적절한 적정재고수준

- 적정재고수준이 유지되지 않는 경우
- 음료제품의 분실, 상품의 파손 및 훼손, 음료상품 엎지름 등의 비용발생 요인을 제대로 파악하지 않은 경우
- 영업장에서 음료제품의 색인표 등을 부착하지 않아 제품 파악의 실수 등이 발생한 경우

음료제조 과정 중 실수

- 음료상품을 만드는 바텐더가 제조과정 중 기준량보다 많은 음료제품을 사용한 경우 혹은 그 반대의 경우: 적절한 측정 기구를 사용하지 않은 경우
- 음료자동제어계측장비의 정기점검을 실시하지 않아 오류가 발생한 경우
- 생맥주 장비의 오류로 인해 거품이 많이 발생한 경우
- 서비스직원이 기준보다 많은 양의 와인상품을 고객에게 제공하는 경우

적절하지 못한 현금관리 절차

- POS 시스템에 주문 내역이 입력되지 않고 음료상품이 판매된 경우
- POS 시스템에 나타난 총판매액과 실제 판매된 제품수량 가격의 총합이

맞지 않은 경우

- 고객이 주문한 음료상품이 고객에게 전달된 후 고객에게 영수증을 제시하지 못한 경우: 고객이 주문한 상품내역과 제공된 음료상품을 고객 스스로가 비교 할 수 있는 시스템을 활용하지 않은 경우: 직원의 부정한 행위를 방지하기 위한 가장 좋은 방법은 고객이 주문한 음료상품을 바텐더로 하여금 고객이 볼 수 있는 장소에서 만드는 방법이다. 예를 들어 고객이 프리미엄급 음료상품을 주문하였는데, 바텐더가 웰 브랜드 제품으로 음료상품을 만들고 그 차액을 본인이 부정적으로 사용하려고 하는 경우 등이다.
- 판매취소버튼을 사용한 경우: 상품은 판매되었으나, 직원이 부정한 의도로 판매취소기능을 사용한 경우
- 고객에게 발행한 영수증을 부정하게 사용하는 경우
- 바텐더의 고객 교환용 잔돈과 팁으로 받은 현금이 제대로 구분되지 않은 경우
- 음료제품이 부족하거나, 남았을 때 관리자가 아무런 조치를 취하지 않은 경우: 바텐더가 잘 아는 고객이 왔을 때 더 많은 팁을 받을 목적으로 음료제품을 부정적으로 사용하는 경우 등.
- 고객이 주문하지 않은 음료상품의 값을 청구하였을 경우

구매 오류

- 주문한 음료제품의 실제 시장가격보다 높게 책정되어 입고된 경우

서비스 절차

표준운영절차(SOP)는 직원들을 훈련시키는 지침이다. 기업의 운영목적을 달성하기위해서는 직원들을 끊임없이 교육 및 재훈련시켜야만 한다. 이론적

으로는 가능하겠지만, 현실적으로 완벽한 운영절차와 운영기준이란 존재하기가 어렵다. 따라서 관리자는 항상 운영절차와 기준을 관찰하고 확인하여 기업의 목적에 맞게 새롭게 수정보완을 해야 한다. 그리고 직원들로 하여금 회사의 운영기준과 절차를 철저하게 준수하고 실천할 수 있도록 해야 한다. 직원들이 제대로 지키지 않는 기준과 절차는 아무런 성과를 거둘 수 없기 때문이다. 다음에 소개하는 운영에 관련된 주요한 사항들은 직원들이 업무를 수행하는데 있어 도움이 될 것이다.

1. 바(Bar)에서 근무하는 모든 서비스직원들은 새로운 고객이 입장하게 되면 고객에게 진심으로 환영하는 인사를 해야 한다. 만약 다른 업무 수행으로 바쁜 직원이 있다면 그 직원은, 새로 입장한 고객에게 간단한 인사말 혹은 미소를 건네며 눈인사(Eye contact)를 해야 한다. 새롭게 입장한 고객은 직원들이 자신의 존재를 확인한 것을 인식하였다면, 서비스가 조금 지체되더라도 불평하지 않을 것이다. 영업장에서 근무하고 있는 모든 직원은 자신이 영업장내 어디에 있더라도 항상 고객을 주시하고 있어야 한다.
2. 바에서 근무하는 직원은 항상 고객을 주시하고 있어야 한다.
3. 고객을 응대하는 직원은 항상 긍정적인 태도를 가지고 있어야 한다. 예를 들어 음료상품을 주문하는 고객에게 "칵테일 한 잔 더 하시겠습니까?" 혹은 "다른 상품은 필요한 게 없으십니까?" 등 긍정적인 질문을 해야 한다.
4. 바텐더가 고객에게 음료를 제공할 때 칵테일 냅킨을 사용하게 되는데, 로고나 회사를 상징하는 표시가 있으면 그 부분을 고객 정면으로 놓아야 한다.
5. 직원이 고객의 이름을 알고 있다면 고객을 부를 때 이름을 불러라. 그리고 단골고객이라면 그들이 선호하는 음료와 서비스 스타일을 기억해야 한다.
6. 고객이 주문할 때 고객에게 한 가지이상의 특징 있는 음료상품을 추천하라. 그리고 고객들에게 프리미엄 제품에 대한 상품 추천을 시도하라.
7. 고객이 주문한 음료상품은 가능한 한 빠른 시간 내에 고객에게 제공하라.
8. 음료제품 병 입구에 음료를 따르는 기구(Pour Spout)를 설치해라. 그리고

음료제품을 제조할 때 병의 라벨을 고객이 볼 수 있도록 하라.

9. 바텐더가 음료를 제조할 때 절대 잔에 넘치도록 따르지 마라. 잔이 넘칠 때 대부분의 고객은 넘치는 음료를 먹으려고 하는 경향이 있기 때문이다.
10. 모든 바텐더는 음료제조를 할 때 회사가 정해놓은 레시피를 지켜야 한다. 그리고 정확한 음료의 양을 조절하기 위한 도구를 반드시 사용해야 한다. 하지만 연회행사 바에서는 음료 양을 조절하는 기구를 사용하는 것을 추천하지는 않는다.
11. POS 시스템을 사용할 경우 정확한 시스템 운영을 하도록 한다.
12. 고객이 주문한 음료를 제공한 후 반드시 고객에게 영수증을 제시하여 고객으로 하여금 제품의 종류 혹은 수량 등을 확인할 수 있도록 해야 한다.
13. 음료글라스를 만질 때에는 반드시 글라스 아랫부분을 만져야 하며, 이것은 고객의 위생안전을 위해서는 반드시 지켜야 한다.
14. 고객이 이용하는 테이블 혹은 바 상단 부분은 항상 청결하게 유지하도록 해야 한다. 예를 들어 사용한 냅킨 등을 치우고 사용한 재떨이는 깨끗한 재떨이로 교체해야 한다.
15. 미성년자에게는 알코올음료를 제공해서는 안 된다. 의심스러운 경우에는 정중하게 나이를 확인해야 한다.
16. 만약 직원과 고객 사이에 사소한 문제라도 발생하면 반드시 관리자인 매니저에게 알려 문제를 해결할 수 있도록 해야 한다.
17. 술 취한 고객에게는 알코올음료를 추가로 판매해서는 안 된다. 문제가 발생하기 전에 매니저에게 상황을 알리도록 한다.
18. 고객이 음료상품을 추가로 주문할 경우, 반드시 주문내용을 고객에게 확인해야 한다.
19. 고객과 항상 즐거운 대화를 하도록 하라. 그리고 직원은 고객의 말을 정성껏 들어주는 경청자가 되어야 한다. 고객의 대화에는 끼어들지 말아야 한다.
20. 고객이 음료상품에 대한 가격을 지불할 준비가 될 때까지 절대 고객에게 지불을 강요해서는 안 된다. 만약 고객이 신용카드로 지불할 경우에

는 반드시 고객의 사인을 받아야 한다.

21. 직원의 실수로 인해 잘못된 음료상품을 만들어 고객에게 제공하였을 때에는 즉시 고객에게 새로운 음료를 만들어 제공하고 정중하고 진솔하게 사과의 표현을 해야 한다. 그리고 실수로 버려진 음료제품의 양을 기록 양식(Spill Sheet)에 기록해두고 반드시 매니저에게 보고해서 고객의 불편한 점을 해결할 수 있도록 해야 한다.
22. 고객이 지불 완료한 거래는 POS시스템에서도 반드시 거래완료를 해야 한다.
23. 고객이 떠날 때 항상 직원은 이용에 대한 감사와 재방문을 유도해야 한다.
24. 고객이 떠난 후 즉시 테이블과 의자 등 고객 이용시설의 청결을 유지하도록 해야 한다.
25. 근무 중에는 항상 다른 동료들과 업무협조를 통해 업무를 진행하도록 해야 한다. 직원간의 업무협조는 고객들에게도 인지되는 부분이기 때문이다.
26. 유니폼 청결 유지 및 전체적인 외모를 항상 깨끗한 이미지를 유지할 수 있도록 해야 한다.
27. 담당직원이 영업장을 비울 경우 반드시 동료직원 혹은 매니저에게 보고해야 한다.

서비스 절차 : 맥주 서비스

1. 맥주상품이 고객에게 제공될 때 항상 40°F 정도의 온도로 제공되어야 한다.
2. 맥주상품을 고객에게 제공할 때에는 차갑게 준비된 글라스에 제공되도록 해야 한다. 상온에 보관된 글라스를 사용하여 맥주를 제공하게 되면 제품의 질이 현저하게 떨어진다. 글라스를 차갑게 보관하는 방법은 글라스에 얼음을 채워 차갑게 하거나, 냉장고에 글라스를 보관하여 차갑게 할 수 있다.
3. 고객에게 제공되는 생맥주를 따를 때 글라스를 기울이는 각도에 따라 거품의 높이가 결정되어진다. 글라스를 세워서(맥주 탭과 글라스의 각도

90도) 맥주를 따르면 거품이 많아지고, 글라스를 기울여서 따르면 거의 거품이 발생하지 않기 때문이다. 맥주제품을 글라스에 따를 때 적절한 방법은 레시피에 따라 적정 거품높이를 지킬 수 있도록 해야 한다.

4. 맥주를 따를 때 일급비밀은 맥주를 따르기 전 차가운 물로 글라스를 헹구어 내고 따르게 되면 최고의 맥주 맛을 고객에게 제공할 수 있다.
5. 앞에 말한 절차는 병맥주제품과 생맥주제품에도 적용할 수 있다.
6. 항상 맥주를 제공하는 글라스를 청결하게 유지해야 한다. 이 규칙은 반드시 지켜야 한다. 맥주제품은 약간의 거품과 기름기, 립스틱, 크림 등이 남아 있는 글라스에 따른다면 맥주의 미묘하고 특유한 맛을 잃어버리게 된다. 맥주제품을 고객이 주문할 때마다 청결한 새로운 글라스에 제공해야 하지만, 고객이 원할 때에는 사용하고 있는 글라스를 사용해도 무방하다. 맥주 글라스의 청결유지를 지키기 위해서는 다음 세 가지 사항을 반드시 지켜야 한다.

■ 고객이 사용한 글라스 내용물을 다 비우고 글라스를 씻기 전에 먼저 맑은 물 로 헹군 후 세척해야 한다.

■ 글라스를 세척할 때에는 냄새가 없고, 기름이 없는 세제를 사용하되 글라스 내부를 솔을 이용하여 깨끗하게 세척해야 하며, 글라스 외부 역시 깨끗하게 세척해야 한다. 세척 후 반드시 맑은 물을 이용하여 마무리 세척을 해야 한다.

■ 세척한 글라스는 마지막으로 깨끗하고 차가운 물에 헹궈야 한다. 글라스를 건조시킬 때에는 타월을 사용하지 말고 글라스를 선반에 올려놓거나 물이 잘 빠지는 곳에 뒤집어놓고 자연스럽게 말린 후 깨끗한 타월을 사용하여 닦아내면 된다.

7. 고객의 주문내역은 POS시스템을 통해 입력하도록 한다.
8. 고객이 주문한 맥주를 서빙할 때에는 고객의 오른쪽에 서서 서빙해야 한다. 병맥주 제품을 제공할 경우 글라스의 약 1/3을 채우고, 맥주병은 라벨

이 고객에게 보일 수 있도록 하고 글라스 옆에 두면 된다.

9. 마지막으로 고객에 대해 감사의 표현을 해야 한다. 감사의 말을 전해들은 대부분의 고객들은 모든 면에서 긍정적인 반응을 보이기 때문이다.

서비스 절차 : 와인 서비스

1. 와인 서빙을 위한 도구 준비: 와인 버켓(Bucket), 와인 오프너(Opener), 린넨(Service Cloth), 와인글라스
2. 고객을 위해 준비된 테이블 세팅 오른쪽에 적절한 와인글라스를 선택하여 둔다.
3. 와인을 고객에게 제공하기 전 라벨을 고객에게 보여주어 주문한 제품이 맞는지 확인할 수 있도록 한다.
4. 고객으로 와인제품을 확인 받은 후, 와인 서비스 제공자는 와인병 상단의 호일(Foil)로 감싸진 부분을 와인 나이프를 이용하여 제거해야 한다. 호일을 제거할 때에는 와인병을 돌리지 말고 제거해야 한다.
5. 호일을 제거할 때에는 호일의 약 1/2 부분을 와인 나이프를 사용해서 제거하면 된다.
6. 호일 제거 후 린넨을 사용하여 코르크마개를 따기 전에 병 입구 주변을 깨끗이 닦아주어야 한다.
7. 코르크 마개를 제거하기 위해 코르크스크루(Corkscrew)를 코르크 중심부분에 밀어 넣어야 한다. 코르크스크루를 삽입할 때에는 코르크가 완전히 제거될 수 있도록 코르크 끝까지 밀어 넣어야 하며 일직선으로 넣어야 한다. 이때 와인 병은 테이블 위에 두어 안전하게 작업을 진행할 수 있도록 해야 한다.
8. 코르크를 제거 할 때 와인 오프너의 손잡이(Lever)를 부드럽게 그리고 천천히 누르면서 코르크 중간이 파손되지 않고 완전히 제거될 수 있도록 해야 한다. 제거 된 코르크 마개는 호스트가 확인할 수 있도록 테이블에 두

면 된다. 코르크 마개를 제거한 와인 병 입구를 린넨을 이용하여 깨끗하게 닦아내야 한다. 와인제품 중 샴페인을 오픈 할 때에는 소음(폭발음)이 나지 않도록 조심스럽게 오픈 해야 한다. 샴페인 마개를 천천히 제거하게 된다.

9. 와인을 오픈 한 후 와인을 주문한 고객에게 약 1oz 정도 글라스에 따른 후 맛을 테스트 하도록 한다. 와인을 따를 때에는 라벨을 위쪽 방향으로 향하게 하여 따르며 고객의 오른쪽에서 서빙해야 한다. 와인을 따르는 동안 글라스를 테이블에 두도록 하며 절대 와인 병 입구가 글라스에 닿게 해서는 안 된다.
10. 와인을 테스트 한 고객의 허락을 받은 후 다른 고객에게 와인을 서빙해야 한다.

■ 와인서빙은 여성고객부터 먼저 하고, 서빙 진행방향은 시계반대방향으로 해야 하며 와인주문 고객에게는 제일 마지막으로 서빙하면 된다.
■ 와인을 따를 때에는 글라스에 가득 채워서는 안 된다. 화이트 와인은 글라스의 약 2/3(5oz)정도, 레드와인은 약 1/2(5oz)정도로 와인을 따르면 된다.
■ 숙성정도가 오랜 된 레드 와인은 아주 조심스럽게 다루어야 하며, 병을 너무 기울여서 따르면 안 된다.
■ 와인을 제공할 때 병 입구에서 와인이 떨어지는 것을 방지하기 위해 와인을 따를 때 손목을 틀어 올리면서 와인이 흘러내리지 않도록 해야 한다.

11. 고객들에게 와인서비스가 끝난 후에는 와인 병을 주문고객 가까이 테이블 위에 두면 된다. 와인 병을 테이블 위에 둘 때에는 테이블 끝에서 약 6인치 정도 안쪽에 두어야 한다.
12. 고객의 주문내역은 반드시 POS시스템에 입력해야 한다.
13. 총 판매액을 확인하고 문제점이 있으면 회계담당자에게 알려야 한다.
14. 와인제품의 색인표와 POS 영수증을 보관해 두어야 한다.
15. 영업시간이 끝난 후 판매가 이루어진 모든 와인제품의 색인표와 와인

주문 청구서를 완성해야 한다. 완성한 청구서와 색인표는 구매부서에 제출하면 된다.

서비스 절차 : 메뉴에 없는 특별한 음료제품을 요구하는 경우

고객이 정규메뉴상품이 아닌 상품을 요구할 경우에 다음의 사항들을 준수해야 한다.

- 특별한 음료를 주문한 고객에게 바텐더는 주문한 음료에 대한 레시피를 모르고 있음을 알리고, 고객이 음료상품의 레시피를 알고 있는지를 확인해야 한다. 만약 고객이 정확한 레시피(예를 들어 재료, 음료를 만드는 방법, 글라스의 종류 등)를 알고 있다면 고객이 원하는 음료상품을 고객에게 제공하며 음료제품의 가격은 유사한 정규메뉴 상품의 가격을 청구하면 된다.
- 만약 고객이 주문한 특별한 음료상품을 만들 재료가 없다면, 고객에게 정중하게 상황을 알려드리고 다른 음료상품을 권유하라.
- 음료상품을 제공하는 바텐더는 고객이 요구하는 특별한 음료상품의 레시피를 모르는 것에 대해서 부끄러워 할 필요는 전혀 없다. 자신이 모르는 것에 대해서 고객에게 공손하게 물어보는 것이 더 현명하다.

서비스 절차 : 권유판매

권유판매는 매출액을 증가시키고, 고객서비스를 강화시키는 창조적이고 열정적인 판매 행위이다. 유능한 직원은 효과적인 판매직원이면서 동시에 훌륭한 서비스를 제공할 수 있어야 한다. 우수한 직원이 되기 위해서는 업무지식이 풍부하며 권유판매에 필요한 도구들을 활용할 수 있어야 한다.

권유판매 도구

- 음식상품 및 음료상품 메뉴판(Menu Board)

- 칵테일 혹은 와인상품 리스트
- 테이블 텐트(Tents)와 상품 포스터
- 업무지식
- 성실성 및 진실성
- 열정
- 권유상품에 대한 스스로의 확신
- 권유판매에 적절한 언어 사용

권유판매에 필요한 판매기술

- 항상 긍정적인 태도를 유지해야 한다. 고객이 자신이 구매하고자 하는 상품에 대하여 결정하였다 하더라도 여러분은 권유판매를 실천해야 한다. 다음의 고객과 직원과의 대화 예를 살펴보자.

  직원 : 좋은 저녁입니다. 주문하시겠습니까?

  고객 : 버드와이저 부탁합니다.

  직원 : 새우칵테일이 오늘 매우 좋습니다. 하나 주문하시겠습니까?

- 고객이 'NO'라고 대답하지 못하도록 두 가지 대안을 제공하라.
  "튀긴 호박이나 양파 링이 버드와이저와 잘 어울립니다."
- 업장에서 판매되고 있는 상품에 대해서 정확한 지식을 가지고 있어야 한다. 상품을 만드는 재료 그리고 제조과정에 대해서 자세히 알고 있어야 한다.
- 권유판매를 할 때에는 항상 정직해야 한다.
- 서비스 직원은 판매원 역할을 해야 하다. 하지만 절대 구매를 강요해서는 안 된다.
- 고객이 특정상품을 원한다면 그 메뉴에 관해서는 질문하지마라. 단지 상품의 종류를 선택할 수 있도록 도와주어야 한다.
- 서비스 직원은 근무에 임하기전 주방장 특선요리가 무엇인지를 인지하고 있어야 한다.

요 약

음료상품과 음식상품을 관리하는 방법은 매우 다양하다. 예를 들어 제품품질의 일관성을 유지하는 방법, 제품의 가용성, 가격결정 방법, 포장방법, 생산량 등이다. 제품의 특성에 따른 관리상의 차이를 매니저 혹은 관리자는 인지하고 있어야 한다. 알코올이 함유된 제품의 일반적인 분류는 발효주와 증류주로 나눌 수 있는데 대표적인 발효주로는 와인과 맥주제품 등이 있으며, 위스키 제품은 대표적인 증류주라고 할 수 있다. 알코올제품의 소비성향은 시대에 따라 변화되는 양상을 보이고 있다. 최근에는 건강에 많은 관심을 가진 소비자들이 늘어남에 따라 알코올음료의 소비성향도 변화되고 있다. 알코올음료의 전체 소비량은 감소하였으나 증류주, 맥주제품 그리고 비 알코올음료의 소비량은 증가하였다. 알코올음료 소비시장에 직접적으로 영향을 미치는 제삼자 연대책임법(Third Party Liability)은 알코올음료를 구매한 고객이 어떠한 문제를 일으켰을 경우 알코올음료를 판매한 업체에도 책임을 물을 수 있는 법이다. 알코올음료 시장의 법규 등과 같은 여러 가지 제약으로 인해 알코올음료 산업은 성장세가 둔화되었으며, 산업 내에서는 이를 극복하기 위해 새로운 마케팅전략(예를 들어 가격전략 혹은 판매전략) 등에 더욱 더 많은 노력을 기울이고 있다.

경영자들은 업체 간의 경쟁우위와 서비스의 품질수준을 신중하게 고려하여야 한다. 상품의 가격을 결정할 때에도 단순히 상품원가만을 계산하는 것이 아니라 여러 가지 측면들을 충분히 고려해서 결정해야 한다. 또한 관리자들은 상품의 원가를 관리할 때에는 예상원가와 실제원가를 비교하면서 그 차이점을 해결하기 위해 노력해야 한다.

음료제품의 재고관리시스템중 하나인 제품별 고유관리번호를 이용하여 재고제품을 관리하게 되면 업무의 효율성이 증가할 것이며, 각 재고제품별 고유관리번호로 관리함으로써 재고관리업무가 표준화된다. 예를 들면, 제품별 보관 장소를 지정하여 관리함으로써 재고량 파악 및 신입직원의 업무적응도를 높일 수 있다. 재고관리업무의 효율성을 높이는 또 다른 관리시스템은 각 제품별 적정재고량 관리시스템이다. 적정재고관리시스템이란 효율적인 자산관리의 일환으로 영업에 필요한 재고량만을 확보함으로써 재고물품의 보관 장소의 이용 효율성 확보 및 재고품의 관리업무를 줄일 수 있으며, 가장 중요한 것은 기업의 현금흐름을 원활하게 할 수 있다는 것이다.

색인표(Colored Tags)와 날인(Stamps)시스템은 재고물품 관리업무를 원활하게 해주는 관리도구이다. 색인표와 날인시스템을 이용함으로써 영구재고조사 및 물품의 반입 반출업무의 정확성을 증가시킬 수 있다. 저장고 보관중인 재고물품의 손실 및 훼손 등과 같은 재고물품의 변화가 발생하였을 때에는 반드시 모든 사항을 기록철에 기록해두어 재고물품의 변화 및 예상원가와 실제원가 사이의 차이를 밝혀낼 수 있다.

상품의 정량관리(Portion Size Control)와 표준 레시피 관리는 음료상품의 품질관리를 위해 반드시 시행해야 한다. 자동제어계측 장비 역시 음료상품 제조 시 정량관리 및 음료제품의 부정적인 사용을 방지 할 수 있다.

음식상품원가관리와 마찬가지로 음료상품원가관리 역시 예상원가와 실제원가를 비교하면서, 차이가 발생한 원인과 이유를 확인하여 원가관리가 철저하게 이루어지도록 해야 한다. 예상원가와 실제원가사이의 차이가 발생할 수 있는 요인으로는 영구재고조사의 오류, 납품가격의 오류, 실제 재고조사 오류, 판매량 파악 오류, 상품가격 입력 오류, 적정재고량 파악 오류, 음료상품 레시피 미준수로 인한 손실 그리고 현금매출액 관리 오류 등이 있다. 관리자들은 이상의 원가차이 발생요인을 지속적으로 그리고 철저하게 관리해야 하며, 이를 위해 영업활동 중에 발생하는 모든 사항을 기록하도록 하여 사후관리 역시 철저하게 이루어지도록 해야 한다.

고객에게 제공되는 음료상품의 종류와는 상관없이 기업에서 정한 모든 음료상품의 서비스 절차가 제대로 이루어지도록 해야 한다. 제대로 된 서비스 절차와 더불어 직원의 대고객 권유판매가 적극적으로 실시되도록 해야만 고객의 만족과 기업의 이윤창출이 더욱 증가하게 될 것이다.

논의과제

1. 음료상품 소비성향에 영향을 미치는 요인은 무엇인가?

2. 알코올중독 및 알코올오용 및 남용이 사회에 미치는 영향은 무엇인가?

3. 음료상품과 음식상품의 차이점은 무엇인가?

4. 영구재고조사는 무엇이며 중요한 이유는 무엇인가?

5. 음료상품관리기법 가운데 하나인 표준정량관리기법이 음료상품에 미치는 영향은 무엇인가?

6. 음료상품 제조 시 자동제어계측장비를 사용함으로써 발생하는 장점과 단점은 무엇인가?

7. 현금매출액 관리오류로 인해 발생할 수 있는 상황은 무엇이며 이를 방지하기위한 방법은 무엇인가?

8. 음료상품의 예상원가율과 실제원가율을 산출하는 방법은? 예상원가율과 실제원가율을 적용하는 방법은 무엇이며 왜 중요한가?

9. 음료상품 재고실사방법에 관하여 설명하시오.

10. 예를 들어 음료상품의 가격이 $3.95이고 예상원가가 $0.95이라면, 예상원가율은 몇 %인가?

11. 예를 들어 음료상품의 예상원가가 $0.85이고, 목표원가율이 20%이라면 적정한 메뉴가격은 얼마인가?

12. 예를 들어 음료상품의 구매가격이 $110.90이고 개별 용량이 750ml인 음료상품 1박스(12병)가 있다고 가정하자. oz당 구매가격은 얼마인가?

13. 예를 들어 음료상품의 구매가격이 $89.90이고 개별 용량이 1리터(liter)인 음료상품 1박스(12병)가 있다고 가정하자. oz당 구매가격은 얼마인가?

14. A레스토랑이 24개가 1box인 맥주상품을 $18.00에 구매를 하였고, B레스토랑 역시 같은 구매가격의 맥주상품을 구매하였다고 가정하자. 실제 영업에 있어서 A레스토랑은 맥주상품의 가격을 $1.60으로 결정하였고, B레스토랑은 A레스토랑의 맥주가격이 낮다고 판단하여 맥주가격을 $2.95로 결정하였다. 각 레스토랑의 예상 원가율은 각각 얼마인가?

15. 위의 14번 문제에서 언급한 A레스토랑이 월간 맥주판매량이 10,000개이고, B레스토랑의 월간 맥주 판매량이 1,000개라면 각 레스토랑의 월간 영업 이익은 얼마인가?

16. 음료상품의 oz당 원가가 $0.33, 음료상품의 oz당 예상원가가 $0.60이고, 음료상품의 판매가격이 $2.95이다. 만약 음료상품을 생산하는 바텐더가 음료상품을 제조할 때 1.3oz의 음료재료를 사용하였다면, 실제 음료상품의 원가는 얼마인가?

17. 위의 16번 음료상품의 예상원가와 실제원가의 차이는 얼마이며, 원가율 차이는 몇 %인가?

18. 음료상품의 재고조사과정에서 초기 재고량은 $2,000이고 회계기간 중 구매량은 $12,000이며, 회계기간의 마지막 날 재고조사 시점의 재고량은 $3,000이다. 음료상품의 매출액은 $55,000이라면 실제 음료상품의 원가율은 몇 %인가?

Chapter 7

고객 전표와 현금관리

학습목표

이 장을 학습한 후 다음 내용들을 이해할 수 있어야 한다.

- 저장고와 관련된 사항 관리
- 매회 발생되는 송장 안전하게 관리
- 고객 전표 감사
- 전표 관리대장 생산 및 관리
- 발행된 전표 기록 보관.
- 관리 전표 정리 요약.
- 분실된 영수증 리포트 준비.
- 커버 리포트를 생산 그리고
- 부정적 방법 인지 및 문제해결

개　　요

이번 장에서는 가장 필수적인 관리기능 중 하나인 판매로 인해 발생한 수익의 수집과 이를 관리하는 방법에 대해 다룰 것이다. 비록 많은 방법들이 일반적인 상식으로써 비춰지고 있음에도 불구하고, 만일 생산을 통해서 발생된 수익이 회사에 실제적으로 들어오는 것이 아니라면, 앞서 다뤄진 모든 관리방법들이 가치가 없는 것일 수 있다. 고객으로부터 단지 돈을 지불받는 것뿐만이 아니라, 직원이 모든 수익을 회사에 정확히 전달하기 위한 전표관리 과정실행 및 보증까지 요구하는 것이다.

서론

이번 장에서는 고객에게 발급되는 전표를 관리하는 방법과 현금을 취급하는 과정에 대해 자세히 다룰 예정이다. 각 회사들 사이에서 정책들과 절차들은 현저하게 다르게 나타날 수 있다. 7장에서 추천하고 있는 방법 및 절차는 대규모 회사, 특히 하나 이상의 수익센터(Profit Center)를 가지고 있는 호텔과 같은 회사들에서 가장 자주 사용되고 있는 것이다. 그런 까닭에 추천된 각 방법들이 단지 적은 수의 직원을 보유하고 있는 하나의 업장을 가진 소규모의 회사에서는 완벽하게 적용되지 않을 수도 있다. 그럼에도 불구하고, 이러한 과정들은 사기, 손실 그리고 도난을 줄이기 위해 고안된 것이기에 이러한 상황에 있는 소규모의 회사들에게 필요한 것을 공급하기 위해 적용될 수도 있다.

고객전표는 제품과 서비스상품 판매에 의한 매출의 기록과 자료 수집을 위해 사용되곤 한다. 어떠한 운영에서는 원하는 관리수준, 문제의 심각성 또는 특정한 회계필요조건에 의하여 고객전표의 복사본을 2-3개 씩 만들기도 한다. 하나의 복사본은 고객에게, 또 다른 하나의 복사본은 매니저 혹은 매출관리를 담당하는 사람에게 그리고 세 번째 복사본은 주방, 바텐더 혹은 생산 영역에서 주문을 준비하는 사람에게 전달될 것이다.

대부분 POS(Point of Sales)시스템에서는 고객전표를 사용하는 대신 영수증을 사용한다. 프린트 된 영수증은 영수증 폴더에 꽂혀져서 계산을 위해 고객에게 제시되고, 이때 많은 레스토랑들은 본인의 회사를 홍보하고자 하는(예를 들면, 아메리칸 익스프레스) 협력회사들로부터 무료로 제공받은 영수증 폴더를 사용하기도 한다. 고객의 주문내역이 기록된 영수증은 생산영역(i.e. 주방 혹은 바)과 연결된 곳이나 혹은 이러한 생산 영역에 직접 설치된 프린터를 통해 프린트되기도 한다. POS시스템은 수작업보다 많은 장점을 지니고 있다. 그러한 장점들을 보면 다음과 같다.

■ 수작업 고객전표의 일부분이 제거된다. 3부를 복사하는 것이 2부를 복사

하는 것보다 더 많은 비용이 든다는 추측이 가능함에 따라, 복사 횟수를 줄임에 따라 원가 조절이 된다는 것은 확실하다.

- 수기용 고객전표로 제공되는 서비스보다 더 빠르다. 고객의 주문은 자동적으로 즉시 생산영역(바 혹은 주방)으로 보내진다(생산영역에 설치된 프린터에서 주문이 입력됨과 동시에 출력된다). 이러한 주문 및 생산방식은 생산량에 대한 한계가 정확하게 정해지기 때문에, 필요한 양보다 더 많은 양이 생산되는 것을 피할 수 있다.
- 누락된 매출을 쉽게 확인할 수 있고, 손실부분에 대한 설명이 가능하다.
- POS 시스템은 절도를 포함한 다양한 문제점들을 확인할 수 있는 리포트를 만들 수 있다.
- 현금출납기능을 좀 더 빠르고 정확하게 이행할 수 있다.
- 직원들이 부정한 방법을 쓸 수 있는 기회를 줄일 수 있도록 하기위해, 제품생산을 위해 고객의 주문을 POS시스템에 입력한 이후에는 입력된 아이템은 오직 매니저에 의해서만이 무효화시킬 수 있다.

POS 시스템의 단점을 보면 다음과 같다.

- 새로운 POS시스템은 매우 비싸다. 만일 이와 같은 POS시스템을 설치할 것을 고려한다면, 부록에 나와 있는 정보들을 이용할 수도 있다.
- 만약에라도 발생할 수 있는 시스템사고에 대한 계획 즉 비상계획이 없다면, 이러한 시스템의 실패로 인해 발생되는 결과는 곧 수익의 손실을 의미한다.

어떠한 시스템도 완벽하지는 않다. 주방에서 음식을 혹은 바에서 음료를 만드는 것과 같이 생산에 직접 관여하는 직원들은 매뉴얼 방식을 사용하고 있는 업장의 경우 주문 없이도 음식을 만들 수 있고, 서버들의 경우는 반환되어진 아이템들에 대해 또 다른 주문절차 진행 없이 메뉴상품을 요구할 수도 있고, 고객이 지불한 돈을 횡령할 수도 있다. 그러나 좋은 POS시스템의 경우 생산과 주문과정이 정확하게 이행될 수 있도록 적용된다는 장점을 가진다.

이러한 POS시스템의 장점에도 불구하고, 이번 장에서 다루게 될 수작업시스템의 진행 과정을 반드시 이해해야 하는 이유는 POS시스템이 작동되지 않는 동안 부분적 혹은 전체적으로 직원이 직접 진행하게 될 수도 있기 때문에 매우 중요하다. 관리능력을 측정하고 증명할 수 있는 완전한 비상 계획이 필요할 것이다. 왜냐하면, 수기용 고객전표 관리부실은 수익의 손실과 같은 심각한 문제를 일으킬 수도 있기 때문이다. 수기용 고객전표 관리과정은 고객이 계산을 위해 영수증을 받는 순간부터 고객으로부터 돈을 받을 때까지의 전 과정을 포괄한다.

공급업자로부터 받은 송장

매니저와 송장관리를 하는 사람은 입고날짜, 공급업자로부터 받은 입고량, 아이템들의 상품일련번호 그리고 물건을 받은 확인자의 서명란 등의 내용을 담고 있는 송장관리대장을 만들어 사용하는 것이 바람직하다. 모든 송장은 매니저 혹은 매니저와 같은 역할을 하는 사람들에 의해 저장고의 지정된 장소에 안전하게 보관되어져야 한다. 송장에는 가격, 수량 그리고 상품일련번호가 기록되어 있어 주문내역을 정확히 확인 할 수 있어야 한다. 송장에 있는 주문 사항들 즉 가격, 수량 그리고 상품일련 번호가 구매정보와 똑같은 내용인가를 다시 한번 정확히 확인하는 것이 낫다. 그런 후에 보유하고 있는 송장은 관리대장에 도표로 정리하여 기록되어져야 한다.

매장에 발행된 수기용 고객 전표

관리자 혹은 매장 매니저에게 발행된 모든 수기용 고객전표는 전표관리대장에 잘 기록되어져야 한다. 모든 수기용 고객전표는 발행번호 순서대로 발행되는 것이 바람직하며 전표관리대장은 날짜, 발행한 양, 전표번호의 일련 순서, 보유하고 있는 전체매출전표, 매장 대표자의 서명 그리고 공인된 서명으로 구성되어 있다. 수기용 고객전표는 관리자 혹은 매니저에 의해서만 직원들에게 발행되어지는 것이 낫다.

전표관리대장의 목적은 공급업자로부터 받은 모든 음식과 음료전표와 지명된 사람에 의해 발행된 고객전표들을 감독하고 통합하기 위한 것이다. 이러한 권한을 지닌 사람은 전표관리대장을 다음의 과정에 따라 관리해야 할 책임이 있다. 그리고 이 전표관리대장은 항상 저장고에 보관되어지는 것이 낫다. 만일 하나 이상의 업장이 있다면, 이것은 업장특성별 그룹으로 나눠 보관되어진다.

발행된 수기용 고객전표의 매장 기록

매니저는 수기용 고객전표를 일련번호 순서에 의해 그리고 조절된 양에 의해 서버 혹은 현금 출납담당직원(즉, 캐시어)에게 각 근무조가 업무를 시작할 때 발행한다. 직원에게 발행될 전표의 수는 과거의 실적과 매출예상을 바탕으로 매니저에 의해 결정되어 발행된다. 매니저는 발행된 최초의 전표번호와 마지막번호를 반드시 적어놓아야 하며, 캐시어 혹은 서버는 발행된 모든 전표에 반드시 본인의 사인을 해야 한다. 추가적인 전표발행은 필요한 만큼 이루어져야 하고, 이것들 역시 반드시 정확하게 기록되어져야 한다. 다음의 기재 사항들은 전표가 서버 혹은 캐시어에게 발행될 때 적혀져야 하는 내용들이다.

1. 날짜
2. 캐시어 혹은 서버의 이름
3. 식사 제공기간 (점심, 저녁 혹은 기타 주기)
4. 최초의 전표발행번호와 마지막 전표발행번호
5. 발행된 전표의 총수
6. 캐시어의 사인
7. 매니저의 사인

POS시스템을 가지고 있는 회사 역시 전표관리대장을 준비해야하고, 이 관리 대장을 공급된 전표와 함께 레스토랑의 안전한 곳에 보관해야 한다. 만일 시스템이 고장 났다고 하면, 매니저는 보관되어 있던 수기용 고객전표를 생각해 내고, 서버 혹은 캐시어에게 위의 설명에 따라 업무를 할당할 수 있어야 한다. 하루 중 가장 바쁜 시간 동안에 POS시스템이 고장 났다면, 이러한 비상계획은 시스템이 작동하지 않는 동안에 전표와 수익을 조정하는 결정적인 역할을 할 것이다.

취소된 전표와 사용되지 않은 전표를 포함한 발행된 모든 수기용 전표는 영업시간 후 모두 회수되어야 한다. 또한 발행된 모든 전표는 매니저에 의해 지속적으로 확인되어져야 한다. 왜냐하면 서버들은 같은 전표를 두 번 사용할 수도 그리고 1장의 전표로 두 배의 지불금액을 모을 수도 있으며, 결국 이로 인해 서버가 다루게 되는 금액이 틀리게 될 수도 있기 때문이다. 발행된 모든 수기용 전표는 직원들이 근무를 끝난 후 매니저가 직접 확인하고 관리해야 한다. 사용되지 않은 전표와 지불이 완료되지 않은(특히, 고객이 돈을 지불하였지만 전표를 마감하지 않은 경우) 전표는 새로운 근무조로 교대하게 되는 캐시어나 서버에게 넘겨지거나, 혹은 매니저에 의해 마감 될 것이다.

전표관리 요약서(Check Control Summary Sheet)

이 요약서는 발행된 전표의 기록, 개별적인 전표의 구분, 분실전표를 식별하기 위해 사용한다. 캐시어, 서버 그리고 바텐더는 다음에 오는 설명에 따라 반드시 준비해야 한다.

앞머리 — 최초의 전표번호와 마지막 전표번호, 근무시간, 날짜, 담당직원 이름, 식사제공기간, 매장

항목 1 — 모든 전표는 발행 일련번호 순서에 의해 관리한다.

항목 2 — 전표마다 고객 수

항목 3 — 발행된 전표로 인해 수집된 현금(만일 고객이 현금으로 지불한 경우)

항목 4 — 신용카드 매출액, 만일 고객이 신용카드로 지불한 경우(팁 포함되지 않음)

항목 5 _ 행사진행을 통해 지불되는 매출액(팁 포함되지 않음)
항목 6 _ 순수 객실 요금(팁 포함되지 않음)
항목 7 _ 항목 3부터 항목 6까지의 총 합계

매니저는 전표를 살펴보면서 각 전표가 어떻게 마감되었는지 즉 현금, 신용카드, 그리고 행사를 통한 지불(실제 가격보다 할인된 행사 가격으로 지불된 경우) 또는 객실 요금인지를 확인할 수 있을 것이다. 어떤 경우에는 전표내용이 불분명할 경우 고객에게 제공된 음식 및 음료상품의 내역을 확인하기 위해 생산영역(주방 혹은 바)에서 직접 확인하는 것이 더 나을 때도 있다. 만일 분실한 전표의 복사본이 고객주문 내용이 기록된 상태로 생산영역에서 발견된다면, 서버는 아마도 잃어버린 전표의 금액을 횡령했었을 수도 있다. 매니저는 다양한 부정적 행위를 조사해야 하고, 필요하다면 회사 정책에 따라 주문을 작성한 서버 혹은 캐시어로부터 해당되는 금액을 받아 낼 수도 있다.

매장 전표 보관

수기용 매출전표는 반드시 매장관리자인 매니저에 의해 관리되어져야 하며, 전표를 보관하기 위한 안전한 장소 혹은 안전장치가 달린 금고 등이 필요하다.

전표 관리의 감사

전표관리대장의 감사는 매장에 발행되고 사용된 모든 전표를 관리하기 위해 실행된다. 이는 분실한 전표기록을 보고하기 위해 사용되기도 한다. 매니저 혹은 전표관리를 위해 임명된 사람은 다음의 내용들을 사용하여 점검해야 한다.

1. 전표발행번호 리스트

2. 매장
3. 발행된 날짜
4. 발행된 전표의 총수
5. 매니저 혹은 권한이 임명된 사람의 서명
6. 매니저의 서명

표 7-1은 전표관리를 위해 사용되는 간단한 양식이다. 비어있는 난은 다양한 지불형태를 기록하기 위해(예를 들면 상품권과 같은 경우) 사용되기도 한다. 맨 오른쪽 칸에 경계선을 긋고 그 곳에 각 관리자가 검증했다는 것을 확인 기록한다. 모든 분실과 무효화된 전표는 매니저에 의해 따로 첨부된 용지에 자세한 설명을 기록하는 것이 낫다.

표 7-1

매장		총 영수증 수		발행된 날		확인
영수증 번호		현금	신용카드($)	행사요금($)	객실료($)	
12714	/	$37.50				V
12715	/		$81.71			V
12716	/				$41.02	V
12717	V	(전표가 수프에 빠졌음)				V
12718	0	(서버의 호주머니에서 영수증을 찾았음)				V
12719	/		$24.18			V
12720	*	(다음 근무조로 이전될 예정)				V
서명						
감독자						
매장 매니저						

표의 두 번째 칸은 다음에 오는 상황들을 표시하기 위해 사용된 표준마크이다.

/ = 사용된 전표 : 직원에 의해 한 번 혹은 그 이상의 지불 방법으로 결제가 된 것

0 = 분실전표 : 부정행위가 있었는가를 확인하기 위해 사용되고 있다(직원들에 의해 발생하는 부정적 행위를 설명해 주는 현금 취급 부분을 뒷부분에서 보게 될 것이다.).

* = **거래가 멈춰져서 있는 전표** : 다음 근무자에게 넘겨주게 되는(고객의 식사가 끝나지 않았으나 담당 직원의 근무시간이 끝나 다음 근무자에게 전달되는)상황이 발생됨으로써 전표관리대장에 이미 기록되어 있으나 아직 마감되지는 않은 전표

V = **무효화된 전표** : 더럽혀진 전표 혹은 고객주문에 문제가 있어 무효화된 전표를 가리킨다.

전표관리대장 확인과 함께 전표관리의 모든 과정을 감독하는 것은 매니저 혹은 그러한 업무를 수행하기 위한 권한이 주어진 직원에 의해 이행될 것이다. 확인되지 않은 모든 전표는 분실전표리포트에 기록해야 한다.

때때로 생산직원은 수기용 고객전표 혹은 주문전표 없이 음식과 음료를 준비하고 제공해 줄 수도 있다. 이것은 해당업장에 운영되고 있는 정확한 시스템이 없다는 것을 의미하기도 한다.

커버 리포트

서버가 생산영역(주방 혹은 바)에서 음식을 준비 할 수 있게 하기 위해 주문을 적는 것과 같이, 전표에 반드시 고객 수 혹은 커버의 수(Cover : 제공되어져야 할 1인분의 식사 수)를 반드시 표기해야 한다. 그러나 커버수가 항상 테이블에 자리하고 있는 고객의 수와 동일한 것은 아니다. 리포트 자료로 사용될 커버수란 일반적으로 주요리를 포함한 1인분에 해당하는 식사를 주문한 고객의 수가 헤아려진 것이다. 만일 커버수가 정확하게 기록된다면 이러한 숫자는 레스토랑운영의 흐름을 예상하고, 예산을 설정하는데 그리고 메뉴를 분석하는데 사용될 것이다. 커버수에 평균 음식 가격을 곱하면 전체 음식매출을 구할 수 있고, 커버수에 평균 음료가격을 곱한 것으로 전체 음료매출을 구할 수 있다.

주요리인지 아닌지(1인분의 식사로 헤아릴 수 있는지 아닌지)구분하기가

어려운 상황에서도 커버수를 계산해야 하며, 이러한 상황을 해결하기 위해 다음의 지침을 사용하는 것이 좋다.

연회접대의 커버수 계산

연회접대를 위한 커버수를 계산하는 것은 고객전표 혹은 고객의 주문사항(catering order)에 의해 직접 할 수 있다. 주로 연회와 식사기능이 같은 주최로 진행되는 경우, 고객에게 식사가 제공되기 직전에 진행된 연회에서의 기록된 수를 포함해야한다.

스낵 바의 커버수 계산

모든 커버수는 고객전표 혹은 음식상품의 식사제공기간(아침, 점심, 저녁) 동안 작동된 POS시스템으로부터 직접 얻어진다. 커피 판매는 전체 음식 커버수로는 계산되지 않는다. 수영장주변 바, 골프장 혹은 테니스장에서의 간이 스넥 바 혹은 서비스 카트와 같은 곳에서의 판매에서는 주메뉴인 샌드위치, 핫도그 혹은 햄버거와 같은 종류의 아이템들이 각 하나의 커버로써 인정된다. 그러나 캔디 바, 칩, 콘 아이스크림 그리고 과일과 같은 아이템들은 주메뉴로써 고려되지 않음과 동시에 커버수로써 인정하지 않는 것이 낫다. 이외에 객실안의 미니바 매출 역시 커버수로 인정하지 않는 것이 좋다.

접객용 별실의 커버 계산

접객용 별실에서 룸서비스의 평균전표를 결정하기 위해, 서비스를 기대하는 고객의 수를 접객용 별실기능으로부터 발생한 매출로 나눈다. 예를 들어, 125인분의 접객용 주문이 있고 별실 전체 매출은 $850이었다면, 이로 인한 1인당 평균 전표매출은 $6.8이 된다. 접객용 별실에서의 커버는 룸서비스 부서와 전체 음식커버수를 포함한다.

표 7-2는 관리데이터 안에서 이러한 커버수 계산이 어떻게 사용되는지를 보여준다. 다음은 표 7-2를 기록하는 방법에 대한 설명이다.

A. **실제 판매된 객실** : 보고기간 동안 판매된 객실 수. 이것은 단지 음식과 음료 영업과 함께 숙식시설에 부속된다. 이 정보는 판매된 객실 당 매출을 결정하기 위해 사용될 수 있다. 만일 이러한 문서를 장기간에 걸쳐 지속적으로 작성한다면, 매니저는 이러한 정보들을 향후 경영예상 정보로 사용할 수 있을 것이다.

B. **실제 객실 점유율** : 보고기간 동안 판매된 객실을 전체 사용 가능한 객실수로 나눈 것이다. 예를 들면 810개의 객실을 소유한 호텔에서 6월의 경우 30일(일수)에 의해 곱하면, 이때 6월 한 달 동안 가능한 객실수는 24,300이다. 이때 점유율은 15,000 ÷ 24,300 = 61.7%이다.

표 7-2
월별 음식과 음료 커버 리포트

A				B					C				
실제 객실 점유률 15,000				실제 점유률 백분율 61.7					월별 일수 = 30				
아웃렛과 식사기간	D	E	F	G	H	I	J	K	L	M	N	O	P
	월별 오픈 날짜	좌석 수용량	좌석당 회전률 G/E	전체 커버	일별 커버 G/D O/A	매출당 점유된 객실	음식 매출	음식 평균 전표 J/G	음료 매출	음료 평균 전표 L/G	일별 음료 평균 전표 L/D	음식과 음료 합계 수익 J+L	평균 혼합 전표 O/G
룸서비스													
아침	30	100	30.00	3,000	100	4.00	40,000	13.33	20,000	6.67	667	60,000	20.00
점심	30	100	9.00	900	30	1.67	15,000	16.67	10,000	11.11	333	25,000	27.78
저녁	30	100	11.00	1,100	37	2.73	26,000	23.64	15,000	13.64	500	41,000	37.37
새벽	30	100	5.00	500	17	1.00	10,000	20.00	5,000	10	167	15,000	30.00
응접실	30	100	6.00	600	20	1.33	15,000	25.00	5,000	8.33	167	20,000	33.33
합계	30	100	61.00	6,100	203	10.73	106,000	17.38	55,000	9.02	1,833	161,000	26.39
화인다이닝													
저녁	20	100	25.00	2,500	125	15.67	185,000	74.00	50,000	20	2,500	235,000	94.00
합계	20	100	25.00	2,500	125	15.67	185,000	74.00	50,000	20	2,500	235,000	94.00
바													
아침	30	120	5.00	600	20	1.33	5,000	8.33	15,000	25	500	20,000	33.33
점심	30	120	29.17	3,500	117	9	35,000	10.00	100,000	28.57	3,333	135,000	38.57
저녁	30	120	34.17	4,100	137	10.33	40,000	9.76	115,000	28.05	3,833	135,000	37.80

C. **그 달의 일수 / 6월** : 6월의 경우 30일이 있다.

D. **한 달 안의 오픈 일수** : 6월 달 동안 식사를 제공하기 위해 오픈한 날의 영업일을 의미한다. 이러한 영업일은 레스토랑과 다른 레스토랑 사이에서 혹은 식사 주기와 다른 식사주기와의 사이에서 차이가 있을 수도 있다. 이 정보는 일별 생성되는 수익 측면과 각 식사 주기의 실제 경영 상태와 관련이 있다.

E. **수용 가능한 좌석 수** : 수용인원은 법적으로 확인된 레스토랑의 고객좌석 수를 의미하며, 일반적으로 레스토랑 내부 혹은 바에 명시되어 있다. 이 정보는 레스토랑이 수용할 수 있는 고객의 수를 의미하고 테이블 회전수를 계산하기 위한 것이기도 하다.

F. **좌석 회전율** : 전체 커버수를 레스토랑의 수용 가능한 총 좌석수로 나누어 구할 수 있다. 즉 고객이 식사하는 동안 수용 가능한 좌석이 고객에 의해 점유되는 평균 횟수를 의미한다. 이러한 정보는 수용 가능한 좌석의 효율성을 결정하는데 사용되어진다. 또한 이것은 다른 경쟁 레스토랑과 비교하기 위해 그리고 목표로 설정한 표적식사고객 비율(target dinning population)을 결정하기 위해 사용 될 수 있다.

표 7-3
화인 다이닝 커버

	A 2009	B 2010	C 2011	D 변이 (B–A)	E 변이 (C–B)	F 차이% (D/A)	G 차이% (E/B)
10월	2,820	3,000	3,200	180	200	6.38	6.67
11월	2,750	3,100	3,500	350	400	12.73	12.9
12월	3,060	3,500	4,000	440	500	14.38	14.29
합계	8,630	9,600	10,700	970	1,100	11.24	11.46

G. **커버수 합계** : 실제 식사를 구매하는 고객의 총수를 의미한다. 이러한 정보가 2년 이상 모여진다면, 향후 매출을 예상하기 위해 사용될 수 있을 것이다. 예를 들면, 표 7-3에 있는 문자열 A, B 그리고 C는 2009, 2010 그리고 2011년을 위한 커버수의 총합계를 나타낸다.

문자열 D와 E는 2009년에서 2010년까지와 2010년에서 2011까지의 차이를 나타낸다. 문자열 F와 G는 이러한 차이를 백분율로 변형한 것이다. 수집된 정보가 일정한 패턴을 가지고 있고 동시에 어떠한 새로운 변화가 없을 경우(즉, 동일한 증가%가 나타날 것을 예견한다고) 가정하면, 표 7-4는 2012년에 발생될 예상커버수가 된다.

	2011 커버수	증가 %	증가될 커버수	2012 예상커버수
10월	3,200	7.00	224	3,424
11월	3,500	13.00	445	3,955
12월	4,000	14.30	572	4,572
합계	10,700		1,251	11,951

표 7-4
4사분기 예상 화인 다이닝 커버 2004

H. **일별 커버수** : 이것은 평균이다. 전체 커버수를 레스토랑의 영업일수로 나눈 것이다.

I. **판매된 객실을 통한 매출** : 음식과 음료의 수익을 실제 판매된 전체 객실로 나누어 얻어진다. 이것은 판매된 객실에서 발생하는 평균 수익을 나타내며, 이는 향후 예상매출을 추측하는데 도움을 줄 수도 있다.

J. **음식매출** : 고객전표로부터 기록된 수익을 말한다. 이는 커버수에 평균 전표금액을 곱하거나, 예상 혹은 실제 데이터로부터 예상된 전체 매출로부터 구할 수 있기도 하다.

K. **평균 음식매출** : 총 음식매출을 제공된 총 음식 커버수로 나눔으로써 얻어진다. 평균을 결정하기 위해 전체로부터 행사에 무료로 제공되거나 무효화된 커버수를 반드시 빼야 한다.

L.**과 M** : 문자열 J 그리고 K와 같은 것이며, 단지 대상이 음료에 대한 점이라는 것이 다를 뿐이다.

N. **일별 평균 음료매출** : 일별 평균 음료 수익이다. 문자열 L의 음료 전체 매출을 문자열 D의 오픈 일수로 나눈 것이다.

O. **음식과 음료의 혼합** : 전체 음식과 음료 수익을 함께 더한 것이다.

P. **평균 전표의 혼합** : 생산한 음식과 음료 전표의 혼합은 매장 전체 음식과 음료를 제공한 음식과 음료 커버수로 나누거나, 혹은 평균 음식 전표와 평균 음료 전표를 합한 것이다.

커버수 리포트는 반드시 지속적으로 보고, 기록되어야 한다. 의미 있고 유용한 보고서가 되기 위해 직원들은 커버 가이드라인을 반드시 준수해야 한다. 매출과 커버를 바탕으로 신뢰 할 수 있는 데이터를 지속적으로 관리함에 따라, 이러한 정보들을 향후 커버 당 원가 혹은 매출 수입을 예상하는데 사용할 수 있다.

현금 취급 관리

현금 취급 관리과정의 개발은 다음의 2종류의 매출 수집시스템에 의해 진행된다. 서버뱅킹(Server Banking)과 현금 취급담당자 즉, 캐시어뱅킹(Cashier Banking). 두 가지 개념은 하우스뱅크 자본을 위한 계산의 정책과 진행과정으로부터 유래된다. 하우스뱅크란 고객이 금액을 지불하는 과정에서 필요한 잔돈을 제공하고자 하는 목적으로 서버나 혹은 현금 취급담당자(즉, 캐시어)에게 제공된 돈을 의미한다.

서버뱅킹(Server Banking)

고객이 지불한 금액을 수집하기 위한 하나의 방법으로써, 고객에게 잔돈을 제공하게 하기 위해 서버 혹은 바텐더에게 교환용 잔돈을 전달하는 것을 말한다. 교환용 잔돈을 근무시간이 끝날 때까지 직원 스스로가 보관하게 된다. 다시 말해, 서버 혹은 바텐더가 고객전표를 직접 마감함으로써 담당직원들이 각 거래들에 대해 책임을 지게 되는 것이다. 이런 경우 서버 혹은 바텐더는 앞서 논의한 것과 같이 회사에 귀속되어야 할 금액에 대해 서술한 내용을 담은 전표관리양식을 작성해야 한다. 전산화된 POS시스템은 거래를 실행하는데 있어 더 빠르고 더 효율적인 방법을 제공한다. 각 서버의 POS기록에는 고객의 지불금액과 지불방법(현금, 신용카드 혹은 행사 요금)등 이 기록되어 있다. 이외에 서버의 담당 테이블의 번호, 계산이 마무리되지 않은 전표, 무효화 된 내용, 세금, 팁 그리고 커버수 정보가 기록되어 있다.

캐시어뱅킹(Cashier Banking)

현금 담당직원, 즉 캐시어가 발행된 전표를 하나 혹은 그 이상의 결제 방법으로 모두 결제한다는 것을 제외하면 서버뱅킹과 거의 비슷하다. 이 경우 캐시어는 근무조가 끝날 때까지 모아진 거래된 모든 전표에 대해 책임을 지게 된다. 고객은 레스토랑이 어떠한 운영방식을 선택하느냐에 따라 결제금액을 캐시어에게 직접 전달 할 수도 있고 혹은 서버나 바텐더에게 전달하여 직원들이 캐시어에게 전달함으로써 계산을 완료 할 수도 있다. 종종 바텐더가 캐시어의 역할을 수행하기도 한다. 궁극적으로 이러한 과정은 서버 혹은 캐시어 중 한 사람으로 인해 진행되는 모든 지불방법을 예상해야 하는 매니저의 책임이다.

현금을 취급한다는 것은 불성실한 혹은 정직하지 못한 직원에게 순간적으로 매우 유혹적일 수도 있다. 따라서 현금관리는 정확성을 요구한다. 대부분의 직원들은 현금을 훔치는 행위를 하지 않는 반면 극히 드물게 그러한 행동을 하는 현명하지 못한 직원들이 있다. 직원 혼자 일하거나 혹은 다른 직원과 함께 일하는 경우 그리고 POS 시스템을 사용하는 직원이거나 혹은 사용하지 않는 직원일 수도 있다. 직원들은 생산과정 오류와 같은 간접적인 방법을 통하거나 혹은 직접적인 방법을 통해 현금을 횡령할 수 있다.

표 7-5는 직원들이 할 수 있는 가능한 부정적 행위들을 리스트 한 차트이다. 이 차트를 보면, 2번째 칸에 P, R 혹은 T로 분류되어져 있다. 이때 P는 생산을

통한 부정행위, R은 등록을 통한 부정행위, 그리고 T는 전표를 이용한 부정행위를 의미한다. 이것은 물론 모든 가능성을 기록한 완전한 리스트는 아니다.

단지 표 7-5는 현금 취급 작업 과정 중 부정행위를 발생시킬 수 있는 상황을 발견하는데 도움을 주기 위한 간단한 지침일 뿐이다.

표 7-5

바텐더의 부정행위	
음료 제품을 레시피보다 적게 사용하여 흔적을 유지 그리고 그 판매의 차이를 횡령한다.	P
자신의 것을 가져와 중간에 돈을 가로챔	P
콜 브랜드와 같은 낮은 수준의 알코올을 고객에게 높은 가격을 지불하게 하고 그 차액을 가로챔	P
바텐더 혹은 캐시어의 부정행위	
이미 현금으로 지불이 완료된 어떤 할인도 없는 전표에 할인 혹은 쿠폰을 적용시켜 그 차액을 가로챔	R
"수습직원"교육을 위해 사용되는 실제와 똑같은 형태로 작용되는 실제적으로 주문이 등록되지 않음을 이용하여 만들어진 이러한 전표를 이용하여 고객으로부터 금액을 받고 이렇게 발생한 현금을 가로챔 (실습생의 ID 사용)	R
등록 시스템의 오류로 현금 입금이 수동적으로 되었을 때	R
바텐더 혹은 서버의 부정행위	
근무시간이 끝나기 전에 POS에서 완성한 매출 리포트를 미리 만들고, 다시 만든 2번째 리포트에 기록된 매출만을 회사에 제출한다.	R
할인 등을 고려하지 않는 고객의 전표(할인이나 comp가 적용된 전표)를 새로운 고객에게 다시 사용하는 경우	T
많은 팁을 받기 위해 고객에게 음식이나 음료를 공짜로 제공하는 경우	P
주방 그리고 구매 담당 직원의 부정행위	
스테이크를 쓰레기통에 담은 후에 근무시간이 끝난 다음에 밖으로 가져나가는 것	P
공급업자가 주방장 혹은 구매 담당자에게 보너스를 나눠주는 것	P
어떤 공급업자로부터 향후 구매 약속을 위해 뇌물을 받는 경우	P

현금 취급의 책임

정확한 현금관리를 위해 현금을 포함한 모든 형태의 지불방식에 있어서 반드시 직원의 서명을 받아 두어야 한다. 이러한 양식에는 직원들의 뱅크가 부족할 때를 위해 적용되는 회사의 정책을 포함하고 있다. 원본은 각 직원들의 개인파일에 보관이 되고, 복사본 1장은 직원들에게 나눠준다. 이러한 양식의 내용은 아래에 제시되고 있는 적용할 수 있는 모든 규정을 포함하고 이러한 내용들을 이해한 서버들의 사인을 받아야 한다.

교환용 잔돈은 앞서 설명하였듯이 고객에게 잔돈을 교환해 주기 위해 캐시어, 서버 혹은 바텐더에게 전해준 잔돈을 의미한다. 교환용 잔돈의 사용에 대해 회계 관리자는 회사의 회계처리규칙을 준수해야 한다.

서버와 현금 취급 담당직원은 교환용 잔돈을 필요한 날로부터 하루 혹은 3일 전에 요청함으로써 획득할 수 있다. 교환용 잔돈 요청 시 금액, 매장과 서버에 대한 정보 그리고 뱅크를 위한 책임자의 서명을 포함하게 되며, 모든 교환용 잔돈은 회계 기능을 수행하는 사람이거나 혹은 매니저에 의해 증명되어져야 한다.

주로 귀중품 보관함으로 사용되고 있는 번호로 된 현금 보관함과 열쇠는 각 뱅크마다 할당되는 것이 낫다(서버뱅킹을 운영하고 있는 경우 각 서버에게, 케시어뱅킹을 운영하고 있는 경우는 캐시어에게만 전달한다는 의미). 직원들은 자신에게 지급된 현금은 각자가 독립적으로 책임져야 한다. 만일 열쇠를 잃어버리거나 훔치거나 혹은 망가트렸다면, 이러한 상황에 대해 매니저에게 즉시 보고해야 한다. 그리고 그로 인한 손실을 막기 위해, 현금을 더 안전한 곳으로 옮겨야 한다. 회사는 직원들에게 회사의 정책에 의해, 열쇠의 재배치와 잠금장치에 대해 책임을 묻게 될 수도 있다. 또한 모든 교환용 잔돈은 사용하지 않을 때는 반드시 할당된 귀중품 보관함에 넣어 안전하게 보관해야 한다. 이때 교환용 잔돈의 보관이 적절하지 않다면, 앞서 언급한 것과 같이 그러한 결과에 따른 강력한 징계조치가 따르기도 한다. 교환용 잔돈을 보관할 때는, 직원은 자신이 확인한 교환용 잔돈의 정확한 총 금액을 날짜와 함께 기록한 (혹은 금액의 단위별로 자세히 기록을 하기도 함)서류를 반드시 보관하고 있어야 한다. 이때 지폐는 앞면이 위로 오도록 정리하고, 동전은 종류별로 분리해서 정리하여야 한다. 직원 개인적인 돈이나 혹은 소지품은 교환용 잔돈 봉투나 혹은 귀중품 보관함에 함께 보관하지 않는 것이 낫다. 이러한 근무지침을 따르지 않을 경우 때로는 직무태만으로 여겨지기도 한다.

직원은 자신의 근무가 끝나면 교환용 잔돈을 반드시 확인해야 하고, 처음에 받은 금액과 동일한 금액으로 맞춰야 한다. 모든 전표와 여행자 수표들은 반드시 매일 매일 입금되어져야 한다. 교환용 잔돈은 오직 지폐, 동전 그리고 발행된 총금액을 적은 전표로만 구성되어지는 것이 낫다. 이러한 필요조건들은 확인된 현금 취급승인 혹은 교환용 잔돈 취급관련 계약에 기록되어져 있어야 한다.

모든 안전규칙은 교환용 잔돈을 안전하게 취급하기 위해 적용된다. 현금 서랍을 잠그는 것, 은행에로의 접근을 제한하는 것, 고객에게 잔돈을 제공할 때 정확하게 제공하는 것은 교환용 잔돈의 안전을 관리하는데 도움이 된다. 모든 교환용 잔돈의 초과 혹은 미달은 현금 취급승인의 부정으로써 징계결과를 초래한다.

다른 관리 방법은 일반적으로 이동형 하우스뱅크(Floating House Bank)라고 불리어진다. 이는 매니저가 근무가 끝난 서버의 전표를 확인한 후, 다음 근무조인 새로운 직원에게 은행을 인계하는 방법이다. 혹시라도 발생된 차이는 뱅크 금액의 일관성을 유지하고 근무 중인 전 직원의 책임감을 관리하기 위해 반드시 즉시 조정되어져야 한다.

예금과 일별 영수증

하루 동안 발생한 매출액의 입금은 매일 직원들의 근무가 끝날 때 이루어진다. 이러한 작업은 현금을 제출하기 위해 각 부서에서 마련된 공간에서 다뤄져야 하며, 직원이 그 곳을 떠나기 전에 회사의 금고에 입금되어야 한다. 매출액 입금은 입금표, 복사용지, 직원의 뱅크에 상환될 현금, 혹은 교환용 잔돈의 금액에 영향을 끼치는 모든 거래를 포함한다. 입금을 하는 직원은 자신의 입금봉투의 내용과 잔고에 대해 책임을 져야 한다. 매장 내 사무실과 같이 이러한 작업들이 안전하게 이뤄질 수 있도록 고안된 장소에서 반드시 직원과 매니저 입회하에 이뤄지고 제출 전에 모든 거래가 확인되고 기록되어져야 한다. 일별 영수증을 제출하지 못할 경우 이는 곧 징계의 대상으로 여겨진다.

캐시어 제출 기록

직원의 이름, 부서, 날짜와 시간 그리고 봉투 안에 들어있는 금액과 내용들을 제출 양식에 맞춰 적절한 방법으로 기록하고 제출하는 것은 직원들의 책임이다. 모든 제출은 반드시 매니저 혹은 관리자 입회하에 이뤄져야 한다. 매니저 혹은 관리자는 제출 봉투안의 금액과 봉투 앞면에 적혀 있는 금액을 확인해야 한다. 직원들은 전표와 매출액 그리고 교환용 잔돈을 완전하게 동봉한 다음 입금이 안전하게 금고에 보관될 수 있도록 전달한다. 매니저 혹은 관리자는 모든 과정들을 눈으로 확인해야 하며, 그런 후 제출과정 승인을 위한 제출기록에 사인을 해야 한다.

매니저 혹은 관리자는 전표와 현금 등을 확인하기 위한 것이지 봉투안의 실제 금액을 감사하는 것은 아니다. 또한, 매니저 혹은 관리자가 관리하는 것은 매출액 마감작업을 담당하는 캐시어를 돕는 행위이다. 위의 과정 실패는 징계 대상으로써 고려되어 질 수 있을 것이다.

현금차이

모든 현금차이(초과와 부족)는 근무시간이 끝나는 시기에 반드시 해결되어야 된다. 현금 초과나 부족의 원인을 찾을 수 있도록 매니저에게 보고되어야 한다. 징계가 필요할 때, 징계 기록 또한 매니저에 의해 제출되어 질 것이다. 조언과 징계를 이행하는 것은 인사담당업무를 수행하는 매니저의 책임이다. 담당직원의 적절하지 못한 현금취급으로 인해 직원은 징계되기도 하고 벌칙을 받기도 하고 혹은 해고되기까지도 할 것이다.

개인 수표 진행 과정[1)]

모든 수표(개인 혹은 회사 수표)는 반드시 사전에 승인이 필요하다. 개인 수표인 경우 회사에 의해 필요한 모든 정보(부서의 이름, 사용된 카드의 종류, 카드번호 그리고 현금취급 담당자의 서명 등)가 수표의 앞면에 반드시 기록되어 있어야 한다. 모든 수표는 반드시 매일 은행에 즉시 입금을 하기 위해 전달되어야 한다. 수표는 현금과 같이 취급된다. 수표는 받는 날 즉시 입금되어야 한다.

정확한 승인 없이 입금이 된 수표에 대해 은행에서는 이를 부족분으로 취급할 것이다. 징계는 승인되지 않은 수표의 금액에 의해 정해질 수도 있을 것이다. 여행자 수표를 포함한 모든 수표는 회사에 지불이 가능한 것이어야 하고 반드시 '입금만 가능'이란 도장이 수표 뒷면의 왼쪽 끝에 찍혀 있어야 한다.

수표의 전체 금액은 반드시 입금봉투의 앞면에 '거래 증명서와 수표'라는 란에 기록해야 한다. 여행자 수표 또한 입금 봉투 앞면에 여행자 수표라고 되어 있는 란에 기록해야 한다. 만일 입금되어진 수표의 전체 금액이 총 합계 금액보다 더 많다면, 초과된 금액만큼 듀백 용지를 함께 넣어야 한다.

듀백 용지(Due-back Slips)

듀백 용지(Due-back Slips)는 현금이나 수표의 전체 입금액이 지불금액을 초과하는 경우일 때 필요하다. 서버는 반드시 전표 뒷면에 서버의 이름, 날짜, 서버의 귀중품 보관함 혹은 금고 그리고 지불한 금액을 적어야 한다. 서버는 반드시 그들의 입금 봉투에 첫 번째 복사본을 넣고, 입금 봉투 앞면에 괄호 안에 차액을 기록하는 것이 더 낫다. 서버는 그런 이후에 두 번째 복사본을 자신의 뱅크에 넣어야 현재 소지한 돈과 듀백이 합쳐졌을 때 발생된 돈이 동일하게 된다.

서버가 수표나 고액권 화폐를 작은 단위의 화폐로 교환하고자 할 때, 서버는 평상시와 같은 방법으로 용지를 작성하고 그 용지의 앞면의 아래쪽에 교환용이

1) 이곳에 설명되고 있는 개인수표 사용은 미국의 개인수표(personal check) 경우이며, 국내 사용과는 관련없음.

라는 표시를 하고, 화폐의 단위를 자세히 작성하는 잔돈 교환 양식을 포함시키는 것이 낫다. 차액을 회수하기 위해, 서버는 차액 용지의 두 번째 복사본을 회계부나 혹은 매니저 사무실에 제출하는 것이 좋다. 이 때 직원들은 사무실을 나가기 앞서 회계 관리자 혹은 매니저로부터 정확한 금액을 확인받는 것이 필요하다. 추가로, 서버는 반드시 회계 관리대장에 돈을 수령하였음을 증명하기 위해 사인을 해야 한다. 모든 회사들이 어떠한 방법을 사용하던지 간에, 일관성 있게 기록을 완전하게 보관하고 그리고 증명된 과정을 따르는 것이 바람직하다.

신용카드 진행 과정

모든 신용카드 판매는 승인코드, 서명 그리고 신용카드 앞면에 새겨진 내용들의 명확한 복사(카드번호, 소유자 이름, 유효기간 등을 확인가능)가 있어야 한다. 호텔에서의 체크-아웃 혹은 전화를 이용한 결제의 경우 카드 소지자의 서명이 생략되기도 한다. 직원들은 수기로 작성한 신용카드의 정보를 복사하는 동안 혹은 카드시스템을 통해 결제하고 있는 동안 신용정보를 확인하는 것이 좋다. 호텔의 경우 고객이 전체 지불해야 할 금액이 이미 승인된 금액보다 더 많은 경우, 반드시 추가로 승인을 얻어내야 한다. 전체 승인된 금액은 반드시 고객 전표나 체크-아웃에 포함되어져야 한다.

전화를 이용하여 카드 결제가 이뤄지는 경우 반드시 신용카드 회사가 거래 승인을 확인하기 위해 다음의 정보들을 확보해야 한다.

- 신용카드 번호
- 유효기간
- 카드 소유자 이름 (카드에 인쇄 되어 있는 이름)
- 카드 명세서가 보내지는 카드 소유자의 주소
- 카드 소유자의 직장 전화번호
- 결제된 전체 금액
- 승인번호

신용카드에 의한 거래에 있어 신용카드 회사로부터 거래금액을 수령할 수 없는 경우가 발생하는 이유는 직원들의 다음과 같은 실수로 발생되며 이로 인해 직원들이 징계를 당하기도 한다.

- 카드 거래명세서 분실(가맹점용과 은행용 매출전표)혹은 불법적으로 사용된 경우
- 신용카드 승인을 얻지 못한 경우
- 거래 증명서에 고객의 사인이 없는 경우(단, 호텔의 빠른 체크-아웃은 제외되며, 전화를 이용하여 결제할 경우 서명은 팩스로 받는 것이 좋다.)

직원의 실수로 고객으로부터 회수될 수 없는 신용카드 결제금액은 현금의 차이와 마찬가지로 징계대상이 될 수 있는 부족분으로 고려된다. 이때 회수되지 못하는 신용카드로 지불된 팁 또한 서버들로부터 회수되는 것이 낫다.

상품권

고객에게 팔렸으나 아직 반환되지 않은 상품권은 일반회계에서 부채로 다뤄지고 있지만, 관리는 현금과 동일하게 취급한다. 이때, 주의해야 할 점은 상품권 발행에서부터 보관 등의 모든 과정들이 정확한 기록되어야 하고 관리가 이루어져야 한다.

상품권은 회계부서에서 발행해야 한다. 고객으로부터 회수된 모든 상품권은 담당직원들에 의해 반드시 기록되고 서명되어야 한다. 상품권은 현금이 다뤄지는 보안방법과 같이 취급된다. 상품권에 표기된 금액은 분실 혹은 도난, 이외의 부정한 방법에 의해 취득한 것이든지 간에 액면의 가치를 가진다. 잃어버리거나 혹은 도둑맞은 상품권은 손실액은 차액으로 기록되며, 이에 해당하는 직원은 현금차이 발생과 같은 징계를 받게 될 것이다.

상품권이 고객에게 판매되었을 때, 해당금액은 POS시스템에 상품권판매로 입력된다. 상품권 판매 시 상품권 발행번호와 계산서 복사본 혹은 상품권이 팔렸다는 것을 보여줄 수 있는 POS시스템 영수증과 함께 회계부서에 제출

해야 한다. 또한 상품권으로 결재가 이루어졌을 때 POS시스템을 통해 하나의 지불 방법으로써 입력되어져야 한다. 만약 상품권 액면가가 지불금액보다 큰 액수인 경우 일정금액을 사용하지 않는 경우 잔액을 현금으로 돌려주지 않고 상품권으로 반환한다. 일반적으로, 상품권은 현금으로 다시 교환되어지지 않는다. 이러한 정책은 각 회사마다 다를 수도 있다.

앞서 말한바와 같이 상품권의 정확한 취급과정의 실패는 현금의 차이와 같은 징계 결과를 초래하며, 이때 징계행위의 대상이 될 수도 있는 현금 취급 직원의 부주의 때문이라고 고려되어지기도 한다. 결제가 끝난 상품권은 직원이 근무가 끝나고 현금과 함께 제출되어야 한다. 상품권과 현금 그리고 카드결제 금액 합계를 봉투의 앞면에 기록한다. 직원이 서명한 현금 취급관리 문서 내용 안에 상품권 정보가 포함되어 있는지를 확인하고 직원들이 상품권과 관련한 책임 부분에 대해 인지하고 있도록 해야 한다.

패티 캐쉬 영수증

매장에서 급하게 물품을 구매해야 하는 경우, 패티캐쉬(Petty Cash)를 사용할 수 있다. 패티캐쉬는 일반적으로 예상하지 못한 현금지출을 위해 만들어지는 것이다. 바쁜 레스토랑의 환경 속에서는 패티캐쉬 사용이 불분명 할 수 있다. 따라서 레스토랑 관리자는 패티캐쉬를 사용함에 있어 다음의 사항을 준수해야 한다.

패티캐쉬가 필요할 경우 사용 요청서가 회계 부서에 전달된다. 패티캐쉬 요청 시에는 다음사항을 반드시 포함되어야 한다.

- 패티캐쉬 사용 담당자 이름 그리고 담당자의 부서명
- 날짜
- 간략한 설명
- 전체 금액
- 영수증 원본 혹은 복사본 첨부
- 적절한 승인

■ 받을 금액의 승인을 위한 서명

패티캐쉬 요청 승인은 담당 매니저가 해야하며 회계관리자의 적절한 확인과 함께 사용될 때만 유효하다. 만약 관리자의 확인을 받지 못한 경우 혹은 승인 되지 않은 것이거나 혹은 적절하지 않게 처리된 상태일 경우 제출된 패티캐쉬 요청서는 반환되게 되어 있다. 만일 회계 관리자의 판단에 의해 제시된 기간내에 패티캐쉬가 반환되거나 처리되지 않을 경우 역시 징계항목으로 다뤄져야 한다.

직무 태만

직무 태만이란 직원이 자신의 직무를 정확하게 수행하지 않을 경우를 말하며 만약 직원이 직무수행을 적절하게 하지 못할 경우 직원의 부주의에 의한 것으로 간주 할 수 있다. 다음은 직무태만으로 고려되는 행동들이다.

■ 매출액 임금봉투, 매출액 기록, 근무조 인수인계, 고객전표, 거래 증명서 혹은 회사에서 사용되는 기타 보고 자료의 부적절한 준비

■ 개인수표나 여행자 수표에 대한 부적절한 확인 : 수표와 신용카드의 적절한 승인이 없는 경우

■ 다른 직원의 ID번호로 매출액을 입력하거나, 다른 직원에게 인계받은 금액 등이 자신의 ID번호에 입력하지 않는 경우, 직원의 근무시간 이후 본인의 이름으로 금액을 입력하는 것.

■ 매출전표를 올바르지 않은 방법으로 마감하고 수정하지 않은 경우

■ 계산 실수로 인해 금액 차이가 발생하는 경우 그리고 이러한 결과를 다음 근무조 직원에게 넘기는 경우

■ 언급한 사항 이외에 현금 취급과정에서 직무 태만에 의해 발생되는 모든 영역

정직과 통제는 모든 사람들의 책임이다. 매니저는 매장의 운영을 관리하고 통제하는 동안 언제나 일관된 마음가짐을 가져야 한다. 또한 외부 감시원(고

객으로 가장하고 매장을 방문하여 직원의 업무태도를 관찰하기 위해 고용된 사람들)을 고용하는 것은 손에 미치지 못하는 과정상의 문제나 혹은 심지어 직원의 절도를 관리하는데 도움이 될 수 있다.

요 약

고객전표를 관리하기 위해 전표 관리과정은 철저하게 이루어져야 한다. 예를 들어 전표 발행, 보관 그리고 모든 고객전표가 정확하게 계산되어졌는지를 검증하는 등 모든 과정을 포함한다.

레스토랑에서 직원들이 행하는 부정행위의 방법은 매우 다양하다. 종사원의 부정행위들을 없애고자 하는 노력이 매우 중요하며, 부정행위 방지를 위해 현금 취급관리과정을 정확히 실행함에 따라 부정행위의 발생기회를 최소화 시킬 수 있다.

매니저는 현금취급관리 과정이 정확히 시행되고 있는지를 검증하기 위해 정기적 혹은 비정기적으로 확인하는 방법에 대해 교육을 받아야 한다. 매니저와 현금 관리자 사이의 공모는 커다란 금전적 손실의 결과를 초래 할 수 있다. 모든 현금 취급자들은 현금을 취급함에 있어 정확성과 책임성에 필요한 교육을 받아야 한다.

모든 현금관리과정을 정확하고 책임감 있게 진행되기 위해서는 현금취급 관리자에 의해 교환용 잔돈은 정확하게 관리가 이루어져야 한다. 이동형 하우스 뱅크는 매니저들이 담당 직원들에게 교환용 잔돈을 직원에게 정확하게 배분되고 관리되는 것을 말한다. 이러한 과정은 레스토랑 영업시간 동안 진행될 것이다. 직원은 근무시간 동안 매출액과 이와 관련된 현금 및 영수증 등을 근무가 끝난 후 정확하게 정산되어야 하고 관리자 혹은 매니저의 확인을 받아야 한다. 입금금액의 차이가 발생할 경우 해당 직원은 차이 금액에 대해 책임을 져야 하며 때에 따라 징계의 행위가 취해질 수도 있다. 신용카드 영수증, 상품권, 현금 그리고 여행자 수표 등은 빈틈없이 관리가 이루어져야 한다. 매출금액의 차이는 매출에 직접적인 영향을 주기 때문에 철저하게 관리되고 감독되어야 한다.

논의과제

1. 고객전표는 어떻게 관리되어지는가?

2. 각 매장 수기용 전표관리는 어떻게 감독되어지는가?

3. 고객전표는 왜 그리고 어떻게 감사되어져야 하는가?

4. 커버리포트는 왜 그리고 어떻게 실행되어지는가?

5. 전표관리대장이 어떻게 만들어지는가?

6. 직원이 영업 중에 어떠한 부정적인 방법을 통해 현금을 취할 수 있는가?

7. 현금 취급하는 사람들은 어떠한 책임이 있는가?

8. 입력하지 않은 부분에 대한 지불이란 무슨 뜻인가?

9. 함께 일하는 동료직원이 당신이 매장을 방문 후 식사금액에 대해 실제금액 이하로 지불하도록 해준다면, 당신 역시 그 동료직원이 방문하여 식사한 후 실제금액 이하로 지불하도록 하는 것이 허락 된다. True or False

10. 현금매출을 제출하는 적절한 방법은 무엇인가?

11. 교환용 잔돈이란 무엇인가?

12. 교환용 잔돈관리는 어떻게 하는가?

13. 상품권은 어떻게 취급하는가?

14. 만일, 서버가 $1,200의 총 지불된 금액과 $180의 팁을 제출했다면 신용카드로 지불된 매출액은 얼마인가?

15. 만일, 서버의 영수증이 1156에서부터 1178까지 발행이 됐고 20개의 영수증만이 반환됐다면, 몇 개의 영수증이 분실된 것인가?

16. 만일, 250객실을 소유하고 있는 호텔이 한 달 동안 판매 가능한 객실수는 얼마인가?

17. 위의 16번의 데이터를 이용하여 5,800객실이 한 달 동안에 사용되었다면 점유율은 얼마인가?

18. 만일, 200좌석과 저녁 시간동안 520커버의 서비스가 가능한 레스토랑이 있다면 좌석회전률은 얼마인가?

19. 만일, 150좌석과 점심 시간동안 500커버의 서비스가 가능한 레스토랑이 있다면 좌석회전률은 얼마인가?

20. 만일, 500커버가 점심 시간동안 서비스되고 음식과 음료 수익이 $3,000이라면 혼한된 평균 영수금액은 얼마인가?

21. 만일, 400커버가 저녁 시간동안 서비스되고 음식과 음료를 혼합한 수익이 $6,000이라면 혼합된 평균 영수금액은 얼마인가?

22. 만일, 레스토랑이 한 달(30일) 동안 6,000커버를 생산한다고 하면 일별 평균 커버수는 얼마인가?

23. 만일, 한 달에 24일을 영업하는 레스토랑이 6,000커버를 생성한다고 하면 일별 평균 커버수는 얼마인가?

Chapter 8

직원 관리 계획

학습목표

이 장을 학습한 후, 다음 내용들을 이해할 수 있어야 한다.

- 직원의 사기와 인건비 관리를 위한 직원 계획(Staff Plan)
- 직원들의 근무 스케줄
- 효율적인 직원배치를 위한 인원계획지침(Staffing Guide)과 인원계획기준(Staffing Standards)설정
- 사업 흐름 예상
- 직원 생산성의 분석 및 실행
    - Full Time Equivalent Study 이행
    - 고정, 변동 그리고 준-변동 인건비를 각각의 특징에 따라 구별

개　　요

본 장은 환대산업(Hospitality Industry)의 중요한 비용 중 하나인 인건비를 관리하고 조절하는 것에 대해 중점적으로 다룰 것이며, 이러한 주제는 직원의 사기를 조절함으로써 생산성을 증가시키는 것과 생산성을 분석하는 활동, 사업을 예상하는 활동, 인원계획과 인원계획기준을 만드는 활동 그리고 효율적인 근무 스케줄을 짜는 방법들을 포함하고 있다. 또한 관리 및 분석기술은 정규직 vs 비정규직 근무시간 비교표와(FTE) 변동 인건비 그리고 고정 인건비들을 각각의 특징에 따라 구별 짓는 것을 포함하여 다룰 예정이다.

서론

레스토랑사업을 성공적으로 경영하기 위해서는 현명한 인원계획과 직접 혹은 간접 인건비 관리활동이 요구된다. 인원계획을 진행하는 과정에서 매니저의 역할은 매우 중요하다. 매니저는 적절한 직원관리를 위해 정확한 측정, 가치 측정 및 조정 등의 직원 활용 및 관리를 위한 체계를 세울 수 있어야 한다. 외식업에서의 인건비는 전체 운영비용 중 커다란 부분을 차지한다. 표 8-1은 미국 레스토랑 협회(NRA)에 의해 발표된 내용이다.

표 8-1

	풀 서비스 레스토랑 (1인당 평균 지불 비용 $10 이하) (매출 대비 %)	풀 서비스 레스토랑 (1인당 평균 지불 비용 $100이상) (매출 대비 %)	제한 서비스 패스트푸드 레스토랑 (매출 대비 %)
임 금	28.0	26.9	24.2
복리후생비용	3.9	4.2	3.7
판매된 음식의 원가	32.2	30.0	28.4

외식업에서는 인건비와 식재료를 '주요비용(Prime Cost)'이라고 부르는데, 그 이유는 인건비와 식재료비용의 합이 대략적으로 매출의 60% 정도를 차지하고 있기 때문이다.

인건비를 조정한다는 것은 다음의 세 가지 경쟁적인 압력에 대응하는 것을 의미 한다.

- 인건비를 최소화하기 위한 상사로부터의 압력
- 근무시간축소와 임금향상을 원하는 직원으로부터의 압력
- 높은 수준의 서비스를 원하는 고객으로부터의 압력

직원 관리계획은 첫째, 앞서 제시된 세 가지 압력으로부터 균형을 유지하는 것, 둘째, 비용절감을 하기 위해 가장 효과적인 방법을 사용하는 것, 셋째, 직원의 욕구를 만족시키는 것 그리고 마지막으로 최고의 만족수준을 전달할 수

있는 고객 서비스를 제공하는 것이다.

근무인원 초과로 인한 인건비 낭비, 그리고 질 낮은 고객 서비스를 발생하게 하는 직원 부족상황을 최대한 제거하기 위한 다양한 방법이 있다. 대부분 제조업에서는 직원들은 지속적이고 일정한 방법으로 제품을 생산하고 있다. 그리고 이렇게 만들어진 생산품들은 일정기간 즉, 고객이 미리 만들어진 생산품을 사기 위해 준비될 때까지 저장되어지고, 만일 고객이 이미 만들어진 것보다 더 많은 양의 생산품을 요구한다면 직원들은 요구량에 맞춰 생산품의 수를 증가시킬 수 있다. 하지만 제조업과는 다르게 서비스산업에서는 직원들의 유용성이 제한된다. 다시 말해 서비스 산업에 종사하는 직원들의 경우 고객의 존재 없이는 그들의 생산성이 발생되지 않으나 인건비용이 발생된다.

외식업의 특성상 고객의 수요는 계절별, 요일별, 심지어는 하루 중 시간대(아침, 점심, 혹은 저녁)에 의해서까지 변동되는 까닭에 최적의 직원 효율성을 유지하는 것은 매우 힘들다. 이러한 수요변동으로 인해 가장 효율적인 인건비를 예상하는 방법을 가지는 기업은 또 다른 경쟁력을 가지게 된다. 실제 직원이 고객을 위해 일하지 않는 무익한 시간 즉 비생산적인 근무시간은 향후 사업 가능성에 대한 매니저의 예측에 의해서 조정되어야 한다. 대부분의 외식업장의 경우 직원들의 비생산적인 시간에 대해 지급되는 인건비는 실제 생산 활동에 참여하여 발생되는 비용보다 더 많이 지출되기도 한다. 표 8-2는 실제 생산에 참여하는 근무시간과 생산 없이 참여가 요구되는 비생산활동 시간과의 차이를 보여준다(다음의 그래프는 실제 수치가 아닌, 단지 예시이다).

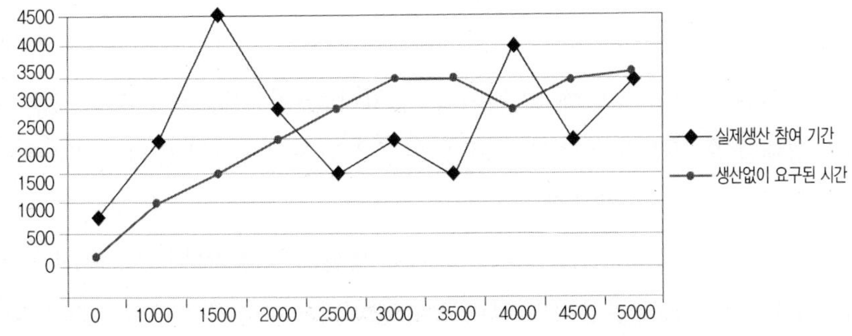

표 8-1

위의 예에서 보면, 실제 생산에 참여된 시간의 위쪽에 있는 값들은 직원 초과와 인건비 낭비를 의미하며, 반대로 실제 생산에 참여된 시간의 아래쪽에 있는 값들은 직원 부족과 위험에 빠질 수 있는 질 낮은 서비스가 제공된다는 것을 의미한다. 매니저들은 이러한 상황을 현명하게 해결해야 할 도전에 직면하게 된다. 이에 직원운영에 대한 부분을 깊이 이해하면서 인력 계획의 문제 상황을 연구하고, 인건비와 고객 불만을 최소화하기 위한 기술을 구체적으로 다루고자 한다.

다양한 요인들을 조절하기 위해 다음과 같은 사항들을 자세히 다루고자 한다.

- 표준 근무인원(Labor Standard)과 인원계획 지침(Staffing Guide)
- 스케줄을 관리하는 기술
- 매출예측
- 생산성 측정
- Full Time Equivalent Studies : FTE Studies

비록 이러한 기술은 인력 활용분석을 위해 간단하게 제시되었지만, 이들을 이용할 때에는 반드시 주의해야 한다. 이러한 기술들은 사용자의 판단을 잘못된 방향으로 이끌 수도 있다는 점을 고려할 때, 직접적인 관찰과 상식을 바탕으로 하는 이해는 노동 생산성을 분석하는 방법 중 가장 기본이라 할 수 있다. 직원들이 급여를 받으면서도 아무런 일을 하지 않고 지낼 수 있을까? 직원들이 적절한 인원계획 하에 운영됨에도 불구하고, 고객들이 직원들로부터 만족스럽지 못한 서비스를 제공 받을 수 있을까? 이렇듯 주의 깊게 관찰하면서 일반적 상식을 토대로 관리하는 방식이 인원계획 기준과 생산성을 평가하는 과정에 커다란 효과를 전달해 줄 것이다. 만일, 당신이 객관적인 생산성평가와 관리 형태를 혼합할 수 있다면 이는 곧 고객을 만족시키면서 동시에 인건비를 가능한 최소한으로 유지시킬 수 있는 도구를 가지게 된다는 것을 의미한다.

회사의 과거 인건비 지출경향을 토대로 생산성을 평가해보자. 우선 과거의 자료가 유효하고, 유용하며 그리고 완전한 것인지를 먼저 확인해야 한다.

급여시스템은 어떻게 인건비용이 사용되고 있는지를 기록하고 있는 자료를 제공하기 때문에 급여 시스템의 구조를 이해하는 것 또한 중요하다. 이러한 자료들은 적절하게 활용할 수 있는 형태로 생산되기 위해서는 인력관리부와 함께 작업을 진행하는 것이 좋다. 매니저는 인건비 변동에 미치는 주변 요소 및 상황에 대해 반드시 숙지하고 있어야 한다. 모든 상황과 요소를 측정하기 위해 사용하는 시스템은 반드시 비용 대비 효율적이어야 한다. 예를 들면, 인건비용에서 $500을 아끼려는 목적으로 분석, 계획, 조절하기 위한 시스템을 실행하고자 한다고 가정하자. 그리고 이때 이러한 시스템을 진행시키는데 $1,000을 소비한다고 하면, 결과적으로 이러한 과정들은 처음의 비용을 절약하고자 했던 의도에서 어긋나는 것이다.

표준 생산성

표준 인건비는 각 음식과 음료상품을 생산하기 위해 각각의 상품별 단위비용을 미리 정함으로써 설정할 수 있다. 표준원가를 결정하기 위해 매니저는 정해진 음식상품을 만들 때 필요한 기구, 재료들의 표준량을 정해놓은 레시피(양목표:Recipe)에 의해 만들어진 음식과 음료 각각의 단위를 생성하기 위해 발생된 직접 혹은 간접비와 양을 정확하게 계산해야 한다. 예를 들면, Tenderloin Steak를 만드는 과정에서는 다음과 같은 노동량을 포함하게 된다.

- Tenderloin Steak를 만들기 위한 재료들을 검수 및 입고, 저장 및 보관활동에 요구되는 직원의 근무시간
- 재료의 신선도를 확인하고 상품으로 조리하기 위해 주방으로 옮기는데 소요된 저장고 직원의 근무시간
- 식재료를 다듬고 자르고 그리고 일인분씩 포장하는 과정 동안 식재료(고기)를 다듬는 직원의 근무시간

■ 쇠고기를 양념에 절이고 상품으로 조리하는 준비과정을 진행하는 직원의 근무 시간
■ 고객에게 상품을 제공하기 위해 준비하는 조리직원의 근무시간
■ 고객에게 메뉴를 홍보하고 주문한 식사를 고객의 테이블까지 전달해주는 과정에서의 서버의 근무시간

표준 원가시스템이 운영되면 매니저는 실제 운영에 따라 발생되는 비용을 추가하고, 이로 인해 발생된 변화량을 확인하기 위해 다시 표준원가와 비교한다.

표준 인건비용을 설정하기 위한 기본적인 두 가지 접근방법으로는

■ 안정적이었던 조건아래에서의 과거의 비용들을 토대로 수행 기준을 사용할 것
■ 경영진의 다양한 작업 비용 요소들의 결정을 토대로 인원계획을 발전시킬 것.

수행기준

수행기준(Performance Standard)이란 어떠한 직무를 수행하기 위해 필요한 정확한 시간의 양을 의미한다. 모든 직무의 정확한 기준시간을 결정하는데 있어서 모든 상황에서 일정하게 적용되어지지는 않는다. 직원이 업무를 수행하기 위해 필요한 기준시간은 그 직무를 수행하기 위해 정해져 있는 각각의 기준들에 의해 달라 질 수 있다.

예를 들면, 패스트푸드 레스토랑의 업무수행기준은 고객이 자신의 테이블에서 모든 서비스와 상ㅍ품을 제공받는 화인다이닝(Fine Dinning)레스토랑에서의 수행기준과는 매우 다를 것이다. 인원계획을 위한 기준시간은 필수적이기 때문에 직원들에게 요구되는 근무시간은 반드시 정해져야만 한다. 이렇게 정해진 수행기준은 다음의 경우에 활용된다.

■ 필수 근무요건을 설정하고자 할 때

- ■ 영업에 필요한 직원의 근무시간을 예상하고자 할 때
- ■ 측정된 근무시간을 직접 인건비로 전환하고자 할 때
- ■ 인원계획 및 예상을 지시하고자 할 때
- ■ 연장근무가 필요할 경우를 준비 할 때
- ■ 간접 인건비용 비율을 예상하고자 할 때
- ■ 경쟁업체와 비교하고자 할 때

이러한 종류의 분석목적은 서비스 수준의 질적 수준이 떨어지지 않는 인원 조정과 예측을 강화하는 생산적인 프로그램을 설정하기 위함이다. 일반적으로, 표 8-3에 있는 기준들은 호텔에 있는 부서들의 수행기준을 보고하는데 사용되는 것이다.

표 8-3

부서	기준
객실	시간당 점유된 객실
식음료	시간당 커버수(시간당 1인분씩 판매된 수)
세탁	시간당 lb(세탁물 양)
전화 / 사설 교환(PBX)	시간당 전화 횟수
차고 / 주차	시간당 주차한 차량의 수

외식업에서 수행기준을 정하는 과정은 직원의 업무수행내용을 직접 관찰하고, 완벽하게 1인분의 음식상품(커버:Cover)을 생산을 하기 위해 소요되는 시간을 정확하게 측정하는 것으로부터 출발한다. 주방에 종사하고 있는 직원들은 음식상품을 생산하기 위해 여러 단계의 과정을 거치면서 일을 한다. 주방종사원의 업무 진행 단계들을 분류하기 위해 레시피를 이용하고 음식상품을 완성될 때까지의 시간을 정확히 측정해야 한다. 직원이 근무하는 동안 발생하게 되는 주문수량(생산량 : Volume)의 변화와 그리고 변화량이 직원의 생산성에 어떠한 영향을 미치는가를 평가해야 한다.

수행기준을 마련하는 과정은 방문고객 수에 따라 음식 및 서비스상품 생산

량에 영향을 받을 수 있는 변동인건비와 준 변동인건비는 생산량에 영향을 받지 않는 즉, 정해진 기준에 의거해 일정하게 지불되어지는 고정인건비에 비해 더욱 유용한 기준이다. 변동 인건비와 준 변동인건비에는 일반적으로 생산량에 의해 근무 스케줄이 정해지는 서비스직원과 주방 직원들이 포함되는 반면 고정인건비에는 생산량의 변화에 상관없이 일정하게 필요한 매니저 인원 등을 말한다.

만약 종사원의 생산성평가를 기준으로 저녁 영업시간대 서비스 직원들이 시간당 14인분의 주문량(커버:Cover)의 서빙을 담당하기를 기대하거나, 혹은 주방직원이 시간당 18커버를 만들기를 원한다면 당신의 이러한 기대치는 사업 변동정도를 바탕으로 그들의 실행을 평가할 수 있다. 만약 주방종사원이 쉽게 수행기준을 만족시키고 비생산활동 시간(남은 시간)을 가지게 된다면, 이는 종사원의 수행기준을 약간 높여서 재조정하는 것이 필요할 것이다. 반대로 서비스직원들이 제공한 질 낮은 서비스에 대해 고객이 불만을 갖는다면, 이는 시간당 14커버는 서비스직원에게는 너무 높은 기준일 수도 있다. 물론 점심 혹은 저녁시간 영업시간대와 패스트푸드레스토랑과 화인다이닝 레스토랑의 서비스 환경의 차이가 있으므로 수행기준을 설정할 때에는 이를 충분하게 고려해야 한다. 고객은 가격, 메뉴, 분위기 그리고 레스토랑이미지로 인해 차별화된 서비스를 기대하고 있기 때문이다.

Tip

고객수, 커버 그리고 주문량의 관계 : 커버수는 일반적으로 레스토랑을 방문하신 고객수를 의미한다. 좀 더 자세히 구분하면, 고객수는 주메뉴 주문여부에 관계없이 레스토랑을 방문하신 분을 의미하는 반면, 커버수는 레스토랑을 방문하신 고객 중 주메뉴를 주문하신 고객의 수를 말한다. 따라서 1인분의 주문량을 커버수로 사용하기도 한다.

표 8-4

커버(Cover)	서비스 직원	주방직원	서비스 보조
0~15	1	2	1
16~35	2	3	2
36~55	3	3	3
56~75	4	3	3

표준원가를 정하기 위한 두 번째 방법은 인원계획을 정확하게 예측하게 하는 것이다. 인원계획은 레스토랑과 같이 생산량이 예측이 용이한 환경에서 더욱 실용적이며 필요 인원을 정할 수 있게 한다. 상식수준과 직접적인 종사원

관찰은 기준을 정할 때 가장 중요한 방법이 된다. 예를 들어 인원계획에서는 1년 중에 레스토랑을 확장한다던지 혹은 기존의 메뉴아이템 변경한다던지 하는 등의 변화로 인하여 그 기준을 바꾸는 일은 종종 발생하곤 한다. 레스토랑의 환경이 변화함으로써 인원계획은 다시 측정되고 새롭게 조정되어야 한다는 것을 의미한다. 표 8-4는 간단한 인원계획의 한 예이다. 각각의 근무위치에서 필요한 직원 수는 그 직원들의 업무량이 증가함에 따라 증가하는데 증가율은 각각의 근무위치마다 서로 다르다. 또한 업무내용에 따라 필요한 추가 직원 수는 개개인의 잠재적인 생산성과 각 근무위치에서 요구되는 조건에 따라 변화한다.

인원계획을 더욱 유용하게 활용하기 위해서는 전체 근무 직원의 수를 각 근무위치별 필요 근무시간으로 전환해야 한다. 이렇게 파악한 숫자는 실제 사업 예상과 비교해야 한다. 그리고 전체 인건비를 계산할 때에는 매니저의 근무시간과 같은 고정 인건비까지 반드시 포함해야 한다. 이때, 관리자(Supervisor)의 근무시간과 같은 고정비용은 생산량에 의해 수정되지 않는다. 고정비와 변동비 구분의 중요성이 점점 증가하고 있지만, 일반적으로 고정비(생산량과 관련 없는 것) 혹은 변동비(직접적으로 생산량과 관련이 있는 것)로 분류되는 대부분의 인건비는 때로 준 변동비로 설명되기도 한다(완전히 고정적인 것도 아니고, 변동적인 것도 아닌 것).

표 8-5

식사 제공 기간 : 아침 시간 7A.M~11A.M(홀 근무) / 6A.M~11A.M(주방직원)														
날짜	1	2	3	4	5	6	7	8	9	10	11	12	13	14
예상된 커버	9	49	50	90	81	37	57	19	83	91	41	65	27	34
필요한 시간														
안내@ $6.50 / hr	4	4	4	8	8	4	4	4	8	8	4	8	4	4
서버 @ $3.25 / hr	4	12	12	20	20	12	12	12	16	16	12	12	8	8
버서 @ $5.75 / hr	4	12	12	16	16	12	12	12	16	16	12	12	8	8
준비 @ $6.75 / hr	0	5	5	10	10	5	5	0	10	10	5	10	5	5
조리 @ $8.25 / hr	5	15	15	20	20	15	15	15	20	20	15	15	15	15
디시워셔 @ $7.00 / hr	5	5	10	15	15	5	10	5	15	15	5	10	5	5
감독 @ $8.75 / hr	4	4	4	4	4	4	4	4	4	4	4	4	4	4
Note : 감독관의 시간은 고정 시간량임														

표 8-5의 인원계획은 표 8-4에서 설명한 근무 위치를 작업 형태에 따라 세분화하고 각각의 근무위치에서 커버해야 하는 최고의 고객 수를 예상하고 작성한 것이다. 이때 주의해야 할 점은 이러한 인원계획은 필요 근무시간에 의한 것이지, 필요 직원 수에 의한 것이 아님을 명심해야 한다. 예상된 총 근무시간은 필요 예상 노동량과 이를 기준으로 해서 필요한 수의 직원을 가지고 작성된 종사원 근무스케줄에 의해 구할 수 있다. 위 예에서 제시된 직원의 수는 아침시간대 근무시간에 지속적으로 필요한 수이다. 이러한 가이드는 하루 중 다른 식사 주기를 통해 반복되고 비용을 줄이기 위해 한가한 시간동안의 인원계획을 최소화 시킨다.

리포트 변경

경우에 따라 업무수행기준은 회계기간 동안에 변화할 수 있다. 인건비의 경우 인건비에 영향을 미치는 변동요인들 중 하나의 요인에 의해 수정되기도 하고, 또 다른 요인에 의해 수정되기도 한다. 그렇다면 회계처리 방법은 어떻게 변화되는 것인가? 우선 예산기준과 운영기준의 차이점에 대한 이해가 위의 질문에 대한 답을 구하는데 도움이 될 것이다.

회계연초 예산기준을 정할 때 운영기준과 동일한 것은 예산기준이 운영기준에 의해서 정해진 것이며, 이때 예산기준은 1년 동안 발생될 비용을 예상한 것이다. 이 두 가지는 1년 중에 운영 목적에 의해 새로운 기준이 생성됨에 따라 달라질 수도 있다. 이러한 경우 레스토랑관리자는 실제적인 효과를 정확하게 측정하기 위해 실행 기준 역시 반드시 바꿔야 한다. 예산 기준은 일정하게 유지되는 것이 옳으나, 다음의 두 가지 목적에 의해 변화가 결정되기도 한다. 하나는 회계목적(예산기준), 다른 하나는 생산효율성을 기록하기 위한 목적(운영기준)이다.

다음의 회계일반대장을 위한 분개전표는 예산과 운영 기준 두 가지의 사용과정을 설명한 것이다. 이는 예산으로부터 실제비용으로의 변화를 확인하고,

다음 회계연도의 계획을 세우는데 사용할 수 있는 기록으로 제공된다.

분개전표 1

시간기록 리포트(출, 퇴근을 기록하는 리포트) 혹은 이와 유사한 종류의 시스템의 기록에 의한 실제 급여비용을 기록 목적.

	차변	대변
직접 인건비	$XXX	
급여 지불		$XXX

분개전표 2

직접인건비 변화 기록 목적. 이러한 변화는 차변 혹은 대변일 수도 있다.

(예상근무기준시간 × 표준임금률) - (실제근무시간 × 표준임금률)

	차변	대변
직접 노동 효율성 변동	$XXX	
직접 인건비		$XXX

분개전표 3

운영방법의 변화로 인해 발생된 인건비 변동 기록 목적. 이러한 변동은 차변 혹은 대변일 수도 있다. (예상근무기준시간 - 실제근무시간) × (표준 임금률)

	차변	대변
직접 인건 가변률 방법	$XXX	
역 직접 인건 가변률 방법		$XXX

각 식음료 매장 내에서 경영활동의 결과를 확인하기 월별로 입력해야 한다. 다음의 예는 이러한 상황을 설명한 것이다

연초 예산을 적을 때, 회사가 표준인건비를 커버당 $20로 정했다고 가정하자. 1개월 후, 운영방법의 변화로 커버당 요구되는 표준인건비가 줄어 커버당 $15란 새로운 운영기준비용이 결정되었다. 1개월 후 월말결산 결과 실제 지출

된 비용이 커버당 $21이 되었다면 자료의 기업방법은? 커버당 예산 기준 비용은 반드시 재정적 회계 목적에 의해 일정해야 하기 때문에 분개전표 1과 2는 커버당 $20를 바탕으로 기록된다. 그러나 레스토랑의 관점에서 보면 실제적인 변동은 커버당 $15인 가장 최근 운영 기준과 커버당 $21로 변한 실제 비용 사이의 차이가 된다(즉, $6).

기타 인건비

레스토랑영업을 준비하는 과정에서 발생하는 인건비는 일반적으로 커버를 다루는 인건비와 고객에게 음식 및 음료상품제공과는 직접적으로 관련이 없는 즉, 고객과의 직접적인 상호 작용이 없이 발생되는 인건비를 의미한다. 이는 고정 인건비인지 혹은 변동 인건비인지를 분류하기 어려운 많은 직무기능들 중의 한 예이다. 영업을 위해 준비하는 동안 발생되는 인건비는 직접 인건비로써 다뤄지는지 혹은 다른 인건비의 부분으로써 다뤄지는 것인지를 결정해야 한다. 많은 경우 레스토랑영업을 위해 준비된 업무내용과 수준은 영업을 하는 동안 다뤄지는 커버들과 관련해 커다란 영향을 미칠 수 있다. 경우에 따라서 레스토랑영업을 위해 발생하게 되는 인건비용의 효과는 생산에 실제적으로 투여된 직접노동보다 더 많은 의미를 가질 수 있다.

일정한 비용시스템을 수립하기 위해서는 우선 매장에서 영업준비 작업을 할 때 필요한 표준작업시간을 측정해야한다. 그 다음에 표준 커버비용계산에 측정한 결과를 포함시킨다. 레스토랑 영업을 위해 진행되는 준비과정의 각 구체적인 내용을 시간과 활동연구(Time and Motion Study)를 사용하여 세밀히 살펴 볼 수도 있다. 따라서 영업준비 작업을 수행하기 위해 필요한 종사원들의 전체 근무시간을 계산 할 수 있을 것이다.

한 가지 주의해야 할 점은 두 가지 다른 노동요소가 혼합된다는 것이다. 따라서 영업준비에 사용되는 인건비 예산은 물론 동시에 실제 누적인건비 내에서 확인될 수 있어야 한다. 이러한 방법으로 다른 요인들의 영향관계를 배제한 생산성과 영업준비 과정에 이용되는 종사원 근무시간에 대한 노동효율성을 측정할 수 있다.

하지만 추가적인 단점은 언제나 생산과정의 주변 상황이 일정하지 않다는 것이다. 예를 들면, 만일 고객의 주문이 일찍 시작되어 영업시간 내 스윙타임이 평소보다 좀 더 빨리 시작된다면 직원들은 많은 고객들이 방문하는 피크타임까지 고객을 기다리는 동안 다음날 영업 준비와 생산을 시작하기에 바람직한 환경이 될 것이다. 또 다른 상황으로는 고객주문의 한꺼번에 발생하는 경우 종사원 생산성에 영향을 줄 수 있다는 것이다. 예를 들어, 똑같은 주문이 10개씩 한꺼번에 들어온다면 이렇게 20개의 똑같은 주문을 생산하는 것이 10개의 다른 복잡한 주문을 생산하는 것보다 더 쉽다. 훌륭한 매니저라면 이러한 상황들을 정확히 이해하고, 서류상의 효율성 대 실제 효율성을 측정하기 위해 실제 생산 과정을 가까이에서 직접 관찰해야만 한다.

스케줄 작성과 인원예상

효과적인 근무인원의 근무 스케줄 작성(운용) 프로그램을 실행하기 위해서 특히, 직무설계 과정에서 관리자 혹은 담당자의 융통성이 반드시 필요하다. 영업의 필요한 근무인원 계획에 포함된 직원의 수는 외식업체가 달성하고자 하는 서비스의 수준을 크게 좌우하게 되고, 아울러 모든 직원들의 직무만족과 성취감에도 크게 영향을 준다. 하지만 실제 현장에서는 직원들의 근무스케줄을 작성하는 것이 매장 운영활동 중에서는 일반적으로 소홀히 평가되고 있다. 종사원의 근무스케줄을 작성할 때에는 인건비용을 줄이고 직원들의 직무만족을 충족 해주어야 한다는 점을 동시에 고려해야 한다. 이외에 종사원의 근무스케줄을 작성하기 위해서는 수요공급의 예측 및 기타 레스토랑 운영과 직접적으로 관련되는 사항들에 대한 이해 역시 필요하다.

경영인, 직원 그리고 고객의 경쟁적인 압력으로부터 균형을 유지하기위해 정확한 사업예측에 대한 이해는 기본이다. 예를 들어 매출액 예상 혹은 방문 고객수의 예상수준은 정상적인 레스토랑 영업활동에 필요한 직원의 숫자 그리고 그들의 스케줄을 어떻게 작성할 것인지를 예측하기 위한 가장 중요한 요인이 되기 때문이다. 과거의 기업내부정보를 활용하여 매장의 관리자는 비교적 정확도가 높은 근무인원계획을 수립할 수 있다. 예를 들어 다음 주 월요일의 매출 및 영업성과를 예측하기 위해 지난 최근의 4번의 월요일 영업결과와 지난해 이 기간 월요일의 영업결과 혹은 매출액 그리고 방문고객수를 분석하고 확인해야 한다. 조사 대상이 된 월요일에는 충분한 직원들이 근무했는가? 만일 그렇다면, 다가오는 월요일에 이전과 같은 수의 직원들이 근무 할 수 있도록 직원 근무스케줄을 짜는 것이 효과적이다.

정확한 매출액 및 경영성과를 예측 하기위해서는 경제 동향을 파악해야 하며, 휴가철 혹은 특별행사기간 등을 고려해야 한다. 예를 들면, 매장 주변지역에서 개최되는 컨벤션 행사를 조사하고 그러한 컨벤션 행사가 해당 매장의 영업에 어떠한 영향을 미칠 수 있는지 조사하라. 컨벤션으로 인한 매출액 및 방문고객수의 변화는 단순히 과거 자료를 분석하여 도출된 근무 직원의 수(혹은 직원들의 총 노동 시간)의 변화를 가져오게 된다. 또한 특별한 고객의 요청 혹은 특별한 요청을 하는 고객그룹을 겨냥한 가격 융통성 그리고 날씨 조건 역시 고려하는 것이 좋다.

지난 과거의 영업성과 결과와 레스토랑 운영관리 경험을 바탕으로 설정된 캡쳐 비율(Capture Ratio)을 사용할 수 있다. 캡쳐비율이란 레스토랑이 사업을 위해 관심을 갖게 되는 고객의 수 혹은 백분율을 말하며, 이는 홍보, 컨벤션 사업 혹은 메뉴 제안등과 같은 상황적 요인에 의해 결정된다. 따라서 레스토랑 영업성과를 예측하기 피크타임과 슬로우타임, 국내외 경제상황, 레스토랑 방문고객 수 그리고 지역 컨벤션 또는 홍보 캠페인 등을 고려하는 것이 좋다. 만일 이러한 상황적 변수들이 변화한다면, 해당 레스토랑의 경영성과 역시 변화할 것이다.

레스토랑 경영성과를 예측한 후 필요인원을 산출하고 직원들의 가용성을 결정해야 한다. 대부분의 기업들은 판매량이 늘거나 줄어드는 것에 상관없이 직원들의 근무시간을 일정하게 근무계획을 짜기도 한다. 하지만 이 방법은 매우 단순하고 예상된 것 이상의 급여를 지출하지 않아도 된다는 장점은 있으나, 만일 영업에 예상하지 못한 상황변수가 발생한다면, 이 방법은 나쁜 경영결과를 초래할 것이다. 다른 장점으로는 경영성과 예측을 적절하게 한다는 것은 현재의 조건에 맞춰 직원의 수를 조정하는 기회를 갖는다는 점이다.

효과적인 종사원 근무계획을 작성하는데 있어서 적용할 수 있는 두 가지 기술은 다음과 같다. 레스토랑 사업 볼륨을 바탕으로 종사원의 근무시간을 계획하거나 혹은 직원들의 교차활용(Cross- Utilization)을 확대시킴으로써의 인건비용을 절약하는 것이다.

사업의 볼륨을 고려한 상황 속에서 종사원 인원계획기준에 의해 근무시간을 증가 혹은 감소시킴에 따라 인건비용을 절약할 수 있다. 종사원근무계획을 작성하는 것은 단순히 영업매출에 바탕을 두는 것이 아니라, 사업(영업)볼륨에 바탕을 두는 것이 더 낫다. 예를 들면, 호텔객실점유율은 보조적인 패키지에 의해 증가할 수도 있으나, 레스토랑의 경우 보조적인 패키지로 인해 매출이 반드시 증가하는 것이 아니다. 만일, 증가될 고객에 대비해 더 많은 직원들의 근무계획을 수립하지 않는다면 이로 인해 제공되는 서비스는 결코 만족스럽지 못할 것이다. 더욱이 직원과 관련된 매장의 요구를 조정하고 결정하고 있는 매니저들은 반드시 직원에 관련된 다음의 수많은 사항들에 대해 고려해야 한다.

■ 직원의 근무 가능시간은?
■ 직원들이 복리혜택을 받을 수 있도록 최소한의 시간들이 유지되고 있는가?
■ 직원들은 어떠한 직무를 수행할 수 있는가?
■ 직원들이 1일 근무조마다 최소 그리고 최대 가능한 시간은 얼마인가?
■ 직원들은 일주일에 얼마나 많은 시간을 근무하길 원하는가?
■ 직원들의 연장근무를 고려하였는가?

■ 직원들 사이에서 선임자가 고려되어졌는가?
■ 협회 규칙이 있는가?
■ 어떠한 특정한 직무를 수행하기 위해 숙련되어 있는가?
■ 직원들이 원하는 날에 휴일을 보장할 수 있는가?

임시직의 고용은 단지 임시방편적 조치임을 기억하라. 임시직 고용이 장기적으로 지속되지 말아야 하는 이유는 정규직 직원들의 사기에 좋지 않은 영향을 끼칠 수 있기 때문이다. 대부분의 많은 매니저들은 직원들의 사기보다 최종 이익만을 강조하고 있다. 하지만 정규직 직원들의 낮은 사기로 인해 발생되는 비용이 예상하지 못할 정도로 클 수 있음을 명심해야 한다. 물론 직원을 고용하고, 교육시키고, 동기 유발시키는 것이 단지 시간 낭비임을 의미한다는 것은 아니지만, 이러한 과정을 위해 매우 높은 비용을 지출해야 하기 때문이다. 최근에 메리엇 호텔(Marriott Hotel)에서 조사한 바에 따르면(이 조사는 Schlesinger and Heskett에 의해 조사되고 Harvard Business Review에 수록되어 있는 것), 일반적으로 직원 이직률 10%의 감소는 고객을 놓치는 상황을 1~3% 감소시키고, 그 결과로 $5천만~$1억의 이익을 증가시키는 상호의존 관계에 있다고 설명하고 있다. 고객과의 직접적인 관계를 갖는 프론트 라인(Front Line : 고객과의 직접적인 상호 관계를 통해 직무를 수행하는 직원 그룹을 총칭)의 직원들은 외식업의 성공을 위해서 가장 중요한 부분이기 때문에 그 직원들의 사기는 최종 이익에 관심을 두고 있는 매장에서조차도 매니저의 첫 번째 고려사항이 되어야 한다.

인건비용절약은 인원교차활용(Cross Utilization)을 통해 얻을 수도 있다. 교차활용이란 직원이 원래 수행하던 직무 이외의 다른 직무 혹은 다른 장소에서의 직무를 수행 할 수 있도록 교육을 진행하는 것을 의미한다. 예를 들면, 그릇을 닦는 직무를 수행하는 디시워셔가 바쁘지 않은 경우, 주방직원을 도와 요리의 재료인 감자껍질을 벗기거나 혹은 채소를 다듬을 수도 있다. 만약 특정레스토랑에서 근무할 직원들이 추가로 필요하다고 느끼는 경우, 다른 호텔

레스토랑이나 룸서비스 부서 혹은 외부로부터 도움을 받을 수도 있다. 연장근로가 필요하지 않다면 이러한 교차활용은 결정적으로 노동비용 절약 효과가 있다. 효과적인 직원관리계획은 교차활용을 가능하게 만들 수 있다. 교차활용을 실행하기 위해서는 교육이나 상호 의사소통을 통한 계획이 반드시 필요하다. 이러한 계획을 바탕으로 교차활용을 진행함으로써 과거보다 더 적은 수의 직원을 고용하여 비용을 절약하는 결과를 낳을 수 있다. 이와 더불어, 직원들이 원하는 근무스케줄을 제공해줌으로써 직원의 만족도를 증가시키고 더 적은 사람들로 인사 관련사항, 교육 그리고 연장근로를 줄일 수 있다는 점을 최대한 이용해야 한다.

또한, 교차활용은 동일한 장소에서 다양한 기술을 가진 직원의 활용을 의미하기도 한다. 예를 들면, 서버는 식사 후 테이블을 정리하는 버서(서비스 보조자)로써 함께 교육될 수 있다. 물론, 각각의 업무내용에 해당되는 임금은 다르게 지불되어야 한다. 매니저는 같은 날에 두 가지의 다른 임금을 제공해야 하는 두 가지 다른 직무를 실행하도록 직원의 근무계획을 수립할 수도 있다. 현재 이미 출근해 있는 직원들을 활용하는 것이 출근하지 않은 직원에게 도움을 받는 것보다 비용절감을 위해서도 더 낫다. 근무계획을 관리 할 때 만일 협회(혹은 노동조합)가 있다면, 어디서 그리고 어떻게 조합원들이 활용될 수 있는지에 대한 규칙이 있을 수 있으며 이러한 규칙들에 의해 제한될 수도 있다.

예산수립 과정에서의 직원 계획

직원관리계획 시 주방 매니저와 음료 매니저에게 인력 효율성 조정과 평가를 위한 수단을 제공하고자 해야 한다.

고정예산에서 인건비 처리 방법

고정예산수립은 주어진 운영수준에 맞추어 이에 상응하는 인건비를 책정한다는 것을 의미한다. 목표 인건비율을 구하기 위해서는 목표매출을 달성하기 위해 필요한 커버수와 커버당 인건비를 곱한다. 이후 시간의 흐름에 따라 실제인건비는 목표인건비와 비교할 수 있다. 예를 들면, 목표인건비용이 시간당 $4.25 그리고 예상된 인력 활용도가 1커버당 1.5시간이라면 5,000커버를 생산하기 위해 매니저는 $31,875의 인건비와 함께 7,500의 종사원근무시간을 계획할 수 있다. 여기서 5,000커버가 서비스되고, 실제 종사원의 근무시간이 7,600, 그리고 실제 인건비가 $33,000이었다고 가정하자. 이때 총 인건비를 전체 근무시간으로 나누면, 인건비율이 시간당 $4.34가 된다. 앞의 예와 같이 실제 인건비용이 목표인건비를 초과하는 경우 인건비율이 예상했던 것보다 더 높은 경우이거나 혹은 예상했던 것보다 더 많은 노동 시간을 사용한 경우 중 한 가지에 의해 발생됐음을 알 수 있다. 목표와 실제비용의 차이는 다음과 같이 계산된다.

인건비율 차이는 다음과 같이 계산 된다.

(실제 인건비율 − 예상 인건비율) × 실제 시간 = 차이
(시간당 $4.34 − 시간당 $4.25) × 7600시간 = $684

노동 효율성 차이는 다음과 같이 계산 된다.

(실제 노동 시간 − 예측된 노동 시간) × 표준 비율 = 차이
(7600시간 − 7500시간) × (시간당 $4.25) = $425

이렇게 차이가 발생하게 되면, 경영진은 이러한 실수를 반복하는 것을 피하기 위해 차이 발생의 책임을 책임부서에 할당하고 이를 해결하기 위해서 노력한다. 더욱이 위의 예에서 보인 것과 같은 차이가 비효율성의 결과인지, 비정상적인 사건 때문인지 혹은 부적절한 예측에 의해서 나타난 결과인지를 결정하기 위해 분석해야 한다. 몇 가지 예를 보면, 실제인건비용이 목표인건비보다 더 낮을 수도 있다. 이러한 경우, 경영진은 우선적으로 서비스수준이 적당한가를 확인하는 것이 필수적이다. 이에 표준인원계획은 재검토되어져야 하고 적당한 시기에 실제 효율성을 반영하여 변경해야 한다.

변동예산에서 인건비 처리 방법

변동예산수립이란 어떤 주어진 활동 수준을 위해 정해져 있는 비용예산과 예산을 정하기 위해 제시된 수준을 달성하기 위해 지출되는 실제비용과 관련 있다. 이러한 관련 시스템은 보조 활동인력이 아닌 주방에서 생산을 위해 직접적으로 관련되는 인력에 보다 잘 적용된다. 예를 들어, 주방에서 청소를 도와주는 직원의 인건비를 어떻게 조정할 수 있겠는가? 직원들의 직무수행과 그러한 직무수행비용이 생산과 정비례 할 것이라는 것은 생각할 수 없을 것이다.

하나의 간단한 접근 방법은 생산의 목표를 정하고, 생산에 필요한 간접직무수행 인원의 수를 결정하는 것이다. 예산 설정기간이 지난 다음 실제비용과 예산을 비교할 수 있다. 이러한 방법은 고정적 혹은 정적인 예산과 같다. 그러나 만약 목표에 도달하지 못했거나 혹은 초과했다고 가정하면, 이때 어떠한 한 수준의 생산에 사용된 비용이 이외의 다른 수준의 생산에 사용된 비용과 비교 될 수 있겠는가? 표 8-6과 같은 상황을 가정해 보자.

표 8-6

	실제	예상	차이
생산된 커버수	5,500	6,000	500
간접인건비용	$1,250	$1,300	$50
비용 / 커버의 %	22.7	21.7	

생산된 커버수가 예상목표에 도달하지 못하였지만 간접인건비용은 예상보다 적게 지출되었다. 하지만 비용 대비 커버수의 비율을 확인하여보면 간접인건비용이 적을수록 커버수 역시 줄었다는 것으로 확인할 수 있다. 결과적으로 더 많은 간접 인건 비용이 발생하였다는 것을 알 수 있다.

융통성 있는 예산은 문제 해결에 도움이 될 수 있다. 융통성 있는 예산으로 인해 생산목표를 달성함에 있어서 요구되는 간접인건비용을 계산하는 공식을 만들 수 있다. 예를 들면, 제품 생산에 요구되는 직접노동시간 각 1.5시간에 간접인건비 $1.00을 예상할 수 있다.

융통성 있는 예산의 문제점은 간접인건비가 활동량에 따라 직접적으로 변화하지 않는다는 점이다. 예를 들면 커버수와 상관없이 일정하게 근무하게 되는 청소 직원의 인원수와 같은 것이다. 특히 외식산업에서 흔히 볼 수 있는 현상으로 간접인건비의 비례적인 증가가 이루어지지 않을 경우 직접인건비가 두 배로 증가될 수 있다. 하나의 대안은 활동수준에 따라 '변동하는 변동요인(Variance factor)'을 개발하는 것이다.

이 기법은 예산이 목표 생산수준에 따라 수립되고, 다시 그 수준에 따라 간접인건비 예산을 책정하는 것이다. 그런 후에, 각기 다른 간접인건비가 직접인건비 변동에 따라 얼마나 유사하게 변화하는지를 측정해야 한다. 만일 간접인건비가 직접인건비와 유사하게 변한다면, '변동요인'은 도식화될 수 있다. 변동요인은 원가에 적용될 수 있도록 백분율로 나타내야 한다. 만일 매출과 직접인건비의 변화가 관계있다면, 향후 얼마나 많은 추가적인 금액이 간접인건비로 사용되어야 하는가를 예측할 수 있다. 다음은 이러한 내용들이 어떻게 작용하는가를 보여주는 것이다.

1. 매출목표에 따른 적절한 간접인건비용을 결정해야 한다(예를 들면 $5,000의 직접 인건비 중 $1,000이 간접 인건비라고 가정하자).
2. 사업 수준에 의한 차이를 확인하기 위해 직접인건비가 목표 수준과 얼마나 차이가 있는지를 확인해야 한다(직접인건비에 추가적인 $2,000이 사용된다고 가정하자).
3. 직접인건비 $1.00 차이가 간접인건비 변화의 기능으로써의 차이를 확인해라. 직접인건비 $100이 추가될 때 간접인건비 $40이 필요하다면, 달러당 '변동요인'은 $0.40가 된다.
4. 다음의 식을 이용하여 간접인건비의 예산규모를 계산해보라.

   [(목표 간접인건비) ÷ (목표 직접인건비)] × (실제 매출액 – 목표 매출액) × 변동요인

   또는 위의 공식을 활용하면,

   (1,000 ÷ 5,000) × 2,000 × $0.40 = $160

계산의 결과는 직접인건비가 증가함으로써 추가로 편성되어야 하는 간접인건비 예산분이 된다(직접인건비 예산이 $7,000일 때, 간접인건비 예산은 $1,160).

제로-베이스 예산(Zero-based Budgets)에서 인건비 처리 방법

1장에서 설명했듯이 제로-베이스 예산기법으로 인건비 예산을 책정하는데 있어 재량권을 가질 수 있는 부분과 가질 수 없는 부분으로 나뉘게 된다. 일반적으로 직접인건비의 경우 예산편성의 재량권을 행사할 수 없다. 그 이유는 POS시스템 유형, 레스토랑에서 제공되는 서비스의 수준 그리고 메뉴의 종류에 의해 자동적으로 결정되어지기 때문이다. 따라서 경영진은 식재료, POS시스템 혹은 서비스의 수준의 변경 없이 일정한 생산에 필요한 인건비를 변경시킬 수 없다. 제로-베이스 예산기법에서 재량권을 행사할 수 있는 인건비 부분은 간접인건비이다. 예를 들어 유지보수인력과 매장 슈퍼바이저의 급여가 이에 해당된다.

간접인건비를 결정하기 위해, 관리자는 반드시 필요한 기능을 수행하기 위해 가능한 대안들을 정의하고, 그 가운데에서 가장 비용 효과적인 방법을 선택해야 한다. 다음으로 매장관리자는 직무수행을 위한 활동의 다양한 수준과 각각에 부가되는 비용을 정의할 수 있을 것이다. 비용은 활동의 기본 혹은 최소한의 수준 즉, 레스토랑을 운영하기 위한 혹은 직무를 지속하기 위해 추천할 수 있을 정도의 수준과 예상을 초과하는 추가적인 부분으로 인해 상향된 수준을 고려하여 책정된다. 레스토랑 인원계획(Staffing Guide)을 개발하기 위해 사용된 접근방법은 이러한 수준별 기법과 유사하며 이를 의사결정패키지(Decision Package)라고 부르기도 한다. 의사결정 패키지는 생산목표를 충족하기 위해 필요한 노력의 수준을 기술한 문서이다.

의사결정패키지를 준비하기 위해 우선순위에 의해 다양한 활동을 배열해야 한다. 그런 다음에 이 리스트에서 장단점을 정의한다. 이때 중요하게 생각된 모든 활동에 예산이 할당된다. 아마도 질 낮은 서비스를 방지하기 위해 혹은 직원들이 더 높은 생산수준을 다룰 수 있도록 하기 위해 추가인력이 필요하다는 것을 알 수 있을 것이다. 이 기법은 재량적 비용(예를 들면 간접 인건비)을 금전적인 가치 할당 대신에 활동수준으로 평가할 수 있게 해준다.

실제비용과 예산의 차이

어떠한 인건비 예산책정방법이 사용되었는지 와는 상관없이 실제 인건비용과 예산과 차이는 반드시 확인하고 분석해야 한다. 직접인건비의 경우 임금률과 효율성 차이(Efficiency Variances)가 모두 계산되어야 한다. 임금률 차이를 발생시키는 일반적인 요인들은 다음과 같다.

- 부정확하고 비현실적인 임금률
- 예상치 못한 연장 근무 시간이 발생한 경우
- 임금률이 높은 숙련직원이 예상보다 많이 투입된 경우
- 최저임금 혹은 협회 급여기준이 상승한 경우

효율성 차이는 일반적으로 임금률의 차이보다 자주 발생한다. 다음의 내용은 노동 효율성을 변화시키는 일반적인 요인들이다.

- 커버당 노동시간량이 낮게 혹은 높게 정해질 수 있다.
- 인력운영 계획수립이 잘못되거나 재료의 부족 등은 연장 근무 혹은 불필요한 시간낭비를 발생시킨다.
- 장비의 고장으로 인한 노동시간의 낭비를 발생시킨다.
- 무경험자나 실습생 인력은 추가적인 교육훈련 시간이 필요하다.
- 잘못된 주문을 정정하는데 따른 시간상의 손실
- 예산이나 표준 수행기준에 의한 예상보다 더 많은 직원이 필요할 경우
- 근로자의 낮은 윤리의식 혹은 의욕저하는 100% 미만의 효율성을 초래한다.

적절한 시간간격을 두고 예산과 실제비용과의 차이의 원인은 반드시 규명되어야 한다.

생산성 리포트

생산성(Productivity)이란 매장의 운영결과 혹은 근무 직원 수에 의해 측정된다. 일반적으로 생산성은 산출과 투입사이의 관계로써 정의된다. 그리고 이것은 커버당 낭비를 최소화하고 원가를 줄이는 것과 관련 있다.

다음의 4가지 요인들은 성공적인 레스토랑의 운영에 영향을 미친다.

- 생산적이고 효율적인 표준 운영절차
- 인적자원, 물적자원, 행정력 그리고 정보기술의 유연하고 균형 있는 운영
- 단순하고 간결한 운영체계
- 직원 동기부여

위에 언급한 4가지 요인은 각각 측정이 이루어져야 한다. 첫째, 업무수행결과의 생산성은 시간과 행동연구와 작업 샘플링에 의해 측정되고 관리된다. 둘째, 인적자원, 물적자원 그리고 행정력의 조화로운 순환, 셋째, 종사원의 업무를 수행하기 위한 가장 쉬운 방법을 찾는 것으로 방법분석(Method Analysis)에 의해 더 간단하게 만들 수 있다. 마지막 요인은 직원 동기부여는 직원의 평가기술, 분석 그리고 행동을 활용하여 측정될 수 있다. 표 8-7은 이러한 4가지의 요인들을 설명하고 있고 이 도구들은 각각의 요인들이 성공에 도달하기 위해 사용할 수 있다.

표 8-7
식음료 매출의 증가추세

작업 요인	도구
생산적인 작업	시간연구-영업시간 동안 연속적으로 직원의 행동사항을 초시계를 이용하여 측정(레스토랑 인원계획을 참고) 작업샘플-비연속적으로 직원의 행동을 초시계를 이용하여 관찰(e.g. 주방에서 주요리 메뉴를 준비하는 동안)
인적자원, 물적자원, 행정력 그리고 정보 기술의 균형화된 순환	순환과정 차트, 작업과정 차트, 조립 순환차트, 절차 순환차트
간결한 운영방법	기법개발-가치 분석을 포함한 비용절감기법
직원 동기부여	직원평가(인사고과), 직무 분석, 태도 설문조사

시간연구를 통한 효율적 생산

작업수행에 필요한 종사원의 업무수행시간을 파악하는 일은 많은 비용이 발생하는 작업이지만, 작업별 표준수행시간 정확히 파악하는 방법으로는 매우 유용하다. 종사원의 업무수행시간연구(Time Study)의 목적은 종사원이 자신의 업무를 수행하는데 있어서 얼마의 시간이 요구되는가를 파악하는 것이 아니라 해당업무를 수행하는데 필요한 시간이 얼마인가를 파악하는 것이다. 종사원이 자신의 업무를 수행하는데 있어 얼마의 시간을 사용하였는가를 확인하기 위해서는 서비스된 커버양을 작업을 위해 진행된 시간의 양으로 나누면 된다. 하지만 표준 업무수행시간을 찾아내는 것은 논리적으로 연속해서 일어나는 종사원의 활동단계에 대해 신중하고 정확한 관찰이 요구되며, 직원의 피로도와 개별적인 요구에 대한 사항들이 고려되어 만들어져야 한다. 이때 종사원 관찰을 통해 확인된 작업시간은 서비스품질에 영향을 미치지 않는다는 전제하에서만 유효하다. 왜냐하면, 종사원의 업무수행시간이 아무리 빠르다 하더라도 제품 혹은 서비스 품질에 적합해야 하기 때문이다. 적절한 교육과 작업 도구들은 작업결과에 상당한 영향을 미칠 것이다. 적절한 표준 업무수행시간을 확인하는 과정은 다음과 같다.

1. 측정하고자 하는 메뉴생산과정을 최소 10회 이상 초시계를 이용하여 관찰하라. 아래 표 8-8와 같은 양식을 활용하여 소수점 형식으로 기록하라.
2. 이 메뉴 아이템 조리에 필요한 평균 시간량은 0.372시간이다. 이 평균은 모든 관찰 결과의 합계를 총 관찰한 횟수인 10으로 나눈 것이다.
3. 다음의 공식을 이용해서 이 메뉴 아이템을 준비하는 직원의 피로도를 구하라.

피로도 = 마지막으로 관찰된 시간 – (첫번째/마지막) × 100

예를 들면, 피로도 = [0.50 – (0.45 ÷ 0.50)] × 100 = 10%

표 8-8

메뉴아이템 시간 연구 관찰 양식											
아이템번호	제품	관찰한 횟수									
		1	2	3	4	5	6	7	8	9	10
01	Ahi tuna	0.45	0.3	0.35	0.31	0.31	0.35	0.35	0.35	0.45	0.50

4. 동일한 방법으로, 작업장 청소 허용치와 개인적인 허용치를 시간을 기준으로 계산하라. 그러한 모든 허용치를 백분율로 합하고, 이 백분율의 합을 기본시간에 곱한다. 그리고 다시 전체 시간을 구하기 위해 이 합계를 기본 시간에 더한다. 예를 들면, 다음의 허용치를 가정하자.

   작 업 장 청 소 = 기본 시간의 5%

   개인적인 허용치 = 기본 시간의 2%

   피로도의 허용치 = 기본 시간의 10%

   총 합 계 허용치 = 기본 시간의 17%

   그러므로 전체 허용치는 17%와 같다. 그리고 이 총합계 허용치에 기본 시간 0.372 시간을 곱하면 0.06324 시간이 된다. 다시 이 0.06324시간에 기본 시간을 더하면 0.43524시간을 얻게 되고, 이것이 소계시간(subtotal time)이다.

5. 전체시간을 계산하라. 예를 들면, 100개의 Ahi Tuna 아이템을 준비한다고 가정하자. 그리고 100인분을 조리하기 위한 총 준비 시간(set-up time)은 2시간이었다. 1인분 당 필요한 준비시간을 구하기 위해 준비된 인분을 필요한 시간으로 나누면 0.02(2 ÷ 100)시간이 된다. 이것을 중간 합계 시간에 더하면 0.43524 + 0.02 = 0.45524시간이 된다. 이것이 전체 시간(total time)이다.

매니저는 메뉴 아이템의 단위 판매가격을 결정하기 위해 다음과 같은 수치를 추정할 수 있다.

1. 주방운영율이 55%의 실행률(performance ratio)로 운영된다고 가정하자.

이 비율은 하루 영업시간동안 실제 생산에 투입된 시간을(이때 낭비된 시간은 제외된다) 전체 이용 가능한 시간으로 나눈 비율이다. 그리고 간접비용(overhead cost)이 직접인건비의 20%로 예측된다고 가정하자.

2. 위에서 구해진 전체 시간 0.45524를 실행률 55%로 나눠라.
   (0.45524 ÷ 0.55%) = 0.827709시간이 된다.
3. 추가적인 간접비용 20%를 결과에 더하라.
   0.827709 시간 × 0.20 = 0.165542
   0.827709 + 0.165542 = 0.993251시간
4. 직원의 시간당 임금을 전체 시간에 곱하라.
   0.993251시간 × $8.25 = $8.19
5. 음식 원가를 고려한 후, Ahi Tuna 1인분을 서빙하기 위한 판매 가격을 얻기 위해 식재료원가와 기대된 이윤을 더한다. 예를 들어, 식재료 원가가 1인분 당 $2.00이고, 10%의 기대 이윤을 더한다고 가정 하자.
   $8.19 + 1인분당 음식 원가$2.00 = $10.19 + 기대 이윤 10%
   = $10.19 + $1.019 = $11.209

생산성 측정

생산성을 측정하는 방법에는 작업 샘플링, 시스템 평가, 지연비율 연구 그리고 시간과 동작연구 등 여러 가지가 있다.

작업 샘플링 연구(Work Sampling Studies) 이 방법은 일반적으로 프론트 데스크 혹은 행정업무담당의 직원을 평가하는데 사용한다. 이것은 생산의 질과 양적인 면의 연구를 통해서 개별적인 활동들을 파악하고 직접적인 관찰함으로써 의미 있는 정보를 얻을 수 있는 편리한 방법이다. 부서 내 혹은 경영진의 목표를 위해 작업 샘플링 연구의 통계적인 결과를 비교함으로써 어느 부분의 생산성이 더욱 향상되어져야 하는지 그리고 개인 생산수준을 증가시키기 위

한 방법을 파악할 수 있다.

“온 혹은 오프(On or Off)” 또는 시스템 평가과정 시스템평가과정은 고객서비스 운영을 원활하게 하는 것을 돕고, 인건비를 줄이기 위한 목적으로 새로운 POS시스템과 같은 장비가 추가적으로 필요한지를 정확히 평가하기 위한 절차이다. 매니저가 이와 같은 요구조건 즉, 시스템의 추가설치의 필요성 여부를 고려할 때 설치될 시스템으로 인해 발생될 비용의 효율성 여부를 확인하기 위해 다음의 과정을 실행하게 될 것이다. 우선, 현재 사용 중인 장비에 대해 작업 중일 때와 작업이 중지되어 있는 모든 시간들에 걸쳐 자세한 관찰이 되어야 한다. 이렇게 관찰된 결과는 새로운 시스템의 구입비용과 특징 등과 비교해야 한다. 그런 다음, 매니저는 새로운 시스템을 구매할 것인지 아니면 보류할 것인지에 대해 최종적인 결정을 할 수 있다.

지연비율연구(Ratio of Delay Study) 지연비율연구는 동시에 많은 요소들을 관찰할 수 있기 때문에 이러한 유형의 작업샘플링은 보다 포괄적이다. 이 방법은 종사원의 많은 활동 중 어느 한 시점을 무작위로 설정하고 관찰된 순간의 활동에 대해 기록한다. 확인된 작업샘플링으로부터 전체 가능한 시간과 관련하여 각 작업별 필요기준 시간을 결정할 수 있다. 표 8-9는 지연비율연구의 양식이다.

시간과 동작연구(Time and Motion Studies) 종사원의 작업 측정 방법의 하나인 시간과 동작연구는 지속적으로 운영되고 있는 상황을 기록하기 위해 사진 찍는(영화 촬영하는)것과 같은 방법을 사용한다. 사소한 동작 연구의 장점은 정확하게 만들어진 동작을 토대로 세밀히 분석함으로써 매우 빠르고 반복적인 활동비용을 최대한 줄일 수 있다. 다시 말하자면, 사소한 동작연구(Micro-Motion)는 종사원의 동작을 녹화하기 위해 시간지연 카메라(Time-Delayed Camera)를 사용함으로써 영업시간 이외에 대한 비용을 줄이는 것을 가능하게 하며, 확보된 자료는 일상 작업에서 더 큰 효율성을 촉진시키기 위해 사용된다.

표 8-9

<table>
<tr><th colspan="12">작업샘플링</th></tr>
<tr><td colspan="3">위 치 :</td><td colspan="3" rowspan="3"></td><td colspan="6">부서번호 :</td></tr>
<tr><td colspan="3">관찰자 :</td><td colspan="6">항 목 :</td></tr>
<tr><td colspan="3">작 업 :</td><td colspan="6">날 짜 :</td></tr>
<tr><td rowspan="2">관찰된 시간</td><td>1</td><td>2</td><td>3</td><td>4</td><td>5</td><td>6</td><td>7</td><td>8</td><td>9</td><td>10</td><td rowspan="2">관찰된 수</td></tr>
<tr><td colspan="10"></td></tr>
<tr><td>합 계 :</td><td></td><td></td><td></td><td></td><td></td><td></td><td></td><td></td><td></td><td></td><td></td></tr>
<tr><td>백분율 :</td><td></td><td></td><td></td><td></td><td></td><td></td><td></td><td></td><td></td><td></td><td>100</td></tr>
</table>

일별 생산성 리포트

정확하고 현실적인 생산성 목표수립은 인건비를 예측하고 관리하기 위해 필수적이다. 효율성을 향상시키기 위해 생산성 리포트를 활용하여 현재의 생산성을 분석할 수 있다. 표 8-10은 일별 생산성 리포트를 보여준 것이다.

이러한 연구는 두 가지 중요한 정보를 제시해 준다. 첫째, 예산과 실제 비용이다. 이와 더불어 예산과 실제 비용사이의 차이를 제공해준다. 둘째, 표준생산성과 관련된 인원계획 정보이다. 대부분의 회사들은 이러한 리포트의 결과를 향상시키기 위해 2장에서 언급했던 것과 같이 인센티브 프로그램을 사용한다.

표 8-10의 항목 A는 실제 발생된 실제비용과 예산을 표시한다. 항목 B는 단지 호텔 내부에서 활용되는 정보로 객실비율을 근거로 한 통계적인 정보를 반영하고 인원계획을 위한 참고로써 사용된다.

항목 C에서는 실제적인 커버수를 위해 필요한 인원계획 정도를 자세히 설명하고 이후에 실제로 사용된 인원수준을 차례로 기록한다. 다음으로 지불비율(pay rate)을 적용하여 실제 인건비를 예상 비용과 비교하고, 그 차이까지 계산된다. 제시된 리포트 상에서 회사는 $250를 지출하기보다 $145.83를 지출하는 것이 더 바람직하다. 이러한 과정은 필요한 모든 직무 인건비율과 인원계획에 확장 적용할 수 있다.

표 8-10

<table>
<tr><th colspan="11">호텔과 레스토랑 – 파인 다이닝 일별 생산성 리포트</th></tr>
<tr><td colspan="11">항목 A</td></tr>
<tr><td colspan="5"></td><td colspan="2">오늘</td><td colspan="2">오늘</td><td colspan="2">오늘</td></tr>
<tr><td colspan="5">부서 총수입</td><td colspan="2">실 제</td><td colspan="2">예 상</td><td colspan="2">차 이</td></tr>
<tr><td colspan="5">화인 다이닝</td><td colspan="2">$1,716.00</td><td colspan="2">$2,100.00</td><td colspan="2">($384.00)</td></tr>
<tr><td colspan="5">호텔 객실</td><td colspan="2">$52,000.00</td><td colspan="2">$56,000.00</td><td colspan="2">($4,000.00)</td></tr>
<tr><td colspan="5">전체 수익</td><td colspan="2">$53,716.00</td><td colspan="2">$58,100.00</td><td colspan="2">($4,384.00)</td></tr>
<tr><td colspan="11">항목 B</td></tr>
<tr><td colspan="5">호텔 객실 통계</td><td colspan="2">실제</td><td colspan="2">예상</td><td colspan="2">차이</td></tr>
<tr><td colspan="5">전체 가능한 방</td><td colspan="2">1,100</td><td colspan="2">1,100</td><td colspan="2">0</td></tr>
<tr><td colspan="5">입실</td><td colspan="2">152</td><td colspan="2">250</td><td colspan="2">(98)</td></tr>
<tr><td colspan="5">퇴실</td><td colspan="2">10</td><td colspan="2">25</td><td colspan="2">(15)</td></tr>
<tr><td colspan="5">전체 점유된 객실(오늘)</td><td colspan="2">876</td><td colspan="2">925</td><td colspan="2">(49)</td></tr>
<tr><td colspan="5">전체 점유된 객실(어제)</td><td colspan="2">734</td><td colspan="2">700</td><td colspan="2">34</td></tr>
<tr><td colspan="5">점유 %</td><td colspan="2">80</td><td colspan="2">84</td><td colspan="2">(4)</td></tr>
<tr><td colspan="5">평균 객실 비율</td><td colspan="2">$59.36</td><td colspan="2">$60.54</td><td colspan="2">(1)</td></tr>
<tr><td colspan="11">항목 C</td></tr>
<tr><td colspan="4">부서 / 직함</td><td colspan="7">오늘</td></tr>
<tr><td></td><td>8시간당 표준 생산 상 근무 중 커버</td><td>예상 직원수</td><td>실제 직원수</td><td>실제 급여 금액</td><td>실제 연장 근로 금액</td><td>실제 전체 시간</td><td>실제 생산성</td><td>표준 금액</td><td>표준 시간</td><td>변동 시간</td></tr>
<tr><td>저녁 웨이터</td><td>20</td><td>2</td><td>3</td><td>250</td><td>6.00</td><td>24.00</td><td>12</td><td>145.83</td><td>14.00</td><td>10</td></tr>
<tr><td></td><td>20</td><td>2</td><td>3</td><td>250</td><td>6.00</td><td>24.00</td><td>12</td><td>145.83</td><td>14.00</td><td>10</td></tr>
<tr><td colspan="11">항목 D</td></tr>
<tr><td colspan="5">실제 수익의 급여 백분율</td><td>14.57%</td><td></td><td></td><td></td><td></td><td></td></tr>
<tr><td colspan="5">실제 수익의 표준 백분율</td><td>8.50%</td><td></td><td></td><td></td><td></td><td></td></tr>
<tr><td colspan="4">금액과 백분율로써의 변이</td><td>104.17%</td><td>6.07%</td><td></td><td></td><td></td><td></td><td></td></tr>
<tr><td colspan="11">항목 E</td></tr>
<tr><td colspan="5"></td><td colspan="3">음식 수익($)</td><td colspan="3">음료 수익($)</td></tr>
<tr><td colspan="5">매장</td><td>실제</td><td>예산</td><td>변이</td><td>실제</td><td>예산</td><td>차이</td></tr>
<tr><td colspan="5">화인 다이닝</td><td>1208.00</td><td>1500.00</td><td>(292.00)</td><td>508.00</td><td>600.00</td><td>92.00</td></tr>
<tr><td colspan="5">전체 수익</td><td>1208.00</td><td>1500.00</td><td>(292.00)</td><td>508.00</td><td>600.00</td><td>92.00</td></tr>
<tr><td colspan="11">항목 F</td></tr>
<tr><td colspan="5">매장</td><td colspan="2">실제</td><td colspan="2">예상</td><td colspan="2">차이</td></tr>
<tr><td colspan="5">화인 다이닝</td><td colspan="2">35</td><td colspan="2">43</td><td colspan="2">(8)</td></tr>
</table>

실제 매출 볼륨이 예상보다 낮을 경우, 비합리적인 인건비 지출이 발생되며 항목 D에서 그 차이를 백분율로 제시한다. 특히, 매출볼륨 증가로 인해 예상보다 많은 직원을 요구하게 될 때 예상된 것보다 더 많은 비용지출이 발생하게 되는 것이

다. 그러나 이러한 추가 지출들은 관리자에 의해 미리 승인되어야 할 것이다.

항목 E는 항목 A의 매출 정보에 대한 보다 자세한 정보를 나타내고 있다. 그리고 항목 F는 일별 커버량과 관련된 데이터를 다룬 것이다

Full Time Equivalent(FTE) Reporting

정규직 근무자 혹은 동등한 자격의 노동자 측정 방법(Full Time Equivalent Reporting) 또는 FTE기법은 주로 부서 간 혹은 규모가 비슷한 기업들의 종사원 성과비율을 측정하고 비교하기 위해 사용하는 기법이다. 대부분의 회사들은 비핵심부서 기능에 대한 아웃소싱 의사결정을 위해 이 기법을 활용한다. FTE는 정규근무, 연장근무 그리고 더블타임(Double Time) 등의 모든 근무시간을 혼합하는 공식을 활용하여 동일한 결과 수준을 달성할 수 있는 정규근무시간과 비교하는 것이다. FTE기법의 목적은 연장시간으로 발생하는 비용을 확인하는데 있다. 연장근무시간을 제한하기 위해서는 정확한 생산량과 근무직원 수에 대한 정확한 예측을 필요로 한다.

만일 FTE분석이 경쟁업체 혹은 비슷한 규모의 회사들과의 사이에서 비교되기 위해 사용된다면, 두 비교 대상간의 관련성을 보증하기 위해 반드시 동일한 기준에 의해서 측정되어져야 한다. FTE분석결과를 만들기 위해 생산단위와 작업시간 정보가 수집되어야 한다. 리포트를 준비하기 위해 필요한 모든 생산단위 정보는 일반적인 사업 볼륨을 결정짓는 요소들 예를 들면 레스토랑 커버, 음료 단위 또는 단위 평균판매 가격 등이다. 이와 같은 형태의 수치는 반복적이며 그리고 양적으로 측정이 가능한 표준이 되며, 이 표준에 의해 직원 생산성을 결정지을 수 있게 한다.

FTE를 계산하기 위해 먼저 급여 시스템으로부터 작업시간을 확인해야 한다. 예를 들어, 4시간의 연장시간 근무는 정규근무시간의 1.5배로 보상된다고 가정하면, 결과적으로 6시간의 근무로 계산한다. 이것은 시간당 $8.00을 받는

직원이 4시간의 연장근무를 하는 경우 이 직원은 $48을 지급 받게 된다는 것을 의미한다. 휴일급여와 관련된 근무시간은 시간외 수당을 포함하지 않는 기본급으로써 반영된다. 그런 의미에서, 지급률이 두 배가 되는 휴일에 8시간을 일한 것은 16시간이 아닌 8시간으로써 계산되어진다. 이때, 휴가시간은 근무시간에 반영되지 않는 것이 좋다. 때로는 교차활용 방법을 사용하는 회사에서는 어떤 직원들을 한 부서 이상에서 근무 시킬 수도 있다. 이러한 경우, 회사는 반드시 직원의 정확한 근무시간을 각 근무 부서들 사이에서 정확하게 이동시킨 후 급여 시스템을 작동할 수 있도록 확인하는 것이 중요하다.

월 근무일수 혹은 실제 근무시간에 상관없이 한 달 동안 고용된 정규직 직원의 근무 시간은 매달 173.33시간이다. 어떤 회사들은 FTE를 계산하기 위해 휴가, 병가 그리고 휴일을 포함하기도 하는데, 이런 상황은 이로 인해 비어있는 직원들의 자리를 보충하지 않았을 경우일 때만 성립된다. 부상급여와 관련되어 보고된 근무시간 또한 포함하지 않는 것이 낫다.

FTE의 계산은 정규직과 비정규직 모두의 근무시간의 총 합계를 관련된 주기 안에서 풀타임 근무의 등차수로 전환한다. 비정규직을 위한 FTE 근무할당은 월 근무 가능 일수에 8시간 즉, 일 근무가능시간을 곱한 후에 이 결과에 다시 5/7을 곱한다. 이 공식의 마지막 부분의 분수는 FTE 주기 내에서 일주일 즉, 7일중 5일을 계산한 것이다. 이것은 다음과 같이 계산된다.

주어진 기간 동안의 가능한 근무 시간 :

한 달 31일 = 31 × 8 × (5/7) = 177.14

한 달 30일 = 30 × 8 × (5/7) = 171.43

한 달 29일 = 29 × 8 × (5/7) = 165.72

한 달 28일 = 28 × 8 ÷ (5/7) = 160.00

급여를 받는 직원을 위한 FTE 계산의 경우, 월 근무일수에 상관없이 총 근무시간을 173.33으로 나눈다. 시급제 직원의 경우는 표 8-11을 참조하라. 표 8-11은 한 달이 30일인 경우의 계산을 보여준다.

표 8-11 Full-Time Equivalent

	정규직	비정규직
1. 정기적인 시간	450.1 시간	1,750 시간
2. 연장시간 @1.5	해당 사항없음	36(실제 일한 시간 =24 ; 그러나 FTE 목적에 의해서 이것은 비율에 1.5배로 표현되거나 혹은 36)
3. 휴가	40	N/A
4. 전체 시간	490.1	1,786
5. FTE	490.1÷173.33=2.8	1,786÷171.43=10.42
6. 전체 FTE	2.8+10.42	13.22

그래서 이것은 연장근무시간이 없는 13.2 풀타임직원과 같다. 이러한 결과들은 실제 지출규모를 비교하기 위해 사용되며, 그 차이가 인건비 예산에 어떻게 영향을 미치는지를 파악할 수 있도록 한다. 많은 식음료 관리자들은 이러한 계산의 결과를 커버, 총 매출 그리고 FTE당 급여액 등을 보고하기 위해 사용한다.

요 약

외식사업의 성공은 인원계획에 의해 직접적으로 영향을 받는다. 외식산업 분야에서의 일반적으로 인건비율은 음식과 음료매출의 25~45%이다. 레스토랑비즈니스에 있어서 인건비와 식재료비용은 주요원가(프라임 코스트)로 지칭된다. 일반적으로 주요원가는 운영비용 중 가장 많은 부분을 차지하고 있다.

인원계획은 반드시 다음의 세 그룹의 욕구가 균형을 이루어야 한다. 경영진을 위한 비용 최소화, 직원을 위한 시간과 급여의 향상 그리고 고객을 위한 질 높은 서비스. 서비스산업의 수요는 시간마다, 날마다 그리고 시즌마다 커다란 변동이 있기 때문에, 서비스 산업에서의 인원계획은 매우 경쟁적인 요소이다. 급박한 상황에 의한 임시방편적인 인원계획은 금전적인 손실을 초래한다. 레스토랑비즈니스 특성상 생산품은 저장될 가능성이 낮고, 상품을 나중에 다시 판매 할 가능성이 매우 낮다. 이와 같은 이유에서 상품 및 서비스상품생산에 참여하는 직원들의 부족은 고객들의 불만족을 초래하게 된다.

인건비를 조절하기 위한 첫 번째 단계는 과거의 기록 혹은 인원계획을 바탕으로 한 표준인건비를 설정하는 것이다. 두 번째 단계는 향후 매출을 정확하게 예상하는 것이다. 필요생산량을 예상하는 것을 바탕으로 이러한 요구를 만족시킬 수 있는 직원 수로 가장 효율적인 스케줄을 짤 수 있게 된다. 인건비는 직접 혹은 간접비용으로 분류되어진다. 그리고 이러한 인건비 역시 예상되고 이에 맞춰 직원 근무스케줄이 운영 될 것이다. 일반적으로 직접인건비는 간접인건비에 비해 매출변동에 더 많이 영향을 받는다.

실제인건비와 예상인건비의 차이는 반드시 분석되고 조정되어야 한다. 둘 사이의 차이는 임금률 혹은 인건비 효율성 변동의 결과로 인해 나타나며, 이를 감독하고 수정해야 한다. 다양한 방법이 인력생산성을 분석하기 위해 사용되고 있으나, 경영진은 현장에서 직원의 생산성을 주의 깊게 관찰하고 생산성을 조절함으로써 최종적으로 결정되어야 한다.

논의과제

1. 성공적 운영을 위해 직원계획이 왜 중요한가?

2. 어떠한 경쟁적인 요인들이 직원계획의 균형을 유지하기 위해 필요한가?

3. 표준근로란 무엇이며, 왜 적절하게 직원스케줄을 짜는 것이 중요한 것인가?

4. 고정예산에서 인건비를 어떻게 다뤄야 하는지를 설명하라.

5. 변동예산에서 인건비를 어떻게 다뤄야 하는지를 설명하라.

6. 제로-베이스 예산에서 인건비를 어떻게 다뤄야 하는지를 설명하라.

7. 어떠한 요인들이 예산비용으로부터 실제인건비를 분류시킬 수 있는가?

8. 어떤 생산품들을 외부에서 구입할 것인지를 매니저가 어떻게 결정 할 수 있는가?

9. FTE 분석의 목적은 무엇인가?

10. 만일 판매된 음식원가가 30%이고 인건비가 32%이라면, 주요원가는 얼마인가?

11. 만일 운영기준이 1커버 당 인건비 $2.00을 가리킨다면 그리고 450커버를 서비스하는 동안 인건비가 $1,000이었다면, 커버 당 인건비의 실제 변화는 무엇인가?

12. 만일 연장근무가 아닌 임금률이 시간당 $5.00, 단 비정규직원은 일주일에 평균 50시간이라고 한다면, 시간당 실질적인 평균임금은 얼마인가?

13. 만일 인원계획이 월요일 100커버를 생산하기 위해 비정규직원이 40시간을 그리고 금요일의 경우 200커버를 생산하기 위해 60시간을 했다면, 월요일의 실질적인 운영 효율성은 얼마인가?

14. 만일 전체 매출이 $12,000이었고, 인건비가 $4,200이었다면, 매출 대비 인건비 백분율은 얼마인가?

15. 만일 매출이 $10,000으로 떨어지고 인건비가 $4,000이라면, 인건비율은 얼마인가?

16. 만일 평균 임금률이 생산성의 증가 없이 $5.00에서 $5.50으로 증가하고 인건비가 35%이었다면, 새로운 인건비 백분률은 얼마인가?

17. 한 달 30일 동안 만일 비정규직으로 혹은 정규직으로 모두 1,000시간 일했다면, FTE의 수는 무엇인가?

18. 한 달 28일 동안 만일 비정규직으로 혹은 정규직으로 모두 1,100시간 일했다면, FTE의 수는 무엇인가?

Chapter 9

사업타당성분석

학습목표

이 장을 학습한 후, 다음 내용들을 이해할 수 있어야 한다.

- 사업 운영을 진행 할 것인지 중지 할 것인지를 결정하기 위해 한계원가기법 (Marginal Costing Technique)을 이용
- 전체 원가 회계(Full Cost Accounting) 설명
- 차별원가(Differential Cost), 차별수익(Differential Revenue) 그리고 한계공헌이익(Marginal Contribution) 이용
- 의사 결정을 위한 고정, 변동 그리고 단계적 원가 요소를 이해 할 수 있다.
- 원가를 설계하기 위해 최소제곱법을 적용

개 요

이 장에서는 매장 운영을 계속할 것인지 혹은 중지 할 것인지를 포함한 모든 경영 의사 결정을 돕기 위한 회계기법에 관해 논의할 예정이다. 차별원가(Differential Cost), 매출(Revenue) 그리고 한계기여를 포함한 전체원가회계개념이 고정, 변동 그리고 단계적 원가요인의 측면에서 고찰된다. 또한 최소제곱법을 통하여 준변동비를 고정비적 요소와 변동비적 요소로 구분시키는 기술을 학습하게 된다.

원가-볼륨-이익 관계

원가, 볼륨 그리고 이익(CVP : Cost - Volume - Profit)의 관계에 대한 이해와 분석은 메뉴 판매가격, 예산 그리고 자본개선을 포함한 전반적인 매장 운영에 관계된 의사 결정을 돕는다. 이러한 분석은 때때로 CVP로 줄여서 표현되기도 하고, 이는 효과적인 대안을 평가하는데 도움이 되기도 한다. 예를 들면, CVP 계산을 근거로 하여 레스토랑의 영업을 계속할 것인지 혹은 영업을 중단할 것인지, 또는 서비스의 수준을 낮추거나(혹은 변경하거나) 고객에게 제공되는 서비스의 과정을 완전히 제거하거나 혹은 더 추가할 것인지에 대한 결정을 할 수 있다. CVP 분석은 원가, 볼륨 그리고 이익 사이의 관련성을 규명하기 위해서 매출과 원가자료를 적용한다. 모든 사업에 대한 투자는 CVP의 관계와 경영자의 목표에 의해서 결정된다고 볼 수 있다.

용어 정의

모든 비용을 명시하기 위해 비용을 변동비와 고정비로 분류할 수 있다. 변동비(VC)란 지속적인 영업에서 발생하는 생산수준 변화에 의해 증가하거나 혹은 감소하는 비용을 말한다. 반면에 고정비(FC)란 변화가 없는 일정한 비용 즉 생산량의 증감에 상관없이 항상 필요한 만큼 일정한 비용을 의미한다.

실질적으로 어떠한 비용은(예를 들면, 인건비) 변동비와 고정비적인 특성을 모두 가지고 있다. 이와 같은 유형의 비용을 준변동비라고 한다. CVP와 한계기여손익분기점(MCB : Marginal Contribution Break-even)분석을 위해 준변동비용은 반드시 고정요소와 변동요소로 분류되어야 한다. 장기적인 관점으로 볼 때, 고정비 역시 다소간의 변동성을 지닌다. 다시 말해 특정한 판매볼륨에서 일반적으로 비용은 고정적이지만, 새로운 판매수준에 도달하게 되면 이와 관련된 비용은 변할 수도 있다. 예를 들면, 한 명의 매니저와 관리자가 250에서 300명을 수용할 수 있는 매장의 영업을 관리할 수 있다고 가정하자. 그렇다면 351에서 400명을 수용할 수 있는 매장의 경우 한 명의 매니저와 2명의 관리자가 필요할 것이라고 추측할 수 있을 것이다. 이러한 경우의 증가를 단계원가(Stepped costs)라고 한다. 표 9-1은 판매량 증가에 따라 비용을 어떻게 결정할 수 있는지를 제시하고 있다.

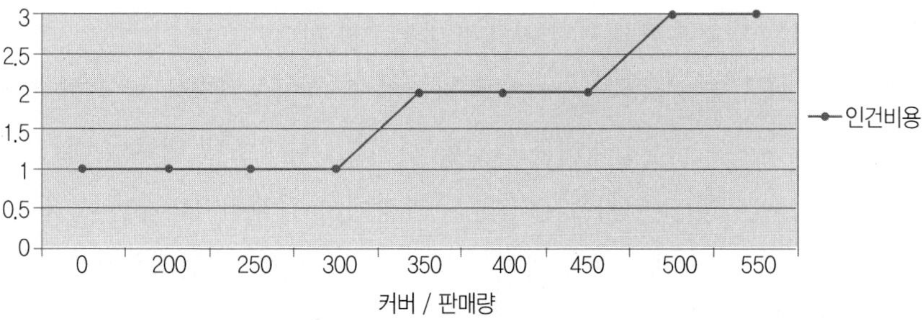

표 9-1
단계적 원가

CVP의 관계

CVP의 관계를 이해하기 위해 다음의 시나리오를 고려해보자. 일시적인 경기침체가 일어나고 있는 상황에서 모든 주요 경제잡지들이 이제는 경기의 일시적 침체가 끝났음을 선언했다고 가정해 보자. 이러한 상황에서 일시적인 경기침체기간 동안에 영업을 잠시 중지 했던 개인 레스토랑이나 혹은 호텔 매장들은 다시 영업을 재개할지 혹은 하지 않을 것인지에 대한 분석을 진행하게 될 것이다.

위의 시나리오에서 어떤 레스토랑은 영업재개를 하기 전 손익분기점에 도달할 수 있는지, 즉 매장의 매출이 비용 이상으로 회수 될 수 있을 것이라는 가능성에 대한 확신을 가질 때까지 오랜 기간 동안 영업을 중지한 채로 기다리는 경우도 있을 것이다. 이렇듯 영업을 재개하는 시점을 정하지 않은 채 무기한 영업중지 상태를 지속하는 것은 일시적으로 쉬고 있는 직원들에게 바람직하지 않다. 이와 동시에 재개과정 중 레스토랑이 이전에 차지하고 있던 시장영향력을 상실하여 영역손실을 일으킬 수도 있고, 유능한 직원들을 경쟁업체들에게 빼앗기는 경우까지 발생된다. 다른 한편으로는 어떠한 레스토랑은 너무 서툴러 재 오픈을 시도하여 변동비를 회복하기 어려울 정도로 낮은 판매 가격을 설정하기도 한다. 이러한 판매가격조정은 업장의 재정상 매우 심각한 손해를 끼칠 수 있다. 앞서 설명했듯이 영업을 재개하기 위한 한계 기여손익 분기점(MCB)이란 영업재개 후 발생되는 매출액이 재 오픈을 위해 사용된 모든 직접비 그리고 간접비용과 일치하게 되는 순간을 의미한다. 이와 같은 상황에 대해서는 뒷부분에서 보다 자세히 다루고자 한다.

대부분의 레스토랑들은 전체원가를 고려한 후 손익분기점에 도달 할 수 있다는 확신이 든 순간 영업재개를 결정할 것이다. 특히 호텔 내부의 레스토랑의 경우 재 오픈 할 것인지를 결정하는 과정에서 전체원가회계를 사용하는 것은 올바르지 않기 때문에 주의해야 한다. 이러한 것은 '전체원가함정(Full Cost Trap)'에 빠질수도 있기 때문이다.

전체원가회계(Full Cost Accounting)

관리자들이 전체원가회계양식을 보는 것에 익숙해져 있는 것은 장기적 사업에 발생된 수익은 반드시 모든 비용을 커버해야 한다는 것을 알기 때문이다. 그럼에도 불구하고 앞서 잠시 언급한 것과 같이 함정에 빠질 수 있는 위험이 있기에 다음과 같은 상황에서는 전체원가회계를 사용하지 않는 것이 바람직하다.

- 레스토랑의 오픈 혹은 영업을 중단 할 때
- 레스토랑에서 필요로 하는 것을 외부에서 사올 것인지 혹은 레스토랑 내에서 생산할 것인지를 결정할 때("Make or Buy" Decision)
- 한 가지의 메뉴 항목을 제거하거나 혹은 새로이 소개하고자 할 때

전체원가회계가 생산품 혹은 원가 센터를 고정비나 간접비로 할당한다는 점에서 위험요인이 존재한다. 만일, 이러한 비용할당이 직접비 혹은 매출을 토대로 이뤄진다면 현명한 방법이나, 레스토랑이 영업을 중단 혹은 메뉴 항목

을 제거시키는 경우 이러한 비용구조에 영향을 미치지는 않게 된다.

전체원가계산의 또 다른 문제점은 원가와 판매량 사이의 관계를 다룬 것으로 즉, 판매량과 비용이 비례관계로 설명되어지는 경향이 있다는 것이다. 다시 말해 비용이 판매량의 증감에 따라 직선상의 정비례 관계로 증가함으로써 완전히 변화가 가능한 것처럼 묘사되어진다는 것이다. 원가의 모든 요소들은 완전히 고정적이거나 혹은 완전히 변동적인 성격으로 분류되어지는 것은 거의 없다. CVP와 MCB 기법은 이러한 비용들의 관계를 좀 더 정확하게 묘사한다. 만일 이러한 방법이 의심스럽다면, 매니저는 다음의 차등적 분석 기술을 사용하는 것도 좋다.

차별분석(Differential Analysis) 이것은 전체원가회계의 제한성으로부터 탈피하는 동시에 판매량과 판매가격 혹은 판매믹스 변화에 따라 원가와 매출이 실제적으로 어떻게 움직이는지를 측정하기 위한 방법이다. 이때, 차별기법(Differential Techniques)은 영업범위 안에서도 변하지 않는 원가와 수익을 일부러 배제한다.

이 기법의 필수조건은 우선 거대한 가정을 제거한다는 것이다. 이것은 모든 운영비용이 매니저의 결정과 관련된 것은 아니기 때문에 매우 중요하다. 이것의 목적은 특정운영 시 변화로 인해 발생된 원가와 매출을 포함하기 위한 것이다. 차별적인 분석은 원가와 매출의 각 요인이 어떻게 관련된 조건 내에서 움직이게 되는가를 상식적인 수준에서 그리고 공학적인 수준에서 평가하는 것이다.

예를 들어, 다음의 표 9-2에 있는 '음악과 엔터테인먼트 비용'은 일반적으로 직접비 그리고 변동비로 고려된다. 그러나 만일, 엔터테인먼트 비용을 'take or pay'로 가정한다면, 이것은 차별적 분석에 포함되지 않는 고정비용이다. 다른 예를 들면, 객실매니저의 급여는 일반적으로 간접비와 고정비로 고려된다. 그러나 만일, 경영진이 객실매니저 없이 운영할 것을 주의 깊게 생각하고 있다면 이러한 과정에 절약되는 비용은 차별적원가 안에 포함될 것이다.

다음의 표 9-2는 CVP의 관계에 대해 설명하고 있다.

앞서 언급했듯이, CVP 분석기법은 경영진이 판매가격을 결정하는 것을 도와준다. 이때 CVP 분석이 일회성 실행이 아님을 반드시 기억해야 한다. 이는 판매가격이 점차적으로 상승할 때, 인건비가 변할 때, 또는 다른 주요 비용이 조정되었을 때, 시스템을 재확인해야 한다는 것을 의미한다. 다시 말해, CVP 기법은 고정판매가격이라는 가정을 바탕으로 하며, 이러한 고정판매가격이 변할 때 CVP는 반드시 재평가되어야 한다. 표 9-2로부터 원가, 판매량 그리고 목표이익의 균형은 경영진의 레스토랑 재 오픈 결정을 위한 하나의 중요한 열쇠가 될 것이다.

표 9-2를 보면, 높은 판매로 인해 혹은 낮은 변동비의 사용으로 인해 자동적으로 높은 이익이 발생될 것이라는 가정이 잘못된 것임을 확인 할 수 있다. 사실상, 레스토랑 B의 식음료원가와 매출정보는 레스토랑 C나, 레스토랑 D와 비교할 때 더 나은 결과를 보여주고 있으나, 레스토랑 B의 세전 수입 혹은 이익 부분은 다른 레스토랑들보다 뒤쳐져 있다.

레스토랑 B의 매니저는 변동비의 증가에도 불구하고 고객의 관심을 끌기 위해 더 낮은 메뉴 가격을 설정할 수도 있다. 이때, 식음료원가는 변동적임을 기억해야 한다. 만일 메뉴 양을 고정시킨 채 메뉴가격을 낮춘다면, 메뉴원가가 상승하게 된다. 또한, 레스토랑B는 고객과 직접적으로 관련되지 않는 부분에서 기준 이하의 서비스를 제공함으로써 운영전반의 원가를 줄이는데 중점을 둘 수도 있다.

어쨌든, 이러한 격렬한 경쟁 속에서 살아남기 위한 열쇠는 원가, 볼륨 그리고 목표이익을 고려한 사업 한계성을 이해해야 한다. 대부분의 모든 레스토랑들은 CVP 목표에 대한 서로 다른 한계와 특성들을 가지고 있다.

레스토랑은 일반적으로 고객이 식사를 주문하고 이때 제공하기 위해 준비된 1인분의 식사량 즉, 커버수(예를 들어 4명의 고객이 레스토랑을 방문해서 이중 3명만이 식사를 주문했다고 한다면, 이때 커버수는 3이다)가 표준자료로써 고객이 지불한 평균 영수금액을 결정하게 된다. 다시 말하면 평균 영수금액은 영업시간 동안의 전체 수입을 서비스를 제공받은 고객수로 나눈 것을 의미한다. 레스토랑 A가 단지 저녁 식사만을 제공한다고 가정한다면, 전체 식음료 매출액은 표 9-2에서 보듯이 $170,700이다. 만일, 레스토랑 A가 저녁식사에 17,968명의 고객에게 서빙 했다면 음식, 음료 그리고 총 식음료 영수증의 평균 금액(PPA)은 다음과 같다.

음식 평균 영수금액 = $150,000 ÷ 17,968 = $8.35

음료 평균 영수금액 = $20,700 ÷ 17,968 = $1.15

총 평균 영수금액 = $170,700 ÷ 17,968 = $9.50

표 9-2
식음료 매출의 증가추세

The Restaurant Industry Dollars – 월별 데이터									
		A		B		C		D	
V = 변동식 F = 고정식		풀 서비스 레스토랑 (평균 일인당 영수금액 $10 이하)		풀 서비스 레스토랑 (평균 일인당 영수금액 $10 이상)		제한 서비스 패스트 푸드 레스토랑		카페테리아 레스토랑	
	매출	금 액	%	금액	%	금액	%	금액	%
	음식 매출	150,000.00	86.20	120,000.00	77.20	850,000.00	97.50	80,000.00	98.70
	음료 매출	20,700.00	13.80	27,360.00	22.80	2,125.00	2.50	1,040.00	1.30
	합계	170,700.00	100.00	147,360.00	100.00	87,125.00	100.00	81,040.00	100.00
	비용								
V	판매된 음식의 원가	49,503.00	29.00	39,492.48	26.80	27,095.88	31.10	25,284.48	31.20
V	판매된 음료의 원가	5,974.50	3.50	9,283.68	6.30	609.88	0.70	405.20	0.50
V	급여와 임금	40,527.20	29.60	41,408.16	28.10	22,913.88	26.30	23,339.52	28.80
V	직원 복지	8,193.60	4.80	6,778.56	4.60	2,178.13	2.50	4,295.12	5.30
V	직접 운영 비용	10,754.10	6.30	10,462.56	7.10	4,704.75	5.40	2,295.12	2.80
F	음악과 엔터테이먼트	512.10	0.30	1,031.52	0.70	87.13	0.10	0.00	0.00
F	홍보	4,779.60	2.80	4,126.08	2.80	4,269.13	4.90	3,484.72	4.30
V	전기,수도,가스등비용	5,291.70	3.10	3.978.72	2.70	2,439.50	2.80	3,727.84	4.60
F	레스토랑 임대 비용	9,729.90	5.70	8,399.52	5.70	5,750.25	6.60	4,214.08	5.20
V	수리와 관리비	3,072.60	1.80	3,094.56	2.10	1,394.00	1.60	1,539.76	1.90
F	감가 상각비	4,267.50	2.50	3,094.56	2.10	1,742.50	2.00	972.48	1.20
F	다른 운용 비용(수입)	-682.80	-0.40	-147.36	-0.10	0.00	0.00	324.16	0.40
F	행정	5,633.10	3.30	6,336.48	4.30	3,310.75	3.80	4,457.20	5.50
F	회사 일반 비용	3,584.70	2.10	2,947.20	2.00	1,916.75	2.20	810.40	1.00
F	이자	1,024.20	0.60	884.16	0.60	522.75	0.60	81.04	0.10
F	기타	512.10	0.30	736.80	0.50	348.50	0.40	0.00	0.00
	세금전 수입	8,022.90	4.70	5,452.32	3.70	7,841.25	9.00	5,834.88	7.20
	합계	8,535.00	5.00	6,189.12	4.20	8,189.75	9.40	5,834.88	7.20

만일 보수유지비용과 같이 변동적이면서 고정적이기도 한 요소들을 함께 포함하고 있는 비용들이 있다면, 이때 고정요인과 변동요인으로 할당하기 위해 어떤 방법이 가능한가? 최소제곱 분석은 두 가지 혹은 그 이상의 상호관련성이 있는 데이터의 관계를 분석해 내는 통계적인 방법이다. 특히 이 방법은 여러 변수에 포함되어 있는 가치에서, 하나의 특정 변수의 가치를 계산하기 위해 사용된다. 유지보수비와 같은 준변동비용의 경우, 레스토랑 커버(생산량)와 발생비용(커버당 원가) 사이에 상호 연관성이 존재한다. 물론, 어떠한 방법도 완벽하지는 않다. 왜냐하면 생산량(수준) 이외에도 원가에 영향을 미치는 다른 요인들이 있기 때문이다. 예를 들면, 어떤 달에는 기계의 고장으로 인해 한 달 이상 관리를 필요로 하는 경우가 발생하기도 한다. 이와 같이 뜻하지 않게 일어난 경우를 포함한 비정기적으로 발생되는 일들을 반드시 어떠한 방법으로든 관리 조절해야만 한다.

최소제곱법에 의한 변동비계산

최소제곱법(Least Squares Approach)은 고정비 혹은 변동비의 특성이 혼합된 준변동비에서 변동비를 구함으로써 이 두 가지 특성들을 구별할 수 있는 가장 효과적인 방법이다.

다음은 최소제곱법을 적용하는 과정의 개요이다. 표 9-2에서 레스토랑 C의 보수유지비가 이 계산을 설명하기 위해 사용되었다. 전체 커버가 대략적으로 매주 1,710이라고 가정하자. 다음의 표 9-3을 5주간 레스토랑 C에 해당하는 정보라고 가정하자.

다음의 과정들을 보면,

1. 주간 평균 커버수를 계산하라 : $\Sigma x \div n$ (n은 계산된 주)
2. 주별 평균 원가를 얻는다. $\Sigma y \div n$
3. 생산 단위의 수를 또는 주간 레스토랑 커버수를 제곱하고 주별 평균을 구

하라 : $\sum x^2 \div n$

주별 커버당 원가와 커버수를 곱하여 주별 평균을 구할 수 있다. $\sum xy \div n$

다음으로 표 9-3에 제공된 결과를 이용해 다음 공식에 활용하자. 변동적 요소를 구하기 위해

$$VC = \frac{d - (a \times b)}{c - a^2}$$

그리고 고정적 요소를 구하기 위해

$$FC = (b) - [VC \times (a)]$$

표 9-3

	항목 A 보수유지비(원가) (y) ($)	항목 B 커버수 (x)	항목 C 레스토랑 커버 수용력 또는 생산단위의 수(x^2)	항목 D 항목 A × 항목 B (xy) ($)
1주	264	350	122,500	92,400
2주	300	410	168,100	123,000
3주	150	100	10,000	15,000
4주	280	400	160,000	112,000
5주	400	450	202,500	180,000
합계	1,394	1,710	663,100	522,400

표 9-3을 참고로 하면,

1단계 (a) = 1,710 ÷ 5 = 342

2단계 (b) = 1,394 ÷ 5 = 278.8

3단계 (c) = 663,100 ÷ 5 = 132,620

4단계 (d) = 522,400 ÷ 5 = 104,480

변동 요소는 다음과 같다.

$$VC = \frac{104{,}480 - (342 \times 278.8)}{132{,}620 - 342^2}$$

VC = 9,130.40 ÷ 15,656.00 = $0.583 센트 (대략적으로)

표 9-3에서의 보수유지비의 커버당 평균원가는 대략적으로 $0.82이다(1,394 ÷ 1,710). CVP분석의 가장 중요한 부분인 변동 요소는 $0.583이다.

한계기여 손익분기점

한계비용(Marginal Costing)이란 산출량과 관련된 것으로서, 하나의 단위를 늘리는 데 필요한 비용의 증가분을 의미한다. 한계 비용 시스템은 앞서 설명된 것과 같이 고정비와 변동비의 분류를 기본으로 하며 한계적인 변동비들만이 생산과 서비스의 원가를 결정하고자 할 때 고려된다. 한계기여 손익분기점(Marginal Contribution Break-even Point :MCBP)은 간단한 도구라고 보기보다는 매우 폭넓게 활용되는 유용한 경영 기법이다.

MCB 분석은 판매, 이익, 원가 그리고 판매가격 문제에 적용될 수 있다. 또한 레스토랑 안의 활용되지 않고 있는 공간을 활용하는데 도움을 줄 수 있고, 판매를 촉진시키기 위한 광고 계획뿐만 아니라 상품 제공의 확대를 위한 결정에도 도움을 줄 수도 있다. 그러나 이러한 MCB 분석이 만병통치약은 아니다. MCB 분석은 단지 매니저가 활용할 수 있는 여러 방법 중 한가지일 뿐이다. 그럼에도 불구하고, 이것은 문제를 해결하기 위한 의사결정 가운데 추천할만한 방법이다.

레스토랑 B에 빈공간이 있고, 이곳을 연회를 제공하거나 혹은 새로운 스테이크 레스토랑으로써 사용하기 위해 충분한 주방을 보유하고 있다고 가정하자. 이러한 빈 공간에 대한 고정비를 한달에 $5,000로 대략적으로 어림잡고, 스테이크 하우스를 운영하고자 한다. 메뉴 아이템은 시장에서 대략적으로 커버당 $25에 판매되며, 식재료 및 인건비를 포함한 변동비가 판매가격 $25당 $8.00정도로 추정된다고 하자. 현재의 경영진은 시장에서의 이러한 스테이크 하우스 메뉴가 하루에 400커버가 판매될 것으로 보고 있다. 이는 1년에 146,000커버를 의미한다. 빈 공간의 물리적 수용능력은 대략 1일 600커버로 추정된다고 하자.

단순 MCB 분석

과연 빈 공간을 활용하기 위해 레스토랑을 오픈해야 할까? 이 질문에 대한 답을 구하기 위해 스테이크 하우스 메뉴에 대한 기여마진(CM) 즉, 수입에서 변동비를 뺀 다음의 결과를 찾아야 한다. 한계 기여에는 고정비와 이익이 포함되어 있다.

기여마진 (CM) = 수입 – 변동비 (VC)

한계기여에서 고정비를 빼면, 표 9-2에서 보여준 것과 같이 이것을 바로 순이익(Gross Profit) 혹은 세전 수입이라고 한다. 이 고정비를 CM으로 나누면 바로 손익분기점을 구할 수 있다.

만일, CM이 커버당 기준으로 표현되는 경우, 손익분기 정도는 커버로 표현될 것이다. 만일 매출에 대한 백분율로 표현된다면, 손익분기의 볼륨은 금액(달러)으로 나타날 것이다. 다음의 표 9-4는, 앞서 가정한 데이터를 공식에 적용한 결과이다.

총 손익분기 금액을 손익분기볼륨(이때 단위는 커버임)에 판매 가격을 곱하여 구해지며, 혹은 전체 손익분기 수입 금액(달러)을 판매가격으로 나누어 손익분기에 도달하는 수를 얻을 수 있다.

표 9-4

커버를 활용 한 기여	총수입을 기준으로 한 기여
CM=총수입(가격)-변동 원가(VC)	CM% = (가격 - VC) / 가격
CM = $25 = $8 = $17	CM% = ($25-$8) / $25 = $17/25 = 68%
손익분기 볼륨 = 고정비(FC)/CM	손익분기 = FC/CM% = $5,000/68% = $5,000/0.68
손익분기 = $5,000/$17 = 294.12 커버	손익분기 = $7,352.94

스테이크 하우스에 관한 질문에 대한 답은 무엇인가? 간단한 답은 레스토랑 B는 그 계획을 진행하는 것이 더 낫다. 손익분기가 되기 위해서는 대략적으로 하루에 294커버 또는 하루당 400커버로 예상된 시장의 73.5%를 획득해야 한

다. 이는 1일 레스토랑 B의 물리적 수용 가능량인 600커버보다 적게 운영되는 것을 의미한다. 만일 시장의 73.5% 이상을 획득한다면, 이 스테이크 하우스는 빈 공간 활용을 통해 상당한 이익을 창출할 수 있을 것이다. 판매가 수용가능량에 도달하면, 모든 고정비가 294커버 수준에서 이미 커버될 것이기 때문에 하루 당 $7,650의 세전 이익을 만들 수 있다(306커버 × $25= $7,650).

또 다른 장점은 만일 홍보 캠페인이 옳은 방향으로 진행되고, 현재 레스토랑의 명성이 고객들에게 매력적으로 다가가 있다면, 이러한 명성은 새로 오픈할 스테이크 하우스에 대한 인지도가 빠르게 향상되도록 할 것이다.

MCB의 적용

모든 레스토랑은 이익을 창출하기 위해 사업을 하지만, 전형적인 손익분기점 접근은 수익이 발생하지 않는 시점의 영업수준을 개발하는 방법이다. 레스토랑 B가 계획된 스테이크 하우스에서 5%의 이익폭을 기대한다고 가정하자. 그 메뉴의 원래 기여마진은 68%였으나, 여기서는 이익이 전혀 발생하지 않았다. 예컨대 5% 이익이 변동비와 같다고 하면, CM%는 반드시 다음과 같이 적용되어야 한다. 68% - 5% = 63%(다음은 수입의 백분율을 이용해서 손익분기를 계산한 것이다)

손익분기 = FC ÷ CM% = $5,000 ÷ 63% = $7,936.51 또는 $25 가격에서의 317커버

이것은 여전히 스테이크 하우스의 수용 가능량에 비해 적은 편이다. 이때 매니저는 시장을 보고 스테이크판매 가능성을 결정해야 한다.

달러 이익 목적 예를 들면, 매니저가 월별 $5,000의 고정이익을 원한다고 가정하자. 여기서 이익은 고정비이며 반드시 스테이크 하우스를 위해 설립된 고정비에 더해져야 한다. $5,000 + $5,000 = $10,000. 커버를 이용해서 손익분기 볼륨을 계산하는 것은 다음과 같이 접근 한다.

손익분기 = FC ÷ CM = \$10,000 ÷ \$17 = 588.24커버 또는 (\$14,706 수익)

다시 말해서, 결과는 가능 수용가능량에 미달이다. 매니저는 반드시 스테이크 판매를 높일 수 있는 전략을 고안해야 한다.

최대 지출 비용 만일 매니저가 일 500커버를 판매할 수 있다고 판단한다면, 최대 지출 비용은 얼마일까? 그리고 손익분기점은? 공식은 다음과 같다.

CM = FC / B (볼륨: 판매수 혹은 커버수)
CM = \$5,000 ÷ 500 = \$10

CM이 \$10을 판매가격 \$25에서 빼면 \$15가 된다. 이 \$15는 스테이크 하우스가 각 단위별로 할당할 수 있는 변동비이며, 여전히 손익분기선이 된다. 만일 \$5,500 이익이 제시된 볼륨(일 500커버)에서 요구된다면, 기여마진은 \$21(\$10,500 ÷ 500커버)이 된다. 원하는 이익 수준에서 변동비는 반드시 커버당 \$4이어야 한다. 이 예제는 손익분기분석이 식재료 명세서를 정하는데 활용될 수 있다는 것을 제시한다. 허용된 원가구조를 고수함으로써 올바른 메뉴가 제한적으로 결정되어질 수 있고, 또한 메뉴는 원가요구조건을 충족할 수 있다.

판매가격 스테이크 판매를 위한 변동비가 커버당 \$8이고, 고정비가 \$5,000이라고 다시 가정하자. 월 500커버의 판매로 이익 \$7,000을 얻으려고 한다. 이때, 판매 가격은 얼마인가?

CM = FC ÷ B (볼륨) = (\$5,000 + \$7,000) ÷ 500 = \$12,000 ÷ 500 커버 = \$24

가격은 반드시 변동비에 고정비를 더한 것과 동일해야 한다. \$8 + \$24 = \$32. 이렇게 계산된 판매가격 \$32를 경쟁업체의 가격과 비교했을 때, 스테이크 하우스가 판매경쟁력을 유지할 수 있는지 혹은 가격 인하를 위해 생산과 서비스 운영기준을 변경시켜야 하는지를 결정해야 한다. 또한 이 접근은 공급업체의 입찰에도 사용된다. 이에 대한 자세한 내용은 3장에서 다루고 있다.

광고 결정 광고비용은 일반적으로 고정비에 속한다. 추가적인 고정비는 레스토랑의 손익분기점을 상승시키고, 따라서 매출증가 또는 변동비절감이 필요할 것이다. 고정비를 위한 금액은 기여마진으로부터 구해진다. 스테이크 하우스를 예에서 CM%는 68%이다. 따라서 총수입 중 $1.47가 고정비의 $1 증가를 부담하기 위해 요구된다($1.00이 68%에 의해 나눠지면 $1.47이 된다). 만일 스테이크 하우스의 계획된 CM%가 50%라면, 각 추가적으로 발생하는 고정비 $1를 부담하기 위해 $2.00이 필요할 것이다. 여기에서 만일 스테이크 하우스 레스토랑이 광고를 위해 $500 비용을 지출한다면, 광고비용을 충당하기 위해 $735 (1.47 x $500)의 추가판매가 요구된다. 매니저는 반드시 그들이 어떠한 광고도 하지 않았을 경우에 얼마를 벌 수 있는지를 알아야 한다. 이 접근은 광고의 실행 후 어떤 결과를 가져왔는지에 대한 판단 기준을 제공한다. 만일 적당한 기간 이후에 증가된 판매가 광고의 원가를 충당하기에 충분하지 않다면, 광고를 실행할 필요는 없다.

인건비 전통적인 손익분기분석에서 변동비는 일반적으로 식재료, 인건비 그리고 약간의 일반경비를 포함한다. 실질적으로 보면 이러한 원가의 일부는 회사의 운영 수준에 따라 변화하지 않을 수도 있다. 표 9-5는 스테이크 하우스로부터의 예를 보여주고 있다.

표 9-5

메뉴가격			$25.00
	변동비		
	식재료 원가	커버당 $4.20	
	일반 경비	커버당 $0.30	
	인건비	커버당 $3.50	
전체 변동비			$8.00
월별 고정비			$5,000.00

인건비는 홀과 주방에서 근무하는 직원들을 다 포함한 12명 직원의 FTE를 토대로 산출된다. 8장에 어떻게 FTE의 계산방법에 대해 자세히 설명되었다. 각 직원들의 일일 인건비는 $116.67라고 가정하고, 이러한 금액은 표 9-6에서

와 같은 공식에 의해 결정되어진다.

표 9-6

전체임금	($3.50×400커버)	$1,400
개인별 지급된 금액	$1,400/12	$116.67
8시간 근무기준 비율		$14.58

생산수준에 관계없이 총변동비용이 커버당 $8이었다고 가정하였지만, 이에 실제적으로 직원들은 원만하게 근무교대를 할 수 없다. 이유인즉, 생산과정에서 일부 인건비가 고정적이기 때문이다. 이러한 사실은 스테이크 하우스의 손익분기점 계산을 변화시킬 수 있고 또한 기여마진과 메뉴가격, 프로모션 그리고 다른 의사 결정에도 영향을 줄 수도 있다.

표 9-7

판매(494커버@일인당 $25)	$12,350.00
- 재료원가@커버당 $4.20	($2,074.80)
- 일반경비@커버당 $0.30	($148.20)
- 인건비(24직원@시간당 $14.58)	($2,799.36)
- 직원 식비와 다른 원가들	($6,994.31)
고정비(영업일수로 분할 – 15)	($333.33)
이익	$0.00

단순하고 전형적인 방법으로 접근해보면, 손익분기점은 294.12커버이고, 만일 또 다른 200개의 식사가 준비되고 판매된다면, 스테이크 하우스는 $3,400 만큼의 이익을 만들 것이다(200커버 x $17 커버당 기여마진). 그러나 실질적으로 손익분기점은 스테이크 하우스의 효과적인 수용량을 나타낸다. 새로운 직원이 하루에 $1,400의 추가 비용으로 일하게 될 경우에만, 추가 200커버가 생산될 수 있다. 494.12커버의 영업 결과는 다음에 오는 표 9-7과 같다.

스테이크 하우스는 실질적으로 오직 손익분기만이 가능하다. 여기서 인건비는 필연적으로 고정비가 될 수 있다. 반면에 일반경비, 재료 그리고 다른 직원복리비용은 진정한 변동비용들이 된다. 스테이크 하우스의 CM은 변화하였다.

손익분기점분석 시 명심해야할 것은, 레스토랑 원가구조의 본질을 고려해야 한다는 것이다. 어떤 레스토랑은 융통성 있는 인력구조를 가지고 있고, 표준분석 또한 잘 적용되고 있지만 노동조합의 지배력이 강하게 작용하는 경우, 조합 내 행정직원과 같은 비 생산직 노동력이 있어 경영진은 반드시 이들을 다른 원가로 다뤄야 한다. 또한 많은 소규모 레스토랑의 경우, 능숙한 직원들이 휴직을 하는 동안 경쟁업체로 전직하는 경우가 종종 발생하기도 한다. 이렇듯 예측과 관리의 어려움에도 불구하고 성공의 확실한 열쇠는 사용된 원가를 상대시킬 수 있을 정도의 수입을 발생시키는 것이다. 이에 앞서 광범위하게 논의된 손익분기 응용과정은 추가판매에 가격을 정하는 것과 광고를 진행하기 위한 의사 결정시 매우 유용하다.

무엇보다도 손익분기점분석은 원가의 양과 형태에 대한 실제적인 계산을 요구한다. 만일 예를 들었던 스테이크 하우스가 현재의 노동량을 가지고 변동비보다 높은 가격으로 추가적인 200커버를 판매한다면 이익을 창출할 수 있을 것이다. 레스토랑의 빈 공간에 신규 사업을 도입할 경우 고정비를 상쇄시킨 이후의 기여분은 이익을 증가 시키거나 또는 최소한의 다른 운영상의 손실을 줄인다. 또한 경영진은 미사용 기물을 판매처분한다거나 혹은 빈 공간을 임대 해주는 것을 고려할 수 있다. 어떠한 결정을 하든지 이익의 구조(수익 혹은 손실)는 레스토랑의 재정적 위치에 영향을 미친다.

손익분기점 분석의 장점과 단점

앞서 논의했던 공간 활용에 있어서 일반적으로 빈 공간을 가지고 있는 레스토랑은 공간 활용의 다양한 대안을 가진다는 것이다. 예를 들면, 스테이크 하우스의 경우 빈 공간을 다른 회사에 빌려주고 임대료 수입을 얻을 수도 있다. 그러므로 반드시 개별적인 계획의 가치뿐만 아니라 자본이나 설비의 다양한 활용계획과 비교되어야 한다.

다음은 손익분기점 분석의 특징을 나타낸 것이다.

■ 손익분기점분석을 통해 현금 흐름을 평가할 수 없다. 투자 및 자산결정시 제안된 계획으로 인해 기대되는 현금 흐름의 가치를 고려하는 것은 기본적인 재무이론으로 통용되고 있다. 만일, 현금 흐름의 할인된 현금이 요구된 투자지출을 초과하면 그 계획이 받아들여지게 된다.

손익분기점분석은 CVP의 관계에 대한 제한적이고 많은 가정을 토대로 실행된다. 따라서 기본적으로 손익분기점분석은 실제상황에서는 긍정적인 기법으로 받아들이기는 힘들다. 더군다나 이 기법은 한 기간을 분석하는 정적인(static) 도구이다.

■ 손익분기점분석은 최종적인 투자 의사결정을 하기 위해서 사용하는 기술치고는 너무 지나치게 단순화된 기술이다. 이것은 단순하고 값싼 식별기법이다. 할인된 현금흐름기법은 많은 시간을 필요로 하고, 자료를 모아 편집하는 과정에서 상당한 비용이 필요하다. 따라서 손익분기점분석은 보다 집중적이고 비용효과적인 분석으로서의 가치가 있는지 아닌지를 토대로 평가되어야 한다.

■ 손익분기점분석은 식재료 및 메뉴를 구체적으로 디자인하기 위한 방법을 제공한다. 각 메뉴 아이템은 원가를 포함하고, 그러한 원가는 가격과 마케팅 실현 가능성에 영향을 끼친다. 손익분기점은 재무적 결정을 내리기 전에 비교가 가능한 다른 제품 명세서들과의 비교를 가능하게 한다. 예를 들면, 스테이크 하우스 계획은 정량크기와 스테이크 명세(steak specification)를 바탕으로 시험되고, 그 후 고객의 지각된 가치 혹은 판매가격 측면에서 스테이크 하우스가 시장에서 수용될 수 있는지 여부를 비교하게 될 것이다.

■ 손익분기점분석은 사업결정을 내릴 때 알려지지 않은 요인들을 추정하기 위한 대리역할을 수행한다. 사업을 진행할지 혹은 중지할지를 결정하기 앞서 수요, 원가, 가격 그리고 전문지식과 공간제한과 같은 다양한 변수

들이 고려되어야 한다. 대부분이 비용이 결정되더라도, 두 가지의 변수가 숙제로 남게 된다. 이익 또는 현금흐름, 그리고 수요. 수요는 일반적으로 정확하게 예측하기가 어렵다. 이익은 반드시 적어도 0이어야 한다는(즉 손익분기점)것이 결정됨에 따라 그 수준에 적합한 수요가 결정된다. 비로소 사업계획의 타당성과 가치가 평가될 수 있다.

요 약

한계원가분석은 전체 혹은 부분적 매장영업을 고려할 때, 지속적으로 운영을 할 것인지 혹은 중지할 것인지의 선택을 위한 의사결정과정에서 결정적인 역할을 한다. 이러한 기법은 재 오픈을 한 후 발생된 총수입이 재 오픈 된 매장의 영업을 위해 필요한 비용들을 초과한다는 가정 하에, 경영진이 재 오픈을 실제적으로 실행하게 된다. 이러한 분석은 때때로 모든 요인을 포함하고 있다. 따라서 고정비로 혹은 변동비로 잘못 분류되는 준변동비의 특성을 정확하게 분석하는 것은 중요하다.

최소제곱법은 준변동비의 고정과 변동요인을 분리시키기 위한 방법이다. 최소제곱법은 고정비와 변동비의 특성에 대한 가정을 간단히 받아들이고 있는 잘못된 인식을 바로 잡게 해주며, 그러한 가정의 정확성을 증명하는 것을 도와준다.

논의과제

1. 한계비용이란 무엇인가?

2. 전체원가 함정은 무엇을 의미하는가?

3. 일반적으로 고정비 혹은 변동비로써 분류되는 원가들의 예를 적어라. 그들은 항상 주어진 그 이름으로써만 항상 분류되어지는가? 만일, 그렇다면 그 이유를 설명하라.

4. 차별적 분석을 정의하라.

5. 고정, 변동 그리고 준변동비를 정의하라.

6. 주어진 데이터에서 변동비를 계산하라.

보수유지비	커버(생산량)
$580	623
$700	700
$625	585
$600	610
$550	650

7. 만일 운영 중의 변동비 백분율이 69%라면, 한계기여 백분율은 얼마인가?

8. 만일 운영의 고정비가 $7,000이라면, 한계기여는 35%이다. 손익분기를 위해 어느 정도의 판매가 요구되는가?

9. 문제 4번을 참고로, 평균 영수금액이 $12이라고 가정하자. 손익분기가 되기 위해 얼마나 많은 커버가 요구되는가?

10. 만일 평균 영수금액이 $15로 증가한다면, 손익분기가 되기 위해 얼마나 많은 커버가 요구될 것인가?

11. 손익분기점분석을 할 때, 시설을 오픈 혹은 재 오픈 할 것을 정의하기 위해 6%의 이익폭이 필요하다고 가정하면, 얼마만큼의 달러 볼륨이 필요한가?

12. 만일 고정비가 $4,000 원하는 이익은 $5,000, 평균 영수금액이 $10 그리고 측정된 커버수가 1,500이라면, 이러한 계획의 목적을 달성하기 위한 변동비 백분율은 얼마인가?

부 록

무게와 용량

다음의 내용은 레시피를 활용할 때, 무게와 용량에 대해 곧바로 이해 할 수 있도록 하기 위한 것이다. 기록된 무게와 용량들은 단지 근사값일 뿐이며, 다음의 이유들로 인해 오차가 발생할 수 있다.

1. 제품별 다양한 수분 함유량
2. 다양한 보관용기에 맞게 손질된 식재료의 다양한 크기
3. 갤런(Gallon) 혹은 파운드(Pound) 단위로 구성된 제품은 정확한 계량단위변화가 어렵다.
4. 1Pint(파인트)의 물을 정확하게 나타내기 위해 1 9/10cups이라고 환산하는 것은 매우 비현실적이다. 일반적으로 이런 경우 2cups이라고 간단히 말한다.
5. 수분을 포함하고 있는 제품이 건조됐을 경우, 무게가 가벼워진다.
6. 설탕을 포함하고 있는 젖은 제품이 수분이 증발하면 더 무거워지고 농도가 더 진해지게 된다.
7. 한 컵의 밀가루는 4oz 무게이나 만일, 체를 치게 되면 무게가 더 줄어든다.
8. 티스푼 혹은 계량컵을 사용하는 경우 가득한 정도에 대한 측정이 거의 정확하지 않다.
9. 일반적으로 사용되는 계량단위는 FZ(액체온즈), WZ(무게온즈), Count(카운트:CT) 또는 PR(1인분 레시피)이다. 식음료 비용 관리에 있어 가장 필수적인 사항인 정확성을 위해 이곳에서 사용하고 있는 측정 방법들은 소프트웨어 크리에이션 (SOFTWARE CREATION)으로부터 적용했다.

실제 사용되고 있는 무게단위

아래에서 언급하는 제품들은 레시피에 자주 사용되는 제품들이며, 실제로 사용되어지기보다는 이론적인 무게와 측정에 있어 좀 더 간단히 사용할 수 있는 것들이다. 산화작용이 발생하는 식용유 혹은 쇼트닝류와 제품위에 바르는데 사용하는

버터류 등은 25인분 이상의 레시피인 경우일 때 정확한 무게로 사용된다.

표 A-1을 보면,

표 A-1

Product	Pound	Cup	Ounce	Tablespoon
Practical measure	2cups	8wz	2tbl	1/2wz
Salts	2 1/8cups	9 3/4wz	1 5/8tbl	2/3wz
Fats-lard butter	2cups	8wz	2tbl	1/2wz
Sugar granulated	2 1/2cups	7 1/2wz	2 1/8tbl	1/2wz
whipped butter	2 2/3cups	6wz	2 2/3tbl	1/3wz

무게 차이의 예

1gallon(갤론:WZ)의 물 무게는 8.1lb(파운드)이다. 1gallon의 우유의 무게는 8.59lb이다. 1gallon의 시럽무게는 10lb이고, 꿀 1gallon의 무게는 11.75lb이다.

참고적으로 1gallon = 128FZ(유체 온즈:Fluid ounces)로 환산할 수 있다. 표 A-2는 각 제품의 부피와 무게를 환산한 것이다.

표 A-2

Group Characteristics	Example	Cup	Fluid Ounce	Tablespoon
Very Dry, light weight	Orangano Whole	1wz	16 TBSP	WZ= 0.063 1/16
Dry light leaves ground	Thyme leaf	2wz	8 TBSP	WZ= 0.125 1/8
Moist product ground	Curry powder	4wz	4.5 TBSP	WZ= 0.250 1/4
West products like meat etc.,	Peaches sliced	9wz	2 TBSP	WZ= 0.500 1/2
Ordinary Liquids	Water	8wz	2 TBSP	WZ= 0.500 1/2
Thick liquids	Molasses	11.2wz	1.3 TBSP	WZ= 0750 3/4

아래의 표는 부피와 무게를 계산한 표이다.

액체용량을 무게로 환산

표 A-3

Cups	Pints	Quarts	Fluid Ounces	Pounds	Ounces
1.0	0.5	0.250	8	0	8.25
2.0	1.00	0.500	16	1	0.50
3.0	1.50	0.750	24	1	9.00
4.0	2.00	1.000	32	2	1.25
5.0	2.50	1.250	40	2	9.50
6.0	3.00	1.500	48	3	1.75
7.0	3.50	1.750	56	3	10.25
8.0	4.00	2.000	61	4	2.50
9.0	4.50	2.250	72	4	10.75
10.0	5.00	2.500	80	5	3.25
11.0	5.50	2.750	88	5	11.50
12.0	6.00	3.000	96	6	3.75
13.0	6.50	3.250	104	6	12.00
14.0	7.00	3.500	112	7	4.25
15.0	7.50	3.750	120	7	12.50
16.0	8.00	4.000	128	8	5.00

재고조사에 사용되는 약어

표 A-4

Abbreviation	Unit of Measure	Abbreviation	Unit of Measure
*	weight not available	bchd.	bunched
bskt.	basket	bu.	bushel
crt.	crate	ctn.	carton
contr.	container	hmpr.	hamper
lb.	pound	lyr.	layer
oz.	ounce	pk.	pack
pkg.	package	pt.	pint
sk	sack	std.	standard
var.	various	wbd	wirebound
wrpd.	wrapped		

레시피에 사용되는 계량 단위 약어

표 A-5

Unit of Measure	Abbreviation	Unit of Measure	Abbreviation
milliliter	ml	large	lge
demiliter	dm	Medium	med
liter	l	small	sm
package	pkg	inch	in
weight	wt	minute	min
volume	vol	gram	g
gram	Gm.	Ounce	oz
pound	Lb. or #	Cup	cup of c
pint	Pt.	quart	qt.
gallon	Gal.	each	ea.
fluid ounce	Fz.	weight ounce	Wz
count	Ct.	bunch	bch
batch	B	dozen	doz
teaspoon	Tsp or t	tablespoon	Tblsp., Tbl., or TBL

레시피에 사용되는 기타 약어

표 A-6

Abbreviation	Unit of Measure
°F	degree Fahrenheit
℃	degree Celsius
psi	pressure per square inch
Cm	centimeter
in	inch
A.P.	as purchased
E.P.	edible portion(less preparation waste)

약어와 그에 따른 설명

표 A-7

Abbreviation	Ingredient Description	Abbreviation	Ingredient Description
AMR	American	CRSNT	crescent
AST	assorted	CUBD	cubed
BLNCHD	blanched	DCD	diced
BM	bilmar	CETR	detergent
BNLS	boneless	CRND	drained
BRDED	breaded	CRSG	dressing
BRKN	broken	DVL'S	devil's
BRSKT	brisket	EA	each
BRST	breast	ENR	enriched
BTRSCH	butterscotch	FD	food
BUTR	butter	FLKD	flaked
BX	box	FRNCH STYL	French Style
CAFE FREE	caffeine free	FRSH	fresh
CANADN	Canadian	FRZ-DRY	freeze-dried
CAULFLWR	cauliflower	FURN	furniture
CHED	cheddar	GB	Gloldberger
CHIN	Chiness	GERSTYL	German Style
CHIPD	chipped	GM	General Mills
CHILLD	chilled	GRHM	graham
CHOC	chocolate	GRN	green
CHOPD	chopped	GRND	ground
CKD	cooked	GRTD	grated
CLEAND	cleaned	HLF	half
CLEND & HULD	cleaned & hulled	HLVD	halved
COARSLY	coarsely	HLVS	halves
COTT	cottage	ICBRG	iceberg
CRMBLD	crumbled	IND	individual
CRNBRY	cranberry	INST	instant
CRND	corned	ITAL	Italian
CRSHD	crushed	JUL	julienne

기타 약어와 설명

표 A-8

Abbreviation	Ingredient Description	Abbreviation	Ingredient Description
KELGS	kellogs	PROV	provolone
LNTHWSE	lengthwise	PRTNS	portions
LO FT	lowfat	PS	paper supplies
LO SOD	low sodium	PUR	purpose
LRG	large	QTRS	quarters
LT SYR	light syrup	RCH	Rich's
LVS	leaves	RGH	rough
MAND	mandarin	RND	round
MARA	maraschino	RNSD	rinsed
MEX	Mexican	RSTD	roasted
MNCD	minced	S LEE	Sara Lee
MOZZ	mozzarella	SAND	sandwich
MSHD	mashed	SAUT	sauteed
MTLS	meatless	SCRD	scored
ND	non-dairy	SDLS	seedless
NTRL	natural	SECT	sections
OZ	ounce	SED	seeded
PCKD	precooked	SEMISWT	semisweet
PCKLD	pickled	SOFTND	softened
PCS	pieces	SHRED	shredded
PELD	peeled	SHVD	shaved
PIZA	pizza	SIRLN	sirloin
PK	packet	SL	slices
PLD	pulled	SLCD	sliced
PLN	plain	SLCS	slices
PLSTC	plastic	SLD	solid
PNUT	peanut	SMKD	smoked
PR	pair	SNKA	sanka
PRECKD	precooked	SP	spice
PREM	premium	SPLT	split

그램단위 무게 변환

Note: ounce을 알고 이를 gram(그램)으로 변환하고자 할 때에는 ounce에 28.35를 곱하면 되고, pound를 gram으로 변환하고자 할 때에는 pound에 453.6을 곱하면 ounce를 구할 수 있다.

표 A-9

Ounce	Grams	Pounds	Grams
1	28.35	1	453.6
2	56.70	2	907.2
3	85.05	2.5	1134.0
4	113.40	3	1136.8
5	141.75	4	1814.4
6	170.10	5	2268.0
7	198.45	6	2721.6
8	226.80	7	3175.2
9	255.15	8	3628.8
10	283.50	9	4082.4
11	311.85	10	4536.0
12	340.20	15	6804.0
13	368.55	20	9072.0
14	396.90	25	11340.0
15	425.25	30	13608.0
16	453.60	35	15876.0

액체 용량 측정

표 A-10

Metric	U.S. FL OZ	3/4 OZ	1 OZ	1-1/8 OZ	1-1/4 OZ	1-1/2 OZ	Closest Previous Container U.S. OZ
1.75 Liter	59.2	78.9	59.2	52.6	47.4	39.5	1/2Gal.=64OZ
1.0 Liter	33.8	45.0	33.8	30.0	27.0	22.5	Qt = 32OZ
750 Milliliters	25.4	33.9	25.4	22.6	20.3	16.9	5th = 25.6OZ
500 Milliliters	16.9	22.5	16.9	15.0	13.5	11.3	Pt = 16OZ
200 Milliliters	6.8	9.1	6.8	6.0	5.4	4.5	1/2 Pt. = 8OZ
50 Milliliters	1.7						Miniature = 1.6 OZ

음료 제품 생산율 차트 - U.S. 측정 시스템

표 A-11
(다음페이지 계속)

Size per bottle	Quart	Yield per 1-1/8oz Drink	Yield per 1-1/4oz Drink	Yield per 1-1/2oz Drink
10/10	32.0oz	28.3	25.6	21.3
9/10	28.8oz	25.5	23.0	19.2
8/10	25.6oz	22.7	20.5	17.1
7/10	22.4oz	19.8	17.9	14.9
6/10	19.2oz	17.0	15.4	12.8
5/10	16.0oz	14.2	12.8	10.6
4/10	12.8oz	11.3	10.2	8.5
3/10	9.6oz	8.5	7.7	6.4
2/10	6.4oz	5.7	5.1	4.3
1/10	3.2oz	2.8	2.6	2.1

Size per bottle	Fifth	Yield per 1-1/8oz Drink	Yield per 1-1/4oz Drink	Yield per 1-1/2oz Drink
10/10	25.6oz	22.7	20.5	17.1
9/10	23.04oz	20.4	18.4	15.4
8/10	20.48oz	18.1	16.4	13.6
7/10	17.96oz	15.9	14.4	12.0
6/10	15.36oz	13.6	12.3	10.2
5/10	12.80oz	11.3	10.2	8.5
4/10	10.24oz	9.1	8.2	6.8
3/10	7.68oz	6.8	6.2	5.1
2/10	5.12oz	4.5	4.1	3.4
1/10	2.56oz	2.3	2.1	1.7

Size per bottle	1/2 Gallon	Yield per 1-1/8oz Drink	Yield per 1-1/4oz Drink	Yield per 1-1/2oz Drink
10/10	64oz	56.6	51.2	42.7
9/10	57.6oz	51.0	46.1	38.4
8/10	51.2oz	45.3	41.0	34.1
7/10	44.8oz	39.6	35.8	29.9
6/10	38.4oz	34.0	30.7	25.6
5/10	32.0oz	28.3	25.6	21.3
4/10	25.6oz	22.7	20.5	17.1
3/10	19.2oz	17.0	15.4	12.8
2/10	12.8oz	11.3	10.2	8.5
1/10	6.4oz	5.7	5.1	4.3

Size per bottle	Liter Ounces	Yield per 1-1/8oz Drink	Yield per 1-1/4oz Drink	Yield per 1-1/2oz Drink
10/10	33.8	29.9	27.0	22.5
9/10	30.4	26.9	24.3	20.3
8/10	27.04	23.9	21.6	18
7/10	23.66	20.9	18.9	15.8
6/10	20.28	18.0	16.2	13.5
5/10	16.9	15.0	13.5	11.3
4/10	13.52	12.0	10.8	9
3/10	10.14	9.0	8.1	6.8
2/10	6.67	6.0	5.4	4.5
1/10	3.38	3.0	2.7	2.3

Size per bottle	750 ml Ounces	Yield per 1-1/8oz Drink	Yield per 1-1/4oz Drink	Yield per 1-1/2oz Drink
10/10	25.4	22.4	20.3	16.9
9/10	22.86	20.2	18.3	15.2
8/10	20.32	18.0	16.2	13.5
7/10	17.78	15.7	14.2	11.9
6/10	15.24	13.5	12.2	10.2
5/10	12.7	11.2	10.1	8.5
4/10	10.16	9.0	8.1	6.8
3/10	7.62	6.7	6.1	5.1
2/10	5.08	4.5	4.1	3.4
1/10	2.54	2.3	2.0	1.7

Size per bottle	1.75Liter Ounces	Yield per 1-1/8oz Drink	Yield per 1-1/4oz Drink	Yield per 1-1/2oz Drink
10/10	59.2	52.3	47.3	39.5
9/10	53.28	47.1	42.6	35.5
8/10	47.36	41.9	37.9	31.6
7/10	41.44	36.6	33.1	27.6
6/10	35.52	31.4	28.4	23.7
5/10	29.6	26.2	23.7	19.7
4/10	23.68	20.9	18.9	15.8
3/10	17.76	15.7	14.2	11.8
2/10	11.84	10.5	9.5	7.95
1/10	5.92	5.2	4.7	3.9

U.S. 무게 측정과 계량공식

표 A-12

Grams	Ounces	Pounds	Kilograms	Ounces	Pounds
1	0.035		0.756	26.67	1 2/3
5	0.175		0.793	28	1 3/4
15	0.525		0.832	29.33	1 5/6
28.35	1	1/16	0.85	30	
57	2	1/8	0.964	34	2 1/8
76	2.67	1/6	1.02	36	2 1/4
114	4	1/4	1.25	44	2 3/4
151	5.33	1/3	1.81	64	4
227	8	1/2	2.5	88	5 1/2
302	10.67	2/3	3.18	112	7
340	12	3/4	4.08	144	9
378	13.33	5/6	5.44	192	12
454	16	1	7.26	256	16
510	18	1 1/8	8.17	288	18
529	18.67	1 1/6	9.07	320	20
567	20	1 1/4	10.89	384	24
605	21.33	1 1/3	12.7	448	28
681	24	1 1/2	14.51	512	32

액체 제품 용량 측정 공식

Note: 아래의 공식은 물 무게 측정을 기본으로 한 것이기에 반드시 모든 액체에 해당되는 사항은 아니다.

표 A-13

3 Teaspoons	=	1 Tablespoon
16 Tablespoons	=	1 Cup
28.35 Grams	=	1 Ounce
1 Cup	=	1/2 Pint
2 Cups	=	1 Pint
2 Pints	=	1 Quart
4 Quarts	=	1 Gallon
768 Teaspoons	=	1 Gallon
1lb (water)*	=	16 Fluid Ounces
1lb (water)*	=	1 Fluid Pint
2lb (water)*	=	1 Fluid Quart

레시피 기록을 위한 부피환산

표 A-14

	Teaspoon	Tablespoon	Quart	Cup
1 Teaspoon	1.0	0.333333	0.0052083	0.020833
1 Tablespoon	3.0	1.0	0.01625	0.062500
1 Cup	48.0	16.0	0.25	1.0
1 Pint	96.0	32.0	0.5	2.0
1 Quart	192.0	64.0	1.0	4.0
1 Gallon	768.0	256.0	4.0	16.0

측정단위 환산

표 A-15

무게	용량 (Fz)	개수 (Ct)
Grams	Teaspoons	Each
Ounces	Cups	Slices
Pounds	Pints	Can
	Quarts	Bottle
	Gallons	Leaves

Pound(lb)와 Ounce(온즈)를 Gram(그램)으로 변환

표 A-16

Ounces	Grams	Pounds	Grams
1	28.35	1	453.6
5	141.75	5	2268
10	283.5	10	4536
12	340.2	25	11340
16	453.6	50	22680

Teaspoon(티스푼)과 Tablespoon(테이블스푼)과의 변환 공식

표 A-17

Teaspoons	Tablespoons
3 = 0.5 Ounce	1 = 3 Teaspoons
6 = 1 Ounce	2 = 1 Ounce
48 = 1 Cup	4 = 0.25 Cup
96 = 1 Pint	8 = 0.5 Cup
192 = 1 Quart	16 = 1 Cup
960 = 5 Quarts	128 = 1/2 Gallon
768 = 1 Gallon	256 = 1 Gallon

무게 계량 공식

표 A-18

1 Gram	0.3547 WZ	1 WZ	28.35 Grams
1 Kilogram	2.2046 LBX	1 LB	0.454 Kilogram
1 Metric Ton	1.1023 Englis	1 ENGLISH TON	0.9072 Tons
1 Kilogram	1000Grams		

건조한 제품의 측정 단위

표 A-19

2 Pints	1 Quart	4 Pecks	1 Bushel
8 Quarts	1 Peck	36 Bushels	1 Chaldron
28.35 Grams	1 WZ	8 WZ	0.5 Pound
226.80 Grams	8 WZ	16 WZ	1 Pound
453.60 Grams	16 WZ		

유체 측정 단위

표 A-20

3 Tsp	1 Tblsp	2 Pints	1 Quart
16 Tblsp	1 Cup	4 Quarts	1 Gallon
2 Cups	1 Pint	31 1/2 Gallons	1 Barrel
4 Gills	1 Pint	2 Barrels	1 Hogshed

기타 단위 변환 기준

표 A-21

1 Pound	16 WZ
1 Cup	8 FZ
1 Pint	2 Cups (16 FZ)
1 Quart	2 Pints (32 FZ)
1/2 Gallon	2 Quarts (64 FZ)
1 Gallon	4 Quarts (128 FZ)

상형

표 A-22

16 Drams	1 WZ	112 Pounds	Long 100 Wt.(CWT)
16 Ounces	1 Pound	4 Quarters	1 Hundred WT.
25 Pounds	1 Quarter	2000 Lbs.	1 Short Ton
100 Pounds	Short 100 Wt. (CWT)	2240 Lbs	1 Lond Ton

부피 측정 단위 등식

표 A-23

1 Cu. Centimeter = 0.061 Cu. Inch	1 Cu. Inch = 16.39 Cu. Centimeters
1 Cu. Decimeter = 0.353 Cu. Foot	1 Cu. Foot =28.317 Cu. Decimeters
1 Cu. Meter = 1.308 Cu. Yard	1 Cu. Yard = 0.7646 Cu. Meter
1 Ster = 0.2759 Cord	1 Cord = 3.642 Steres
1 Liter = 0.908 Dry	1 Qt. Dry = 1.101 Liters
1 Liter = 1.0567 Qt. Liquid	1 Qt. Liquid = 0.3785 Liter
1 Dekaliter =2.6417 Gallon	1 Gallon = 0.3785 Dekaliter
1 Dekaliter =0.135 Peck	1 Peck = 0.881 Dekaliter
1 Hektoliter =2.8375 Bushel	1 Bushel = 3524 Hektoliter

직선형 측정 등식

표 A-24

1 Centimeter = 0.3937 Inch	1 Inch = 2.54 Centimeters
1 Decimeter = 0.328 Feet	1 Foot = 3.048 Decimeters
1 Meter = 1.0936 Yards	1 Yard = 0.9144 Meter
1 Dekameter = 1.9884 Rods	1 Rod = 0.5029 Dekameter
1 Kilometer = 0.32137 Mile	1 Mile = 1.6093 Kilometers

사각형 측정 등식

표 A-25

1 Sq. Centimeter = 0.1550 Sq. Inch	1 Sq. Inch = 6.452 Sq. Centimeters
1 Sq. Decimeter = 0.1076 Sq. Inch	1 Sq. Foot = 9.2903 Sq. Decimeters
1 Sq. Meter = 1.196 Sq. Yard	1 Sq. Yard = 0.8361 Sq. Meter
1 Acre = 3.954 Sq. Rods	1 Sq. Rod = 0.2529 Acres
1 Hektar = 2.47 Acres	1 Acre = 0.4047 Hektar
1 Sq. Kilometer = 0.386 Sq. Mile	1 Sq. mile = 259 Sq. Kilometers

레시피에 사용되는 분수 부분 변환 공식

아래의 표는 분수로 쓰여진 측정을 사용이 편리하고 보기 쉬운 정수로 변화시키는 방법을 설명한 것이다. 예를 들어, 왼쪽부터 오른쪽으로 읽으면 1pound의 7/8은 14oz이며, 1gallon의 1/3은 1quart 더하기 1 1/3cups이고, 1gallon의 1/16cup은 1cup이고, 기타 등등

표 A-26

	1 Tblsp	1 Cup	1 Pint	1 Quart	1 Gallon	1 Pound
1	3 tsp	16 Tbl	2 cups	2 pints	4 quarts	16 WZ
7/8	2 1/2 tsp	1 cup less 2 Tbl	1 2/3 cups	3 1/2 cups	3 quarts+1 pints	14 WZ
3/4	2 1/4 tsp	12 Tbl	1 1/2 cups	3 cups	3 quarts	12 WZ
2/3	2 tsp	10 Tbl +2 tsp	1 1/3 cups	2 2/3 cups	2 quarts+2 2/3 cup	10 2/3 WZ
5/8	2 tsp(scant)	10 Tbl	1 1/4 cups	2 1/2 cups	2 quarts+1 pints	10 WZ
1/2	1 1/2 tsp	8 Tbl	1 cups	2 cups	2 quarts	8 WZ
3/8	1 1/8 tsp	6 Tbl	3/4 cups	1 1/2 cups	1 quart +1 pints	6 WZ
1/3	1 tsp	5 Tbl + 1 tsp	2/3 cups	1 1/3 cups	1 quart +1 1/3 cups	5 1/3 WZ
1/4	3/4 tsp	4 Tbl	1/2 cups	1 cups	1 quart	4 WZ
1/8	1/2 tsp(scant)	2 Tbl	1/4 cups	1/2 cups	1 pint	2 WZ
1/16	1/4 tsp(scant)	1 Tbl	2 Tbl	4 Tbl	1 cup	1 WZ

정량 측정을 위한 참고

표 A-27

Item	Size	Use	Gram	OZ	Tsp	Tbl	Cup
Scoop	No.100	Dainty Cookies	10	0.35	2	2/3	1/48
	No.70	Small Drop Cookies	11	1/8	2	2/3	1/48
	No.60	Small Drop Cookies	15	1/2	3	1	1/16
	No.40	Medium Drop Cookies	23	2/5	5	1 3/5	
	No.30	Large Drop Cookies	28.35	1	6	2	1/8
	No.24	Sandwich or cream puff pudding	38	1 1/2	8	2 2/3	
	No.20	Sandwich fillings, salads, muffins, desserts	42	1 1/2	10	3 1/3	
	No.16	Entrees, muffins, desserts	57	2	12	4	1/4
	No.12	Entrees, salads, croquettes, vegetables	76	2 2/3	14	4 2/3	1/3
	No.10	Meat patties, cereals, croquettes, vegetables	92	3 1/4	19 1/2	6 1/2	3/8
	No. 8	Meat patties and casserole dishes	114	4	24	8	1/2
	No.6	Main dish salads	170	6	36	12	3/4
Ladles	1 FZ	Sauces, relishes	228.35	1	6	2	1/8
	2 FZ	Gravies, sauces	57	2	12	4	1/4
	4 FZ	Creamed dishes and vegetables	114	4	24	8	1/2
	6 FZ	Stews, baked dishes, chili, creamed dishes, vegetables, soups, chili, stews	170	6	36	12	3/4
	8 FZ	Soup, chili, stews	227	8	48	16	1
	12 FZ	Large soup, goulash	340	12	72	24	1 1/2
	24 FZ	Kitchen dipper	681	24		48	3
	32 FZ	Quart dipper	907	32		64	4
Demiliter			496	17 1/2		35	2 1/16
Liter			1000	35.28		70	4 1/8
2 Quart			1990	64		128	8

품질 관리를 위한 온도

표 A-28

Degree Fahrenheit	Produce
212°	물이 끓는 점. 서식하고 있던 대부분의 박테리아는 소멸
180°	디시워셔 이용 시 헹구는 과정에서 조리기구에 있는 박테리아를 소멸할 수 있도록 물의 온도 170°F 사용
170°	실질적으로 질병을 일으킬 수 있는 박테리아는 소멸
160°	조리기구를 이용하여 조리를 시작하는 온도
140°	박테리아의 성장이 잠정적으로 멈추거나 혹은 죽을 수도 있음
98.6°	Body temperature. 박테리아가 가장 빠르게 번식
70°	Room temperature. 박테리아가 빠르게 번식
50°	박테리아의 번식이 점점 느려지고 이 온도 이하부터 거의 번식을 멈춤
45° ~ 40°	과일이나 채소 저장온도
37° ~ 33°	유제품 저장온도
36° ~ 33°	육류 혹은 가금류 저장온도
32°	물이 어는 온도. 실질적으로 박테리아의 번식이 없음
30° ~ 23°	생선이나 갑각류 저장온도
10° ~ 6°	아이스크림 저장온도
0° ~ 10°	냉동식품 저장온도

캔 용품

캔에 담겨져 있는 과일과 채소를 사용하는 가장 좋은 이유를 보면 다음과 같다.

- 신선한 것보다는 저렴한 가격
- 저장의 용이성 - 냉장보관이 필수적인 것은 아님
- 계절에 상관없이 일 년 내내 사용 가능
- 버려지는 것이 없음 - 캔 안의 모든 것은 사용 가능
- 특별히 거쳐야 하는 가공과정이 필요치 않음
- 캔 안의 수량을 정확하게 셀 수 있음
- 부분 비용을 정확하게 계산할 수 있음
- 급한 상황에서 즉시 사용 가능. 즉, 빠른 시간 내에 준비가 가능함.

캔 제품이 신선한 제품보다 영양이 떨어진다?

신선한 제품들이 저장용 제품들에 비해 분명히 맛도 좋고, 영양학적으로 우수할 것이다. 그러나 "신선하다"라고 불리는 제품들이 익기 전에 수확되거나, 시장으로 전달되기 위해 수 천 마일을 운반되어지거나 혹은 소비자에게 팔리기 전에 저장고에 장시간 보관되어 있었다면, 이러한 경우 제품의 신선도는 재배지에서 제품으로써 수거될 당시보다 훨씬 떨어진 상태라는 것은 당연할 것이다. 이에 비해서 캔제품 혹은 냉동제품들이 적절한 방법으로 가공되었다면, 이렇게 가공된 제품들은 원제품의 향, 비타민 그리고 미네랄 등의 대부분을 그대로 지니고 있게 된다. 또한 캔제품이나 냉동 제품들은 1년 내내 많은 종류의 과일과 채소들을 손쉽게 섭취할 수 있음과 동시에 계절식이 아닌 제품들에 대해 신선한 제품보다 더욱 저렴한 가격에 구매할 수 있다는 장점이 있다.

품질등급

캔 제품 사용에 가장 고려해야 하는 것은 등급(혹은 품질)이다. 제품은 최고품질(상), 중간 품질(중)과 낮은 품질(하)과 같은 3등급으로 구별되어진다. 품질의 등급을 표현하고자 사용되고 있는 이름으로는 A, B 그리고 C가 있다. 캔 용품의 경우는 Fancy(팬시), Choice(초이스) 혹은 Extra Standard(엑스트라 스탠다드)와 Standard(스탠다드)를 사용하고 있다.

품질등급을 구분하는 방법은 매우 다양하며 한 가지 예를 들면, 콩이나 당근의 경우 두 등급 A와 B로 구분된다.

A등급 혹은 Fancy의 경우 정해진 사이즈, 색깔 그리고 점도 면에서 훌륭한 고품질 다시 말해 흠집이 없는 음식을 말하는 것이다. A등급의 제품은 사이즈, 색깔, 점도 그리고 일정함 등에 따라 신중하게 선별되어진다.

B등급 혹은 Choice(과일의 경우) 그리고 Extra Standard(채소의 경우)는 사이즈, 색깔 그리고 점도 면에서 합리적으로 일정함을 유지함과 동시에 흠집이 없는 것을 의미한다. 이와 더불어, 채소의 경우는 더욱 숙성된 것을 과일의 경우는 덜 균일한 것을 선호한다.

포장

시럽의 농도는 캔에 저장된 과일의 종류에 따라 따르며, 농도는 순간적인 것(Cut-Out)이 아닌 지속적인 것(On-Going)을 기준으로 액체 비분계(Brix Hydrometer)로써 알려진 브릭스 기계(Brix Instrument)로 '도(Degree)'라는 단위로 측정되어진다. 예를 들면, Choice등급인 배의 순간점도는 Brix 순간점도 18도 혹은 18도와 22도사이라고 표현되어 질것이다; 이때 1도 브릭스는 무게로 측정했을 때 대략 설탕의 1%와 같다. 순간점도와 지속점도와의 차이점은 자연제품을 간 것 혹은 과일의 주스와 시럽의 동일성에 의해 그리고 캔으로 제품화한 후 과일에 의해 단맛이 흡수되는 정도에 의거한다. 지속점도 50도는 순간점도 22도 이상일 것이며, 이러한 실험들은 캔으로 제품화 된지 15일 이상제품들만을 사용한다.

- 대부분의 채소에는 소금을 첨가시킨다. 이때 말하는 소금물은 일반적으로 물과 소금을 섞은 것이며, 배와 옥수수와 같은 경우에는 독특한 맛을 내기 위해 때때로 소금과 설탕을 함께 혼합해 사용하기도 한다.
- 때때로 파인애플과 토마토와 같이 자연적으로 발생되는 주스를 첨가하기도 하고, 다른 과일류의 경우 자연적으로 발생된 주스를 과일 맛을 내는 제품포장에 추가시키기도 한다.
- 시럽은 대부분 과일과 고구마를 저장하기 위해 사용되어진다. 일반적으로, 등급에 따라 시럽점도(다시 말해, 설탕의 양이 많은가에 따라)는 높아지거나 낮아진다. 비용과 소비자의 성향 등에 의해 과일 주스 안에 함유된 설탕량은 건강과 관련된 이슈로 인해 조금이라도 적게 들은 제품을 선호하고 있다. 시럽과 등급과의 관계에 대한 예를 들면 다음과 같다.

Extra Heavy Syrup	Fancy Grade Fruit
Heavy Syrup	Choice Grade Fruit
Light Syrup	Standard Grade Fruit
Water	Dietetic Fruits and vegetables; pie fruit

"순 무게(Drained Weight)"란?

순 무게란 간략하게 말하면, 채소나 과일이 시럽, 주스 혹은 물 성분들이 물기를 거르는 여과기를 통해 2분여동안 걸러진 다음에 남은 부분들에 대한 무게를 의미한다. 유체를 포함하고 있는 상태를 포장하는 과정에서 제품의 순무게를 아는 것은 매우 중요하다. 이 책에 나와 있는 방법은 미국 내에서 가장 많이 추천되어 사용하고 있는 것으로써 다음의 내용을 이해하고 순무게를 정하기 위한 기준으로써 참고하라.

순무게(Drained Weight)를 어떻게 결정할 것인가? 과일이나 채소의 #10캔을 위해 지름이 12인치, 각 1인치마다 8그물망이 되어 있는 수직면으로 둘러싸여 있는 원형체를 사용하라. #2 1/2캔을 위해서는(앞서 예를 든 #10캔보다는 좀 더 작은 것을 의미) 지름이 8인치이고 각 인치마다 8그물망으로 엮어져 있는 체를 사용한다. 토마토의 경우는 1인치당 2그물로 엮어져 있는 체를 사용한다. 이때 모든 제품들의 순무게를 재기 위해 반드시 체의 무게를 우선적으로 기록한다. 다음에는 채를 사용할 팬의 위쪽에 약간 기울인 상태로 놓는다. 캔의 내용물을 모두 쏟고 그 내용물들을 고르게 편다. 부스러기들을 포함한 내용물을 즉석에서 무게를 측정 후 부스러기들이 없는 무게를 뺀다. 이것이 바로 그 제품의 순무게이다. 만일, 앞서 설명한 것과 같은 방법을 사용할 수 없다면 여과기를 사용하는 것이 낫다.

저장용기

캔 용기들의 크기는 매우 다양하며, 다음은 아스파라거스를 저장하기 위해 사용되는 용기들을 통해 저장용기들 간 용량을 비교한 것이다.

CAN EQUIVALENTS		
One #10 Can	7 /#300 Cans	근사치
One #10 Can	6 /#303 Cans	근사치
One #10 Can	5 /#2 Cans	근사치
One #10 Can	4 /#2 1/2 Cans	근사치
One #10 Can	2 1/4 /#3 cyl. Cans	근사치

최대 용량

표 A-29

Can Size	Maximum Gross Head-Space In Thirty-Seconds of an Inch
No. 300	19
No. 303	19
No. 2	19
No. 2 1/2	20
No. 3 Cylinder	27
No. 10	27

캔 용량과 내용물

표 A-30

Can Size	Principal Products
No. 5 squat	
75oz squat	
No. 10	Institution size - fruits, vegetables, and some other foods.
No. 3 Cyl	Institution size - condensed soups, some vegetables. Meat and poultry products. Economy family size - fruit and vegetable juices.
No. 2 1/2	Family size - fruits, some vegetables
No. 2	Family size - juices, ready-to-serve soups and some fruits
No. 303	Small cans-fruits, vegetables, some meat and poultry p개ducts, and ready-to-serve soups
No. 300	Small cans-some fruits and meat products
No. 2 (vacuum)	Principally for vacuum pack corn.
No. 1 (picnic)	Small cans-condensed soups, some fruits, vegetables, meat and fish
8oz	Small cans- ready-to serve soups, fruits and vegetables
6oz	

캔제품의 사이즈, 무게 그리고 용량

표 A-31

Can Size	Volume	Average Fluid	Average Cups	Cans per Case	Approx Weight
75 Squat				6	4 LB 11 WZ
No. 5	56			6	4 LB 2 WZ
No. 10	105.1	99 to 117	12 to 13	6	6 LB 9 WZ
No. 3 Cyl.	49.6	51 or 6	5 3/4	12	46 FL. WZ
No. 2 1/2	28.55	27 to 29	3 1/2	24	12 WZ
No. 2	19.7	20 or 18	2 1/2	24	1 LB 13 WZ
No. 303	16.2	16 or 17	2	24 or 36	1 LB
No. 300	14.6	14 or 16	1 3/4	24	15 1/2 WZ
No. 2 (vacuum)		12 FZ	1 1/2	24	
No. 1 (picnic)		10 1/2 to FZ	1 1/4	48	
8 oz	8.3	8 FZ	1	48 or 72	8 WZ
6 oz	5.8	6FZ	3/4	48	6 WZ

캔제품 변환 공식

표 A-32

Can Size	Equivalent
	2 1/4 #3 Cyl.
	4 #2.5 Cans
1 #10 Can	5 #2 Cans
	6 #303 Cans
	7 #300 Cans

양념류 제품 변환 공식

표 A-33

Teaspoon	Tablespoon	Fluid Ounces	Cups	Scoops	Fluid Measure
3	1	1/2			
6	2	1	1/8	30	
12	4	2	1/4	16	
15	5	2 1/2	1/3	12	
	6 2/3	3 1/2 to 4	2/5	10	
	8	4	1/2	8	
	10	5	2/3		
	12	6	3/4		
	14	7	7/8		
	16	8	1		1/2 pint
	18	9	1 1/8		
		12	1 1/2		3/4 pint
		16	2		
		24	3		1 1/2 pint
		32	4		1 quart
		64	8		2 quart
		128	16		1 gallon

레시피 작성을 위한 양념류 제품 무게 변환 공식

표 A-34

Ingredient	Weight of 1 Teaspoon in a Decimal Part of a Pound
Allspice (ground)	0.0039164
Baking Powder	0.0078085
Baking Soda	0.0078085
Basil Leaves	0.0013020
Bay Leaves (whole-approx. 1361 leaves/pound)	0.0013020
caraway Seeds	0.0053232
Cayenne Pepper	0.0035215
Celery Seeds(whole)	0.0052083
Chili Powder	0.0054766
Cinnamon (ground)	0.0047608
Cloves (ground)	0.0033592
Cloves (whole)	0.0044363
Cream of Tartar	0.0083060
Cumin (ground)	0.0035216
Curry Powder	0.0044363
Dill Seed	0.0054659
Garlic Powder	0.0032491
Ginger (ground)	0.0035213
Mace (ground)	0.0039160
Marjoram (ground0	0.0026041
MSG	0.0078085
Mustard (dry)	0.0032491
Nutmeg (ground)	0.0113928

식재료 무게 변환 공식

표 A-35

Ingredient	Weight of 1 Teaspoon in a Decimal Part of a Pound
Onions (dehydrated)	0.0031243
Oregano (ground)	0.0031243
Paprika	0.0043767
Parsley Flakes (dehydrated)	0.0008680
Pepper Black (ground)	0.0051772
Pepper Black (whole)	0.0078085
Pepper Red (crushed)	0.0047091
Pepper White (ground)	0.0051162
Pickling Spices (whole)	0.0033952
Poppy seed	0.0054659
Poultry Seasoning	0.0026041
Rosemary Leaves (whole)	0.0026041
Sage. Rubbed	0.0019580
Salt, Celery	0.0091214
Salt, Garlic	0.0092510
Salt, Onion	0.0087241
Salt, Table	0.0104166
Seafood Seasoning	0.0098085
Sesame Seeds (whole)	0.0052083
Sugar, Brown	0.0091214
Sugar, Confectionery (6x)	0.0047608
Sugar, Granulated	0.0091214
Tarragon leaves (whole)	0.0013020
Thyme leaf (whole)	0.0019580

양념류 제품 무게 단위 변환 공식

표 A-36

Ingredient	Weight Ounce	Tablespoon	Teaspoon
Allspice ground	1 WZ	4.725 TBSP	14.77 TSP
Anise Seed	1 WZ	4.231 TBSP	12.69 TSP
Arrowroot	1 WZ	4 TBSP	12 TSP
Baking Powder	1 WZ	2.667 TBSP	8 TSP
Baking Soda	1 WZ	2.667 TBSP	8 TSP
Basil Leaves	1 WZ	15.873 TBSP	47.619 TSP
Bay Leaves crm	1 WZ	15.75 TBSP	47.25 TSP
Capers whl	1 WZ	2.667 TBSP	8.001 TSP
Caraway Seed whl	1 WZ	4.232 TBSP	12.696 TSP
Cardamom Seed grd	1 WZ	4.890 TBSP	14.67 TSP
Cassia Buds	1 WZ	4 TBSP	12.048 TSP
Celery Seed grd	1 WZ	7 TBSP	21 TSP
Chervil drd	1 WZ	15.873 TBSP	47.619 TSP
Chili Powder	1 WZ	4.016 TBSP	12.048 TSP
Chives freezed drd	1 WZ	6.4TBSP	19.2 TSP
Cinnamon grd	1 WZ	4.169 TBSP	12.50 TSP
Cloves grd	1 WZ	4.296 TBSP	12.885 TSP
Cocoa	1 WZ	4 TBSP	12 TSP
Coriander Seed	1 WZ	5.670 TBSP	17.01 TSP
Corn Meal	1 WZ	3 TBSP	9 TSP
Cream of Tartar	1 WZ	3.003 TBSP	9.009 TSP
Cumin grd	1 WZ	4 TBSP	12 TSP
Cury Powder	1 WZ	4.566 TBSP	13.698 TSP
Dill Seed	1 WZ	4.295 TBSP	12.885 TSP
Fennel Seed	1 WZ	4.89 TBSP	14.67 TSP
Fenugreek Seed	1 WZ	2.554 TBSP	7.662 TSP
Gumbo File	1 WZ	7 TBSP	21 TSP
Garlic Granulated	1 WZ	2.5 TBSP	7.5 TSP
Ginger frd	1 WZ	5.250 TBSP	15.75 TSP
Horseradish	1 WZ	2 TBSP	6 TSP
Leeks fr drd	1 WZ	142.86 TBSP	428.58 TSP
Mace grd	1 WZ	5.349 TBSP	16.047 TSP

양념류 제품 무게 단위 변환 공식

Ingredient	Weight Ounce	Tablespoon	Teaspoon
Marjoram drd	1 WZ	16.677 TBSP	50.031 TSP
Monosodium Glut.	1 WZ	1.89 TBSP	5.67 TSP
Mustard seed	1 WZ	2.532 TBSP	7.596 TSP
Nutmeg grd	1 WZ	4.050 TBSP	12.15 TSP
Onion power	1 WZ	4.362 TBSP	13.086 TSP
Oregano grd	1 WZ	6.300 TBSP	18.9 TSP
Paprika	1 WZ	4.109 TBSP	12.327 TSP
Parsley Flakes drd	1 WZ	21.810 TBSP	65.43 TSP
Pepper Black	1 WZ	44.430 TBSP	13.29 TSP
Peppercorns whl blk	1 WZ	6 TBSP	18 TSP
Poppy Seed	1 WZ	3.222 TBSP	9.666 TSP
Poultry Seasoning grd	1 WZ	7.662 TBSP	22.986 TSP
Pumpkin Pie	1 WZ	5.062 TBSP	15.186 TSP
Rosemary dried	1 WZ	8.591 TBSP	25.707 TSP
Saffron	1 WZ	13.514 TBSP	9.6 TSP
Sage grd	1 WZ	14.184 TBSP	42.5 TSP
Salad Herbs	1 WZ	12 TBSP	36 TSP
Salt	1 WZ	2 TBSP	6 TSP
Salt & Pepper Mix	1 WZ	1.667 TBSP	5.001 TSP
Sausage Seasoning	1 WZ	5 TBSP	15 TSP
Savory grd	1 WZ	6.443 TBSP	19.329 TSP
Sesame Seeds	1 WZ	3.544 TBSP	10.63 TSP
Tarragon leaf	1 WZ	16 TBSP	48 TSP
Thyme leaf	1 WZ	8 TBSP	24 TSP
Tumeric	1 WZ	3.334 TBSP	10.002 TSP

육류/해산물 1차 가공 후 생산율

육류 1차 가공 생산율

가공되기 이전의 제품과 손질과정과 조리과정을 거친 후 제품의 비율

표 A-37

Description in Pounds	Best Weight Raw Trimmed	Prep Yield Cooked (%)	Prep Yield (%)
PORK			
Ham boneless(skin removed)	7	98	71
Ham shank (half bone in)	10 to 14	60	57
Loin (bone in whole)	14 to 17	70	54
Loin (boneless whole)	8	95	74
Ham butt (half bone in)	5 to 8	63	42
Shoulder picnic (bone in)	12	77	39
CHICKEN			
Chicken (whole)	78	51	
Breast (skin on)	74	63	
Breast (skinless)	65	46	
TURKEY			
Turkey (whole)	84	61	
Neck & Giblets (with out)	77	50	
Breast (quarters)	75	48	
Breast (whole)	87	55	
Leg (quarters)	75	45	
BEEF			
Flank steak	2 to 2 1/2	94.5	75
Gooseneck bottom round	26 to 29	78	65
Hamburger	10	80	
Blade meat	2 1/2	95	
Brisket	10 to 12	71	52
Chuck roll	13 to 15	85	68
Chuck shoulder clod	16	70	53.5
Eye round	5 to 6	88	84
Fillet tips	6 to 7	90%	76

해산물 1차 가공 후 생산율

표 A-38

Description	Prep Yield (%)	Description	Prep Yield (%)
Bass	40	Lobster(New England-American)	25
Bluefish	52	Lobster(spiny-tails only)	46
Catfish	95.4	Mackerel	54
Corvina	94	Mahi	94
Clams (breaded fried)	85	Mahi (head on)	55-60
Clams(hard)	14	Mahi (mead off)	78.5
Clams(soft)	29	Monk	85
Clams (sucked)	48	N-T King	65-68
Cod	31	Ohi	92
Crab(blue)	10-18	Ono	95
Crabcakes (fried)	95	Opaka (whole)	92.5
Crab(dungeness)	22-26	Oysters	40
Crabmeat	97	Oysters (breaded raw)	88
Fish fillets (species variation)	64	Oysters (whole)	100
Flounder	40	Petrale	98
Gulf (fillet)	88	Perch	36
Gulf (whole)	46	Sole	72
Haddock	48	Pinobass	93.5
Halibut (fillet)	97	Pollock	45
Halibut (small 40-60 lbs)	50-60	Pompario	52
Halibut (large 80-120 lbs)	65-67	Redfillet	93.5
Halibut (whole)	59	Red (whole)	61
Ling Cod	96	Roughy	92.5
Lobster (cooked in shell)	25	Salmon	65-75

농산물 1차 가공 후 생산율

표 A-39

Description	Packing Size	Prep Yield	Avg. Weight Per Case	Avg. Counts per Pound
Apples(peeled & cored)	Box 113	70-76	37-40	3
Asparagus	Pound	49 -56	1	10-20
Avocados	1 lyr ctrn tray pack	60-75	13-14	2 med
Banana	ctns	68	40	3
Broccoli	18 bunches	42-62	40-42	1=1.25lbs
Broccoli	14 bunches	42-62	20-23	1=1.25lbs
Cabbage (green)	24 heads	79	50-55	1=1.25lbs
Cantaloupe	9,12,18,23 ct	50-60	38-41	1 med
Cauliflower (untrimmed)	Long Island type crt	31-45	45-50	1 med
Celery (whole)	24 stacks	71-75	55-65	1=2lbs
Endive	ctns 8wbd crt 24pk	74-75	35-40	1=1.6lbs
Garlic	telescope ctns Loose pk	81	30	15pods
Grapefruit (sectioned)	cs=36ct	47-48	34-36	1
Grapes (red seedless)	lug or ctn	96	24-28	91
Grapes(white seedless)	lug 16,22,24 wrpd bchs	96	22	85
Honeydew	flat crt 12ct	56-60	28-32	1=2.5lbs
Leeks	12 bch p/ct	50	25-30	12-25p/bch
Lemon (115 ct slices)	37-40 lb ctn	80	38	3-4
Lemon (115 ct wedges)	37-40 lb ctn	98	38	3-4
Lettuce (iceberg)	cs=24heads	69-74	40-45	1
Onion (green)	ctns 4 dy bchs	60	15-18	11/bch
Onion (mature)	cs=50 lbs	76-89	50	2 med
Parsley	ctn 5 doz	76	21-25	30/bu
Strawberries	12/1 pint	84-87	11-14	24

약어 표시

bchd = bunched	sk = sack	crt = crate
bskt = basket	std = standard	ctn = carton
bu = bushel	var = various	lyr = layer
oz = ounce	contr = container	pt = pint
pk = pack	hmpr = hamper	wbd = wirebound
pkg = package	lb(s) = pound(s)	wrpd = wrapped

체크 리스트 – 비용 최소화 관리

확인자 : 날짜 :

표 A-40

	원가 관리 기능	Yes	No	Comments
1	**관리 1** 시장바구니 조사 분석 1. 시장바구니 분석을 한 적이 있는가? 얼마 동안 실시되었는가?			
	2. 거래명세서를 복사한 것을 보유하고 있는가? 몇 개월간의 기록을 보유하고 있는가?			
	3. 매월 몇 가지 아이템들이 조사되었는가?			
	4. 전체 아이템 중 고단가의 주요리와 스페셜메뉴는 몇 가지나 되는가? 이러한 아이템들이 전체메뉴 중 몇 %를 차지하는가?			
	5. 당신은 원가관리자, 식음료부서 매니저 혹은 주방장인가?			
2	**관리 2** 주별 입고 관련 감사사항 1. 입고 과정 감사 진행 자료를 보관하고 있는가? 얼마동안의 실행 자료를 보관하고 있는가?			
	2. 얼마나 자주 실행 하는가: a. 1주일에 한번? b. 2주일에 한번? c. 한 달에 한번?			
	3. 감사과정에서 발생한 차이를 조정한 방법에 대한 자료를 보관하고 있는가?			
	4. 당신은 원가관리자, 식음료부서 매니저 혹은 주방장인가?			
3	**관리 3** 육류 색인표 시스템과 주별 감사 1. 육류 색인표 사용 시스템을 시행하고 있는가? 2. 두 개 혹은 세 개의 복사본을 가지고 있는가?			
	3. 색인표는 감사되고 조정되기도 하는가? 만일 한다면? a. 1주일에 한번? b. 2주일에 한번? c. 한 달에 한번?			
	4. 감사과정에서 발생한 차이를 조정한 방법에 대한 자료를 보관하고 있는가?			
	5. 당신은 원가관리자 혹은 주방장인가?			

	원가 관리 기능	Yes	No	Comments
4	**관리 4** 주요리의 재고 관리 1. 주요리를 위한 재고관리양식이 사용되고 있는가?			
	2. 다음에서 나타나는 매출액에 따라 재고가 재조정 되고 있는가? a. POS? b. 고객용 영수증?			
	3. 발생된 차이를 줄이기 위해 사용된 조정방법에 대한 자료를 보관하고 있는가?			
	4. 당신은 원가 관리자, 식음료부서 매니저 혹은 주방장인가?			
5	**관리 5** 연회음료 관리관련 감사 1. 연회 음료 관리 양식이 사용되고 있는가? a. 전부? b. 80/20 사용?			
	2. 모든 계산의 정확성을 위해 세가지를 샘플로 정하라 : 기능 #실수: 연회 # 날짜 + 혹은 - 5% ____________________ ____________________ ____________________ ____________________			
	3. 월말에 연회에서 사용된 음료 원가율을 조정한 적이 있는가?			
	4. 시행된 감사관련 자료들을 보관하고 있는가? 얼마나 자주 실행되는가? a. 1주일에 3번? b. 1주일에 1번? c. 2주일에 1번? d. 한 달에 1번?			
	5. 유통리스트에 있는 곳의 주방장 혹은 식음료 부서의 매니저인가?			
6	**관리 6** 음료 판매업장의 감사 1.음료 판매업장에서 감사가 진행되었는가?			

	원가 관리 기능	Yes	No	Comments
	2. 감사가 진행됐던 매장은 어느 곳인가? 매장　　가장 최근에 감사가 진행됐던 날짜 a. b. c. d. e.			
	3. 얼마나 자주 실행되는가? a. 1주일에 2번?　　b. 1주일에 1번? c. 2주일에 1번?　　d. 한 달에 1번?			
	4. 감사에 의해 나타난 차이를 조정한 방법에 대한 자료를 보관하고 있는가?			
7	**관리 7** 예상 음식 원가 1. 육류 가공과 생산율 테스트에 대한 자료들이 보관되어 있는가?			
	2. 얼마나 다양한 테스트들을 진행하고 있는가?			
	3. 다양한 테스트 방법들을 시행하고 있는가? 가장 오래전에 그리고 가장 최근에 시행한 각각의 테스트 날짜는?			
	4. 음식 레시피가 기록된 것을 보관하고 있는가? 보관중인 레시피가 현재 사용 중인 것인가?/ 레시피 작성 날짜 a. b. c. d. e.			
	5. 음식의 예상 원가가 정해져 있는가? 해당 매장은 어느 곳인가?/ 식사 주기(식사가 제공되어지는 시간)는 언제인가? 식사주기　　날짜?　　전체? a. b. c. d. e.			
	6. 모든 음식 아이템 원가 리스트(Master Menu Item Cost List)가 있는가? 최근에 업데이트 된 적이 있는가? 언제?			

	원가 관리 기능	Yes	No	Comments
	7. 마스터 아이템 리스트(Master Item List)로부터의 원가가 현재 음식 레시피 원가에 적용되어 있는가?			
	8. 얼마나 최근 것인가? 지속성 측정을 위해 3가지 샘플을 확인하라 원가가 정확하게 수정되어진 레시피 아이템명 a. b. c.			
	9. 원가를 위한 육류가공/수율 테스트 효과를 주어진 레시피에 적절하게 반영하라. 3가지 샘플: 레시피 이름 / 레시피마다 원가 / 생산률 테스트마다 원가 a. b. c.			
	10. 개별적인 메뉴 아이템 원가계산이 식사주기(식사가 제공되어지는 시기)와 전체 매장 내 이상적인 음식 원가률 계산을 위해 조정되기도 하는가?			
	11. 전체 식재료의 예상 원가율과 실제 원가율의 차이는 1.5%이내인가? 최근 3개월간의 샘플: 월 / 이상적(잠재적) / 실제적 a. b. c. d. e.			
	관리 7b 예상 음료 원가 1. 알코올음료를 따를 때 기본적인 양은? 1-1/8 oz?			

	원가 관리 기능	Yes	No	Comments
	2. 글로 작성된 음료 레시피가 보관되어 있는가?			
	3. 이러한 레시피들이 모든 매장에서 사용되어지는 실제 알코올 사용량에 반영되는가? Yes NO a. b. c.			
	4. 모든 음료 원가 리스트(Mater Beverage Cost List)가 존재하는가?			
	5. 구매부서에 의해 매일 업데이트 되어지는가? - 재고 아이템 원가			
	6. 와인판매를 통한 실제 개별적인 음료원가 계산이 전체 매장내 예상원가률을 계산하기 위해 조정된 적이 있는가?			
	7. 전체 음료 예상 원가율과 실제원가율의 차이는 1%내외인가? 가장 최근의 3개월간의 샘플? 월 이상적(잠재적) 실제적 a. b. c.			
	8. 선호도 분석이 이뤄진 적이 있는가?			
	9. 수익성 분석이 이뤄진 적이 있는가?			
	10. 식재료 가공을 위한 인건비 포함 이전과 이후 각각의 아이템의 수익 마진에 대해 계산된 적이 있는가?			
	11. 효율적인 직원관리를 위한 가이드라인이 있는가?			

자가진단 체크 리스트

다음 양식은 자가진단 체크리스트의 한 예이다. 잠재고객, 회계 관리자 혹은 식음료 매장과의 관련으로 인해 많은 관심을 가진 사람들이 다음과 같은 사항들에 대한 질문을 통해 연관된 식음료 매장에 대해 진단 할 수 있도록 도와줄 것이다. 다음의 체크리스트를 기본으로 각 회사마다의 필요에 맞게 수정한 후 이를 실행함으로써 일반적인 감사는 회사의 품질기준관리를 명확히 할 수 있는 가장 좋은 방법이 될 것이다. 만일, 다음의 항목들 중 부족한 것으로 나타나는 부분들이 있다면 그것은 바로 2장에서 설명한바 있는 고객설문조사에서 분명 부정적인 반응을 받은 부분이라는 것을 명심하라. 성공적인 사업의 초석이 되는 것은 발생될 문제점을 미리 예상하는 것이며, 이를 위해 현 상황을 정확하게 파악하는 것이 가장 중요한 점임을 기억하라.

표 A-41

입고영역, 일반적인 사항들			
Yes	No	점검 사항	검사 주기
		그리스(Grease) 용기와 그 주변이 음식물 찌꺼기들 없이 청결한가?	매일
		Comment :	
		쓰레기통과 덤스터가 깨끗하게 관리되고 있는가?	매일
		Comment :	
		입고 시 제품이 배송차량으로부터 저장고로 옮겨지기 전에 내려지는 곳 주변에 쓰레기나 음식찌꺼기 없이 청결한가?	매일
		Comment :	
		조명시설이 정상적으로 작동하고 있는가?	매일
		Comment :	
		나무 팰릿은 정리되어 한쪽에 쌓여져 있는가?	매일
		Comment :	
		입고지역 주변이 깨끗하게 되어 있는가?	매일
		Comment :	

입고영역, 일반적인 사항들			
Yes	No	점검 사항	검사 주기
		소모품과 장비들을 보관하는 저장고가 깨끗하고, 건조하며, 또한 쓰레기나 음식 찌꺼기들이 없어 쥐나 바퀴벌레들이 서식하지 못하도록 잘 관리되고 있는가?	주별
		Comment :	
		입고된 제품들이 잘 정리된 상태로 관리되고 있는가?	수시
		Comment :	
		바퀴벌레가 서식할 수 없도록 바닥으로부터 그리고 벽으로부터 일정한 거리만큼 떨어져서 제품들을 저장하고 있는가?	매일
		Comment :	
		살충제가 담겨있는 상자가 일반 세정제나 다른 화학제품들로부터 분리되어 보관되고 있는가?	매일
		Comment :	
		비상구 표시가 설치되어 있는가?	매일
		Comment :	
		구급상자가 잘 보이는 곳에 보관되어 있는가?	주별
		Comment :	
		직원들이 넘어지거나, 베이거나, 데이거나 혹은 떨어지는 등 모든 사고 발생 시 즉시 관리자에게 보고하도록 교육되었는가?	매일
		Comment :	
		입고지역의 덱 주변이 깨끗하게 정리되어 있고, 가장자리에 떨어짐을 방지하기 위해 밝은 색이 칠해져 있는가?	매일
		Comment :	
		계단에 미끄럼 방지 테이프가 부착되어 있는가?	매일
		Comment :	
		제품들이 입고되는 과정에 사용되는 경고음이 모든 종류의 물품들이 입고되는 과정에 사용되고 있는가?	매일
		Comment :	
		제품을 옮기는 과정에서 발생할 수 있는 위험요소들이 있는가? 이를 위한 안전한 개선방안을 제안해보라.	수시
		Comment :	
		General Comment :	
		점검자 :	날짜 :

직원식당			
Yes	No	점검 사항	검사 주기
		탄산음료 기계에 사용되고 있는 CO2 가스가 적절한 방법으로 보관되어 있는가?	매일
		Comment :	
		뜨거운 음식을 만드는 주방시설에 설치되어 있는 통풍구가 깨끗하게 관리되고 있는가?	주별
		Comment :	
		고객이 이용하는 지역에 설치되어 있는 통풍구가 깨끗하게 관리되고 있는가?	월별
		Comment :	
		고정된 조명시설이 보호용 칸막이로 보호되어 있는가?	수시
		Comment :	
		뜨거운 음식을 만드는 조리대의 표면과 선반은 깨끗한가?	일별
		Comment :	
		뜨거운 음식을 생산하는 지역에 설치된 바닥 매트는 깨끗한가?	매일
		Comment :	
		전자레인지는 청결하며, 정상적으로 작동하고 있는가?	매일
		Comment :	
		탄산음료기계는 정상적으로 작동하고 있는가?	매일/수시
		Comment :	
		탄산음료의 공급이 적절한 수준으로 이뤄지고 있는가?	매일
		Comment :	
		도마는 깨끗하며, 사용 후 바로 세척되며, 매번 세척된 것을 사용하는가?	수시
		Comment :	
		냉장고와 냉동고의 온도계가 정상적으로 작동하고 있는가?	주별
		Comment :	
		냉장고는 깨끗하고 곰팡이나 악취없이 잘 관리되고 있는가?	매일
		Comment :	
		냉장고 안에 보관되어 있는 제품이 45°F 혹은 그 이하의 온도에서 관리됨으로써 위험요소를 내재하고 있지는 않는가?	매일
		Comment :	
		보관중인 식재료들이 선입선출 방법에 의해 관리되어지고 있는가?	매일
		Comment :	

직원식당			
Yes	No	점검 사항	검사 주기
		음식물의 온도가 38-40°F를 유지할 수 있도록 샐러드 바가 적절하게 관리되어지고 있는가? (예를 들어, 물이나 얼음을 팬에 담아 온도 유지)	매일
		Comment :	
		제빙기의 통풍구가 깨끗한 상태로 관리되어지고 있는가?	월별
		Comment :	
		차나 커피메이커기가 정기적으로 세척되면서 사용되고 있는가?	매일
		Comment :	
		커피를 다루는 작업대와 선반이 찌꺼기나 먼지 없이 깨끗이 관리되고 있는가?	매일
		Comment :	
		음식을 조리하는 직원들이 머리카락이 떨어지는 것을 방지하기 위해 모자, 캡 혹은 머리카락망 등을 착용하고 있는가?	매일
		Comment :	
		음식을 조리하는 직원들이 베이거나, 데이거나 혹은 종기로 인해 감염되지는 않았는가?	매일
		Comment :	
		음식을 조리하는 직원들은 정확하게 1인 분량을 정해진 대로 나눌 수 있는가?	매일
		Comment :	
		쓰레기통의 옆면과 주변이 기름때 없이 깨끗한가?	주별
		Comment :	
		포크와 나이프 등의 실버웨어류는 손의 접촉을 통해 감염을 막기 위한 적절한 방법으로 보관 및 사용되어지고 있는가?	매일
		Comment :	
		고객 테이블만을 닦기 위해 준비된 깨끗하면서 잘 소독된 천으로만 고객 테이블을 닦는가? 그리고 그 천은 사용되어지는 사이마다 적절하게 세척되어지고 있는가?	매일
		Comment :	
		설비나 기계들이 청결하고, 건조하고 그리고 쓰레기나 찌꺼기 없이 관리되고 있는가?	매일
		Comment :	
		쓰레기통 안에 라이너가 깔려 있으며, 안쪽과 바깥쪽 모두 깨끗한가? 쓰레기통을 정기적으로 청소하고 있는가?	수시
		Comment :	

직원식당			
Yes	No	점검 사항	검사 주기
		화장실의 세면대에 비누, 페이퍼 타울이 비치되어 있고 냉온수의 원활한 공급과 쓰레기통이 적절한 위치에 배치되어 있는가?	매일
		Comment :	
		세면대가 악취 없이 깨끗한가?	두 달에 한번
		Comment :	
		모든 음식들이 적절한 온도로 보관되고 있는가?	매일
		Comment :	
		직원들이 기본적인 위생에 대한 개념과 감염방지를 위한 부분들에 대해 알고 있는가?	수시
		Comment :	

직원식당 안전수칙			
Yes	No	점검 사항	검사 주기
		다이닝룸(Dinning room)에 "금연"과 "흡연" 표지판이 정확하게 부착되어 있는가?	매일
		Comment :	
		비상구 표시가 설치되어 있는가?	매일
		Comment :	
		소화기가 적절한 위치에 비상시 바로 사용할 수 있는 상태로 잘보이도록 배치되어 있는가?	매일
		Comment :	
		직원들은 비상시 소화기 사용법을 알고 있는가?	수시
		Comment :	
		비상시를 위해 대피장소 및 방법에 대한 사항들에 대해 게시되어 있는가?	매일
		Comment :	
		모든 식재료 가공 설비는 안전하게 관리 및 사용되어 지고 있는가?	매일
		Comment :	
		직원들이 본인들의 직무에 사용되는 기계들의 작동법을 숙지하고 있는가?	수시
		Comment :	

직원식당 안전수칙			
Yes	No	점검 사항	검사 주기
		직원들은 기계장비를 청소하거나 이동하기 전에 반드시 플러그를 뽑는가?	매일
		Comment :	
		만일의 전기충격 혹은 심장마비 등이 발생하는 경우 관리자는 CPR을 수행할 수 있는가?	수시
		Comment :	
		직원식당이 잠재적인 위험요소들을 갖고 있지는 않는가? 만일 있다면 이를 개선하기 위한 방안을 제안하라.	매일
		Comments :	
		General Comments :	
		점검자 :	날짜 :

디시워싱(Dish Washing Area : 그릇 닦는 지역)			
Yes	No	점검 사항	검사 주기
		접시나 기구들은 1차적으로 찌꺼기를 없애거나 긁어내는 작업을 거친 후에 세척하고 있는가?	매일
		Comments :	
		적어도 170-180 °F에서 식기류 등을 헹구고 있는가?	매일
		Comments :	
		그릇세척기 바닥이나 벽면이 음식물 찌꺼기나 얼룩 없이 청결한가?	매일
		Comments :	
		비누나 세제는 세척된 식기류 그리고 기구들로부터 멀리 떨어진 곳에 보관하고 있는가?	수시
		Comments :	
		스프레이 호스는 역류를 방지하기 위한 구멍이 있는가?	매일
		Comments :	

디시워싱(Dish Washing Area : 그릇 닦는 지역)			
Yes	No	점검 사항	검사 주기
		위생적인 쓰레기 처리가 이뤄지고 있는가?	매일
		Comments :	
		건조대의 아래쪽에 음식물 찌꺼기 등 없이 깨끗하게 관리되고 있는가?	주별
		Comments :	
		쓰레기통이 냄새 없이, 라이너가 깔려있는 깨끗한 상태로 사용되어지고 있는가? 때로는 이미 사용한 깨끗한 라이너를 다시 사용할 수도 있다.	매일
		Comments :	
		천장 타일이나 통풍구가 음식물 찌꺼기나 먼지 없이 깨끗이 관리되고 있는가?	분기별
		Comments :	
		천장에 달려있는 조명시설이 정상적으로 작동하고 있는가?	수시
		Comments :	
		세면대에 비누, 페이퍼 타울이 비치되어 있고 냉온수의 원활한 공급과 쓰레기통이 적절한 위치에 배치되어 있는가?	수시
		Comments :	
		깨끗한 천이 달려있고 먼지가 들어가지 않도록 하기 위해 뚜껑이 있는가?	매일
		Comments :	
		실버웨어류를 광택을 내는 기계가 정상적으로 작동하고 있는가?	매일
		Comments :	
		세면대에 있는 온수 공급기는 정상적으로 작동하고 있는가?	매일
		Comments :	
		실버웨어류가 잘 닦여져서 바닥에서 떨어진 적절한 높이에서 잘 정돈되어 있는가?	매일
		Comments :	
		저장고가 깨끗하고 냄새 없이 잘 정리되어 있는가?	매일/수시
		Comments :	
		작업대의 표면과 바닥이 음식물 찌꺼기나 얼룩 없이 깨끗한가?	매일
		Comments :	
		노출부분이 음식물 찌꺼기나 끈끈한 때 없이 깨끗한가?	매일
		Comments :	

디시워싱			
Yes	No	점검 사항	검사 주기
		솥 종류는 위쪽이 아래로 향하도록 그리고 수저류는 모두 한 방향을 일정하게 향하도록 한 채 보관하고 있는가?	매일
		Comments :	
		글라스 보관용 걸이는 적어도 바닥에서 6인치이상 떨어져 보관되고 있는가?	매일
		Comments :	
		세면대에 비누, 페이퍼 타울이 비치되어 있고 냉온수의 원활한 공급과 쓰레기통이 적절한 위치에 배치되어 있는가?	매일 /수시
		Comments :	
		작업지역에 있는 냉장고 안이 깨끗하게 잘 정리되어 있는가?	주별 /수시
		Comments :	
		익스프레소, 커피, 차 만드는 기계는 정상적으로 작동하며 깨끗한가?	매일
		Comments :	
		General Comments :	
		점검자 :	날짜 :

매장			
Yes	No	점검 사항	검사 주기
		제빙기 위쪽에 물건이 올려 있지 않고, 제빙기 문 주변에 곰팡이 없이 깨끗하게 관리되고 있는가? 제빙기 옆에 얼음을 퍼낼 수 있는 주걱이 있는가?	매일 /수시
		Comments :	
		제빙기 아래쪽은 깨끗한가? 통풍기의 옆면과 뒷부분의 벽면 모두 깨끗한가?	매일
		Comments :	
		모든 쓰레기통은 라이너가 깔려있으며 안쪽과 바깥쪽이 모두 깨끗한가?	매일
		Comments :	

냉장 보관장소 (Walk-in cooler)			
Yes	No	점검 사항	검사 주기
		온도가 45 ℉이하로 작동하고 있는가? (냉장고 바깥쪽에 부착된 것과 안쪽에 부착된 것을 비교하라)	매일
		Comments :	
		모든 음식들을 바닥에서 떨어진 위치에 보관하고 있는가?	매일
		Comments :	
		냉장고가 악취 없이 깨끗한가?	매일
		Comments :	
		벽면과 바닥을 적절한 방법으로 청소하고 있는가?	매일 /수시
		Comments :	
		저장된 식재료들이 선입선출방법에 따라 관리되어지고 있는가?	매일
		Comments :	
		음식을 엎지른 경우가 발생하는가? 이러한 경우 기록하기 위해 사용되어지는 양식이 있는가?	매일
		Comments :	
		조리하지 않은 식재료와 조리된 음식제품은 분리되어 저장되고 있는가?	매일
		Comments :	
		유제품의 경우 냄새가 강한 제품들과 다른 제품들과는 분리되어 보관되고 있는가?	매일
		Comments :	
		조리되거나 혹은 종류가 다른 제품들은 원래 포장에서 꺼내서 깨끗하고, 위생적이고, 덮개가 있는 용기들에 저장하여 보관하고 있는가?	매일
		Comments :	
		냉장고 안이 음식 저장을 위해 원활한 공기순환을 할 수 있는 충분한 공간을 가지고 있는가?	매일
		Comments :	
		General Comments :	
		점검자 :	날짜 :

바			
Yes	No	점검 사항	검사 주기
		알코올음료 디스펜서(Dispenser)는 새는 곳 없이 청결한가?	매일
		Comments :	
		바닥의 조명과 천장의 타일은 정상인가?	매일
		Comments :	
		알코올음료는 병째로 안전하게 보관되어 있는가? 퓨어러(pourer)는 깨끗한가?	매일
		Comments :	
		냉장고나 냉동고 안에 글라스의 깨진 조각이나 찌꺼기들 없이 청결한가?	매일
		Comments :	
		글라스가 바 매트위에 보관되고 있는 경우, 글라스의 윗부분이 아래쪽을 향해 있는가? 노즐의 안쪽에 곰팡이 없이 깨끗한가?	매일
		Comments :	
		작업대의 아래쪽에 음식물 찌꺼기나 얼룩없이 청결한가?	매일
		Comments :	
		배수관은 청결한가?	매일
		Comments :	
		바닥과 매트는 청결한가?	매일
		Comments :	
		바 주변이 박스 같은 것 없이 잘 정리 정돈되어 있는가?	매일
		Comments :	
		General Comments :	
		점검자 :	날짜 :

레스토랑 안전수칙			
Yes	No	점검 사항	검사 주기
		고객이 이용하시는 지역에 "금연"과 "흡연" 구분이 되어 있는가?	매일
		Comments :	
		음식을 조리하는 주방에 흡연을 제한하는 표시가 되어 있는가?	매일
		Comments :	
		소화기가 비상시에 사용할 수 있도록 정상적인 상태로 적절한 장소에 잘 보이도록 배치되어 있는가?	매일
		Comments :	
		만약의 정전상황을 대비해 관리자는 고전력 손전등을 소지하고 있는가?	매일
		Comments :	
		비상구를 알리는 방향표시와 비상구 표시가 정확하게 되어 있는가?	매일
		Comments :	
		쉽게 찾을 수 있는 곳에 구급상자가 비치되어 있는가?	매일
		Comments :	
		직원들이 넘어지거나, 베이거나, 데이거나 혹은 떨어지는 등의 응급상황에 대해 보고하는 과정에 대해 알고 있는가?	매일
		Comments :	
		모든 직원들은 화학물을 안전하게 다루는 방법을 알고 있는가?	매일
		Comments :	
		입고된 음식이나 소모품들을 이동 할 때 사용하는 손수레 등이 정상적으로 작동하고 있는가?	매일
		Comments :	
		식기 세척작업을 수행하는 직원들이 세제를 섞은 물 혹은 화학약품 속에 직접 손을 담그지 않기 위해 걸이, 갈고리 그리고 장갑 등을 사용하고 있는가?	
		Comments :	
		모든 음식 가공 장비들을 위생적으로 사용하기위해 잘 관리하고 있는가?	매일
		Comments :	
		모든 직원들은 자신들의 직무 수행에 사용되어지는 기계들의 작동법을 알고 있는가? (스티머, 식기 세척기, 그릴, 오븐, 튀김기 등)	매일
		Comments :	

레스토랑 안전수칙			
Yes	No	점검 사항	점검 주기
		음식 생산영역인 주방과 서비스 영역인 다이닝룸에 잠재적인 위험요소들이 있는가? 이를 개선하기 위한 방법들을 제안하라.	매일
		Comments :	
		다이닝룸 관리자는 CPR과 응급처치와 관련된 교육을 받았는가? 만일, 음식이 목에 걸린 경우 어떠한 응급처치를 해야 하는지를 알고 있는가?	매일
		Comments :	
		General Comments :	
		점검자 :	날짜 :

룸 서비스 / 다이닝			
Yes	No	점검 사항	점검 주기
		음식제품이 적절한 방법으로 보관되어지고 있는가?	매일
		Comments :	
		실버웨어류나 기구들이 깨끗하고 광택이 나도록 닦여있는가?	주별/수시
		Comments :	
		접시류나 테이블이 깨끗하고 광택이 나도록 닦여있는가?	분기별
		Comments :	
		린넨이 적절하게 선반에 보관되어 있는가?	매일
		Comments :	
		휴대용 온열기는 깨끗한가?	월별
		Comments :	
		테이블 다리는 깨끗한가?	주별/수시
		Comments :	

룸 서비스 / 다이닝			
Yes	No	점검 사항	점검 주기
		양념류는 청결하게 관리되며, 선입선출 방법으로 사용되고 있는가?	매일
		Comments :	
		음식을 저장하는 선반은 먼지 없이 청결한가?	주별
		Comments :	
		바닥이 음식물 찌꺼기나 얼룩 없이 청결한가?	이주일
		Comments :	
		쓰레기를 담는 용기는 라이너가 깔려 있으며 깨끗한가?	매일
		Comments :	
		작업대의 윗부분과 옆 부분이 그리스 없이 청결한가?	매일
		Comments :	
		커피메이커는 정기적으로 세척되고 있는가?	이주일
		Comments :	
		빵 온열기는 깨끗한가?	매일
		Comments :	
		물컵을 보관하는 장소의 바닥과 벽면이 깨끗한가?	주별
		Comments :	
		냉장고의 외부와 내부가 모두 깨끗한가?	주별
		Comments :	
		진열되어 있는 제품들이 적절하게 포장되어 있는가?	매일
		Comments :	
		세면대에 비누, 페이퍼 타울이 비치되어 있고 냉온수의 원활한 공급과 쓰레기통이 적절한 위치에 배치되어 있는가?	매일
		Comments :	
		퀸메리(Queen Mary)와 크레스콜(Cres-Cors)은 정기적으로 세척되고 있는가?	월별
		Comments :	
		물품저장고가 청결하게 사용되고 있는가?	주별
		Comments :	
		더러워진 타월들을 세척하기 위해 모아둔 용기가 청결하게 관리되고 있는가?	매일
		Comments :	
		"금연"이란 안내판이 잘 보이는 곳에 부착되어 있는가?	매일
		Comments :	

룸 서비스 / 다이닝			
Yes	No	점검 사항	점검 주기
		구급상자가 필요시 사용이 용이한 곳에 있는가?	매일
		Comments :	
		직원들은 넘어지거나, 베이거나, 데이거나 혹은 떨어지는 등의 응급 상황에 대해 보고하는 과정에 대해 알고 있는가?	매일
		Comments :	
		모든 전기박스에 접근이 가능한가?	매일
		Comments :	
		엘리베이터 옆에 비상시 대피 장소에 대해 안내되어 있는가?	매일
		Comments :	
		비상구로 향하는 길과 비상구를 표시하는 사인이 잘 보이도록 부착되어 있는가?	매일
		Comments :	
		비상시 바로 사용할 수 있는 상태로 소화기가 적절한 장소에 잘 보이도록 배치되어 있는가?	매일
		Comments :	
		불이 잘 붙는 제품들은 다른 장비들과 분리되어 배치되어 있는가?	매일
		Comments :	
		모든 불에 잘 타는 제품들은 온열기와 같은 장비들로부터 분리되어 관리되고 있는가?	매일
		Comments :	
		직원들이 그들의 직무와 관련해서 다루고 있는 기구들 사용상 위험에 대해 알고 있는가?	매일
		Comments :	
		모든 음식 가공 기계들은 원할한 사용을 할 수 있도록 적절하게 관리되어 있는가?	매일
		Comments :	
		모든 관리자는 CPR, 응급처치방법 그리고 하임리크 구명법(Heimlich maneuver)에 대해 교육 받았는가?	수시
		Comments :	
		General Comments :	
		점검자 :	날짜 :

주방 (생산영역)			
Yes	No	점검 사항	점검 주기
		제빙기 위쪽에 물건이 올려 있지 않고, 제빙기 문 주변에 곰팡이 없이 깨끗하게 관리되고 있는가? 제빙기 옆에 얼음을 퍼낼 수 있는 주걱이 있는가?	매일
		Comments :	
		제빙기 아래쪽 바닥은 청결한가? 환기기구의 주변과 뒤쪽의 벽면은 항상 깨끗한가?	매일
		Comments :	
		초시계가 사용되어지고 있는가?	매일
		Comments :	
		모든 쓰레기통은 깨끗한 라이너가 깔려있으며, 안쪽과 바깥쪽이 다 깨끗한가?	매일
		Comments :	
		식기류와 실버웨어류를 보관하는 선반과 그 선반 아래쪽이 위생적이며, 깨끗하게 잘 정리되어 있는가?	매일
		Comments :	
		식기세척기가 놓여있는 주위의 벽면은 깨끗한가?	월별
		Comments :	
		때가 묻은 식기류는 분리되어 화학약품을 이용하여 세척되고 있는가?	매일
		Comments :	
		호스가 역류를 방지하기 위한 구멍이 있는가?	매일
		Comments :	
		글라스 랙을 오려놓는 선반은 청결한 상태로 잘 정돈되어 있는가?	매일
		Comments :	
		실버웨어류가 버스통(사용한 것을 담아 놓은 통)에 호일이나 화학약품을 희석시키는 더러운 것들이 함께 담가져있는가?	매일
		Comments :	
		모든 화학약품들이 깨끗한 식기류, 글라스류, 그리고 실버웨어류로 부터 멀리 떨어진 곳에 보관되어지고 있는가?	매일
		Comments :	
		식기류를 헹구는 물의 온도가 180-190 °F인가?	매일
		Comments :	
		식기 세척을 위한 물의 온도가 150-160 °F인가?	매일
		Comments :	

주방 (생산영역)			
Yes	No	점검 사항	점검 주기
		호스 혹은 파이프의 분출구등이 다른 장애나 오염과 음식물 찌꺼기가 없이 깨끗한가?	하루에 두번
		Comments :	
		식기류를 이동시키는 기구는 깨끗한가?	월별
		Comments :	
		식기세척기가 끈적거림이나 부스럼 없이 청결한가?	월별
		Comments :	
		모든 주방직원들은 깨끗한 유니폼과 머리카락 떨어짐을 방지하기 위한 효과적인 주방용 복장을 하고 있는가?	매일
		Comments :	
		세면대에 비누, 페이퍼 타월이 비치되어 있고 냉온수의 원활한 공급과 쓰레기통이 적절한 위치에 배치되어 있는가?	매일
		Comments :	
		글라스 랙 아래쪽은 깨끗한가? 글라스류를 보관할 때에는 바닥에서 적어도 6인치이상 떨어진 높이에서 보관하고 있는가?	매일
		Comments :	
		General Comments :	
		점검자 :	날짜 :

서버 스테이션			
Yes	No	점검 사항	점검 주기
		에스프레소 기계가 정확하게 작동되고 있는가?	매일
		Comments :	
		토스트기가 정확하게 작동하고 있는가?	매일
		Comments :	

서버 스테이션			
Yes	No	점검 사항	점검 주기
		우유기계는 깨끗하고 냄새없이 사용되고 있는가? 그 안에 온도계가 비치되어 있는가? 매장 내 다른 온도계들과 비교하라.	매일
		Comments :	
		세면대에 비누, 페이퍼 타월이 비치되어 있고 냉온수의 원활한 공급과 쓰레기통이 적절한 위치에 배치되어 있는가?	매일
		Comments :	
		작업대 윗면의 벽과 천장이 기름때 없이 깨끗한가?	매일
		Comments :	
		소모품들이 깨끗하게 잘 정리되어서 바닥에서 6인치 떨어진 높이에 보관되고 있는가?	매일
		Comments :	
		아이스크림용 냉장고에 온도계가 부착되어 있으며 깨끗한가?	매일
		Comments :	
		General Comments :	
		점검자 :	날짜 :

차거운 음식 생산영역			
Yes	No	점검 사항	점검 주기
		라인에 비치된 냉장고가 곰팡이나 악취 없이 깨끗한가?	매일
		Comments :	
		매트나 바닥은 하루에 2번씩 정기적으로 세척되며 깨끗한가?	매일
		Comments :	
		냉장고의 바닥이 곰팡이나 불쾌한 냄새 없이 깨끗한가?	매일
		Comments :	

차거운 음식 생산영역			
Yes	No	점검 사항	점검 주기
		냉장고가 45°F 혹은 그 이하의 온도에서 발생할 수 있는 잠재적인 위험요소들을 가지고 있는가?	매일
		Comments :	
		정확히 작동되고 있는 온도계가 냉장고에 부착되어 있는가?	매일
		Comments :	
		냉장고 선반에 녹슨 부분이 보이는가?	주별
		Comments :	
		General Comments :	
		점검자:	날짜 :

페이스트리 주방 (Pastry Kitchen)			
Yes	No	점검 사항	점검 주기
		깨끗이 세척된 팬들이 윗부분이 아래쪽을 향하도록 보관하고 있는가?	매일
		Comments :	
		선반 아래쪽의 바닥은 깨끗한가?	매일
		Comments :	
		아이스크림 기계에 온도계가 설치되어 있고 깨끗한가?	주별
		Comments :	
		모든 제품에는 커버가 씌어져 있는가?	매일
		Comments :	
		냉동고 옆의 바닥 배수로는 깨끗한가?	매일
		Comments :	
		바닥은 깨끗한가?	매일
		Comments :	
		반죽 기계는 깨끗한가?	매일
		Comments :	

페이스트리 주방 (Pastry Kitchen)			
Yes	No	점검 사항	점검 주기
		롤은 깨끗한가?	매일
		Comments :	
		셔벗기계는 깨끗한가?	매일
		Comments :	
		테이블 믹서는 깨끗한가?	매일
		Comments :	
		쿠키 크레스콜(Cres-Cors)은 깨끗한가?	월별
		Comments :	
		반죽기의 바닥은 깨끗한가?	매일
		Comments :	
		나무로 만들어진 조리대의 위쪽과 옆면 모두 깨끗하면서 위생적으로 관리되어지고 있는가?	매일
		Comments :	
		스테인리스 테이블의 위쪽과 옆면 모두 깨끗하면서 위생적으로 관리되어지고 있는가?	매일
		Comments :	
		바닥에 음식 조각 없이 깨끗하게 유지되어 있는가?	매일
		Comments :	
		온도와 관련되어 있는 냉장고와 같은 설비에 부착되어 있는 온도계가 정상적으로 작동되고 있는가? 해당부서 이외의 곳에서 사용되고 있는 온도계와 비교하라.	매일
		Comments :	
		영업용 냉장고에 곰팡이나 불쾌한 냄새가 없는 상태로 사용하고 있는가?	매일
		Comments :	
		음식이 적절하게 포장이(덮개가 사용된 상태로) 되어 저장되어 있는가?	매일
		Comments :	
		마블 표면은 위생적이고 청결한가?	매일
		Comments :	
		조리대 아래쪽에 보관중인 음식은 라벨이 되어 덮여진 상태인가?	매일
		Comments :	
		벽면이 먼지 없이 청결한가?	월별
		Comments :	
		그릴의 표면은 청결한가?	매일
		Comments :	
		케틀이 청결한가?	매일
		Comments :	
		요리 기구 뒷면의 벽면도 먼지 없이 청결한가?	매일
		Comments :	

페이스트리 주방 – 냉동고			
Yes	No	점검 사항	점검 주기
		냉장고가 38-45°F의 온도로 적절하게 작동되고 있는가?	매일
		Comments :	
		벽면들은 청결한가?	월별
		Comments :	
		전기불이 정상적으로 작동하는가?	매일
		Comments :	
		크레스콜(Cres-Cors)은 정기적으로 세척되고 있는가?	월별
		Comment :	
		음식들이 적절하게 덮여있거나 혹은 포장되어 있는가?	매일
		Comment :	
		냉동고가 0°F 혹은 더 낮은 온도로 적절하게 관리 및 작동되고 있는가?	매일
		Comment :	
		짐을 운반하는 손수레를 정기적으로 청소하고 있는가?	월별
		Comment :	
		음식은 적절하게 덮어 씌여진 상태로 보관되고 있는가?	매일
		Comment :	
		냉동고 바닥은 청결한가?	매일
		Comment :	

페이스트리 주방 안전수칙			
Yes	No	점검 사항	점검 주기
		소화기가 비상시 바로 사용할 수 있는 상태로 적절한 장소에 잘 보이도록 비치되어 있는가?	매일
		Comment :	
		구급상자가 적절한 시기에 사용하기 쉬운 위치에 잘 배치되어 있는가 ?	매일
		Comment :	
		직원들은 넘어지거나, 베이거나, 데이거나 혹은 떨어지는 등의 응급상황에 대해 보고하는 과정에 대해 알고 있는가?	매일
		Comment :	
		모든 음식 가공 장비의 수리 및 관리와 사용과정이 만족스러운가?	매일
		Comment :	
		다른 파트의 직원들은 사용하고자 하는 목적에 따라 장비를 사용하는 방법을 정확히 알고 있는가?	매일
		Comment :	
		직원들은 움직이거나 혹은 청소하기 전에 반드시 플러그를 뽑는가?	매일
		Comment :	
		바닥에 흘려진 음식이나 찌꺼기들은 바로 제거되어지고 있는가?	매일
		Comment :	
		모든 전기 박스들이 접근이 용이한가?	매일
		Comment :	
		주방장 혹은 관리자들은 CPR과 응급처치에 관련해 교육을 받았는가?	매일
		Comment :	
		General Comment :	
		점검자 :	날짜 :

역자 약력

전 병 길 · 동국대학교 호텔경영학과

김 영 훈 · 동의대학교 외식산업경영학과

이 승 미 · (전) 경주대학교 관광학부 외식조리학과

식음료 원가관리 실무

2006년 3월 10일 초판1쇄 발행
2013년 8월 10일 수정2쇄 발행

저 자 Clement Oiugo
역 자 전병길 · 김영훈 · 이승미
펴낸이 임 순 재
펴낸곳 **한올출판사**
등록 제11-403호
121-849
주 소 서울시 마포구 성산동 133-3 한올빌딩 3층
전 화 (02) 376-4298 (대표)
팩 스 (02) 302-8073
홈페이지 www.hanol.co.kr
e-메 일 hanol@hanol.co.kr
정 가 22,000원

저자와의 협의하에 인지생략

■ ISBN 978 - 89 - 94948 - 80 - 5